충북대학교 인문사회 연구총서

# HISTORIAE ALEXANDRI MAGNI MACEDONIS

# 알렉산드로스 대왕 전기

퀸투스 쿠르티우스 루푸스
Quintus Curtius Rufus 지음
윤진 옮김

충북대학교 출판부

C|o|n|t|e|n|t|s|

# 알렉산드로스 대왕 전기

## 옮긴이의 서문[1)]

『알렉산드로스 대왕 전기』의 필사본 중 가장 오래된 것은 서기 9세기쯤으로 거슬러 올라가는 123개 정도의 두루마리의 형태로만 남아 있다. 그리고 작품 전체가 다 전해 내려오는 것도 아니며 상당 부분이 산실되었다. 가장 안타까운 부분은 첫 1-2권이 통째로 사라졌다는 점이다. 그 외에도 제 5권의 마지막 부분과 제 6권의 첫 부분, 제 10권의 중간 부분 약간도 전해지지 않고 있다. 그런 이유 때문에 사실 우리는 이 책의 원 제목을 정확하게 알지 못하고 있고, 저자의 이름도 완벽하게 확신할 수는 없다.

쿠르티우스 루푸스(Curtius Rufus)라는 저자의 이름은 주요한 두루마리들의 앞부분에 쓰여 있으며, 퀸투스라는 개인명(*praenomen*)[2)]은 이 두루마리들 중에서 하나를 제외하고 모든 두루마리들의 간기(刊記)에 적혀 있다. 이 책의 제목은 두루마리들에 따라 다르게 나타나는데, 어느 곳에는 단지 『역사』(*Historiae*)라고만 쓰여 있는 것도 있고, 어느 곳에서는 『마케도니아의 알렉산드로스 대왕의 역사』(*Historiae Alexandri Magni Macedonis* 혹은 *Historiae Magni Macedonis Alexandri*)라고 쓰여 있기도 하다. (하지만 옮긴이는 이 책의 내용으로 보아 『알렉산드로스 대왕 전기』라는 제목이 우리말 본의 제목으

---

1) 서문 및 해설에 해당하는 이 글은 *Quintus Curtius Rufus : The History of Alexander*, 1984, Penguin Classics의 Introduction(Waldemar Heckel) 및 Quintus Curtius : History of Alexander, 1946, Loeb Classical Library의 Introduction (J. C. Rolfe), Paul Cartledge, *Alexander the Great*, 2004, Woodstock & New York의 상당 부분을 참고하여 작성했음을 밝힌다.

2) 로마인의 이름은 대개 세 개로 이루어진다. 개인명, 씨족명, 가문명.

로 적절하다고 생각하였다.) 독일 학자인 뮐러(K. Müller)와 프랑스 학자인 바르동(H. Bardon)은 각자 이 두루마리들을 정리하여 편집해 내었다. 옮긴이는 바르동 판을 주요 판본으로 삼았지만, 뮐러 판도 상당 부분 참조하였다.

이 책의 저자인 퀸투스 쿠르티우스 루푸스가 누구인지, 또 그가 이 책을 언제 저술하였는지에 대해서 학자들 간에 격렬한 논쟁이 있었다. 하지만 대체로 이 책은 로마 제국의 클라우디우스(Claudius) 황제[3] 때 쓰여 졌거나, 베스파시아누스(Vespasianus) 황제[4] 때 쓰여 졌다는 견해가 가장 유력하다. 저술 시기의 상한선은 본문의 내용[5]으로 보아 로마 제정이 성립된 이후가 분명하다. 그러므로 비록 학자들 간에 여러 가지 논쟁점은 여전히 남아 있기는 하지만, 개략적으로 말해서 쿠르티우스 루푸스는 로마 제정이 성립(기원전 27년)된 후의 첫 한 세기 사이에 이 책을 저술한 것으로 보아도 크게 무리는 없을 것이다, 다시 말해서 아우구스투스부터 베스파시아누스까지의 통치 기간이다.

그리고 쿠르티우스 루푸스가 어떤 인물인지에 대해 찾아본다면 두 명의 유력한 후보자가 있다. 그 첫 번째 인물은 제정 초기의 작가인 수에토니우스(Suetonius)가 썼던 『문법학자들과 수사학자들에 관하여』(*De Grammaticis et Rhetoribus*)에 등장하는 수사학자인 'Q. Curtius Rufus'이다. 하지만 그가 활동한 시기에 대해서는 나와 있지 않고, 그저 수사학자들의 리스트 가운데 언급되고 있을 뿐이다. 그

3) 서기 41-54년 재위.

4) 서기 69-79년 재위.

5) 본문의 10권 9장 1-6절 참조.

리고 그 리스트에 나와 있는 순서로 미루어 추측해 보면 그는 제정 초기의 인물로서 아우구스투스, 티베리우스(Tiberius), 가이우스(Gaius), 클라우디우스 시대에 살았던 것으로 보인다. 더구나 본서는 그 문체에 있어서 대단히 수사학적인 화려한 문장과 극적인 구성을 자랑하고 있기에 저자가 수사학자라는 추측은 대단히 유력한 편이다. 두 번째 인물은 군인이자 정치가였던 쿠르티우스 루푸스이다.[6] 그는 미천한 신분에서 출세한 사람으로 알려져 있다. 즉, 일설에는 검투사의 아들이라고도 하고 다른 설에서는 그보다도 낮은 신분 출신이었다고도 한다. 그는 젊은 시절에 하드루멘툼(Hadrumentum)에서 로마로 상경하여 경력을 시작하였고, 아프리카 총독을 역임한 후에 로마에 돌아와서 서기 53년에 죽었다고 전해진다. 비문 자료 등을 참조해 보면 그의 개인명은 퀸투스인 것이 확실해 보인다. 현대의 학자들은 대부분 이 두 후보자가 동일 인물일 것으로 추정하고 있다. 즉, 퀸투스 쿠르티우스 루푸스는 군인이자 정치가였던 동시에 수에토니우스가 꼽았던 수사학자들 중의 일인 이라는 것이다. 물론 이 추정이 확실하다고 할 수는 없으나, 가장 유력한 것임은 분명하다.

알렉산드로스 대왕에 대한 기록이 기원전 4세기와 3세기에 상당한 양에 이르렀던 것은 분명하지만, 그 사료들 중에서 현재 온전한 형태로 남아 있는 것은 없고 그저 단편들[7]로만 남아 있을 뿐이다. 그

6) 그에 관해서는 역사가 타키투스(Tacitus)의 『연대기』(*Annales*) 1권 20장 3절 ~ 21장 3절 및 연소 플리니우스(Plinius)의 『서한집』(*Epistulae*) 7권 27장 2~3절에서 정보를 찾을 수 있다.

7) 이 단편들은 야코비(J. Jacoby)가 편집한 『그리스 역사가들의 단편들』(*Die Fragmente der griechischen Historiker*), Berlin, 1927의 117~153번으로 수집되었다.

리고 현재 전해지고 있는 알렉산드로스에 대한 가장 주요한 사료는 본서를 제외하면 네 가지이고, 모두가 알렉산드로스 사후 300~500년 사이에 쓰인 것들이다. 그 중 가장 이른 시기의 것은 기원전 1세기 후반에 디오도로스 시쿨루스(Diodoros Siculus)가 썼던 『역사 도서관』(*Bibliotheke Historike*)의 16, 17권이다. 그리고 폼페이우스 트로구스(Pompeius Trogus)는 아우구스투스 시대에 『필리포스 대왕사』(*Historiae Philippicae*)를 썼지만, 그 서문에 해당하는 부분과 요약만이 유스티누스(M. Junianus Justinus)에 의해 전해지고 있다. 그리고 대중에게 가장 널리 알려진 플루타르코스(Plutarchos)의 『대비열전(對比列傳)』 중 「알렉산드로스 전」이 있다. 이 책은 서기 2세기 초반에 쓰인 것이다. 그리고 거의 비슷한 시기에 로마의 집정관을 역임하고 원로원 의원이 되었던 아리아노스(Lucius Flavius Arrianus)가 쓴 『알렉산드로스 대왕 원정기』(*Anabasis Alexandrou*)가 있다.

이 다섯 가지 작품의 주요한 자료가 되는 것은 올린토스(Olynthos) 출신의 역사가 칼리스테네스(Kallisthenes, Callisthenes)가 쓴 알렉산드로스 대왕의 업적에 대한 '공식적 기록'이다. 유명한 철학자 아리스토텔레스의 조카이기도 한 칼리스테네스는 알렉산드로스의 업적을 기록하기 위해 그와 처음부터 동행했다. 하지만 그는 기원전 327년의 헤르몰라오스의 역모 사건[8]에 연루되어 처형되었다. 그의 기록은 아마도 기원전 329년의 타나이스(Tanais) 강 전투에서 끊어졌을 것으로 추정된다. 그의 기록을 바탕으로 하고, 각자 나름의 경험과 다른 자료들을 참고로 만들어진 저술들이 지금은 사라진 프톨레마이오스(Ptolemaios), 클레이타르코스(Kleitarchos, Cleitarchos), 아리

8) 8권 6-8장 참조

스토불로스(Aristobulos)의 작품들이다.

그러면 쿠르티우스 루푸스는 어떤 자료들을 가지고 글을 썼던가? 본서와 디오도로스 시쿨루스가 쓴 『역사』의 제 17권을 면밀히 비교 검토해 보면 두 책의 저자가 모두 하나의 주요 사료에 입각하여 글을 썼다는 것을 발견할 수 있다. 이 사료는 바로 클레이타르코스의 작품으로 추정된다. 그러나 두 저자의 자료 사용 방식에는 차이가 있었다. 즉, 디오도로스는 자신의 『역사』의 단 한 권에서 이 자료를 사용하였으니만큼 자료를 1/10 정도로 축약하였고, 쿠르티우스 루푸스는 알렉산드로스 대왕이라는 단 하나의 주제만을 가지고 저술하였으므로 클레이타르코스의 자료 이외에도 다른 여러 자료들을 많이 사용하였다. 하지만 쿠르티우스 루푸스가 다른 어떤 자료들을 주로 사용하였는지에 대해서는 파악하기 쉽지 않다. 우선 쿠르티우스 루푸스는 자신이 사용했던 자료들을 글 속에서 그다지 언급하고 있지 않다. 클레이타르코스의 이름만이 두 번 언급[9]될 뿐이고, 그 밖에는 프톨레마이오스와 티마게네스(Timagenes)가 각 한 차례씩 언급[10]될 뿐이다. 그렇지만 쿠르티우스 루푸스가 프톨레마이오스의 저술을 직접적으로 참고했다는 점에서는 의문의 여지가 없다. 프톨레마이오스를 서술의 직접적인 근거로 삼겠다[11]는 아리아노스의 『알렉산드로스 대왕 원정기』와 여러 가지 부분에서 일치하고 있기 때문이다.

한편 쿠르티우스 루푸스는 책의 구성이나 문체 면에서는 로마의 역사가 리위우스(Livius)의 『로마 건국 이래의 역사』(*Ab Urbe Condita*

---

9) 9권 5장 및 8장

10) 9권 5장

11) 『알렉산드로스 대왕 원정기』 1권의 서문부분

*Libri*)에서 많은 영향을 받았다. 리위우스의 영향은 책의 여기저기서 쉽게 찾아볼 수 있다. 예를 들어 그가 이집트 인을 묘사할 때 쓰던 표현이나 태도는 리위우스의 카르타고(Karthago) 인에 대한 묘사와 용어까지도 거의 일치한다. 또 알렉산드로스 대왕은 리위우스가 카르타고의 장군이자 로마 최대의 호적수였던 한니발(Hannibal)을 묘사했던 방식으로 서술되고 있다. 알렉산드로스와 그의 시대를 이렇게 로마 식으로 재해석하는 것은 그 뿐만이 아니다. 이 책에서 쿠르티우스 루푸스는 특히 단위나 기준 등에서 로마 식 색채를 강하게 드러낸다. 밤을 4교대 시간으로 구분한다든지(그리스 인은 3교대 시간으로 구분한다), 넓이를 나타내는 로마의 단위 유게룸(*jugerum*)을 그리스 단위인 플레트론(*plethron*) 대신에 사용[12)]한다든지 하는 것들이다. 한편 동방, 즉 페르시아에 대한 묘사의 측면에서 쿠르티우스 루푸스는 헤로도토스(Herodotos)의 『역사』(*Historiai*)에서도 많은 영향을 받은 흔적을 여러 번[13)] 보여주고 있다.

그렇다면 이 책만의 특징은 무엇일까? 먼저 이 책에서 쿠르티우스 루푸스는 로마의 원로원 계층이라는 계급의식을 강하게 드러내고 있다. 그는 이 책에서 아첨에 대해 경멸감을 가지고 있음[14)]을 확실하게 보여주고 있으며, 낮은 신분에서 출세한 자[15)]에 대해서도 얕잡아 보는 태도를 취하고 있다. 그 스스로도 비천한 계층 출신으로서 출세했으면서도! 아니, 그 스스로 출신이 그랬기 때문에 더욱 그

---

12) 5권 1장 참조

13) 3권 2-4장; 3권 8, 10장; 4권 1장; 5권 3, 6장 등

14) 8권 5장

15) 6권 11장에 등장하는 볼론(Bolon)이라는 인물을 말한다.

런 면들에 대해 강한 거부감을 보이고 있는지도 모르겠다. 또 그는 로마인이 가지고 있는 인종적 편견을 여러 번 드러내어 페르시아 인은 여자같고[16], 유약하며 사치를 좋아하는 자들로 그리고 있다. 한편 페르시아의 여성들은 남성들보다 훨씬 용감하고, 꿋꿋한 것으로 묘사하고 있다. 한편 이집트 인은 "어떤 일을 성취하는 것 보다는 반란을 조장하는데 더 끌리는 격한 성품의 사람들"[17]이고, 그리스 인은 "기질적으로 정치적 기회주의자들"[18]이었다.

다음으로 쿠르티우스 루푸스는 수사학자로서의 특징을 강하게 드러내는 글을 쓰고 있다. 즉, 그는 격정적인 감정을 드러내는 묘사를 자주하고, 이국적이고 특이한 상황이나 환경을 감칠 맛 나게 서술하고 있으며, 인간적인 고뇌에 빠져있는 등장인물들을 생생하게 그리고 있다. 알렉산드로스는 자신의 주치의 필리포스가 적에게 매수되어 독을 먹일지도 모른다는 제보를 받고 그에게 약을 받으며 스스로 어찌할 것인지를 자문자답[19]하고 있으며, 다레이오스는 가우가멜라(Gaugamela) 전투에서 도망쳐야 할지 죽음을 의연하게 맞이해야 할지에 대해 주저하고 고민한다.[20] 그 밖에도 여러 장면에서 쿠르티우스 루푸스는 극적인 대조와 반전을 즐기고 있다. 그러다 보니 어떤 경우에는 한 인물에 대한 묘사에서마저도 서로 모순되는 경우들도 나타난다. 한편 도덕주의자로서의 면모를 강하게 드러내는 쿠르티우스 루푸스는 곳곳에서 인간의 탐욕과, 신의 없음, 배신행위, 수

16) 로마 인은 남성이 여성적인 면모를 보이는 것을 매우 싫어하고 경멸하였다.

17) 4권 1장

18) 4권 5장

19) 3권 6장

20) 4권 15장

치를 모르는 짓에 대해 격한 반감을 보이고 있다. 그리고 무엇보다 그의 수사학자로서의 면모를 강하게 보여주는 것은 이 책의 곳곳에서 나타나는 여러 연설문들이다. 이 연설들은 힘차고, 격정적이며, 듣는 이의 심금을 울리는 화려한 문장들로 가득 차 있다.

그리고 이 책의 가장 중심인물인 알렉산드로스에 대한 태도를 살펴보면, 운명의 여신(*fortuna*)의 가호를 받은 젊고 패기에 찬 왕이 점차 변화 혹은 타락해 가는 과정을 일관되게 묘사하고 있는 것을 알 수 있다. 여러 장면에서 알렉산드로스는 젊은이로서의 패기를 드러내며 전열의 맨 앞에 서서, 혹은 전투의 중심지에서 목숨을 잃는 것을 두려워하지 않고 싸운다. 그러나 거의 언제나 운명의 여신은 이 젊은이에게 넘치도록 가호를 베풀어준다. 때로는 고난과 역경, 목숨을 잃을 뻔한 위기도 있지만, 이는 어디까지나 여신의 가호를 더 돋보이게 하는 장치에 불과하다. 그러나 쿠르티우스 루푸스가 보기에 가장 위험한 것은 적의 창칼도, 수십만의 대군도 아니었다. 점차 교만해져가고, 신의 자리를 넘보는 행위를 반복하면서, 알렉산드로스는 그리스 인이 여러 비극에서 히브리스(*hybris*)라고 부르며 가장 경계하는 행동, 즉 인간의 분수를 넘는 오만을 부리며 몰락해 간다는 메시지를 제시하고 있다. 그리하여 알렉산드로스의 용맹함, 검소함, 순결함, 물욕에 대한 경멸 등의 여러 가지 장점에도 불구하고 인간으로서 신(제우스)의 아들이 되고, 나아가 신(디오니소스)을 능가하려는 행위가 결국 무위로 끝나게 되는 과정을 작품 전체에 걸쳐 보여주고 있다. 어쩌면 그는 제정 초기, 실제로는 황제의 권력을 휘두르지만 여전히 공화정기의 '제 일 시민'(*princeps*)이라는 공화정의 껍질을 쓰고 있는 당대의 로마 정치를 예전 타국의 왕이자 영웅의 일생을 통해 빗대 경고하고 있었는지도 모르겠다.

## 서문을 마치며

옮긴이가 대학에 들어가고 얼마 되지 않았을 때, 돌아가신 지도 교수이신 지동식 교수님께서 번역하셨던 탄(Tarn) 경의 명저 『알렉산더 대왕사』를 읽었던 기억이 아직도 생생하다. 이제 스승께서는 계시지 않으나, 이 책을 번역해 냄으로써 그 분께 받았던 학은(學恩)을 아주 조금이나마 후학들께 대신 갚을 수 있다고 생각하니 감회가 더욱 새롭다. 이 책을 번역할 수 있게 도와주신 분들이 많으나, 박사논문 지도교수이신 고려대학교 사학과의 김경현 교수님께 가장 먼저 감사의 뜻을 표하고 싶다. 언제나 학문적 자극과 격려를 아끼지 않으시고, 진지하게 학문을 탐구하는 자세를 보여주시어 불초한 제자를 부끄럽게 만드시는 스승 앞에 언제나 되어야 바로 설 수 있을지 아직도 잘 모르겠다. 이 책을 출간할 수 있게 물심양면으로 지원해 주신 충북대학교와 출판부 및 편집과 활자, 디자인 등에 도움을 아끼지 않으신 미술과 김재홍 교수님과 원고를 읽어주시고 많은 격려를 해주신 불문과 고봉만 교수님께 감사의 말씀을 드린다. 그리고 언제나 옮긴이에게 채근을 아끼지 않은(그래도 게으른 천성이야 어디 가랴 마는!) 아내에게도 고마움을 전하고 싶다. 마지막으로 어머니, 베풀어주신 그 사랑에 어찌 다 감사해야 할런지요.

옮긴이 윤진

## 산실된 1-2권에 해당하는 대략의 줄거리[21]

기원전 336/5년, 마케도니아 왕 아민타스(Amyntas)의 아들 필리포스(Philippos) 2세는 경호대원 중의 하나인 파우사니아스(Pausanias)라는 귀족 청년에 의해 살해되었다. 파우사니아스는 그 자리에서 처단[22]되었다. 알렉산드로스는 즉위하고 나서 아에로포스(Aeropos)의 아들들인 아라바이오스(Arrhabaios)와 헤로메네스(Heromenes)를 부왕 시해의 공범으로 처단하였다. 그들의 동생인 알렉산드로스 린케스테스(Alexandros Lynkestes)는 처형하지 않고 목숨을 붙여둔 채 구금하였다.[23] 겉으로는 그가 알렉산드로스를 왕으로 부르며 충성을 맹세한 첫 번째 사람이라는 이유였지만, 실제로는 마케도니아의 실력자이자, 알렉산드로스가 동방 원정을 간 동안 마케도니아를 맡아 섭정으로 다스렸던 안티파트로스(Antipatros)의 사위였기 때문으로 추측된다. 알렉산드로스는 부왕의 장례를 치르고 나서, "단지 왕의 이름만이 바뀌었을 뿐"[24]이라고 일갈한다. 즉위했을 때, 그의 나이는 약관 20세였다.

그리스 여러 도시국가들 및 마케도니아의 인접 이민족들은 그의 나이가 어린 것을 얕보았고, 알렉산드로스는 신속히 출병하여 국내

21) 이 줄거리는 독일의 고전학자 에드문트 헤디케(Edmund Hedicke)의 편집 번역본(Leipzig, 1908)에 수록된 것을 토대로 옮긴이가 작성한 것이다. 헤디케는 알렉산드로스에 관한 다른 사료들을 토대로 산실된 1-2권의 줄거리를 재구성하였다.

22) 디오도로스 시쿨루스(Diodoros Siculus), 『역사』 16권 94장 2-4절 참조.

23) 알렉산드로스 린케스테스는 3년간 구금되었다가 처형된다.(7권 1장 9절 참조.)

24) 디오도로스 시쿨루스, 『역사』 17권 2장 2절.

외의 저항을 분쇄하였다. 그는 먼저 정치적인 적수인 아탈로스(Attalos)를 제거하였다. 아탈로스는 필리포스 2세의 마지막(그리고 일곱 번째) 왕비인 클레오파트라(Kleopatra)의 삼촌이었다. 클레오파트라 때문에 알렉산드로스의 모후인 올림피아스(Olympias)는 남편과 크게 다투었으며, 결국 친정인 에피로스(Epiros)의 왕궁으로 돌아가 있던 상태였다. 더욱이 아탈로스는 조카딸인 클레오파트라와 필리포스와의 결혼 피로연에서 클레오파트라가 마케도니아의 왕위를 이을 적자를 낳기를 기원하다는 건배사를 하는 바람에 알렉산드로스를 서자(庶子) 혹은 비정통적인 아들로 취급하는 망발을 저질렀다. 클레오파트라는 필리포스가 죽기 며칠 전에 에우로파(Europa)라는 이름의 딸을 낳았다. 한편 필리포스는 아탈로스를 자신이 신뢰하는 역전의 명장인 파르메니온(Parmenion)과 함께 동방 원정의 선발대로 보내 놓은 상황이었다. 아탈로스는 파르메니온의 사위였다. 알렉산드로스는 헤카타이오스(Hekataios)라고 하는 자를 파르메니온에게 보내 아탈로스를 체포 혹은 척살하라고 명하였다. 죄명은 아탈로스가 마케도니아를 강하게 비난하던 아테나이(Athenai)[25]의 정치가이자 연설가인 데모스테네스(Demosthenes)와 몰래 접선하여 그리스 도시국가들에게 반란을 촉구했다는 것이다. 헤카타이오스는 파르메니온의 묵인 하에 아탈로스를 살해하였다.

그동안 알렉산드로스는 소요를 일으키고 있던 그리스를 빠르게 외교력으로 복속시켰다. 그는 또 부왕이 조직했던 범(凡) 그리스 동맹인 코린토스(Korinthos) 동맹[26]을 소집하여 자신이 동맹의 수장

25) 일반적으로는 아테네라고 번역되나, 이 책에서는 원래의 발음에 가까운 아테나이로 번역하였다.

(*hegemon*)임을 확인받고, 페르시아에 대한 원정의 지원을 결의하게 하고 나서 귀환하였다. 필리포스 2세가 동방 원정을 기획하고 있던 당시의 페르시아는 격변의 와중에 놓여 있었다. 당시의 페르시아 왕 아르타크세륵세스 오코스(Artaxerxes Ochos)는 대단히 전제적으로 통치하고 있었다. 그러나 그는 권력을 탐내던 시종장이었던 내시 바고아스(Bagoas)에게 독살당하고 말았다. 바고아스는 오코스의 막내 아들 아르세스(Arses)를 왕으로 내세웠으나, 그마저도 곧 살해하고 만다. 그 뒤, 오코스의 직계는 아니었지만, 역시 페르시아 왕가의 자손이었던 다레이오스(Dareios)가 용감하다는 명성을 들은 바고아스가 그를 왕위에 올렸다. 바고아스는 다레이오스를 상대로도 음모를 꾸몄으나, 역으로 다레이오스에 의해 독을 먹게 되어 죽었다. 이 다레이오스를 상대로 알렉산드로스가 전쟁을 치르게 된다.

다레이오스는 왕위에 올랐을 때, 마케도니아의 필리포스가 페르시아를 상대로 전쟁 준비를 하고 있다는 사실을 알게 되었다. 얼마 후, 필리포스의 암살 소식에 한숨을 놓는 듯 했으나, 그의 아들 알렉산드로스가 부왕의 원정 계획을 계속 추진하고 있다는 것을 파악하고 로도스(Rhodos) 섬 출신인 멤논(Memnon)을 보내 군을 이끌고 헬레스폰트 해협을 넘어온 마케도니아 군을 저지하도록 한다. 멤논은 군사 지휘 능력도 상당할 뿐 아니라 헬레스폰트 지역에 있는 프리기아(Phrygia)의 태수 아르타바조스(Artabazos)의 사위이기도 했다. 아르타바조스 일가는 오래 전부터 이 지역을 다스려왔던 토후

26) 알렉산드로스의 부왕인 필리포스 2세는 기원전 338년의 카이로네아 전투로 그리스 전체의 패권을 장악하였다. 그리고 범 그리스 동맹을 만들어 자신이 맹주가 되었다. 이 동맹은 코린토스에서 열렸기에 코린토스 동맹이라고도 한다. 필리포스의 사후 알렉산드로스가 다음 맹주가 되었다.

가문이었지만, 아르타바조스 자신은 젊었을 적에 필리포스의 왕궁에 망명했던 적도 있었다. 하지만 이때는 다레이오스의 신임이 매우 두터웠다.

멤논과 알렉산드로스가 보낸 선발대가 서로 대치하며 상대방과 엎치락뒤치락하는 동안, 알렉산드로스는 아시아로 출병하기 전에 마케도니아의 배후를 안전하게 하기 위해 그리스를 진압하고, 트라키아(Thracia), 파이오니아(Paionia), 일리리아(Illyria) 등에서 전쟁을 수행하였다. 그가 이 전쟁들에 몰두하는 사이에 데모스테네스는 전령을 사주하여 그리스 인들에게 마케도니아가 북방에서 대패하였고 알렉산드로스도 전사하였다는 헛소문을 퍼뜨렸다. 이에 고무된 그리스 북부의 도시국가 중 비교적 강국인 테바이(Thebai)가 마케도니아 수비대를 죽이고 반란을 일으켰다. 알렉산드로스는 이 소식을 듣고 대단히 빠르게 달려와 테바이를 포위한다. 데모스테네스는 테바이를 돕기 위해 무기를 보내주지만, 펠로폰네소스 반도의 여러 도시국가들과 아테나이는 테바이 전쟁의 추이를 지켜보고 있었다.

알렉산드로스는 가능한 테바이 사태를 평화적으로 해결하고 얼른 동방 원정에 집중하고 싶어 했다. 하지만 테바이가 항복할 기미를 보이지 않자 아예 도시를 파괴하기로 결정하였다. 전투에 돌입했을 때, 테바이 인들은 용감하게 싸우며 열심히 방어했으나 알렉산드로스가 신임하는 장군인 페르디카스(Perikkas)가 자신의 부대를 이끌고 도시 안으로 방어망을 뚫고 들어갔다. 결국 테바이는 학살의 장이 되고 말았다. 그 안에서 살인을 하지 못하게 되어있는 신성한 장소들에서 조차도 학살이 자행되어, 6,000명이 죽었으며 3만 명이 포로가 되었다. 테바이를 장악한 알렉산드로스는 그 처분을 범 그리스 동맹의 대표자 협의회에 넘겼다. 협의회의 회의에서는 모든 그리스

국가들에 대한 일벌백계로서 테바이 시를 완전히 붕괴시키고 시민들을 노예로 팔기로 했다. 그 판매대금이 440탈란톤(*talanton*)[27]에 달했다고 한다.

한편 알렉산드로스는 아테나이에 대해서 반 마케도니아 파인 정치가와 장군들을 내놓으라고 하였다. 이들의 명단은 다음과 같다 : 데모스테네스, 리쿠르고스(Lykurgos), 히페레이데스(Hypereides), 폴리에욱타스(Polyeuktas), 카레스(Chares), 카리데모스(Charidemos), 에피알테스(Ephialtes), 디오티모스(Diotimos), 모이로클레스(Moirokles), 트라시불로스(Trasybulos). 아테나이는 사절단을 보내 이들에 대해 선처해 주기를 간청했고, 알렉산드로스는 그 간청을 들어주었다. 단, 카리데모스만은 추방하라고 했다. 카리데모스는 다레이오스에게로 망명하였고, 에피알테스와 트라시불로스도 아시아로 도망쳤다.

알렉산드로스는 마케도니아로 돌아가 동방 원정을 준비했고 원정을 떠나기 전에 국내의 정적들을 미리 제거하였다. 가장 노련한 장군들인 안티파트로스와 파르메니온은 알렉산드로스에게 원정을 떠나기 전에 결혼하여 후손을 보라고 권고했다. 그러나 그는 마케도니아와 그리스 연합군이 출병을 기다리고 있는 이때에 자손을 보기 위해 국내에 남아 있다는 것은 창피한 노릇이라며 권고를 듣지 않았다.

그리하여 그는 마케도니아의 디온(Dion)에서 9명의 무사이(Musai)[28]

---

27) talanton은 고대 그리스의 무게 단위이자 화폐단위이다. 아티카와 에우보이아 기준으로는 25.86Kg이며, 아이기나 기준으로는 37.80Kg이다. 일반적으로 화폐단위일 때는 보통 은을 말한다. 영어로는 talent라고 하며, 우리말 성서에서는 달란트로 번역되었다.

28) 영어로는 Muses이다.

에게 바치는 축제를 9일간 개최하고 아시아로 출병할 준비를 마쳤다. 그는 자신이 원정을 떠난 사이에 마케도니아를 통치할 섭정으로 안티파트로스를 임명하고 헬레스폰트 해협을 향해 떠났다.

알렉산드로스는 세스토스(Sestos)에 도착한 후, 파르메니온에게 군의 일부를 맡겨 아비도스(Abydos)로 건너가라고 하였다. 그 자신은 60척의 전선을 이끌고 트로이아(Troia) 지역으로 향했다. 그는 해변에 창을 던져서 아시아 전체를 향해 '창으로 승리를 쟁취할 것'임을 천명했다. 어떤 사람들은 그보다 전에 아가멤논(Agamemnon)[29]과 함께 아시아에 첫 발을 디뎠던 사람인 프로테실라오스(Protesilaos)에게 희생제를 지내주어 안전한 상륙이 되기를 기원했다고 기록하였다. 그 다음으로 그는 호메로스(Homeros) 서사시에 나오는 영웅들의 묘소를 방문했으며, 특히 자신의 선조가 되는 아킬레우스(Achlieus)에게 경의를 표시했다.

알렉산드로스가 이끄는 군의 규모는 다음과 같았다 : 보병이 32,000명으로 그 중에 12,000명의 마케도니아 병사들, 7,000명의 동맹군 병사들, 5,000명의 용병들을 파르메니온 휘하에 배속시켰다. 그리고 7,000명의 강병들인 오드리시아(Odrysia) 인 부대, 트리발리아(Triballia) 인 부대, 일리리아 인 부대가 있었고, 그 다음으로는 1,000명의 궁수 부대와 아그리아네스(Agrianes) 인 부대가 있었다. 파르메니온의 아들인 필로타스(Philotas)는 1,800명의 마케도니아 기병대를

29) 스파르타의 왕비 헬레네(Hellene)를 트로이아의 왕자 파리스(Paris)가 유혹하여 데리고 간 일이 원인이 되어 일어난 트로이아 전쟁에서 그리스 군의 총사령관을 맡은 인물이다. 호메로스는 기원전 9세기 중반에 살았을 것으로 추정되는 시인으로서 이 전쟁의 과정을 노래한 『일리아스』(*Illias*)와 전쟁이 끝난 뒤 오디세우스(Odysseus)가 귀환하는 과정을 그린 서사시 『오딧세이아』(*Odysseia*)를 지었다.

이끌었고, 하르팔로스(Harpalos)의 아들 칼라스(Kalas)는 1,800명의 테살리아(Thessalia) 기병대를 맡았으며, 에리기오스(Erygios)는 600명의 동맹군 기병대를 지휘했다. 카산드로스(Kassandros)[30)]는 트라키아와 파이오니아 출신인 900명의 척후병 부대를 맡았다. 기병대는 모두 합해 4,500명이었다. 안티파트로스는 12,000명의 보병과 1,500명의 기병을 데리고 마케도니아에 남아서 유럽을 통제했다.

알렉산드로스는 트로이아 지역을 떠나기 전에 아테나(Athena) 여신의 신전을 방문했다. 그는 신전에서 아리오바르자네스(Ariobarzanes)의 상이 땅에 넘어져 있는 것을 발견했다. 예언자 아르스탄드로스(Aristandros)[31)]는 아리오바르자네스가 한때 프리기아의 태수였으므로 알렉산드로스가 프리기아 영역 내에서 기병대로 큰 승리를 얻을 전조라고 해석한다. 또 알렉산드로스가 직접 적의 지휘관 중 하나를 죽일 것이라고도 덧붙였다. 알렉산드로스는 전쟁을 막 시작하려는 참에 좋은 전조를 보게 되자 매우 기뻤고, 승리의 아테나 여신께서 가호해 주실 것을 믿었다. 그는 아테나 여신께 희생제를 올리고 자신의 갑주를 바친 다음, 신전에 보관되어 있던 것들 중에서 가장 빛나는 갑주를 한 벌 꺼내 입었다. 그는 이 갑주를 입고 첫 번째 전투에서 적을 상대하였다.

알렉산드로스의 군이 헬레스폰트 해협을 건너오는 것을 저지하지 못한 페르시아 지휘관들은 전략회의를 열었다. 로도스 인 멤논은 땅을 초토화 시키는 청야(淸野) 작전을 시행해야 한다고 강력하게 주

30) 아리스톤(Ariston)이 지휘했을 가능성도 있다.

31) 마케도니아 군 제일의 예언자로서 이후에도 예언이나 징조를 해석하기 위해 알렉산드로스는 그를 종종 부른다.

장하였다. 그는 마케도니아 군이 건너올 지역을 초토화 시키고 고립시킨 다음, 바다에서 승부를 보아야 한다고 하였다. 하지만 이 작전안은 페르시아 인 지휘관들의 분노를 샀고, 다레이오스의 멤논에 대한 총애를 질시했던 그들은 자국의 영토를 망치고 침략자 앞에서 등을 보일 수 없다고 반박하였다. 결국 그들은 헬레스폰트 해협 근처의 프리기아 지역을 흐르는 강인 그라니코스(Granikos) 강 언덕에서 적을 맞기로 하였다.

알렉산드로스가 그라니코스 강에 이르렀을 때, 페르시아 인들은 반대 편 강둑에 진을 치고 있었다. 파르메니온은 적이 막고 있는 앞에서 강을 건너는 일은 무모하다고 말렸으나, 알렉산드로스는 "헬레스폰트 해협도 건너온 우리가 어찌 그라니코스 강 같은 작은 장애물에 멈출 수 있나."라고 답했다. 페르시아 군의 편제는 다음과 같았다 : 멤논과 킬리키아(Cilicia)의 태수 아르사메스(Arsames)는 좌익을 지휘했다. 헬레스폰트 해협 근처의 프리기아 태수인 아르시테스(Arsites)는 파플라고니아(Paphlagonia) 출신 기병들을 데리고 그 옆에 자리 잡았다. 그 다음으로는 이오니아(Ionia) 태수인 스피쓰리다테스(Spithridates)가 히르카니아(Hyrkania) 기병대를 데리고 있었다. 레오미트레스(Rheomithres)는 우익을 이끌었다. 모두 합하면 기병은 1만 명이 넘었고, 보병은 적어도 10만 명은 되었다.

알렉산드로스는 즉시 13개의 기병대를 이끌고 돌격을 감행했다. 파르메니온은 테살리아 기병대를 이끌고 좌익을 공격했고, 알렉산드로스는 우익을 공격하여 많은 피해를 입혔다. 이제 운명의 여신께서 최고의 전사들이 겨루는 곳에 나타나셨다. 다레이오스 왕의 사위인 스피쓰리다테스는 친족으로 구성된 전사 40명을 이끌고 적에 대해 맹렬한 공격을 가하다가 알렉산드로스의 눈에 띄게 되었다. 알렉산드로스는 재빨리 그가 있는 곳으로 이동하여 일대일 전투를 벌였다. 스피쓰리다테스가 먼저 투창을 집어던졌다. 그 투창은 알렉산드로스의 방패를 뚫고 들어가 흉갑에 박혔다. 양군이 모두 함성을 질러 격려하는 와중에 알렉산드로가 휘두른 장창이 적의 무기를 부러뜨리고 상대의 가슴에 박혔다. 그리하여 스피쓰리다테스가 칼을 떨어뜨렸을 때, 알렉산드로스는 창으로 적의 얼굴을 찔러 죽였다.

바로 이때, 스피쓰리다테스의 동생인 로사케스(Rhosakes)가 뒤에서 덤벼들어 칼로 알렉산드로스의 머리를 쳤다. 알렉산드로스의 투구는 두 쪽이 나 땅에 떨어졌다. 이때, '검둥이'라는 별명을 가진 클레이토스(Kleitos)가 적시에 도착하여 제 2격을 준비하던 로사케스의 두 손을 잘라버리지 않았으면 알렉산드로스는 큰 부상을 입었거나 죽었을 것이다. 알렉산드로스는 이때 찰과상만을 입었을 뿐이었다. 그럼에도 불구하고 계속 전투를 재개한 알렉산드로스는 여러 번 위험에 노출되었다. 그는 흉갑에 두 번의 가격을 당했고, 한 번은 투구에 적의 공격이 명중되었다. 그리고 세 번의 공격은 아테나 신전에서 얻은 방패로 막을 수 있었다.

이 전투는 전적으로 알렉산드로스의 용맹과 테살리아 기병대의 기교 덕분에 승리했다고 전해진다. 페르시아 측은 1만 명 이상의 보병과 2,000명 이상의 기병이 전사하였다. 전사자 중에는 다레이오스의 처남인 파르나케스(Pharnakes), 카파도키아(Kappadokia) 태수인 미트로부자네스(Mithrobuzanes)도 포함되어 있었다. 그리고 2만 명 이상의 페르시아 인이 포로가 되었다. 마케도니아 측에서는 9명의 보병과 120명의 기병, 25명의 종사단(從士團)[32] 구성원이 전사했다. 그는 죽은 25명을 위해 조각가 리시포스(Lyssipos)를 시켜 디온(Dion)

에 청동으로 동상을 만들어 세워주었다.[33] 그는 죽은 자들을 위해 장례식을 치러 주고 리디아(Lydia)를 거쳐 사르디스(Sardis)로 갔다. 사르디스를 지키던 미트레네스(Mithrenes)는 항복했다.

알렉산드로스는 사르디스를 떠나 멤논 및 그라니코스 강 전투의 패잔병들이 도망친 곳인 밀레토스(Miletos)로 행군하였다. 그는 밀레토스를 들이쳐 점령하고, 붙잡힌 병사들은 노예로 팔아버렸다. 그리고 밀레토스에서 해군을 해산시켰다. 어떤 이들은 알렉산드로스가 휘하의 병사들로 하여금 도망쳐 봐야 갈 곳이 없다는 경각심을 가지게 하기 위해 해군을 해산시켰다고 말했다. 밀레토스에서 겨우 도망친 페르시아 병사들과 용병들은 카리아(Karia) 지역에 있는 대도시이자 잘 방비된 도시인 할리카르나소스(Halikarnassos)로 갔다. 멤논은 이곳에서 아내와 자식을 다레이오스 왕에게 보냈다. 왕이 있는 곳이 더 안전할 것 같기도 했고, 그들을 인질로 잡게 된 다레이오스가 자신에게 최고 지휘권을 주기를 원했기 때문이다. 실제로 다레이오스는 그에게 최고 지휘권을 주었다.

알렉산드로스는 할리카르나소스로 진군하던 도중에 카리아의 왕족인 아다(Ada)를 만났다. 그는 카리아의 왕권을 되찾기 위해 알렉산드로스의 도움을 받고자 했다. 알렉산드로스는 그를 도와주고 카리아 인의 충성을 얻어 냈다. 어떤 사람들은 아다가 알렉산드로스를

---

32) 마케도니아에서는 고대 게르만 족의 관습과 흡사하게 왕의 동료라고 부르는 집단이 있다. 보통 이들을 종사라고 번역하므로 이 책에서도 편의상 종사단이라고 옮겼다. 어린 시절부터 대개 같이 자란 또래집단이며, 왕의 친구들로 이루어져 있다. 여기서 칭하는 알렉산드로스의 종사단은 알렉산드로스와 어려서부터 같이 자란 또래 귀족들로서 마케도니아의 핵심 전력이기도 하다.

33) 이 조각상들은 기원전 146년에 메텔루스 마케도니쿠스(Metellus Macedonicus)에 의해 로마로 옮겨졌다고 웰레이우스(Velleius)는 전한다.

양자로 삼았다고 기록하기도 했다. 알렉산드로스는 할리카르나소스를 공략하는 데 많은 어려움을 겪었다. 멤논의 병력이 많고, 또 마케도니아 군의 공성무기에 불을 지르기 위해 종종 출격하곤 했기 때문이다. 이런 전초전 중의 하나에서 마케도니아 인이었으나 페르시아 궁정으로 망명했던 아라바이오스(Arrhabaios)의 아들 네오프톨레모스(Neoptolemos)가 전사했다. 그리고 페르디카스의 부대원 중 두 명이 취한 상태에서 성벽을 공격하자, 페르시아 인들이 성에서 출격하였고, 동료를 구하려는 페르디카스 부대원들이 그들을 도우려 나갔다. 격렬한 전투 끝에 페르시아 군이 성내로 철수하였고, 알렉산드로스는 전사자들을 수습하기 위해 잠시 정전을 하기로 했다. 아테나이 인 에피알테스(Epialtes)와 트라시불로스(Trasiboulos)가 반대했지만, 멤논은 이 정전 요청에 동의했다. 그 후, 또 한 번의 전투에서 패한 멤논은 할리카르나소스를 포기하고 코스(Kos)로 도망쳤다. 멤논이 성내의 요새에 수비대를 남겨두고 갔기 때문에 알렉산드로스는 도시를 파괴해 버리게 하고 요새의 성벽을 무너뜨렸다.

알렉산드로스는 파르메니온에게 외국인으로 구성된 병력 대부분을 주어 사르디스(Sardis)로 파견한 다음, 봄에 프리기아에서 다시 만나기로 했다. 이때, 알렉산드로스는 최근에 결혼했던 병사들을 고향으로 보내주었다. 그들을 이끌고 가는 코이노스(Koinos)에게는 봄이 되면 보충 병력을 이끌고 돌아오라고 명하였다. 클레안드로스(Kleandros)에게도 그리스의 펠로폰네소스 반도로 가서 보충병들을 데리고 오라고 지시했다. 알렉산드로스 자신은 킬리키아에 이르는 해안 지방을 진압하였다. 그 과정에서 리키아의 변경에 사는 마르마레스(Marmares) 인들은 포위당해 희망이 없다는 것을 알고, 자신들의 집에 불을 질러 집단으로 자결하였다.

한편 알렉산드로스가 파셀리스(Phaselis)에 머물고 있을 때, 그는 다레이오스가 알렉산드로스 린케스테스에게 보내는 편지를 한 통 가로채게 되었다. 이 편지에서 다레이오스는 알렉산드로스를 암살하면 보상으로 황금 1,000탈란톤을 주겠다고 제의하였다. 모후인 올림피아스로부터도 린케스테스에 대해 경고를 받은 알렉산드로스는 그가 어떤 행동도 하지 않았지만 그를 체포하여 구금하였다. 한편 할리카르나소스에서 밀려난 멤논은 키오스(Chios)와 레스보스(Lesbos)섬을 제압한 후, 300척의 전선들을 거느리고 유럽으로 건너갈 준비를 하고 있었다. 멤논은 그리스에 불화의 씨를 뿌리기 위해 많은 돈을 뿌려댔다. 그러나 그 이상의 행동을 취하기 전에 그는 병사하고 말았다. 그의 죽음으로 다레이오스는 커다란 타격을 받았다.

## 제 3권

1. 알렉산드로스는 클레안드로스[34]에게 자금을 주어 [그리스의] 펠로폰네소스 반도에서 용병을 모집하도록 파견하였다. 그리고 리키아(Lykia)와 팜필리아(Pamphilia) 지역을 안정[35]시키고 군대를 이끌어 켈라이나이(Kelainai)[36] 시로 이동하였다. 당시 이 도시 한복판에는 마르시아스(Marsyas) 강이 흐르고 있었다. 마르시아스 강은 그곳에 얽힌 신화들 때문에 그리스 시(詩)에 자주 등장하여 매우 유명한 강이다. 이 강은 산꼭대기에서 발원하여 천둥 같은 소리를 내면서 산 아래에 있는 한 바위 까지 흘러 내려온다. 거기서부터는 여러 지류로 나뉘어 근처의 평원들에 관개용수를 대준다. 이 지류의 물은 매우 깨끗하다. 그 물 색깔은 잔잔한 바다 같아서 시인들에게 영감을 불러일으키곤 한다. 그래서 이 강을 사랑하는 님프들이 바위 주변에 살고 있다고도 한다. 이 강이 성벽 안을 흐르고 있는 동안은 마르시아스라고 부르지만, 성벽을 벗어나서 흐를 때에는 수량도 많아지고 힘차게 흘러가기 때문에 사람들은 리코스(Lykos, 늑대) 강이라고 부른다.

알렉산드로스가 도시로 들어갔을 때는 주민들이 모두 도시를 버리고 달아난 다음이었다. 그는 주민들이 도망친 성의 요새에 대한 공격을 준비하면서 먼저 전령을 보내 항복을 거부한다면 가혹한 대

34) 폴레모크라테스(Polemoktrates)의 아들 클레안드로스는 4,000명의 그리스 용병들을 데리고 돌아와 기원전 332년 늦봄에 티로스(Tyros)에서 알렉산드로스와 합류했다.(아리아노스 Arrianos, 『알렉산드로스 대왕 원정기』 2권 20장 5절 및 본서 4권 3장 참조)

35) 기원전 334/333년 겨울의 일이다.

36) 켈라이나이는 프리기아 지역의 대표적인 도시이다.

가를 치를 것을 각오하라고 전했다. 그들은 전령을 높은 지대에 다시 더 높이 쌓아올린 탑으로 데려가서, 탑이 얼마나 높은지 잘 보아두고 돌아가서 알렉산드로스에게 자신들은 이 요새의 방어에 대해서 알렉산드로스와 다른 생각을 가지고 있다고 전하라고 말했다. 또 이곳은 난공불락의 요새이며 자신들은 최후의 한 사람까지 용감히 싸우다 죽을 각오가 되어있다고 전하라고도 했다. 하지만 요새가 완전히 포위되었으며, 하루하루 전황이 더 어려워지자, 요새에 있던 사람들은 60일 동안의 조건부 휴전을 제의했다. 만약 다레이오스 대왕이 그 기간 내에 원군을 보내지 않는다면 정해진 날에 항복한다는 것이다.[37)]

그리고 그라니코스 강 전투에서 포로가 된 아테나이 인들을 돌려보내달라는 청원을 가지고 아테나이 인의 사절이 도착하였다. 알렉산드로스는 페르시아와의 전쟁이 끝나면 그들뿐만 아니라 나머지 그리스 인들도 모두 고향에 돌아갈 수 있도록 해줄 것이라고 대답해주었다. 그는 다레이오스가 아직 유프라테스 강을 건너지 못했다는 사실을 알고 다레이오스에게 모든 신경을 집중하기로 하였다. 그리하여 그는 이 중대한 전쟁의 결정적인 전투에 전력을 다하기 위해 모든 방면에서 군사를 끌어 모았다. 알렉산드로스의 군대는 이제 프리기아 전역을 정복했다. 지금 이 지역은 도시보다는 촌락들이 더 많은 곳이지만, 당시에는 한 때 유명했던 미다스(Midas)[38)] 왕의 궁

37) 실제로 알렉산드로스는 켈라이나이에 10일간만 머물렀다. 그리고 1,000명의 카리아 인과 100명의 그리스 용병들이 지키던 이 요새는 알렉산드로스가 15,000명의 병사를 맡긴 안티고노스(Antigonos, 일명 외눈의 안티고노스)에게 항복했다. 안티고노스는 프리기아의 태수가 되었고, 알렉산드로스 사후 칼라이나이는 안티고노스의 본거지가 되었다.

전이 자리 잡은 곳이었다. 그 도시의 이름은 고르디온(Gordion)이다. 고르디온은 상가리오스(Sangarios) 강변에 있으며 폰토스(Pontos) 해와 킬리키아(Cilicia) 해로부터 같은 거리에 있다. 알려진 바대로 이 두 바다 사이의 지역은 아시아에서 가장 좁은 곳이며, 두 바다 사이의 회랑처럼 되어있는 곳이다. 아시아[39]는 대륙에 붙어 있지만, 실제적으로는 섬처럼 대부분 바다에 둘러 싸여 있다. 하지만 이 좁은 띠 모양의 땅으로 나뉘어져 있기에, 이 두 바다는 서로 만나지 못한다. 알렉산드로스는 고르디온을 항복시키고 제우스 신전[40]으로 들어갔다. 이곳에서 그는 미다스의 아버지인 고르디오스(Gordios)가 썼다고 하는 수레를 보았다. 이 수레의 채는 매우 특별한 외관을 가지고 있었다. 즉, 여러 개의 매듭으로 단단하게 묶여있는데, 하도 꽉 조여 묶어 놓았기 때문에 어떻게 묶었는지를 알 수 없을 지경이었다. 그 지역 사람들은 이 풀 수 없는 매듭을 푸는 자가 아시아를 지배할 것이라는 예언이 전해져 온다고 주장했다. 그래서 알렉산드로스는 이 예언을 이루려는 마음을 먹게 되었다. 프리기아 인들과 마케도니아 인들은 알렉산드로스를 둘러쌌다. 프리기아 인들은 그가 매듭을 풀려고 하는 것을 호기심을 가지고 보고 있었고, 마케도니아 인들은 왕이 지나친 자신감을 보여 준다고 불안해했다. 왜냐하면 그 매듭들이 어찌나 꽉 조여 있는지 그것들을 풀어낼 수도 없었고, 심

38) 기원전 8세기 프리기아의 왕이었다고 전해지는 인물로서 그리스 신화에서는 그가 만지는 것이 모두 황금으로 변했다는 전설이 있다. 아마도 상업 활동으로 유명해진 인물로서 이 지역의 풍요함 덕분에 그리스에 그런 소문이 퍼졌던 것으로 보인다.

39) 당시 아시아는 아나톨리아 지방을 가리키기도 했고, 페르시아 제국을 가리키기도 했다.

40) 원문에는 유피테르(Jupiter) 신전으로 되어있다.

지어 어디서 그 매듭이 지어지기 시작했고 또 끝나는지도 볼 수 없을 지경이었기 때문이다. 또 그들이 불안해하는 것은 그의 시도가 실패로 돌아가게 되면, 안 좋은 징조로 받아들여지게 될 것이기 때문이었다. 한동안 알렉산드로스는 감춰진 매듭들을 붙들고 헛되이 애를 썼다. 그 다음에 그는 "어떻게 풀리건 다 마찬가지다." 라고 말하면서 칼로 모든 끈들을 잘라 버렸다. 이렇게 해서 그는 그 예언을 얼버무려 넘겼다고도 혹은 성취하였다고도 말할 수 있겠다.[41]

알렉산드로스는 이제 다레이오스가 어디에 있던 공격하기로 마음먹었다. 그는 배후를 안전하게 하기 위해서 헬레스폰트 연안의 함대를 암포테로스(Amphoteros)에게, 육군을 헤겔로코스(Hegelochos)에게 맡기고 레스보스와 키오스, 코스 섬을 적의 수비대로부터 해방시키라고 명령하였다. 그는 그들에게 전비로 500탈란톤을 배정하고, 안티파트로스 및 그리스 도시국가들을 책임지는 이들에게 600탈란톤을 보내주었다. 또 그는 헬레스폰트 해협을 지키기 위해 협약에 따라 동맹국들에게 군선들을 보내줄 것을 명했다.[42] 실상 알렉산드로스는 아직 멤논이 죽었다는 소식을 알지 못해서 모든 관심을 그에게 쏟고 있는 판이었다. 만약 멤논이 움직이지 않고 있다면, 모든 일이 잘 풀려나가리라는 것을 잘 알고 있었기 때문이다.

안키라(Ankyra) 시에 도착한 알렉산드로스는 군대를 사열하고 파플라고니아(Paphlagonia) 지역으로 들어갔다. 파플라고니아 너머에는 헤네티(Heneti) 족이 살고 있었는데, 혹자는 이들로부터 웨네티(Veneti)

---

41) 아리아노스, 『알렉산드로스 대왕 원정기』 2권 3장에서도 이 일에 대해 서술하고 있다. 이 글에서 아리아노스는 아리스토불로스(Aristobulos)의 기록을 인용하면서 채와 매듭을 이어놓고 있던 나무 말뚝을 뽑아버렸다는 말도 전한다고 서술한다.

42) 알렉산드로스는 바로 전해에 함대를 해산했다.

족이 나왔다고도 한다.[43] 이 전 지역은 알렉산드로스에게 인질을 보내고 항복했다. 그럼으로써 그들은 공물을 바치는 의무를 면제받았다. 사실 이들은 이전에 페르시아에도 공물을 바치지 않았다. 알렉산드로스는 마케도니아로부터 막 도착한 군대를 데리고 카파도키아(Kappadokia)로 출발하면서 칼라스에게 이 지역의 통치를 맡겼다.

2. 한편, 다레이오스는 멤논의 사망 소식을 접하고 고민에 싸이게 되었다. 그는 다른 희망을 버리고 자신이 직접 전장에 나가 결정적인 전투를 벌여야겠다고 결심했다. 왜냐하면 그는 휘하 장군들이 해놓은 일들은 다 성에 차지 않고, 그저 그들이 운이 좋았을 뿐이라고 생각하고 있었기 때문이다. 그래서 그는 바빌론(Babylon) 시 앞에 진영을 설치하고 전군을 사열하기로 했다. 병사들이 자신감을 갖도록 하기 위해서였다. 그는 10,000명의 병사들을 수용할만한 장소에 빙 둘러 도랑을 파게하고 크세륵세스(Xerxes)[44]가 했던 식으로 수효를 점검하기 시작했다. 병사들은 해가 뜰 때부터 질 때까지 명령받은 대로 그 장소로 모여들었다. 그 장소가 모두 차면 그들을 그 곳에서 나가게 하여 메소포타미아의 평원에 정렬하게 했다. 기병과 보병의 무리는 수를 헤아릴 수 없이 많았고, 실제보다 더 많은 수처럼 보였다. 그 중에 페르시아 인은 3만 명의 기병을 포함하여 10만 명이었고, 메디아(Media)[45] 인은 1만명의 기병과 5만 명의 보병이었다.

---

43) 이 책의 저자는 당시 로마 제국 내 이탈리아 지역의 독자들의 흥미를 끌기 위해 헤네티 족과 웨네티 족의 관계를 언급한 것으로 보인다. 이들의 이름은 알렉산드로스의 원정 내내 다시 나타나지 않으며, 로마 제정 초기의 기록들에나 이름이 나타난다.

44) 크세륵세스(기원전 485-465년 재위)는 기원전 480년 그리스를 침공했던 페르시아의 왕이다.

또 쌍날도끼와 스페인 식 방패와 비슷하게 생긴 작은 방패로 무장한 2천 명의 바르카니아(Barkania) 인 기병 및 비슷하게 무장한 1만 명의 바르카니아 보병도 있었다. 아르메니아(Armenia)에서는 7천 명의 기병과 4만 명의 보병을 보냈다. 히르카니아 인은 부족 내에서 가장 뛰어난 6천 명의 기병과 1천 명의 타푸리아(Tapuria) 기병을 소집시켰다. 데르비케스(Derbices) 인은 무장한 4만 명의 보병을 보내왔고, 그들 대부분은 청동이나 쇠로 끝을 마무리한 창을 들고 있었지만, 그 중 소수는 나무의 끝을 불에 그슬려 단단하게 만든 창을 장비했다. 같은 부족에서 2천 명의 기병도 이들과 함께 왔다. 카스피 해(海)에서는 8천 명의 보병과 200명의 기병이 도착했으며, 이들과 함께 좀 덜 알려진 부족들에서도 2천 명의 보병과 400명의 기병이 왔다. 그밖에도 3만 명의 그리스 용병들이 있었는데, 젊고 뛰어난 전사들이었다. 그러나 다레이오스가 서두른 바람에 박트리아(Baktria) 인, 소그디아(Sogdia) 인, 인디아(India) 인 및 홍해 근처에 사는 부족들 - 이들의 이름은 다레이오스 자신도 알지 못했다 - 은 소집하지 못했다. 하지만 전사의 수효는 전혀 모자라지 않았다.

대군이 모였으므로 다레이오스는 매우 흡족해 했고, 그의 총신들은 늘 해왔던 아첨으로 그의 희망을 부풀렸다. 그는 경험이 많은 장

45) 현재의 이란 북서부에 있었던 고대 국가와 고대 이란인을 부르는 이름이다. 대체로 오늘날 케르만샤 일부와 아제르바이잔, 하메단, 테헤란, 쿠르디스탄 지방에 해당한다. 메디아라는 이름은 고대 그리스 인들이 이 지역을 메디아(Μηδία) 또는 메데아로 알고 있었기 때문에 붙여졌다. 구약성경에는 메데로 불린다. 앗시리아가 멸망한 후 기원전 11세기 전반 무렵 메디아 족(族)이 세웠다. 수도는 엑바타나(지금의 하마단)였다. 이들은 엑바타나를 중심으로 강성해져 데이오케스(Deiokes) 때에 왕국으로 건립되었으며, 그의 아들 프라오르테스 때는 이란의 대부분을 영유하게 되었다. 페르시아 제국을 만든 키로스는 메디아를 병합하였다.

군이며 알렉산드로스의 명에 의해 아테나이에서 추방되었기 때문에 알렉산드로스에게 적대감을 품고 있는 아테나이 인 카리데모스(Charidemos)[46]에게 [자신의 군대가] 적을 분쇄할 만큼 장비를 잘 갖추었는지에 대한 의견을 물어보았다. 자신이 처한 처지도, 페르시아 대왕의 허영심에 대해서도 신경을 쓰지 않았던 카리데모스는 이렇게 답했다 : "전하께서는 진실을 듣고 싶어 하지 않으실 지도 모르겠습니다만, 그래도 지금 말씀드리지 않으면 언젠가는 쓸모없는 말이 될 터이니 말씀드리겠습니다. 호화스럽게 장비를 갖추고 여러 나라에서, 그리고 전 동방에서 모여든 이 대군은 인접 지역에서는 공포를 불러일으킬지도 모르겠습니다. 이 병사들은 자주색과 금색으로 번쩍이고 있습니다. 그리고 눈부신 무기로 장비하고 있고 물자도 풍부해서, 이들을 목격하지 못한 사람은 믿기 어려울 정도입니다. 이에 비해 마케도니아 군의 외양은 확실히 조악하고 세련되지 못합니다. 하지만 그들은 굳세게 쐐기 꼴 모양의 밀집대형을 짜고 창과 방패로 무장하고 있는 억센 병사들입니다. 마케도니아 인들은 이 밀집대형을 팔랑크스(*phalanx*)라고 부르는데, 확고부동한 보병대형입니다. 그들은 나란히 서서 무기를 맞물리게 해 놓고 있습니다. 그들은 지휘관의 신호에 열렬히 호응하며, 군기를 따르고 대열을 흩트리지 않도록 훈련받았습니다. 그들은 명령에 절대 복종합니다. 버티고 서서 적과 맞서고, 회전 기동을 하며 양익을 지원하기 위해 달려가거

---

46) 기원전 335년 알렉산드로스는 자신에게 적대적인 아테나이 인들(카리데모스, 데모스테네스, 리쿠르고스, 히페리데스, 폴리에욱타스, 카레스, 디오티모스, 에피알테스, 모에로클레스)을 추방하도록 아테나이를 압박했다.(아리아노스, 『알렉산드로스 대왕 원정기』 1권 10장 4-6절; 플루타르코스, 「데모스테네스 전」 23장 4절 참조)

나 전투 대형을 변경하는데 있어서 마케도니아 병사들은 지휘관에 못지않게 능숙합니다. 그리고 그들이 금이나 은에 대한 탐욕에 사로잡혀있다고 생각하시면 안 됩니다. 이제까지 그들은 결핍이라는 학교에서 엄격한 가르침을 받아온 이들입니다. 그들은 피곤해지면 대지를 침대로 삼습니다. 그들은 고생을 하며 손에 잡히는 것은 아무 것이나 먹을 수 있고, 수면 시간도 밤보다 짧습니다. 전쟁터에서 무적인 테살리아, 아카르나니아(Akarnania), 아이톨리아(Aitolia) 기병대는 투석기나 불에 그슬려 단단해진 창 따위로는 격퇴할 수가 없습니다. 그들이 가지고 있는 그 힘이 바로 전하께서 필요로 하시는 것입니다. 전하께서는 그들이 태어난 땅에서 조력을 구하셔야 합니다. 전하께서 보유하고 계신 금은을 보내어 병사들을 고용하십시오." 다레이오스는 성품이 온유하고 부드러운 사람이었지만, 통상 그렇듯이 운명의 여신께서는 자연적인 성질조차도 어그러지게 하셨다. 그리하여 진실에 귀를 기울일 수 없었던 다레이오스는 가장 유익한 충고를 들었던 바로 그 순간에 그의 손님이자 탄원자인 사람을 끌고 나가 처형하도록 했다.[47] 그 때, 스스로 자유민임을 잊지 않았던 카리데모스는 이렇게 말했다 : "나의 죽음에 복수할 사람은 바로 가까이에 있노라. 내가 그대에게 경고했던 것에 대해 반대하는 이가 바로 나의 충고를 무시하는 데 대한 처벌자가 될 것이다. 제멋대로 왕권을 휘둘러서 그렇게도 빨리 태도를 바꾸는 그대는 사람들이 운명의 여신께 굴복하여 천성을 잊어버리는 경우에 대한 후대의 교훈이 될 것이다." 카리데모스가 이와 같은 말을 외치고 있는 동안, 명령을 받은 자들은 그의 목을 베었다. 후에 다레이오스는 후회하고 카리데

47) 3권 8장 5-6절의 내용과는 상충된다.

모스의 말이 옳다는 것을 인정했지만 이미 늦어버렸다. 그는 명령을 내려 카리데모스의 장례를 치러 주었다.[48)]

3. 멘토르(Mentor)의 아들 티모데스(Thimodes)는 패기 있는 청년이었다. 다레이오스는 그에게 자신이 가장 믿고 있는 외인 용병부대 모두의 지휘권을 파르나바조스(Pharnabazos)로부터 인수하라고 명했다. 그리하여 티모데스는 전쟁터에서 그들을 지휘할 수 있게 되었다. 한편 파르나바조스는 전에 멤논이 가지고 있던 지휘권을 인수받았다.[49)]

앞으로 일어날 일에 대해 걱정하고 있던 다레이오스는 차후의 사태에 대한 꿈들을 꾸었고, 이 꿈들이 단지 걱정 때문인지 아니면 신들의 힘에 의한 예지몽인지에 대해 고민하고 있었다. 그는 알렉산드로스의 진영이 불길에 휩싸여 훤하게 밝아져 있는 꿈을 꾸었다. 또 그 직후에 알렉산드로스가 자신이 입은 것과 같은 옷을 입고 자신 앞에 나타났고, 말에 탄 채 바빌론을 통과해간 다음 말과 함께 갑자기 사라져 버리는 꿈을 꾸었다. 게다가 예언자들은 서로 다른 해석을 내놓아 그의 마음을 어지럽혀 놓았다. 일부 예언자들은 그 꿈들이 길조라고 해석했다. 적의 진영이 불타고, 다레이오스 앞에 나타난 알렉산드로스가 왕의 복장을 갖추지 않고 페르시아의 평상복을 입고 있기 때문에 좋은 징조라는 것이다. 그러나 다른 예언자들은 이를 달리 해석했다. 그들에 따르면 마케도니아 진영이 불길에 휩싸인 것은 알렉산드로스의 영광을 알려주는 것이며, 다레이오스가 왕이 될 때와 같은 복장을 갖추고 알렉산드로스가 나타난 것은 그가

48) 디오도로스 시쿨루스의 『역사 도서관』 17권 30장 6절 참조

49) 티모데스는 멤논의 조카이다.

아시아를 지배하게 될 운명임을 보여준다는 것이다. 항상 그렇지만 걱정을 하다보면 옛 징조들도 떠오르게 마련이었다. 왜냐하면 다레이오스가 치세 초기에 페르시아 신월도(新月刀)의 칼집 형태를 그리스 식으로 바꾸도록 명령했고, 그러자 바로 칼데아(Chaldea)[50] 인들이 페르시아 인의 제국이 그들이 무기를 모방한 이들에게로 넘어갈 것이라고 선언했던 것을 떠올렸기 때문이었다. 그러나 다레이오스 자신은 공식적으로 이루어진 예언자들의 해석도, 꿈에서 보았던 광경들도 마음에 흡족해서 명령을 내려 진영을 유프라테스 강 쪽으로 옮겨가도록 했다.

페르시아 인들은 오래된 관습에 따라 해가 뜨기 전에는 행군을 시작하지 않았다. 날이 훤히 밝은 다음에야 왕의 군막에서 뿔피리 신호가 울려 퍼졌다. 왕의 군막 위에는 모든 사람이 볼 수 있도록 수정 속에 들어있는 태양의 상(像)이 반짝이고 있었다. 진군 순서는 다음과 같다. 맨 앞에는 은으로 만든 제단들 위에 불이 옮겨지는데 페르시아 인들은 이 불이 성스럽고 영원하다고 한다. 그 뒤로는 사제들(*magi*)[51]이 전통적인 송가(頌歌)를 읊조리면서 따라 간다. 그 다음으로는 자주색 예복을 입은 365명의 청년들이 뒤따른다. 이들의 수효는 한 해(年)의 날수와 같다. 페르시아 인들도 해를 날수에 따라 구분하기 때문이다. 그 다음으로 최고신[52]에게 바쳐진 전차를

50) 칼데아는 티그리스, 유프라테스 강의 하류 부분으로 옛 수메르 문명이 일어났던 지역의 명칭이다. 이 지역의 예언자, 점쟁이는 로마 시대까지도 명성이 높았다.

51) 로마 인들은 페르시아 혹은 근동의 사제를 마구스(*magus*, 복수는 마기 *magi*)라고 불렀다.

52) 원문에는 로마의 최고신 유피테르(Jupiter)라고 되어있다. 즉 페르시아의 최고신인 오르무즈드(Ormuzd)이다.

백마들이 끌고 간다. 백마들의 선두에는 특별히 큰 말이 서는데, 그들은 이 말을 '태양의 말'이라고 불렀다. 황금지팡이를 들고 흰색의 예복을 입은 자들이 이 말들을 몰고 간다. 많은 양의 금은을 써서 돋을새김으로 꾸며진 10대의 전차가 바로 그 뒤를 따라간다. 그 뒤를 서로 다른 무기와 옷을 장비한 12종족의 기병들이 따른다.

그 다음으로는 페르시아 인들이 '죽지 않는 자들'[53]이라고 부르는 1만 명의 부대가 행진한다. 어떤 이들도 이민족 식으로 부유하게 치장한 이들보다 더 화려하게 차려 입을 수는 없을 것이다. 그들은 금목걸이를 차고, 금실로 짠 천으로 장식한 외투를 걸치고, 심지어는 보석들로 장식된 긴 소매 튜닉을 입었다. 이들로부터 얼마 떨어지지 않고서, 페르시아 인들이 '왕의 일족'[54]이라고 부르는 15,000명이 행진한다. 이들은 마치 여자처럼 차려 입었는데, 이들의 멋진 무기들보다는 사치스러운 복장이 더 눈길을 끈다. 그 다음으로 가는 부대는 도리포로이(Doryphoroe)[55]라고 부르는데 왕의 의복을 지키는 일을 한다. 그 다음으로 왕의 전차가 가는데, 왕이 그 위에 올라타 있고 다른 누구보다도 눈에 띈다. 전차의 양면은 그들의 신상들이 금은의 돋을새김으로 장식되어 있다. 전차의 가로대는 번쩍이는 보석들로 장시되어 있는데, 그 위에는 한 큐빗(*cubit*)[56] 정도 되는 왕의 두 선조의 상이 세워져 있다. 하나는 니누스(Ninus)이고 다른 하나

---

53) 1만 명의 보병 부대로서 항상 수는 1만 명으로 고정되어 결원이 생기면 보충한다고 한다. 헤로도토스, 『역사』 7권 83장 참조

54) 수로 보아서 짐작할 수 있듯이 실제로 왕의 친족인 것이 아니라, 왕의 조신(朝臣)들에게 주어진 명예로운 호칭이다.

55) 이들은 '죽지 않는 자들'에서 선별된 왕의 친위대이다. 도리포로이의 의미는 '창 보유자들'인데 임무와는 맞지 않아 보이지만 다른 정보는 없다.

56) 팔꿈치에서 가운데 손가락 끝까지의 길이로서 46-56cm정도이다.

는 벨로스(Belos)[57]이다. 이 두 상 사이에는 성화된 금 독수리 상[58]이 있는데 양 날개를 펼치고 있는 것으로 묘사되고 있다.

왕의 의복은 사치스러워서 어느 누구보다도 눈에 띈다. 왕은 중앙 부분만 흰색인 자주색 튜닉을 걸쳤고, 금실로 수놓아진 망토에는 두 마리의 매가 서로를 부리로 공격하는 모습이 새겨져 있다. 여성 스타일의 금제 허리띠에는 신월도가 걸려있는데, 칼집은 통짜 보석으로 만든 것[59]이다. 페르시아 인은 왕의 머리띠를 키다리스(*cidaris*)라고 불렀다. 이 머리띠에는 흰색이 점점이 박힌 푸른 리본이 둘러져 있다. 이 전차 바로 뒤에는 1만 명의 창병이 따라가는데, 그들의 창은 은으로 장식되어 있고, 창날은 금으로 만들어졌다. 그리고 200명 정도의 가장 고귀한 왕의 혈족이 전차의 좌우에서 호종하고 있다. 이 대열의 마지막에는 3만 명의 보병이 400마리의 왕의 말들과 함께 따르고 있다.

그 다음으로, 200미터 정도 떨어져서 다레이오스의 모후인 시시감비스(Sisigambis)가 탄 마차가 있으며, 그 옆에는 왕비의 마차가 있다. 왕비의 마차 옆에는 시중드는 여성들이 한 무리 말을 타고 따르고 있다. 그 다음으로는 아르마막사이(*armamaxae*)[60]라고 부르는 가마가 15채 뒤따라간다. 이 가마들 안에는 왕의 자녀들과 보모들, 내시들이 타고 있다. 페르시아에서는 내시들을 경멸하지 않는다. 그

---

57) 벨로스는 전승에 따르면 고대 앗시리아의 왕이고, 바빌론의 창건자로 알려져 있다. 그는 바알(Baal) 신이 되었다고 한다. 니누스는 앗시리아 왕조의 전설적인 창건자이다.

58) 페르시아 왕권의 상징이다.

59) 아마도 보석들로 장식되어 있다는 의미일 것이다.

60) 사방이 둘러싸인 일종의 들것으로서 아마 노새가 끌었을 것이다.

뒤로는 365명의 왕의 애첩들이 탈것에 들려 가는데, 이들은 한껏 차려입고, 멋을 내고 있다. 그 다음으로는 600마리의 노새와 300마리의 낙타가 왕의 자금을 싣고 가는데, 한 무리의 궁수들이 지키고 있다. 그 다음으로는 왕의 친척과 친구들의 부인들이 가마를 타고 가며, 그 뒤에는 종군상인들과 당번병들이 따르고 있다. 맨 뒤에는 후미를 지키기 위한 경보병 부대 일단이 각 부대의 지휘관들과 함께 따르고 있다.

한편 마케도니아 군을 살펴보면 전혀 다르다는 것을 알 수 있다. 마케도니아 군의 병사들과 말도 번쩍이고 있지만, 금이나 화려하게 채색된 장식 때문이 아니라 강철과 청동 빛으로 빛나고 있다. 마케도니아 군은 대지에 버티고 서서 지도자를 따를 준비가 되어 있는 군대이며, 수가 너무 많거나 짐이 많아서 부담을 가지고 있지도 않고 신호만이 아니라 지휘관이 고개만 끄덕거려도 민감하게 반응한다. 따라서 진영을 설치하고 군대의 보급품을 쌓아둘 공간이 충분하다. 그러므로 알렉산드로스는 전장에서 싸울 병사가 모자라지 않았다. 반면에 엄청난 대군을 준비한 다레이오스는 전장의 지형으로 인해 대군을 모두 투입할 수 없게 되어 그가 우습게보았던 적과 같이 적은 수의 군세로 싸워야만 했다.

4. 그러는 사이에 알렉산드로스는 사비스타메네스(Sabistamenes)[61]에게 카파도키아의 통치를 맡기고 전군을 이끌고 킬리키아(Cilicia)로 가서 '키로스 대왕의 숙영지'라고 알려진 곳에 이르렀다. 이곳은 [예

61) 아리아노스, 『알렉산드로스 대왕 원정기』 2권 4장 2절에 따르면 사빅타스(Sabiktas)이다.

전에 페르시아를 창건했던] 키로스 대왕이 크로이소스(Kroisos) 왕을 치기 위해 리디아(Lydia)로 행군해 들어갔을 때, 영구 숙영지를 건설했던 곳이다.[62] 이 지역은 킬리키아로 들어가는 통로에서 10Km 정도 떨어진 곳이었다. 그 지역에 사는 사람들은 그 좁은 통로를 '관문들'이라고 부르는데, 자연적으로 만들어진 통로이지만 마치 사람이 요새화 해놓은 것처럼 보였다. 따라서 킬리키아의 태수인 아르사메스(Arsames)는 전쟁이 시작되었을 때 멤논이 했던 충고[63]를 떠올리고서, 좀 더 일찍 시행했다면 좋았겠지만, 이제 늦게나마 그 계획을 시행해야겠다고 판단했다. 그리하여 그는 적에게 이득을 주지 않기 위해 불과 칼로 킬리키아를 황폐하게 만들어버려야겠다고 마음먹고, 지킬 수 없는 곳이라면 불모지를 만들어버리기 위해 유용해 보이는 모든 것을 파괴해 버렸다. 하지만 킬리키아로 이르는 좁은 통로를 강력한 부대로 틀어막고 도로를 굽어 볼 수 있는 높은 위치를 점거한 다음, 그 유리한 위치에서 적의 진격을 저지하거나 공격했다면 별로 희생도 없이 성공적으로 작전을 수행했을 테니 그 편이 훨씬 더 좋았을 것이다. 그런데 실제로 그는 소수의 병력만을 남겨두어 산속의 통로를 수비하도록 하고, 적의 약탈에서 지켜줬어야 할 땅을 자신은 퇴각하면서 스스로 약탈했던 것이다. 그 결과 뒤에

62) 아리아노스, 『알렉산드로스 대왕 원정기』 2권 4장 3절에서 아리아노스는 이 키로스가 연소 키로스라고 보고 있다. 키로스 대왕은 캄비세스 1세의 아들로서 페르시아 제국의 건설자이다. 연소 키로스는 키로스 대왕의 후손 중 하나로서 아르타크세륵세스 2세와 왕위를 다투다 전사했다.

63) 멤논의 전략에 대해서는 아리아노스, 『알렉산드로스 대왕 원정기』 1권 12장 9절 및 디오도로스 시쿨루스, 『역사 도서관』 17권 18장 2-3절을 참조할 수 있다. 멤논은 페르시아 지휘관들의 회의에서 모든 것을 불태우고 적에게 물자를 남겨놓지 않는 청야(淸野) 작전을 실시하면 멀리서 원정 온 마케도니아 군을 물리칠 수 있을 것이라고 주장했다.

남겨진 병사들은 배신당했다고 생각하게 되었다. 그래서 심지어 자신들이 그 장소를 지키면서 감당할 수 있었던 수보다도 더 적은 병사들이 다가오는 것을 보자마자 도망쳐버렸다.

킬리키아는 가파르고 험한 산들이 연이어 있는 산맥으로 완전히 둘러싸인 지역이다.[64] 이 산맥은 바다에서 솟아 나와 마치 활처럼 휘어서 다른 쪽 해안가로 이어진다. 이 지역은 바다로 향해서 평평하게 튀어 나와 있고, 그 평원에는 여러 개의 강이 흐른다. 그 중 가장 유명한 강들이 피라모스(Pyramos)와 키드노스(Kydnos)이다. 키드노스 강은 수량 때문이 아니라, 맑기로 유명하다. 이 강은 수원지로부터 흘러나와 잔잔히 흐르며 대지를 가로질러 간다. 더욱이 물길을 틀어 놓는 급류도 없어서 부드럽게 흘러간다. 따라서 맑을 뿐 아니라, 매혹적인 경치를 제공해 주는 강둑의 그늘 덕분에 매우 차갑고, 수원지에서 나왔을 때와 마찬가지 상태로 바다에 흘러 들어간다. 이 지역에는 노래로도 불렸던 여러 기념물들이 있었지만 시간이 흐름에 따라 파괴되어 버렸다. 리르네수스(Lyrnesus) 시[65]와 테바이(Thebes) 시의 유적들이 특기할 만하며, 티폰(Typhon)의 동굴이나 사프론이 자라는 코리쿠스(Corycus)의 숲 등도 유명하다. 하지만 이제는 단지 그 명성만이 남아있다.

알렉산드로스는 '관문들'이라고 불리는 협곡으로 들어갔다. 그리고

---

64) 크세노폰, 『아나바시스』(*Anabasis*) 1권 2장 22절 참조. 소크라테스의 제자이며, 정치가, 군인, 저술가인 크세노폰이 페르시아의 왕위 계승 전쟁에서 키로스 왕자(앞의 역주에 나왔던 연소 키로스) 밑에서 복무했다가 키로스가 사망하여 페르시아 내륙에서 해안까지 1만 명의 동료 용병과 같이 후퇴한 것을 『아나바시스』에 기록하고 있다.

65) 실제로는 리키아 근처의 팜필리아(Pamphylia)에 있다. 쿠르티우스가 착각한 것이다.

그 지역의 전경을 살펴본 다음, "나는 정말로 운이 좋군!"이라고 말했다고 전해진다. 만일 누군가가 그곳을 지키고 있다가 마케도니아 군이 다가왔을 때, 바위들을 굴리기만 했어도 그 바위들에 깔려 버렸을 것이기 때문이었다. 길의 폭은 무장한 병사들이 4열종대로 겨우 지나갈 정도였고, 산등성이가 그 통로 위에 쑥 내밀어져 있는데, 좁을 뿐만 아니라 그 위를 흘러서 산 아래에서 흘러나오는 여러 개울들에 의해 여기저기 끊어져 있었다. 알렉산드로스는 트라키아 경보병 부대에게 지시를 내려 앞서 나가면서 통로를 정찰하도록 했다. 그래서 적은 숨어 있다가 알렉산드로스의 군대가 산을 올라갈 때 습격하지 못했다. 그는 산꼭대기에 궁수 부대도 배치하였다. 그들은 행군이 아니라 전투에 대비하여 활시위를 팽팽히 하고 준비하라는 명령을 받았다. 이런 식으로 알렉산드로스 군은 타르소스(Tarsos) 시에 도착했다. 이 때, 페르시아 인들은 이 부유한 도시가 적에게 넘어가는 것을 막기 위해 불을 지르고 있던 참이었다. 알렉산드로스는 파르메니온에게 병력을 주어 먼저 앞으로 보내 방화를 막도록 했다. 그리고 적이 알렉산드로스의 군대가 도착한 것을 알고 도망쳐 버리자, 그는 자신이 구원한 도시로 입성하였다.

5. 조금 전에 언급했던 키드누스 강은 도시 가운데를 관통해서 흐른다. 때는 여름[66]이어서 킬리키아는 어떤 연안 지방보다도 타는 것 같은 무더위가 닥쳐와 있었다. 더욱이 가장 더워지기 시작하는 시점이었다. 왕은 땀과 먼지에 덮여있었고, 맑은 물을 보자 더위에 지친 몸을 식히고 싶어졌다. 그는 단순히 부하들의 주목을 받는 것

66) 기원전 333년 7월이었을 것이다.

에 대해 만족한 모습을 보인다면 위신도 올라갈 것이라고 생각하면서, 병사들이 보는 앞에서 옷을 벗고 강물 속으로 들어갔다. 그러나 그는 물속에 들어가자마자 [수온이 낮아서] 사지가 떨리고 굳어지기 시작하는 것을 느꼈다. 그는 창백해졌고, 몸의 온기가 거의 사라졌다. 수행원들이 그를 부축했을 때, 그는 죽어가는 것처럼 보였다. 그리고 그들이 그를 천막으로 데려갔을 때, 그는 거의 정신을 잃을 지경이었다. 진영 전체에 거의 비탄이라고 할 깊은 근심이 자리 잡았다. 눈물을 머금은 병사들은 이와 같이 갑작스러운 일련의 상황 속에서 역사상의 어느 누구보다 명성이 드높은 왕이 전투에서도 아니요, 적에 의해서도 아니라 목욕하다가 생을 마치게 되는 일에 대해 슬픔을 느꼈다. 그들에 따르면 눈앞에 적을 본 다레이오스가 승리자로 코앞에 다가와 있었다. 이는 그들이 이제까지 싸워 이겨 통과해 왔던 땅, 그들 자신이나 적군에 의해 황폐해진 그 땅을 다시 돌아가야 하는 것을 의미했다. 만약 적이 추격해 오지 않는다 해도 이 끝없이 펼쳐진 황무지를 다시 돌아가면서 굶주림과 보급품 부족에 시달릴 것이 뻔했다. 퇴각 시에 누가 그들을 지휘해 줄 것인가? 누가 알렉산드로스를 계승할 것인가? 그들이 퇴각하여 헬레스폰트 해협에까지 이른다 해도 누가 해협을 건널 배들을 마련할 것인가? 그 다음으로 병사들은 자신들의 문제는 잊어버리고 왕에 대해 깊이 동정하게 되었다. 자신들의 왕은 기력이 충만한 한창 때였고 이제껏 같이 싸워온 전우였다. 그런데 이제 자신들과 떨어져 인생을 마감해야 하는 것이었다.

그러는 동안, 알렉산드로스의 호흡은 안정되어 갔다. 그는 정신이 돌아옴에 따라 눈을 떠서 자신의 병상 주위에 친구들이 둘러서 있는 것을 알게 되었다. 그가 상황이 얼마나 심각한지를 알게 되면서 병세가 호전되는 것처럼 보였다. 그러나 근심이 생겨나자 육체적인 문제도 나빠졌다. 다레이오스가 이미 킬리키아로 들어와 나흘 거리에 있다는 보고가 들어왔기 때문이었다. 알렉산드로스는 "원인도 알지 못한 채로 병들어 병상에서 불명예스럽게 죽어가는 동안에 승리를 적에게 빼앗기고 결국 손발이 묶여서 다레이오스 앞에 나가야 하는 가?"라고 한탄했다. 그리고 의사들과 친구들의 의견에 동의하게 되어 다음과 같이 말했다 : "여러분도 알다시피 운명의 여신께서는 이번의 위기로 나를 놀라게 했소. 생각건대 적의 무기 소리가 들리는 듯하오. 이제까지 전쟁에서 줄곧 적을 공격해왔던 내가 이제는 도전을 받게 되었소. 다레이오스가 그처럼 거만한 편지를 썼을 때, 내 운명을 고려해서 한 일이었겠소? 내가 이제 원하는 대로 병이 낫기만 한다면 이는 아무 문제가 되지 않는 일이요. 지금 상황은 완만한 치료법과 천천히 낫게 하는 의사가 소용없는 시점이요. 내가 천천히 회복되기 보다는 주도권을 가지고 죽는 것이 나을 거요. 그러니 의사들은 내가 죽어도 좋으니 어떤 방법을 쓰든지 간에 전쟁을 치를 수 있도록 빨리 낫도록 해주오." 알렉산드로스가 무모하게 이렇게 얘기하자, 그 자리에 모인 모든 사람은 크게 걱정하게 되었다, 그래서 그들은 성급하게 굴어 위험을 자초하지 말고 의사들에게 맡기라고 다투어 간언하였다. 그들이 입증되지 않은 치료법에 대해 의구심을 가질 만도 한 것이 적은 알렉산드로스의 친인들 중 하나를 매수하여 그를 독살하려 하고 있었기 때문이다. 사실 다레이오스는 알렉산드로스를 암살하는 자에게 1,000탈란톤을 주겠다고 공언해 놓은 상태였다. 따라서 그들은 누구라도 의심이 갈만한 치료법을 써서 입증되지 않은 치료를 하면 안 된다고 생각하고 있었다.

6. 마케도니아에서부터 알렉산드로스를 따라왔던 유명한 의사들 중에 필리포스라는 사람이 있다. 그는 아카르나니아 사람이며 알렉산드로스에게 가장 충성스러웠다. 그는 알렉산드로스가 소년이었을 때부터 주치의 겸 동료로 항상 함께 해왔으며, 알렉산드로스를 왕으로서만이 아니라 거의 아들처럼 아끼고 사랑했다. 이 필리포스는 독하지 않고 효과가 있는 치료법을 개발했으며, 탕제로 열을 내리게 할 수 있다고 장담했다. 그가 장담한 치료법에 대해서 위험을 감수하여 그 약을 마실 사람 하나(즉, 알렉산드로스)만 빼 놓고 모두 반대했다. 왕은 치료가 늦어지느니 어떤 것도 감수할 용의가 있었기 때문이다. 왕의 눈앞에서는 무기와 군대가 정렬한 품이 아른거렸고, 승리는 오로지 그 자신이 군기 앞에 버티고 서 있을 수 있느냐에 달려있다고 믿었다. 그가 가장 견디기 어려웠던 것은 3일 후에나 약을 먹을 수 있다는 것이었다. 3일은 필리포스가 [약을 짓는데 걸린다고] 약속한 기간이었다.

그 사이에 그는 가장 신뢰하는 장군인 파르메니온으로부터 한 통의 편지를 받았다.[67] 이 편지에서 파르메니온은 그의 생명을 필리포스에게 맡기지 말라고 썼다. 다레이오스가 필리포스에게 1,000탈란톤을 주고 자신의 여동생을 시집보내겠다고 약속하여 그를 매수했다는 것이다. 알렉산드로스는 이 편지를 받고 깊은 생각에 빠졌다. 그는 두려움과 희망의 두 갈래 길에서 고민하게 되었다. 그는 이렇게 생각했다 : "내가 이 약을 마셔야 하는가? 그래서 그 약 안에 독이 들었다면, 그 결과에 대해서 내가 모든 것을 감수할만한 가치가 있는가? 내 주치의의 충성심을 불신할 것인가? 그럴 경우 나는 내

67) 이 때 파르메니온은 카파도키아에 머물고 있었다.

천막 안에서 죽음을 맞이해야 하는가? 내 스스로의 두려움 때문에 죽느니보다는 차라리 다른 사람의 범죄로 죽는 편이 나으리라!" 오랫동안 여러 가지로 생각을 해 본 그는 누구에게도 파르메니온의 편지에 대해서 말하지 않고, 자신의 도장 반지로 봉인한 후 그 편지를 침상의 베개 밑에 밀어 넣어 놓았다.

그는 이런저런 생각을 하며 이틀을 보냈다. 그리고 약속한 날이 되자, 필리포스는 조제한 약이 담긴 사발을 들고 왕의 천막으로 들어왔다. 알렉산드로스는 그를 보고 침상에서 일어나 앉았다. 그는 파르메니온이 보낸 편지를 왼손에 쥐고 [오른 손으로] 사발을 받아 두려워하지 않고 그 약을 마셨다. 그 다음 그는 편지를 필리포스에게 건네주고 읽으라고 한 뒤, 그가 읽고 있는 동안 그의 얼굴을 뚫어지게 쳐다보았다. 그가 죄책감을 가지고 있다면 얼굴 표정에서 눈치 챌 수 있을 것이라고 생각했기 때문이다. 그러나 필리포스는 편지를 읽는 동안 내내 두려움 보다는 분노를 표시했다. 그는 망토를 벗어던지고 편지를 왕의 침상 앞에 내려놓았다. "전하, 제 삶의 숨결은 언제나 전하를 위해 존재해왔고, 또 지금 이 순간 전하의 성스럽고 존경하옵는 입술에서 흘러나오는 것이라고 믿사옵니다. 제가 지금 받고 있는 암살의 누명은 전하가 회복됨으로써 벗겨질 것입니다. 그러므로 전하는 제가 살릴 것이고, 전하께서는 저를 살려주실 것입니다. 전하께 간구하고 탄원하건대 두려움을 거두시고 약물이 혈관 속으로 들어가게 하소서. 잠시나마 마음을 편하게 하소서. 전하께서는 충성스럽긴 하지만 근심 때문에 문제를 일으키고만 있는 친구들 때문에 적절치 못한 때에 흥분하고, 또 걱정하고 계십니다." 그가 이렇게 말하자 왕은 근심을 덜었을 뿐 아니라, 실제로 기운이 나고 희망에 부풀게 되었다.

따라서 그는 이렇게 말했다 : "필리포스, 만약 신들께서 자네에 관한 내 감정을 시험하는 가장 이상적인 방법을 허용하신다면, 자네는 아마 다른 것을 골랐을 테지. 그러나 이보다 더 나은 방법을 찾을 수 는 없을 걸세. 나는 이 편지를 받은 후에 자네가 만들어 온 약을 마셨네. 그리고 나를 믿게. 나는 내가 회복되는 것 보다 자네의 충성을 더 믿는다네." 그는 이렇게 말하며 필리포스에게 오른 손을 내밀었다.

그러나 약효가 너무 강하게 나타나 파르메니온의 고발이 맞는 것처럼 보이게 되었다. 알렉산드로스는 숨을 헐떡이고 호흡이 곤란해졌다. 그러나 필리포스는 손을 놓고 가만히 있지 않았다. 그는 왕의 몸에 찜질 약을 발라주고, 의식을 잃을 때면 한번은 음식 냄새, 다른 때는 포도주 향기를 맡게 하는 등의 방법으로 왕의 의식을 회복시키려 노력했다. 그리고 왕의 의식이 돌아오자, 끊임없이 왕의 어머니와 여동생들에 대해 이야기하거나, 앞으로 성취하게 될 위대한 승리에 대해 말하였다. 그리고 약물이 알렉산드로스의 혈관 속으로 퍼져나가면서 건강을 되찾게 해주는 약효가 전신에 나타났다. 먼저 알렉산드로스는 예전의 자신감을 회복했고, 그 다음으로는 육체적인 힘이 돌아왔는데 그 기간이 예상보다 더 빨랐다. 그런 상태로 3일이 지난 후에 그는 부하들 앞에 모습을 드러냈다. 그리고 병사들은 알렉산드로스에게 만큼이나 필리포스에게 환호를 보냈다. 병사들 각각은 필리포스의 오른 손을 움켜잡고 마치 그가 자신들을 돕기 위해 온 신이나 되는 것처럼 감사를 표했다.

마케도니아 인은 원래 자신들의 왕을 크게 존중하는 경향이 있는데, 이런 점을 감안한다고 하더라도 이 특별한 왕에게 바치는 존경이나 열렬한 애정은 형언하기 어려울 정도이다. 무엇보다 그들은 알렉산드로스의 모든 업적이 신들의 도움으로 이루어졌다고 생각했다. 항상 운명의 여신이 그를 돌보고 있으며, 그래서 성급하게 굴지라도 항상 영광스러운 결과를 가져온다는 것이다. 아직 젊은 나이 임에도 그런 위업을 성취했다는 점으로 인해, 그의 나이도 성취에 영광을 더해주었다. 또 일반적으로는 그다지 중요하지 않다고 여겨지기는 하나, 병사들 사이에서는 크게 인기가 있었다는 이유도 있었다. 즉, 그가 병사들과 어울려 운동을 하고, 일반 시민과 별 다를 바 없이 옷을 입으며, 병사처럼 씩씩하다는 것이다. 자연적인 것인지, 아니면 신중하게 가꿔진 것인지는 모르겠으나 바로 이런 특징들 덕분에 병사들은 그에게 경외에 가까운 애정을 품고 있었다.

7. 알렉산드로스가 병에 걸렸다는 소식을 들은 다레이오스는 무거운 짐을 가진 자신의 군대가 허용하는 최대 속도를 내어 유프라테스 강으로 진군하도록 하였다.[68] 그가 서둘러 킬리키아를 장악하기 위해 유프라테스 강에 부교(浮橋)를 건설하도록 했음에도 불구하고, 전군이 강을 건너는 데는 5일이나 걸렸다. 이 때, 알렉산드로스는 체력을 회복하여 솔리(Soli) 시에 도달하였다. 그는 이곳을 점령하고 주민들에게 200탈란톤의 벌금을 부과하였으며, 이곳의 요새에 수비대를 주둔시켰다. 그리고 그 다음 축제일을 선포하고 경기를 개최함으로써 건강이 회복되면 시행하겠노라고 예전에 했던 맹세를 지켰다. 그리고 아스클레피오스(Asklepios)와 아테나 여신[69]을 기리

68) 플루타르코스, 「알렉산드로스 전」 19장 1절에 의하면 다레이오스는 알렉산드로스가 킬리키아에서 늦게 움직이는 것은 겁을 냈기 때문이라고 믿었다.

는 경기를 개최함으로써 이민족에 대한 경멸감을 내보였다. 그가 경기를 관람하고 있을 때, 할리카르나소스로부터 희소식이 들어왔다. 휘하의 군대가 페르시아 군에게 승리했으며, 민디아(Myndia) 인, 카우니아(Kaunia) 인 및 그 지역의 대부분 주민들이 복속되었다는 것이다.[70] 축제가 끝나자 그는 진영을 옮겨 피라모스 강에 부교를 놓고 말루스(Mallus) 시로 갔다. 그리고 4일을 행군한 다음 카스타발룸(Kastabalum) 시로 갔다. 파르메니온은 그곳에서 알렉산드로스와 합류했다. 알렉산드로스는 이소스(Issos)라고 부르는 도시에 이르는 도로를 정찰하기 위해 그를 먼저 앞서 보냈다. 좁은 통로를 장악하고 적절한 규모의 수비대를 남겨둔 파르메니온은 페르시아 인들이 버려둔 이소스 시도 점령하였다. 그는 진군해 나가면서 산맥 속의 거점들을 지키고 있던 페르시아 병사들을 쫓아내고, 자신이 데리고 간 분견대로 전 지역을 점령하였으며, 바로 앞서 말한 대로 통로를 장악하였다. 그 다음 그는 자신이 이룩한 전과를 보고하기 위해 알렉산드로스에게로 갔다.

알렉산드로스는 군을 이소스를 향해 이동시켰다. 그리고 계속 진군을 계속해야 할지, 마케도니아로부터 오고 있는 것으로 알려져 있는 보충병을 기다려야 할지에 대해 숙고하였다. 파르메니온은 전투

---

69) 원문은 라틴어이므로 아스클레피우스(Asclepius)와 미네르와(Minerva)라고 되어 있다. 아리아노스, 『알렉산드로스 대왕 원정기』 2권 5장 8절에 의하면 이 축제에는 군대의 사열, 횃불 경주, 음악 경연 등이 포함되어 있었다. 그리고 병의 완쾌를 감사하는 축제이므로 치유의 신 아스클레피오스에게 감사하는 것은 당연하였다. 아테나(미네르와)에 대한 희생제는 솔리에서 열린 것이 아니라, 마가르수스(Magarsus)에서 열렸다.

70) 프톨레마이오스와 리디아의 태수인 아산드로스가 카리아의 태수인 페르시아인 오론토바테스(Orontobates)에 대해 승리를 거두었다.

를 치르기에는 이보다 좋은 곳이 없다는 의견을 밝혔다. 통로가 좁아서 대군을 수용할 수 없으므로 두 왕의 병력이 대등해 질 것 이라는 게 파르메니온의 생각이었다. 그에 따르면 마케도니아 군은 평원이나 넓은 장소를 피하는 것이 바람직했다. 적에 의해 포위되거나 앞뒤로 적을 맞이할 가능성이 있기 때문이었다. 그가 두려워하는 것은 적의 용기가 아니라 아군의 병력이 소모되는 것이었다. 만약 기동이 제한되어 있는 장소가 아니라면 적의 새로운 병력이 계속 전방에 나타날 것이기 때문이었다. 알렉산드로스는 그의 생각이 일리가 있다고 여겨 받아들이기로 하였다.[71] 그래서 통로의 가장 좁은 지역에서 적을 기다리기로 했다.

마케도니아 군 내에 시시네스(Sisines)라 불리는 한 페르시아 인이 있었다.[72] 그는 예전에 이집트의 태수가 필리포스 왕에게 파견한 사람이었는데, 많은 선물과 융숭한 대접을 받고 조국을 떠나 마케도니아에 정착하기로 한 인물이었다. 그리고 알렉산드로스가 아시아로 진군할 때 따라 왔으며, 왕의 가장 가까운 사람들 중의 하나로 인정되고 있었다. 이 시시네스에게 어떤 크레테 인 병사가 도장반지로 봉인이 찍힌 편지를 한 통 건네주었다. 거기 찍힌 문양은 시시네스가 알지 못하는 것이었다. 이 편지는 다레이오스의 휘하 장군인 나바르자네스(Nabarzanes)가 보낸 것으로서, 시시네스의 고귀한 태생과 품성에 어울리는 일을 하라고 부추기는 글이었다. 그러면 다레이오스에게서 큰 신임을 얻게 되리라는 것이다. 시시네스는 어떤 좋지

---

71) 알렉산드로스가 파르메니온의 의견을 수용하는 일은 그리 많지 않았다.

72) 아리아노스, 『알렉산드로스 대왕 원정기』 1권 25장 3절에 의하면 그는 다레이오스 3세의 궁정에 있다. 아마도 쿠르티우스가 다른 인물과 착각한 것으로 보인다.

않은 의도를 전혀 갖고 있지 않았으므로, 이 편지를 여러 번 알렉산드로스에게 바치려고 했다. 하지만 알렉산드로스가 여러 가지 일을 처리해야 했고, 전쟁 준비에 몰두하고 있었기 때문에 편지를 바칠 적절한 시기를 찾고 있었다. 그 결과 그가 알렉산드로스에 대한 음모에 가담했다는 의심을 받기에 이르게 되었다. 사실 이 편지는 시시네스에게 전달되기 전에 이미 알렉산드로스의 손에 들어갔었다. 그는 편지를 읽고 나서 시시네스가 모르는 도장반지로 봉인을 하고, 충성을 시험하기 위해 시시네스에게 건네주게 했던 것이다. 하지만 그가 여러 날 동안 알렉산드로스에게 접근하지 않았기 때문에 좋지 않은 의도를 가지고 편지를 감추었다는 의심을 사서 군이 진군하는 동안 크레테 병사들에 의해 살해되고 말았다. 이는 알렉산드로스의 명령에 따른 것임이 분명했다.

8. 이 때 쯤에 티모데스(Thimodes)가 파르나바조스로부터 인수받은 그리스 병사들이 다레이오스에게 도착했다. 이들은 다레이오스에게 가장 주요한 그리고 거의 유일한 희망이었다. 그들은 다레이오스에게 메소포타미아의 넓은 평야로 돌아가야 하며, 만약 이 권고를 듣지 않는다면 적어도 그의 수많은 군대를 쪼개어 운명의 여신의 일격에 전 왕국의 흥망을 걸지 않도록 해야 한다고 말했다.[73] 다레이오스 왕의 신하들은 이 권고에 대해 못마땅해 했다. 그들은 그리스 병사들의 충성이 의심쩍으며, 돈에 따라 움직이는 사람들이라고 보았다. 그리하여 그들은 이 권고에는 음모가 숨겨

73) 아리아노스, 『알렉산드로스 대왕 원정기』 2권 6장, 3절 및 6절과 플루타르코스 「알렉산드로스 전」 20장 1-3절에서는 이 충고를 한 사람이 안티오코스의 아들인 아민타스(Amyntas)라고 밝히고 있다.

져 있으며, 이들이 병력을 나누기를 원하는 유일한 이유는 군을 쪼갠 후에 한 부분을 맡게 되면 이 병력을 알렉산드로스에게 넘기려 하기 때문이라고 주장했다. 또 가장 안전한 방법은 전군을 시켜 그리스 병사들을 둘러싸고 일시에 창을 던져 죽여 버림으로써 음모는 반드시 처벌받는다는 점을 널리 알려야 한다고까지 말했다. 그러나 다레이오스는 공정하고 관대한 인물이었다. 그래서 그는 자신의 말을 신뢰하는 사람들을 학살하는 극악한 범죄를 저지르지 않겠다고 선언했다. 그는 만약 그렇게 많은 병사들의 피를 자신의 손에 묻힌다면 장차 누가 외국에서 자신에게 귀순해 오겠느냐고 말했다. 바보 같은 충고를 했다고 해서 목숨을 빼어서는 안 된다는 것이다. 그는 다음과 같이 말했다 : "권고에 위험이 따라붙는다면, 내게 권고를 해 줄 사람이 없어질 것이다. 만약 그런 일이 일어난다면 나와 함께 모이는 조회에서 정신(廷臣)들이 서로 다른 의견을 내놓을 테고, 더 나은 권고를 하는 사람이 더 충성스럽다고 여겨지지도 않을 것이다."

그리고 다레이오스 왕은 그리스 병사들에게 걱정해 준데 대해서 감사하지만, 퇴각한다면 왕국을 적의 손에 넘기는 꼴이 될 것이라고 답변했다. 그는 또 이렇게 말했다 : "전쟁에서의 승리는 명성에 달려 있는데 퇴각하면 도망치는 것으로 보일 것이다. 그리고 전쟁을 오래 끄는 것도 바람직하지 않다. 지금 온 나라는 황폐해지고 적군이 아니면 우리 군에 의해 약탈당하고 있는 판이라서 대군을 유지할 물자가 충분치 않다. 겨울이 이미 다가오고 있기 때문에 더욱 그렇다. 또 군을 나누는 것은 전통에 어긋난다. 짐의 선조들은 언제나 중요한 전투에는 전군을 동원하여 나섰기 때문이다. 게다가 이전에는 두려운 인물이었고, 자신의 적이 없다는 듯이 끝없는 자신감에 차있던 알렉산드로스가 이제는 내가 다가오는 것을 알고 더 이상 성급하게 굴지 않고 조심을 하고 있다. 그래서 그는 이제 마치 사람들이 지나가는 소리를 듣고 숲속에 몸을 숨기는 비천한 짐승처럼 산맥의 협곡 속에 있는 좁은 곳에 은신처를 잡고 있다. 그는 지금 병이 걸렸다는 이야기를 꾸며내어 자신의 군사들마저 속이고 있다. 하지만 이제 나는 그가 더 이상 전투를 미루게 하지 않겠다. 나는 그가 공포에 질려 숨어들어간 그 굴속에서 마케도니아 인들을 분쇄해 버릴 것이다." 하지만 이런 말들은 진실이라기보다는 허세였다.

다레이오스는 소규모의 호위대만을 붙여서 자신이 가지고 있는 모든 자금과 귀중품들을 시리아의 다마스쿠스(Damascus)로 보냈다. 그리고 나머지 군대를 거느리고 킬리키아로 들어갔다. 그의 왕비와 모후는 페르시아의 관습에 따라 군대를 따라왔다. 시집가지 않은 공주들과 아직 어린 왕자도 역시 부왕과 동반하였다. 알렉산드로스가 시리아로 들어가는 통로에 도달한 그 날 밤, 다레이오스는 아마니카스(Amanicas) 관문이라고 불리는 장소에 도착했다. 페르시아 인들은 마케도니아 군이 이소스를 점령한 다음 포기하고 퇴각한다는 것을 확신했다. 상처를 입고 병들어 행군을 따라갈 수 없는 일단의 마케도니아 병사들을 포로로 잡았기 때문이었다. 다레이오스는 야만적이고 무자비한 분노에 몸을 맡긴 휘하의 정신들의 부추김을 받아 모든 포로들의 손을 자르고 그 잘린 부분을 불로 지졌다. 그리고 명령을 내려 이 포로들을 데리고 돌아다니게 했다. 그리하여 포로들이 자신의 군대의 위용을 다 보았다고 판단되자, 돌아가서 너희 왕에게 본 것을 전하라며 포로들을 보냈다.[74] 다레이오스는 적이 도주하고 있다고 믿어서 바짝 쫓아가기 위해 진영을 걷어 피나로스(Pinaros)

강을 건너갔다. 포로로 잡혔다가 손목이 잘렸던 이들은 마케도니아 진영에 도착하여 다레이오스가 최대한의 속도로 추격해 오고 있다고 보고했다. 그러나 그들의 보고는 쉽게 믿어지지 않았다. 그래서 알렉산드로스는 척후병들을 보내 해안가 지역을 조사하고 다레이오스 본인이 오고 있는지, 아니면 그의 장군들 중의 하나가 마치 전군이 오고 있는 것처럼 꾸몄는지 알아보도록 했다. 이 척후병들이 돌아오고 있을 때, 멀리에 대군이 나타난 것이 관측되었다. 그리고 평원 전체에 화톳불이 피워져서 평원 전역이 마치 한 덩어리의 불이 밝혀진 것처럼 보였다. 페르시아의 대군은 짐을 끄는 짐승들 때문에 평상시와 달리 무질서하게 흩어져 있었기 때문이다. 알렉산드로스는 부하들에게 명령을 내려 바로 있는 장소에서 진영을 세우도록 했다. 그는 모든 신관들과 함께 빌었던 것처럼 다른 어떤 곳도 아닌 좁은 지역에서 전투를 치르게 되어서 기분이 좋았다.

그러나 결정적인 순간이 다가오면 종종 그런 것처럼 그의 자신감은 근심으로 바뀌기 시작했다. 그는 이제까지 많은 성공을 거두도록 호의를 베풀어 주었던 운명의 여신에게 공포를 느끼기 시작했다. 그가 자신에게 주어졌던 예전의 호의를 되새겨 보니, 운명의 여신이란 얼마나 변덕스러운지 알게 되었고, 이제 결정적인 사건이 일어날 시간이 바로 하루 밤 밖에 남지 않았기 때문이다. 한편, 그는 위험보다 보상이 훨씬 더 크며, 그 자신이 승리자가 될지는 불분명하나 적어도 그가 고귀하고 대단히 영광스럽게 죽을 것이라는 점은 분명하

---

74) 아리아노스, 『알렉산드로스 대왕 원정기』 2권 7장 1절에서는 다레이오스가 이 포로들을 고문하고 죽인다. 쿠르티우스는 이 잔인한 일화를 헤로도토스에서 따온 것으로 보인다. 헤로도토스, 『역사』 7권 146-7장에서는 크세륵세스(Xerxes)가 그리스 첩자들을 이런 방식으로 다루고 있다.

다고 생각했다. 그래서 그는 병사들에게 몸을 깨끗이 하고 세 번째 야간 교대 시간[75]이 되면 무장하고 준비를 갖추라고 명령하였다. 알렉산드로스는 높은 산마루에 올라가서 여러 개의 횃불을 비추게 하여 그 지역의 수호신들에게 전통적인 방식에 따라 희생제를 올렸다.

그리고 이제 행군해 나가서 싸울 준비가 되어있는 병사들은 미리 정해진 세 번째 나팔 신호를 들었다. 그리고 그들은 활기차게 행군하여 자신들이 점령하기로 했던 좁은 골짜기에 이르렀다. 선봉 부대가 다레이오스의 부대는 6Km 정도 떨어진 곳에 있다고 보고했기 때문에, 알렉산드로스는 그 지점에서 진군을 멈추고 무기를 들며 전투 진형을 갖추라고 명령했다.

겁먹은 시골 사람들은 다레이오스에게 적이 다가오고 있다고 보고 하였다. 그리고 다레이오스는 자신의 앞에서 도망치고 있다고 생각했던 적과 맞부딪쳐야 한다는 사실이 거의 믿겨지지 않았다. 그 결과 전군에 긴급 경보가 발령되었다. 실제로 페르시아 군은 전투보다는 행군에 더 적합하게 준비를 하고 있었기 때문에 서둘러 무기를 잡았다. 그러나 여기저기 뛰어 다니며 피우는 소란과 동료를 부르며 무기를 잡으라는 고함 등으로 혼란만 더해갔다. 일부 병사들은 적을 보기 위해 산꼭대기로 뛰어 올라갔다. 대부분의 병사들은 말에 굴레를 씌웠다. 페르시아 군은 하나의 명령에 일사불란하게 복종하기 보다는 무질서했고, 여러 소음들이 터져 나와서 전반적으로 혼란에 빠져있었다.

처음에 다레이오스는 적을 앞뒤로 포위하려는 의도를 가지고 언

75) 그리스 인은 밤을 셋으로 나누었지만, 로마 인들은 넷으로 나누었다. 쿠르티우스는 로마 방식을 따른다.

덕 꼭대기로 부대를 보내어 점령하도록 하려 했다. 그리고 알렉산드로스를 모든 방면에서 압박하기 위해 해안가 쪽(페르시아 군의 우익을 방어할 수 있는 곳이다)으로도 다른 부대들을 보내려 했다. 그에 더하여 일단의 궁수대로 보강된 2만의 병력을 앞으로 보내어 양군을 갈라놓고 있는 피라노스 강을 건너가 마케도니아 군 맞은편에 저지선을 치라고 명령했다. 만약 그렇게 하지 못한다면, 산 쪽으로 퇴각하여 몰래 적군의 후방을 포위하라고 했다. 그러나 그의 적절한 전략은 운명의 여신 때문에 어그러졌다. 운명의 여신은 어떤 계산보다도 강력하였다. 페르시아 군 일부는 너무 겁을 먹고 그의 명령을 수행하지 못했고, 다른 일부는 명령을 수행했지만 별 효과가 없었다. 각 부분들이 동요하고 전반적으로 진형이 무너졌기 때문이다.

9. 다레이오스의 군대는 다음과 같이 구성되었다. 나바르자네스(Nabarzanes)[76]는 2만의 투석전사(投石戰士)[77]와 궁수로 보강된 기병대를 거느리고 우익을 지켰다. 이 우익에는 3만의 정예 그리스 용병부대를 거느린 티모데스도 배치되었다. 이 부대는 확실히 페르시아 군에서 가장 정예였고, 마케도니아의 밀집방진 부대와 견줄 만 했다. 좌익에는 테살리아 인 아리스토메데스(Aristomedes)[78]가 2만의 페르시아 보병대를 거느리고 있었다. 다레이오스는 자신이 거느린 가장 호전적인 부족들을 예비대로 이곳에 투입했다. 다레이오스 자

---

76) 나바르자네스는 다레이오스의 휘하 장군으로서 궁정에서 가장 신뢰받는 이였다.

77) 슬링(sling)을 이용하여 돌을 날리는 병사들이다. 슬링을 이용하여 돌을 날리면 상당히 강력한 공격을 할 수 있다.

78) 아리스토메데스는 이소스 전투 후에 안티오코스의 아들인 아민타스, 비아노르(Bianor), 티모데스와 함께 이집트로 도망쳤고, 그곳에서 죽었다.

신도 근위대인 3천 명의 정예 기병과 4만 명의 보병을 거느리고 좌익에 위치했다. 그리고 히르카니아와 메디아(Media) 기병이 정렬하고 있었고, 그 다음으로는 다른 민족으로 구성된 병력이 좌우로 배치되어 있었다. 그리고 언급한 대로 이들 보다 앞에는 6천 명의 투창병과 투석전사들이 배치되어 있었다. 이 통로의 모든 곳에 다레이오스의 군대가 배치되었고 양익은 한편으로는 산에 인접해 있었고, 다른 한편으로는 바다에 인접해 있었다. 그리고 중앙에는 왕비와 왕의 모후, 그리고 여인들이 있었다.

알렉산드로스는 마케도니아 군에서 가장 강력한 부대인 마케도니아 밀집방진 부대를 전면에 배치하였다. 파르메니온의 아들인 니카노르(Nikanor)는 우익에 배치되었고, 그 다음으로는 코이노스(Koinos), 페르디카스, 멜레아그로스(Meleagros), 프톨레마이오스(Ptolemaios)[79], 아민타스가 각자 자신들의 부대를 거느리고 있었다. 바다에 까지 이르는 좌익에는 크라테로스(Krateros)와 파르메니온이 있었다. 크라테로스는 파르메니온의 지휘를 받아야 했다. 기병대는 양익에 모두 다 배치되었는데, 우익에는 테살리아 기병대, 좌익에는 펠로폰네소스 기병대가 마케도니아 기병대의 뒤를 받쳐주고 있었다. 알렉산드로는 이 군대의 전면에 일단의 투석전사들을 배치했는데, 그들 사이에는 궁수들이 끼어있었다. 경무장을 한 트라키아 인과 크레테 인들도 앞에 배치되어 있었다. 알렉산드로스는 트라키아에서 막 도착한 아그리아네스 인 부대를 다레이오스가 산 정상을 점령하기 위해 보낸 병력의 맞은편에 배치하였다.[80] 알렉산드로스는 파르메니온에게 가

79) 셀레우코스의 아들인 프톨레마이오스로서 헬레니즘 시대의 이집트를 창건한 라고스의 아들 프톨레마이오스는 아니다.

능한 바다 쪽에 이르도록 전열을 넓히라고 명했다. 파르메니온 부대가 페르시아 군이 배치되어 있는 산 쪽에서 더 멀리 떨어지도록 하기 위해서였다. 사실 페르시아 군은 마케도니아 군이 다가왔을 때 대항하거나, 심지어 지나간 후에도 포위할 엄두를 내지 못하고 도망쳤을 것이다. 그들은 특히 투석전사들을 보고 더 두려움을 느꼈다. 그리고 그 행동 덕분에 높은 곳에서 공격받을 까봐 두려워했던 알렉산드로스 군의 측면이 안전해 졌다.

마케도니아 군은 통로의 폭이 좁았기 때문에 겨우 32열을 지어서 지나갔다. 산의 통로는 점점 넓어졌고, 넓은 공간이 나타났기 때문에 나중에는 보병들이 평상시 대오로 행군할 수 있었을 뿐 아니라 양 측면을 기병대가 보호할 수도 있었다.

10. 양군이 상대방을 인식할 수는 있으나 아직 투창의 사정거리 안에는 들어오지 않았을 때, 페르시아 군의 전열은 맹렬하게 야만적으로 고함을 질렀다. 마케도니아 군도 맞받아 고함을 질렀다. 그 결과 산꼭대기와 깊은 숲에서 흘러나온 메아리들로 원래의 고함보다 훨씬 더 많은 고함소리가 울려 퍼졌다. 주위를 빙 둘러싸고 있는 숲과 바위는 언제나 그들이 받은 소리를 더 크게 되돌리기 때문이다. 알렉산드로스는 전면의 군기들 앞으로 나아가 손짓으로 병사들을 진정시켰다. 병사들이 흥분해서 너무 서두른 나머지 전투에 돌입했을 때, 숨을 헐떡이지 않도록 하기 위함이었다. 말을 타고 대열로 다가간 알렉산드로스는 병사들의 배치에 맞추어 연설을 했다. 그는

80) 아그리아네스 부대는 트라키아 인들이지만 원정의 처음부터 같이 하고 있었다. 그러나 이 때 예비대가 도착했을 수도 있다.

유럽에서 수많은 싸움을 이겼고, 자신의 명에 의해 아시아와 동쪽 끝까지의 땅을 정복하기 위해 떠나온 마케도니아의 병사들에게 그들의 무용을 상기시켜 주었다. "여러분은 세상의 해방자들이다. 여러분은 앞으로 페르시아 인 뿐 아니라, 세상의 모든 종족을 정복하기 위해 헤라클레스와 '자유의 아버지'가 설정한 한계를 넘어갈 것이다.[81] 박트리아와 인디아는 마케도니아의 영토가 될 것이다. 지금 여러분 앞에 펼쳐져 있는 것은 최소한의 것일 뿐, 여기서 승리하기만 한다면 모든 것이 열려있을 것이다. 일리리아와 트라키아의 험준한 바위산에서의 고생은 열매를 맺을 것이고, 동방 전체의 전리품이 여러분에게 주어질 것이다. 여러분은 이제 칼을 쓸 필요조차 없다. 단지 방패로 밀어붙이기만 해도 겁에 질린 적군은 맥없이 뒤로 밀려날 것이다." 그는 또 아테나이의 정복자인 부왕 필리포스를 언급하면서 보이오티아(Boiotia)에서 이뤄낸 승리와 그곳의 가장 유명한 도시를 무너뜨려 버린 것을 상기시켰다.[82] 그밖에도 그는 그라니코스 강 전투와 급습하여 항복시킨 도시들, 이제는 자신들 뒤에 있으며 모두 복속시키고 짓밟았던 땅에 대해 상기시켰다.

그는 또 그리스 인들에게 다가가면서 처음에는 다레이오스[83], 그리고 그 다음에는 크세륵세스가 그리스 인에 대해 일으켰던 전쟁들을 상기시켰다. 그는 페르시아의 이 두 왕이 그들을 복종시키고 나

81) 일반적으로 당시에는 세상의 서쪽 끝과 동쪽 끝을 말할 때 헤라클레스의 기둥들(지브롤터 해협에 있는 큰 바위들)과 디오니소스 신(Dionysos, 혹은 박쿠스 Bacchus)의 동방 정복의 끝 지역을 말한다. 여기서 말하는 '자유의 아버지'는 디오니소스 신이다. '자유의 아버지'의 원문은 *Liberi Pater*이다.

82) 알렉산드로스는 여기서 그 자신도 태자로서 참여하여 적지 않은 몫을 했던 카이로네아 전투(기원전 338년)와 테바이의 몰락을 언급하고 있다.

83) 다레이오스 1세(기원전 521-486년)

서 그들에게서 마실 샘물과 매일의 빵을 빼앗아내기 위해 물과 흙을 요구했던 것을 거론했다.[84] 그는 또 페르시아 인들이야말로 그리스의 신전을 무너뜨리고 불태웠으며 도시를 습격하고 신들과 인간의 법을 문란케 했던 것을 기억하라고 말했다.

일리리아 인과 트라키아 인은 통상 약탈로 살아가므로, 알렉산드로스는 그들에게 적군의 대열에서 금과 자줏빛으로 빛나는 것이 무기가 아니라 전리품이라고 말했다. "여러분은 사나이 대장부다. 그러니 앞으로 나아가 저 겁먹은 계집 같은 무리들에게서 금을 빼앗아 내라! 여러분은 거친 산꼭대기와 언제나 딱딱하고 황폐한 언덕의 오솔길 대신 페르시아의 풍요한 벌판을 차지할 수 있을 것이다."

11. 페르시아 기병대가 적의 좌익을 향해 맹렬히 돌격했을 때, 양군은 투창의 사정거리 안에 들어와 있었다. 다레이오스는 중장 밀집보병이 마케도니아 군의 주력이라고 믿었기 때문에 기병대를 시험하기 위해 돌격을 명한 것이다. 그리고 알렉산드로스의 우익을 포위하려는 기동도 같이 시도했다. 알렉산드로스는 이를 보고 두 기병 부대는 산꼭대기에 그대로 머물러 있게 하고 나머지 기병대는 즉시 그 위험스러운 중심부로 투입하였다. 그 다음 그는 테살리아 기병대를 전열에서 뺀 다음 이들에게 눈에 띄지 않게 마케도니아 군의 후미를 돌아 파르메니온과 합류하도록 했다. 그들은 이 지시를 잘 수행하였다.

페르시아 군 가운데로 뛰어 들어간 부대들은 완전히 포위되었으나 굳게 방어하고 있었다. 하지만 그들은 겹겹이 포위되고 완전히

---

84) 알렉산드로스는 페르시아 전쟁(기원전 490년 다레이오스 침공, 480년 크세륵세스 침공)을 말하고 있다. 페르시아 전쟁 시 페르시아 왕은 복종의 표시로 그리스에 흙과 물을 바칠 것을 요구했다.

갇혀 버리게 되어 같은 목표에 집중하면 서로서로 얽혀 버려 동시에 창을 던질 때 효과적으로 투척을 할 수가 없었다. 그 결과 소수만이 적을 맞추었으나 그것도 별 타격을 주지 못했고, 대다수가 던진 창은 헛되이 땅에 떨어져 버렸다. 따라서 백병전을 치를 수밖에 없기 때문에 그들은 빠르게 칼을 뽑아들었다. 이제 정말로 피가 넘쳐흐르게 되었다. 양군은 아주 가까이에 맞붙어 있어서 서로 무기를 부딪치고 칼날로 적의 얼굴을 노렸기 때문이다. 이제는 누구도 겁을 먹고 수동적으로 남아 있을 수 없게 되었다. 그들은 싸워 이겨서 적을 쓰러뜨려야만 공간을 만들어 앞으로 나갈 수 있었다. 하지만 그들은 점점 지쳐가고 적은 계속해서 새로이 몰려들어 오며 부상을 입어도 전열에서 빠져 나갈 수 가 없었다. 적은 앞에서 계속 밀려들어오고 아군은 뒤에서 밀어 붙이기 때문이었다.

알렉산드로스는 지휘관이라기보다는 전사가 되어 그 자신이 적의 왕을 죽이는 전과를 올리기 위해 헤매고 있었다. 전차에 높이 올라타고 있는 다레이오스는 단연 눈에 띄는 인물로서 부하들에게는 지켜야 할 대상이, 적에게는 공격의 대상이 되어 주목을 끌고 있었다. 다레이오스의 동생인 옥사트레스(Oxathres)[85]는 알렉산드로스가 다레이오스에게 돌진해 오는 것을 보고 자신이 지휘하고 있는 기병대를 이끌어 왕의 전차 앞을 막았다. 그는 동료들 중에서 특히 무용이 출중하고 용력이 뛰어났으며, 용기와 충성에서 그를 능가할 자는 거의 없었다. 이번에 그는 무모하게 돌진해오는 마케도니아 병사들 중 일부를 베어 넘기고 나머지는 도망치게 만들어서 각별히 눈에 띄는 존

---

85) 후에 알렉산드로스는 그에게 근위대를 맡기게 되고, 옥사트레스의 딸인 아마스트리스(Amastris)는 크라테로스의 아내가 된다. 플루타르코스는 엑사트레스(Exathres)라고 「알렉산드로스 전」 43장 7절에서 적었다.

재가 되었다. 하지만 왕과 함께 있던 마케도니아 병사들은 서로 격려하면서 용기를 냈고, 알렉산드로스와 함께 기마대 속으로 돌진해 들어갔다. 그리고 대 학살극이 펼쳐졌다. 다레이오스의 전차 주위에는 왕의 눈앞에서 싸우다가 영광스러운 죽음을 맞이한 페르시아의 가장 유명한 장군들이 누워 있었다. 그들 모두는 몸의 앞부분에 상처들을 입고 마치 싸우다가 넘어진 것처럼 얼굴을 땅에 처박고 쓰러져 있었다. 그들 중에서 정예군의 장군들로 알아볼 만한 이로는 아티지에스(Atizyes)[86], 레오미트레스(Rheomithres), 이집트 태수인 사바케스(Sabakes)가 있었고, 그들 주위에도 이들보다 조금 덜 알려진 여러 보병과 기병들의 시신이 쌓여있었다. 마케도니아 전사자는 많지 않았다. 하지만 그들은 마케도니아 군에서 가장 용맹한 자들이었다. 알렉산드로스 자신도 오른 쪽 다리에 칼을 맞아 가벼운 부상을 입었다.

이 때, 다레이오스의 말들이 창에 관통되었고, 고통에 날뛰게 되었다. 그래서 굴레를 높이 쳐들게 되었고, 왕의 전차는 크게 흔들리게 되었다. 적의 손에 산채로 사로 잡힐까봐 두려워진 다레이오스는 전차에서 뛰어 내렸다. 그리고 비상용으로 전차 옆에서 따라오게 했던 말 한 필에 올라탔다. 그리고 도주 중에 신분이 드러날 까봐 수치스럽게도 왕의 표식마저 뜯어 던져 버렸다. 나머지 부하들도 공포에 젖어 흩어져 도망쳤다. 그들은 바로 전까지 자신들을 지켜주었던 무기를 던져버리면서 까지 살길을 찾아 뿔뿔이 도망쳤다. 그들의 공포감은 [목숨을 보존하는데] 도움이 되는 수단까지도 버릴 정도였다.

파르메니온이 파견한 일부 기병들은 도망치고 있는 페르시아 병사

86) 프리기아의 태수였다. 현재는 프리기아를 알렉산드로스가 임명한 안티고노스가 다스리고 있는 상태이다.

들 바로 뒤에 있었다. 우연히도 그들 모두가 그 방면으로 도망쳤기 때문이었다. 그러나 우익에서는 페르시아 군이 테살리아 기병대를 강하게 밀어붙이고 있었다.[87] 그리고 부대 하나는 이미 공격에 의해 짓밟힌 상황이었다. 이제 테살리아 기병대는 말을 몰아 기운차게 우회 기동을 했고, 대열을 나누어서 다시 한 번 공격을 가했다. 그리하여 승리의 자신감에 취해 있던 페르시아 군에 강력한 공격을 가하여 대열을 흩트려 놓았고 완전히 오합지졸을 만들어 버렸다. 페르시아 기마는 기병들과 마찬가지로 마갑을 걸치고 있어서 무게에 시달리고 있었다. 이로 인해 특히 속도가 중요한 이런 식의 싸움에서는 크게 불리하게 되었다. 테살리아 기병대는 선회 기동에 있어서 적보다 훨씬 나았다.

이전까지는 페르시아 군을 추격할 엄두를 내지 못하던 알렉산드로스는 이제 양익에서 모두 승기를 잡게 되자 도망치는 적을 추격했다. 엄청난 적의 대군이 퇴각하고 있는 사이에 알렉산드로스를 수행하여 적을 쫓는 것은 1000명 정도의 기병밖에 없었다. 하지만 승리 혹은 도주의 순간에 숫자가 무슨 상관이겠는가? 그래서 페르시아 군은 한 줌도 안 되는 사람들에게 몰이를 당하는 가축 떼처럼 몰려갔고, 공포로 인해 도망치는데 더 어려움을 겪고 있었다. 한편 다레이오스에게 봉사하고 있던 그리스인들 - 그들은 한 때 알렉산드로스의 휘하 장군이었지만, 페르시아로 망명했던 아민타스가 지휘하고 있었다.[88] - 은 주력 부대와 분리되어 있었기 때문에 도주하는 모습을 보이지 않고 그럭저럭 전투를 꾸려갈 수 있었다. 페르시아

87) 이는 페르시아 군의 우익이다. 파르메니온은 마케도니아 군의 좌익에 배치되어 있었기 때문이다.

88) 안티오코스의 아들인 아민타스. 4권 1장 참조.

군은 제각각 다른 길로 도망쳤다. 일부는 바로 페르시아로 향하는 통로로 도망쳤고, 다른 일부는 우회로를 통해 고지대쪽으로 방향을 잡아서 험준한 산길을 택해 도망쳤다. 소수는 다레이오스의 진영 쪽으로 도망쳤다. 하지만 온갖 사치품으로 가득 찬 그들의 진영에는 이미 승리자들이 들어와 있었다. 알렉산드로스의 부하들은 엄청난 양의 금과 은 - 전쟁용이 아닌 사치스러운 장신구들 - 을 챙겼다. 그들은 자신들이 가져갈 수 있는 것보다 더 많이 노략질 했기에 통로 여기저기에는 탐욕스럽게 더 좋은 물건들과 비교해 본 다음 버린, 가치가 덜 나가는 물건들이 사방에 널려 있었다.

그리고 그들은 여성들에게 다가가 귀한 것일수록 더 폭력적으로 장신구들을 빼앗았다. 폭력에 대한 갈망은 사람을 가리지 않았다. 진영 전체는 불행과 맞닥뜨려 절로 터져 나오는 온갖 비탄과 비명으로 가득 찼다. 잔인함과 승자의 권리가 포로들의 신분과 나이를 가리지 않고 행사되면서 모든 종류의 악행이 저질러졌다. 그리고 운명의 여신께서 부리는 변덕이 적나라하게 펼쳐졌다. 예전에 다레이오스의 군막을 장식하고 온갖 사치스럽고 풍요한 가구들을 비치했던 이들이 이제는 마치 예전의 주인에게 하던 것처럼 알렉산드로스에게도 같은 봉사를 했다. 사실 그 군막만은 알렉산드로스의 병사들이 건드리지 않았다. 정복당한 왕의 군막에서 승리자를 맞이하는 것은 오랜 관습이었기 때문이다.

그러나 이제는 포로가 된 다레이오스의 모후와 왕비는 모든 사람의 시선과 관심을 끌었다. 모후는 왕실의 위엄을 갖췄을 뿐 아니라 나이도 많아서 존중을 받았고, 왕비는 현재의 불운으로도 손상되지 않는 아름다움 덕분에 주목을 받았다. 왕비는 가슴에 아직 6살도 안 된 어린 아들을 안고 있었다. 이 왕자는 부왕이 막 잃어버린 대단한 행운 속에서 태어난 이였다. 나이든 할머니의 무릎에는 다레이오스의 두 딸이 있었다. 이들은 성숙했으나 아직 결혼은 하지 않았다. 이들은 자신들과 할머니의 불운을 슬퍼하며 흐느끼고 있었다. 그들 주위에 신분이 고귀한 여성들이 여럿 서 있었다. 머리는 헝클어져 있었으며, 옷은 찢겨 있었고 예전의 우아함은 온데간데없었다. 그들은 자신들의 '마마님들' 그리고 '여주인들'에게 호소하고 있었다. 전에는 적절했으나 이제는 소용없어진 그 호칭들을 써가면서. 자신들의 곤경을 알아차리지 못한 그들은 다레이오스가 어느 자리에 서있었는지, 전투의 향방이 어찌 되었는지 묻고 있었다. 그들은 만약 왕이 살아있기만 한다면 자신들은 포로가 되지 않을 것이라고 말했다. 그러나 다레이오스는 이미 말을 여러 번 바꿔 타가면서 멀리 도망쳤다.

이 전투로 페르시아는 10만의 보병과 1만의 기병을 잃었다. 알렉산드로스 측에서는 대략 504명 정도가 부상을 당하고 보병 302명이 실종되었으며, 기병 150명이 죽었을 뿐이었다. 그토록 거대한 승리에 비해 너무나 작은 대가였다.[89)]

12. 알렉산드로스는 오랫동안 다레이오스를 추적하느라 지쳤고, 밤이 되기도 했으며 다레이오스를 따라 잡을 것 같지 않았기 때문에 부하들이 얼마 전에 점령한 적의 진영으로 들어갔다. 그는 가장 가까운 친구들을 불렀다. 다리에 난 찰과상 정도로는 연회를 베푸는데 신경이 쓰이지 않았다. 이 연회 석상에 갑자기 비탄의 소리가 울려

89) 디오도로스는 300명의 보병과 150명의 기병이 죽었다고 기록했고, 유스티누스는 각각 130, 150명이라고 했다. 아리아노스에 따르면 120명의 유명한 마케도니아 인이 전사했다고 한다.

퍼졌다. 옆의 군막에서 울려 나오는 이민족 특유의 날카로운 울음과 비명이 연회를 잠시 멈추게 했다. 왕의 군막을 지키는 부대는 이 소리가 더 위험한 소란을 알리는 신호가 될까봐 두려워하며 무장을 갖추기 시작했다. 이 갑작스러운 소리는 다레이오스의 모후와 왕비, 그리고 다른 귀부인들의 비탄에 찬 울음소리였다. 그들은 다레이오스가 죽었다고 믿어 소리 높여 흐느끼고 그를 위해 비탄에 잠겼다. 포로가 된 내시들 중에 한 명이 그들의 군막 앞에 서 있다가 다른 사람의 손에 다레이오스의 망토가 들려 있는 것 - 그는 다레이오스의 망토를 발견하고 가져왔다 - 을 발견했던 것이다. 이 망토는 바로 앞서 말한 것처럼 다레이오스 자신이 옷 때문에 신분이 들킬까봐 스스로 벗어버린 것이었다. 그 내시는 이 망토가 시신에서 벗겨졌다고 생각하고 다레이오스가 죽었다는 잘못된 소식을 전했던 것이다.

여자들이 품고 있는 오해를 알게 된 알렉산드로스는 다레이오스의 전락한 운명과 여인들의 헌신에 동정을 표했다고 한다. 처음에 그는 사르디스를 점령했던 미트레네스(Mithrenes)에게 가서 위로하도록 명했다. 그가 페르시아 어를 할 줄 알기 때문이었다. 하지만 곧 그는 미트레네스는 [적의 편에서 보면] 반역자였으므로 포로들의 분노와 슬픔만 더 키울지도 모르겠다는데 생각이 미쳤다. 그래서 그는 신하 중 한 명인 레오나토스(Leonnatos)에게 지시해서 다레이오스가 아직 살아있으므로 비탄에 빠질 필요가 없다고 알려주도록 했다. 레오나토스는 경비병 몇 명과 함께 여인들이 잡혀있는 군막으로 가서 자신은 알렉산드로스가 보내서 왔다고 알리도록 했다. 그러나 군막의 입구에 있던 사람들은 그들의 무기를 보고 자신들의 여주인들을 죽이러 왔다고 생각하였다. 그들은 그 남자들이 포로들을 죽이기 위해 파견되었으니 이제 최후의 시간이 되었다고 외치며 군막 안으로 뛰어 들어갔다. 여인들은 병사들을 몰아낼 수도, 그들을 인정할 수도 없었기에 어떤 반응도 보이지 않고 조용히 승리자의 뜻을 기다렸다. 레오나토스는 오랫동안 누군가 자신을 들여 보내줄 것을 기다렸지만, 아무도 그를 인도하려 하지 않았다. 그는 경비병들을 입구에서 기다리게 하고 군막 안으로 들어갔다. 여인들은 섬뜩하게 놀랐다. 그가 들어오라는 말도 없었는데 불쑥 난입했기 때문이다. 그래서 다레이오스의 모후와 왕비는 그의 발치에 쓰러져 자신들이 처형되기 전에 다레이오스의 시신을 돌려받아 전통적인 방식으로 매장할 수 있게 해 달라고 애걸했다. 그리고 덧붙이기를 자신들의 왕에 대한 마지막 존경을 표하고 나면 자신들은 기꺼이 죽어도 좋다고 했다. 레오나토스는 다레이오스가 아직 살아있으며, 자신들은 해를 끼치러 온 것이 아니라 왕족의 신분을 유지하고 예전의 신분에 따라 존중해주려고 온 것이라고 대답했다. 그 때가 되어서야 다레이오스의 모후는 자신을 땅에서 일으키도록 허용했다.

다음 날, 알렉산드로스는 부지런하게 전장에서 찾아낸 시신들의 매장을 주관하고, 페르시아 군의 가장 고귀한 자들에게도 똑같은 존중을 보이라고 명령했다. 그는 다레이오스의 모후가 원하는 누구든지 전통적인 페르시아 식으로 매장을 해도 좋다고 허락해 주었다. 그녀는 페르시아 인들이 고인에게 보내는 마지막 존중의 표시로 치러지는 복잡한 페르시아 식 매장 의식은 승리자들도 간단한 화장을 하는 것에 비견해 볼 때, 악감정을 일으킬지 모른다고 생각하면서 단지 몇 명의 가까운 친척들만을 그들의 현재 상태에 맞춰 매장해 주도록 했다. 매장 의식이 잘 치러지고 난 후, 알렉산드로스는 전령을 보내 포로 여성들에게 자신이 방문할 것임을 알렸다. 그리고 수행원들은 군막 밖에 남겨둔 채 헤파이스티온(Hephaistion) 만을 데리고 안으로 들어갔다.

헤파이스티온은 왕의 친구들 중에서도 가장 아낌을 받는 자였다. 그는 왕과 함께 자랐고 모든 비밀을 공유했다. 누구에게도 왕에게 그와 같은 정도로 솔직하게 직언할 수 있는 권한이 허용되지는 못했다. 그럼에도 불구하고 그는 자신의 그런 권한을 자신이 얻어낸 것이 아니라 왕이 허용해 준 것이라는 식으로 사용하였다. 그는 왕과 동갑내기였지만 키는 더 컸다. 그래서 다레이오스의 모후와 왕비는 그가 왕 인줄 알고 자신들의 방식에 따라 그 앞에 엎드려서 절을 했다. 한편 포로로 잡힌 내시들 중 몇몇이 진짜 알렉산드로스를 알려주자 [다레이오스의 모후인] 시시감비스는 그의 발 앞에 몸을 던지며 전에 본적이 없었기 때문에 알아보지 못해 죄송하다고 빌었다. 그는 그녀의 손을 잡고 일으켜주면서 "부인, 잘못하신 것 없습니다. 이 친구도 역시 알렉산드로스랍니다.[90]"라고 말했다.

만약 알렉산드로스가 이런 겸양을 죽을 때까지 계속 유지했더라면, 헬레스폰트 해협에서 대양에 이르는 모든 나라들을 포괄하는 '자유의 아버지'의 대장정을 모방해 나갔던 그의 실제 삶에서 있었던 것보다 더 좋은 운명을 겪었을 것이라고 필자는 확신한다. 그랬더라면 그가 끝내 극복하지 못했던 결점들인 자만심과 격정을 극복할 수 있었을 것이다. 다시 말해 저녁 식사 자리에서 친구들을 죽이기 직전에 멈췄을 것이고,[91] 전투에서 뛰어난 공훈을 세웠으며 그와 함께 수많은 나라들을 정복했던 이들을 재판도 하지 않고 처형할 때도 주저했을 것이다.[92] 하지만 아직까지는 운명의 여신께서 그의 마음에 풍

90) 그를 알렉산드로스라고 불러도 될 정도로 가까운 사이라는 것을 강조하고 있다.
91) 8권 1장 이하 참조
92) 필로타스와 파르메니온을 말한다.(6권 7장 – 11장 및 7권 2장 참조)

랑을 일게 하지는 않으셨다. 이 풍랑은 점차 커져갔지만 그는 자제하고 절제해갔다. 하지만 결국 그 풍랑이 정점에 이르게 되자 그는 그것을 통제하는데 실패하고 말았다. 확실히 이때의 그의 행동은 자제할 줄 알고 관대했던 예전의 왕들을 무색케 했다. 그는 다레이오스의 미혼의 두 공주들 - 이들은 매우 아름다웠다 - 을 마치 자기의 여동생들이나 되는 것처럼 정중하게 대했다. 그 나이 또래의 누구보다도 아름다운 다레이오스의 왕비에 대해서는 그녀가 포로 신분이라는 점을 이용하려는 누구도 생기지 않도록 최선을 다해서 보살펴 주었다. 그리고 그는 명령을 내려 여인들의 장신구들을 돌려주게 하고, 포로들이 예전의 신분에 어울리게 호사를 누리게 해주었다. 그래서 여인들은 자신감을 상실한 것 빼고는 아무 어려움이 없게 되었다.

그래서 시시감비스는 알렉산드로스에게 이렇게 말했다 : "전하, 전하께서는 우리가 예전에 우리의 왕이신 다레이오스께 드렸던 것과 같은 기원을 받으실만한 분이십니다. 우리는 전하를 원망하지 않습니다. 전하는 운이 좋다는 점 뿐 아니라, 마음이 넓으신 점에서도 예전의 위대한 왕들보다 나은 분 이시니까요. 전하께서는 저를 '부인'이라든가, '마마'라고 불러주셨지만, 저는 고백컨대 전하의 노예입니다. 저는 예전에 누렸던 높은 지위에도 그럭저럭 잘 대처했습니다만, 지금의 상황도 감내할 수 있습니다. 전하의 힘이 저희에게 미치는 한, 잔인함이 아니라 관대함을 보여주시기로 결정하신 것은 전하이십니다." 알렉산드로스는 그들에게 걱정하지 말라고 일렀다. 그는 다레이오스의 아들을 품에 안았다. 그리고 알렉산드로스를 처음 봤음에도 불구하고 전혀 두려워하지 않은 그 아이의 팔을 잡아 자신의 목에 두르도록 했다. 소년이 겁이 없는 것에 마음이 움직인 알렉산드로스는 헤파이스티온에게 이렇게 말했다 : "다레이오스가 이런 성격을 조금이나마 가졌으면 내가 어찌되었을까!" 그리고 그는 군막을 떠났다. 그는 피라노스 강둑에 제우스, 헤라클레스, 아테나 세 신[93]을 위한 제단들을 세워 봉헌한 후, 시리아로 떠났다. 그리고 다레이오스의 보물 창고가 발견된 다마스쿠스로 파르메니온을 먼저 떠나보냈다.

13. 먼저 길을 떠난 파르메니온은 다레이오스 휘하의 태수도 근처에 있다는 소식을 듣고 자신들의 수가 적어서 얕보일까봐 지원군을 보내달라고 하기로 했다. 그러나 그 때 앞서 가던 정찰대가 한 마르디아(Mardia) 인을 파르메니온에게 데리고 왔다. 그는 다마스쿠스의 태수가 알렉산드로스에게 보내는 편지를 내놓았다.[94] 그 마르디아 인은 다마스쿠스의 태수가 무조건 자신의 자금과 왕의 재산을 넘겨줄 것이라고 덧붙였다. 그 마르디아 인을 구금해두도록 명령한 파르메니온은 편지를 개봉하였다. 그 편지는 알렉산드로스에게 휘하 장군들 중 한 명에게 소수의 분견대를 딸려 가능한 빨리 파견해주면, 그에게 항복하고 자신이 보관하고 있는 왕이 맡긴 물품을 모두 넘겨주겠다는 내용을 담고 있었다. 파르메니온은 그 마르디아 인에게 호위를 붙여 항복하겠다는 이에게 돌려보냈다. 하지만 그 마르디아 인은 지키는 사람들에게서 도망쳐 동이 트기 전에 다마스쿠스로 들어갔다.

이로 인해 파르메니온은 여기에 무슨 음모가 있는 건 아닌지 걱정이 되었다. 또 길잡이도 없이 낯선 길을 걸어 들어가고 싶지 않았다. 그럼에도 불구하고 그는 알렉산드로스가 운이 좋다는 것을 믿었

---

93) 원문에는 유피테르(Jupiter), 헤르쿨레스(Hercules), 미네르와(Minerva)로 되어 있다.

94) 앞 문장의 태수와 다마스쿠스의 태수가 동일 인물인지는 정확히 묘사되지 않았지만, 문맥상 같은 인물로 보인다.

다. 그래서 명령을 내려 토박이들을 잡아 길잡이로 썼다. 길잡이들을 빨리 구하자, 그는 나흘째에 다마스쿠스에 도달할 수 있었다. 이때, 그 태수는 신뢰받지 못했다고 생각하여 두려워하고 있었다. 그래서 도시의 방어 상태를 별로 믿을 수 없는 척 하면서 가장 값나가는 물건들과 왕의 자금 - 페르시아 인들은 가자(*gaza*)라고 부른다 - 을 동이 트기 전에 꺼내 놓았다. 그는 비록 퇴각하는 척 했지만 진짜 목적은 적에게 보물들을 전리품으로 제공하는 것이었다. 그 태수가 도시를 떠날 때 수천 명의 남녀가 그를 따라갔다. 이 군중들을 보면 누구라도 불쌍해 할 것이지만 단 한 사람, 즉 그들이 자신들의 보호를 위탁했던 이 만큼은 그렇지 않았다. 그는 배신행위를 지속할 생각으로 적에게 어떤 돈보다 더 반가워할 전리품을 내 놓을 준비를 하고 있었다. 즉 다레이오스의 조신(朝臣)들의 처자식과 귀족들, 거기에 더해서 그리스 도시들에서 파견된 사절들 까지 적에게 넘기려 했다. 다레이오스는 마치 안전한 요새에서 지키고 있는 것처럼 이들을 배신자의 손아귀에 남겨 놓았던 것이다.

강바이(*gangbae*) - 페르시아 인들은 짐꾼들을 이렇게 부른다 - 들은 갑자기 눈이 오고 땅바닥이 얼어붙는 날씨를 견디다 못해 돈과 함께 나르고 있던 황금과 자주색으로 꾸며진 의복들을 걸쳐 입었다. 아무도 그런 행위를 제지하지 못했다. 다레이오스 왕이 당한 불행은 이미 천한 것들이 왕의 권위를 비웃는 지경에 이른 것이다. 그 결과 파르메니온의 눈에 보인 광경은 얕볼 수 없는 군대의 행군이었고, 그의 의혹은 커져갔다. 그는 정규전을 치르는 것처럼 부하들에게 몇 마디 격려의 말을 하고 말에 박차를 가해 적에게 돌격하라고 명했다. 짐꾼들은 물건을 떨어뜨리고 공포에 질려 도망쳤다. 짐꾼들을 호위하던 병사들도 같이 공포에 질려 무기를 던져버리고 익숙한 곁

길로 숨어 들어갔다. 태수 역시 도주하는 척했기 때문에 사람들은 모두 공포에 떨게 되었다. 왕의 보물들이 산지사방에 흩어져 있게 되었다. 병사들의 급료로 지불할 현금 - 엄청난 양이었다 - 과, 많은 고관대작들과 귀부인들의 의복, 황금의 식기들, 금으로 만든 굴레, 왕에게 어울리게 정교하게 만든 군막, 엄청난 재물이 가득 쌓여있는 수레들이 주인에게서 버려졌다. 이는 심지어 약탈자들마저도 슬프게 하는 광경이었다. 아, 탐욕을 억누르게 할 무언가가 있다면 좋았을 것을! 오랜 세월동안 축적되어온 놀랍고도 믿지 못할 양의 재물이 약탈자들에게 노략질 당했다. 그중 일부는 가시나무 숲에 걸려 찢어졌고, 또 일부는 밟혀 진흙 속에 묻히게 되었다. 약탈자들은 약탈한 것들을 심지어 다 가지고 가지도 못했다.

이제 파르메니온의 군대는 처음 도망쳤던 사람들을 따라잡았다. 여러 여인네들이 어린 자식들의 손을 잡아끌면서 도망치고 있었고, 그들 중에는 다레이오스 이전에 페르시아를 다스리던 왕인 오코스(Ochos)의 세 미혼 딸들도 있었다.[95] 그들은 이전에 쿠데타로 인해 아버지가 누리게 해 준 높은 지위에서 끌어내려 졌는데, 이제 운명의 여신께서는 잔인하게도 그들이 겪는 고난을 더 쓰리게 만드셨다. 이 무리에는 오코스의 비(妃)이며 다레이오스의 형의 딸인 옥사트레스(Oxathres), 다레이오스의 총신(寵臣)인 아르타바조스(Artabazos)의 아내, 이름이 일리오네우스(Illioneus)인 아르타바조스의 아들이 포함되어 있었다. 파르나바조스 - 다레이오스가 해안 지역의 전권을 맡겼던

95) 아르타크세륵세스 3세 오코스는 기원전 358-338년 동안 재위했다. 알렉산드로스는 기원전 324년 수사(Susa)에서 이 세 딸들 중 막내인 파리사티스(Parysatis)와 결혼해서 페르시아 왕가의 후계자로서의 정통성을 얻었다. 나머지 둘의 이름은 알려지지 않았다.

인물 - 의 아내와 아들, 멘토르의 세 딸들, 저명한 장군인 멤논의 아내와 아들도 사로 잡혔다.[96] 조신들의 가족들은 이 재난을 거의 피할 수 없었다. 또 마케도니아와의 맹약을 저버리고 페르시아와 손을 잡은 아테나이와 스파르타(Sparta)의 사절들도 같이 사로잡혔다. 가문과 명성으로 보아 아테나이 인들 중에 가장 저명한 이는 아리스토기톤(Aristogiton), 드로피데스(Dropides), 이피크라테스(Iphikrates)였고, 스파르타 인 중에서는 파시포스(Pasippos), 오노마스토리데스(Onomastorides), 오노마스(Onomas), 칼리크라티데스(Kallikratides)가 있다. 이들 역시 자신들의 조국에서는 매우 저명한 인물들이었다.

주화의 양은 2,600탈란톤이었고, 정련된 은의 무게는 500탈란톤에 육박했다. 3만 명이 사로 잡혔으며, 7,000마리의 수송용 짐승들이 나르던 짐과 함께 노획되었다. 그러나 이 거대한 재산을 적에게 넘겨준 인물은 잘 준비된 처벌과 함께 나타난 복수의 여신들의 방문을 받았다. 즉, 그의 친한 친구들 중의 한 명이 그를 살해하고 그의 머리를 다레이오스에게 바쳤다. 짐작컨대 불운한 처지에 놓여 있긴 했지만, 왕에 대한 경의의 표시였을 것이다. 이로 인해 다레이오스는 배신은 당했지만 시기적절하게 위안을 얻었다. 자신의 적에 대해 복수를 했고, 또 그가 가졌던 위엄에 대한 기억이 모든 신민들의 기억 속에서 완전히 사라져 버리지는 않았다는 것을 알게 되었기 때문이다.

96) 멤논의 미망인 바르시네(Barsine)는 알렉산드로스의 첫 번째 정부가 된다.

## 제 4권

1. 다레이오스는 얼마 전까지 대군을 거느렸던 왕이었다. 그는 전쟁에 나간다기 보다는 개선식을 거행하는 장군처럼 전차에 높이 타고 전투에 임했다. 하지만 바로 그 순간 그는 도망쳤다. 거의 셀 수도 없을 만큼 많은 대군으로 채웠지만 이제는 버려지고, 쓸쓸하며 거대한 그 들판을 통해서. 왕을 따르는 자들은 거의 없었다. 모든 이들이 왕과 같은 방향으로 도망친 것도 아니었고, 또 같이 도망쳤다고 해도 지쳐버린 그들의 말로는 계속 말을 갈아타는 다레이오스와 보조를 맞출 수 없었기 때문이다. 그는 온카이(Onchae)에 도착했다. 그리고 4,000명의 그리스 병사들의 영접을 받았다.[97] 그리고 더 빠른 길을 택하여 유프라테스 강[98]으로 서둘러 갔다. 적보다 빨리 갈 수 있는 곳들 중에 장악할 수 있는 유일한 곳이었기 때문이다.

알렉산드로스는 다마스쿠스의 전리품을 성공적으로 거두어낸 파르메니온에게 코일레 시리아 (Coele Syria)[99]라고 불리는 지역의 지휘권을 맡겼다. 그리고 전리품을 잘 간수하고 포로들을 감시하라고 명령했다. 전투의 패배에 대해 아직 완전히 실감하지 못했던 시리아 지역 사람들은 새로운 통치에 반항했으나 곧 진압당해 복종하게 되었다. 아라두스(Aradus) 섬도 알렉산드로스에게 항복했다. 당시 이

---

97) 아리아노스, 『알렉산드로스 대왕 원정기』 2권 13장 1절에서는 이 4,000명은 페르시아 패잔병을 합친 수라고 적고 있다.

98) 아리아노스, 『알렉산드로스 대왕 원정기』 2권 13장 1절에 따르면 타프사코스 강이다.

99) 시리아 남부의 저지대로서 오랫동안 이집트와 메소포타미아 제국들이 경합하던 곳이며 후에 헬레니즘 시대에도 이집트와 시리아가 주도권을 겨루었다.

섬의 왕인 스트라톤(Straton)은 대륙의 연안과 내륙으로 꽤 많이 뻗어 있는 지역까지를 통치하고 있었다. 스트라톤의 항복을 받아들인 알렉산드로스는 마라투스(Marathus) 시[100] 까지 진군했다. 그 곳에서 그는 다레이오스의 서한을 받았는데, 이 편지는 거만한 말투 때문에 대단히 공격적으로 보였다. 그는 특히 다레이오스가 스스로의 이름에는 존칭을 붙이면서 알렉산드로스의 이름은 그냥 쓴 것에 대해 불쾌해졌다. 더군다나 다레이오스는 전 마케도니아를 채울 만큼의 돈을 줄 터이니 모후와 비, 자식들을 돌려달라고 요구 - 요청이 아니라 - 해 왔으며, 원한다면 나라를 걸고 동일한 조건에서 한 번 싸워보자는 말도 했다. 또 알렉산드로스가 좋은 충고에 귀를 기울인다면 할 말이 있는데, 선왕이 남겨준 왕국에 만족하고 다른 사람의 영토에서 물러나 서로 동맹을 체결하자고 덧붙였다. 그 점에 대해서는 맹세를 교환할 준비가 되어 있다는 것이다.

알렉산드로스는 다음과 같은 내용의 답장을 썼다 : "알렉산드로스 왕이 다레이오스에게. 안녕하시오. 그대와 이름이 같은 예전의 다레이오스는 헬레스폰트 해협이 있는 해안가와 이오니아 해의 그리스 식민시들의 주민들을 재난에 빠트렸고,[101] 대군을 이끌고 바다를 넘어와 마케도니아와 그리스에서 전쟁을 일으켰소.[102] 또 다음번에는 같은 왕가의 크세륵세스가 사나운 야만족 군대를 이끌고 왔소. 그는

100) 페니키아(Phoenicia)의 해안 도시이며 아라두스 섬 맞은편에 위치했다.

101) '이오니아 반란'이라고 부르는 기원전 499-493년의 그리스 식민시들의 저항과 페르시아의 진압을 말한다.

102) 다레이오스 1세가 일으켰던 페르시아 전쟁의 첫 번째 침공을 말한다. 그는 기원전 492년 마라톤 전투에서 서전을 패한 후, 기원전 490년 대군을 이끌고 다시 쳐들어갔다.

해전에서 패배했음에도 마르도니오스(Mardonios)를 그리스에 남겨 놓아 자신의 부재중에도 우리의 도시를 부수고 평야를 불태우도록 하였소.[103] 또 모든 사람들이 다 알고 있는 이야기이지만, 내 부왕이신 필리포스는 페르시아에서 막대한 보상금을 받을 것이라는 그대의 부하들의 꼬임에 넘어간 암살자들에 의해 돌아가셨소.[104] 당신네 페르시아 인들이 일으킨 전쟁들은 부정한 것이었소. 당신들은 무기가 있음에도 불구하고 적의 머리에 돈을 거는 방법을 쓰고 있소. 대군을 거느린 왕이었지만 최근 나를 죽일 암살자를 고용하는데 1,000탈란톤을 내걸었던 그대처럼 말이요. 따라서 이 전쟁에서 본인은 침략하기 위해서가 아니라, 스스로를 지키기 위해 행동했던 거요. 더구나 신들께서도 더 훌륭한 대의를 밀어주고 계시오. 그리하여 본인은 이미 아시아 대부분을 손에 넣었고, 바로 그대 자신을 전장에서 패배시켰소. 그대가 나에 대해 전쟁의 규약을 지키지 않고 있는 이상, 패배자인 그대는 내게 어떤 것도 요구할 권리가 없소. 하지만 내게 탄원한다면 몸값을 치르지 않더라도 그대의 어머니와 아내, 자식들을 돌려주겠노라고 약속하오. 나는 정복하는 방법도 알고, 피정복자를 다루는 방법도 알고 있소. 만약 그대가 내 손아귀에 들어오는 것이 두렵다면 그대가 어떤 위험에도 처하지 않고 올 수 있다는 것을 맹

---

103) 페르시아 전쟁 시, 두 번째 침공 때 크세륵세스 왕은 기원전 480년에 살라미스(Salamis) 해전에서 대패를 당하고 페르시아로 돌아가면서 육군의 사령관으로 마르도니오스를 남겨두었다, 마르도니오스는 다음 해 플라타이아(Plataia) 전투에서 크게 패했다.

104) 정치적 선전으로는 그럴 듯한 구실이나, 필리포스의 암살에 페르시아의 개입이 있었다는 증거는 없다. 오히려 당시 뿐 아니라 오늘날까지 알렉산드로스의 어머니 올림피아의 사주였다는 (혹은 알렉산드로스도 알고 있었을지 모른다는) 의혹이 있다.

세로 보증해 주겠소. 그리고 앞으로 내게 편지를 쓸 때는 단지 왕에게 쓰는 것이 아니라 **그대의** 왕에게 쓰는 것임을 명심하도록 하오." 그는 테르시푸스(Thersippus)에게 이 편지를 배달하도록 했다.

다음으로 알렉산드로스는 페니키아 지역으로 떠나서 비블로스(Byblos) 시의 항복을 받아들였다. 그 다음 그는 시돈(Sidon)으로 갔다. 시돈은 오래된 역사와 창건자의 명성으로 잘 알려진 곳이다. 스트라톤(Straton)[105]은 이 도시에서 다레이오스의 지원에 힘입어 통치하고 있었다. 그는 자신이 원해서라기보다는 도시 주민들의 소원을 받아들여서 알렉산드로스에게 항복했다. 알렉산드로스는 스트라톤이 계속 통치하는 것이 적합하지 않다고 생각하여 헤파이스티온에게 시돈 인들 중에 통치에 어울릴만한 사람을 뽑는 권한을 주었다. 헤파이스티온은 동료 시민들 사이에서 명성을 떨치고 있는 두 젊은이의 집에 묵었다. 그러나 그들은 통치권을 주겠다는 제안을 받았을 때, 왕가의 자손이 아니면 관습상 왕위에 올라서는 안 된다고 대답했다. 헤파이스티온은 다른 이들이라면 살인, 강탈을 서슴지 않으면서 까지 얻고자 하는 자리를 사절하는 그들의 훌륭한 품성을 칭찬하며 이렇게 말했다. "축하하오. 왕권을 얻느니 보다 경멸하는 성취감이 더 크다는 것을 첫 번째 이들이 되었으니 말이오. 하지만, 누군가 왕가의 후손을 하나 일러주시오. 그의 권력이 당신들이 양보해서 얻은 것이라는 것을 기억할 만한 사람으로."

그들은 많은 사람들이 권력을 얻고자 하는 희망과 왕위에 대한 헛된 야심을 가지고 알렉산드로스의 친한 친구들에게 알랑거리고 있다는 것을 알고 있었다. 하지만 그들은 왕실의 먼 친척인 압달로

105) 아라두스의 왕인 스트라톤과는 동명이인이다.

니무스(Abdalonymus) 만이 적합한 사람이라고 판단하였다. 그는 가난에 시달리며 교외에서 화단을 일구면서 근근이 먹고 사는 형편이었다. 종종 그렇듯이 그가 가난한 이유는 정직해서였다. 그리고 매일 매일의 노동에 바쁜 나머지 아시아 전체를 흔들어 놓았던 전쟁 소식도 모르고 있었다. 그래서 이 두 귀족은 따로 기별하지 않고 압달로니무스가 잡초를 뽑고 있는 화단으로 왕의 표식이 들어있는 겉옷을 가지고 갔다. 그들은 그에게 왕에 대한 경의를 표했다. 그리고 그들 중의 하나가 이렇게 말했다. “당신께서 보고 계시고, 저희 손에 들려있는 이 의복이 당신이 걸치고 계신 누더기 옷을 대신할 것입니다. 당신의 몸에 오랫동안 덮여있던 흙과 진흙을 씻어 내십시오. 왕의 지위에 어울리는 태도를 취하시고 높은 신분에 맞추어 절제된 성품을 갖추십시오. 그리고 모든 시민의 생살여탈권을 좌우할 수 있는 왕좌에 오르셨을 때, 당신이 왕국을 받았을 때의 이 상황을 잊지 마시기 바랍니다. 물론 당신께서 왕국을 받으셨기 때문은 정말로 아닙니다.” 압달로니무스는 이 모든 일이 꿈만 같았다. 그는 여러 번이나 자신을 파렴치하게 놀려먹기 위해 그들이 미친 척 일을 꾸민 것은 아닌지 물어보았다. 그러나 먼지를 씻고 나서 자주 빛과 금색이 어우러진 겉옷이 앞에 펼쳐졌을 때 망설였지만, 다시금 맹세를 듣고 나서는 그 젊은 귀족들과 함께 엄숙하게 왕으로서 궁전으로 들어갔다.[106)]

그리고 항용 그렇듯이 소문이 도시 전체로 빠르게 퍼져나갔다. 일부는 찬성했고, 다른 일부는 불평했으며 부자들은 압달로니무스의

106) 정원사가 왕이 되는 류의 이야기는 근동지역에서 많이 찾아볼 수 있다. 이 에피소드는 만들어진 것으로 판단된다.

지위가 낮고 가난하다며 알렉산드로스의 친구들에게 호소했다. 알렉산드로스는 즉시 압달로니무스를 앞에 불러 놓고 한동안 그를 살펴본 뒤 이렇게 말했다 : "그대의 외양은 출신에 관한 보고에 그리 틀리지 않구려. 하지만 나는 그대가 가난을 견디어 낸 방법에 대해 알고 싶소." 압달로니무스는 대답했다. "아마 저는 똑같은 마음의 평정으로 왕권도 유지해 나갈 수 있을 겁니다. 제 손은 제 욕구를 만족시켜주었지요. 저는 가진 것이 없었습니다만, 아쉬운 것도 없었습니다." 그의 답변을 들은 알렉산드로스는 그가 고귀한 성품을 가졌다는 인상을 받았다. 따라서 알렉산드로스는 그에게 스트라톤이 가졌던 왕의 물건들뿐만 아니라 페르시아에서 빼앗은 전리품들 중에 상당량을 주었고, 그에 더해 그 도시 인근 지역에 대한 통제권도 인정해 주었다.

그러는 동안, 아민타스[107]가 전투에서 도망쳤던 그리스 병사들 4,000명을 규합하여 트리폴리스(Tripolis)에 도착했다. 그는 휘하 병력을 배에 태우고 키프로스(Kypros) 섬으로 건너갔다. 그리고 현재 상황에서는 어디든 점령한 땅을 합법적으로 소유할 수 있겠다고 판단하여 이집트로 가기로 결정했다. 그는 지금 두 왕들 모두와 적대적인 상태였고, 상황이 변하면 거기에서 이득을 보려고 끊임없이 촉각을 곤두세우고 있었다. 그는 휘하의 병사들에게 대업을 성취 하자고 부추겼다. 즉, 이집트의 태수 사바케스는 전사했으며, 이집트에 있는 페르시아 수비대는 지휘관도 없고 허약한 반면 페르시아 태수

107) 마케도니아에서 페르시아로 망명했다고 앞서 언급했던 그 인물이다. 이에 대해서는 3권 11장 18절 참조. 아민타스는 알렉산드로스가 즉위한 직후 마케도니아에서 도망쳤다.

와 항상 사이가 좋지 않았던 이집트 인들은 자신들을 적이 아니라 동맹군으로 받아들일 거라고 말했다.

그들은 곤경에 처해있었기 때문에 무슨 짓이건 시도해 보아야만 했다. 사람이란 처음에 가졌던 희망들이 좌절되고 나면 무슨 일이 일어나든 지금보다는 나을 거라고 여기는 법이다. 그들은 한 목소리로 어디든 이끄는 대로 따라가겠노라고 외쳤다. 그래서 아민타스는 부하들이 희망에 부풀어 있을 때 최대한 이용해야겠다고 생각하여 자신이 다레이오스가 보낸 태수인양 가장하여 펠루시온(Pelusion) 항구로 들어갔다. 그는 펠루시온을 장악하고 멤피스(Memphis)로 진군해 갔다. 이 소식을 들은 모든 이집트 인들은 페르시아 수비대를 쫓아내기 위해 여러 마을과 도시에서 들고 일어났다. 이집트 인들은 어떤 일을 성취하는 것 보다는 반란을 조장하는데 더 끌리는 격한 성품의 사람들이기 때문이다. 페르시아 인들은 겁을 먹기는 했으나 이집트에서의 거점을 유지할 수 있으리라는 희망을 버리지 않았다. 그러나 아민타스는 전투로 그들을 패배시키고 도시 안으로 그들을 몰아넣었다. 진영을 설치한 승리자들은 적의 재산은 모두 자기들 재량에 달려있는 것처럼 들판으로 노략질을 하러 몰려 나가서 눈에 띄는 모든 것을 빼앗았다.

마자케스(Mazaces)는 부하들이 전투에서 졌기에 겁을 먹었다는 것을 알았지만, 부하들에게 적이 무질서하며 경솔하고 승리로 인해 지나치게 들떠 있다는 것을 지적하였다. 따라서는 그는 부하들에게 단호하게 도시를 박차고 출격하여 잃었던 것들을 되찾자고 설득하였다. 그의 전략은 논리적으로도 옳았고, 결과적으로도 성공했다는 것이 입증되었다. 그들은 적장 뿐 아니라 적을 최후의 한 명까지 죽일 수 있었던 것이다. 이상이 아민타스가 두 왕에게 치러야 할 업보였다. 그는 자신이 도망쳐 나온 왕 만큼이나 자신이 망명해갔던 왕에게도 충실하지 않았기 때문이다. 이소스 전투에서 살아남은 다레이오스의 장군들은 수습한 패잔병들, 카파도키아와 파플라고니아에서 새로 모집한 신병들을 거느리고 리디아를 탈환하려 했다. 알렉산드로스의 장군인 안티고노스가 리디아를 통치하고 있었다.[108] 그는 비록 수비대 병사들 대부분을 왕에게 파견한 상태였지만 남은 부하들과 전장에 섬으로써 그가 이민족을 경멸한다는 것을 보여주었다. 그리고 이 경우에도 양 진영의 운명은 바뀌지 않았다. 페르시아 군은 서로 다른 장소에서 세 차례의 전투를 벌여 모두 패배하고 말았던 것이다.

거의 같은 시기에 알렉산드로스가 그리스에서 불러 온 마케도니아 함대는 적선들을 노획하거나 격침시켜서 아리스토메네스(Aristomenes)[109] - 다레이오스는 헬레스폰트 해협 연안을 재탈환하기 위해 그를 보냈다 - 를 격파했다. 그 다음, 페르시아의 제독 파르나바조스는 밀레시아에서 돈을 거두고 키오스 시에 수비대를 주둔시켰다. 그리고 100척의 배를 거느리고 안드로스(Andros), 그 다음으로는 시프노스(Siphnos)로 갔다. 그는 이 섬들에도 수비대를 주둔시키고 벌금을 물렸다.

이 대규모 전쟁은 유럽과 아시아에서 가장 부유한 군주들이 세계를 지배하려는 목적으로 일으킨 것으로서, 이로 인해 그리스와 크레테 섬의 군대도 움직이게 되었다. 스파르타의 왕 아기스(Agis)[110]는

---

108) 안티고노스는 대 프리기아의 태수였고, 당시 리디아는 아산드로스가 태수였다.
109) 다른 자료들에서는 아리스토메네스의 이름이 거론되지 않는다. 아마 아우토프라다테스 였을 것이다. 저자의 실수인 듯하다.

킬리키아에서 도망쳐서 고향으로 돌아간 8,000명의 그리스 용병들을 고용하여 마케도니아의 섭정인 안티파트로스에게 적대적인 행동을 시작하였다. 크레테 인들은 상황에 따라서 양편을 지원하였으며, 크레테에는 스파르타와 마케도니아 수비대가 번갈아 주둔하였다.[111] 사실 이들 사이에서 일어났던 일들은 시시한 다툼으로 상대적으로 중요하지 않다. 운명의 여신께서는 다른 모든 이들에게 영향을 미치는 싸움을 주목하고 계셨다.

2. 이 때[112], 티로스(Tyros)를 제외한 시리아와 페니키아 전 지역이 마케도니아의 통치를 받고 있었다. 알렉산드로스는 티로스 시와는 단지 좁은 해협으로 떨어져 있는 연안에 주둔하고 있었다. 시리아와 페니키아의 어떤 도시보다 규모나 명성 면에서 더 대단한 도시인 티로스는 알렉산드로스에게 굴복하기 보다는 동맹국이 되고 싶어 했다. 티로스의 사절들은 알렉산드로스에게 선물로 금관을 가져다주었고, 이미 많은 양의 물자를 공급하여서 자신들의 호의를 보인 바 있었다. 알렉산드로스는 선물은 우호의 표시로 받아두라고 명령했고, 사절들에게 따뜻한 인사말을 하면서 티로스 주민들이 특히 숭배하는 신인 헤라클레스[113]에게 희생제를 올리고 싶다고 했다. 그는 마케도니아 왕들은 자신들이 헤라클레스의 후손이라고 여기고 있으며, 이 희생제를 올리라는 신탁을 받기도 했다고 덧붙였다. 사

110) 아기스 3세(기원전 338-331년)

111) 이 때 마케도니아 수비대가 크레테에 주둔했을 것 같지는 않다.

112) 기원전 332년 1월이다.

113) 티로스 인들이 섬기는 신인 멜카르트(Melcarth)를 말한다.

절들은 도시 외곽에 있는 팔라이티로스(Palaityros, 즉 옛 티로스)라고 불리는 지역에 헤라클레스의 신전이 있으며 알렉산드로스가 그곳에서 신에게 적절한 희생제를 올릴 수 있을 것이라고 대답했다. 알렉산드로스는 다른 때도 종종 감정을 통제하지 못했지만, 이때도 매우 화를 냈다. "너희들은 섬에 산다고 하여 자기들이 자리 잡은 위치 덕분에 자신만만하여 육군으로는 어쩔 수 없다고 하는 모양인데, 내가 곧 너희들에게 실은 육지에 살고 있다는 것을 보여주겠노라. 그리고 너희들은 내가 너희 도시에 입성하든지 공략하든지 할 것임을 분명히 알게 될 것이다."

이런 전갈을 가지고 돌아온 사절들은 이미 시리아와 페니키아로부터 인정받은 왕을 도시 안으로 입성하도록 허용하자고 동료 시민들을 설득하기 시작했다. 하지만 자신들의 위치에 대해 자신을 갖고 있던 티로스 주민들은 포위 공격을 감수하기로 결정했다. 도시와 육지 사이를 갈라놓는 해협의 너비는 800m 정도였다. 이곳에는 특히 남서풍이 몰아치고 있는데, 이로 인해 파도가 계속 바다에서 해안으로 몰아치고 있었다. 이 바람이 공성작전 - 마케도니아 인들은 아예 육지와 바다를 이어버리려고 생각했다 - 에 가장 큰 장애물이었다. 사실 바다가 잔잔하고 조용해도 여기에 방파제를 구축하는 일이 쉽지는 않은데, 바다가 맹렬하게 방파제를 때리는 바람에 방파제의 기초가 남서쪽으로 깎여들어 갈 것이었다. 방파제를 구축하는 동안에 물이 연결부위로 계속 침투해가고, 바람이 거세지면서 파도가 구조물의 윗부분을 때리게 됨으로써 방파제는 파도의 침식을 버틸 만큼 강하게 만들어지지 못하게 된다. 이외에도 만만찮은 다른 문제가 또 있었다. 도시의 성벽과 작은 탑들은 특히 깊은 바다로 둘러싸여 있었다.[114] 즉, 무언가를 쏘아 붙이려고 해도 배에서나 아니면 멀리서 겨냥을 해야 하며, 공성 사다리도 성벽에 닿지 않고 성벽이 바다에 깎아지른 듯이 세워져 있기 때문에 도보로 접근하는 것은 말할 필요도 없다. 알렉산드로스는 배도 없었고, 설사 몇 척을 모은다고 해도 바다 위라서 출렁거리기 때문에 쏘아지는 무기들로 인해 배가 만에 묶여 있을 수밖에 없었다.

그러는 동안 사소한 사건으로 티로스 사람들의 사기가 올라갔다. 이 때 전통에 따라 연례적인 종교 축제를 축하하기 위해 카르타고(Karthago) 사절단이 티로스에 도착했다. 카르타고는 티로스에 의해 창건[115]되었고, 티로스를 모시(母市)로서 언제나 존중해 왔다. 카르타고 인들은 자신감을 갖고 포위 공격에 대비하라고 티로스 인들을 격려했다. 그들은 곧 카르타고로부터의 지원이 올 것이라고 말했다. 당시에는 카르타고 함대가 대부분의 바다를 제패하고 있었다. 그에 따라 티로스는 전쟁을 결의했다. 티로스 사람들은 성벽과 작은 탑들에 죽 돌아가며 투석기를 배치하고, 젊은이들에게 무기를 나누어 주었으며 도시의 많은 장인들을 작업장들에 배당해서 일하도록 했다. 티로스 이곳저곳은 전쟁 준비하는 소리로 가득 차게 되었다. 적의 공성 병기에 던지기 위한 하르파고네스(*harpagones*)라고 불리는 '강철 손'(즉, 갈고랑이)이라든가, '까마귀'[116]라고 불리는 물건들, 그밖에 도시 방어에 필요한 물품들이 먼저 만들어졌다. 용광로 속에 금속을 넣어

---

114) 아리아노스, 『알렉산드로스 대왕 원정기』 2권 18장 3절에서는 성벽 바로 옆의 바다의 깊이가 세 길이라고 전한다.

115) 기원전 800년 경(보통 기원전 814-813년으로 본다)에 창건되었다.

116) 라틴어로 *corvus*이다. 폴리비오스의 『역사』 1권 22장 4절 이하에서 포이니 전쟁 때 해전을 위해 만들었던 '까마귀'라는 장치를 소개하고 있다. 즉 양 옆에 가로대가 달린 널판으로 끝에 갈고랑이가 달려있었다. 이 책의 저자는 이와 비슷한 것을 생각하고 있었던 듯하다.

녹이며 풀무로 불길에 바람을 불어 넣을 때, 불꽃 사이로 핏줄기가 나타났다고 하는데, 티로스 사람들은 이를 마케도니아가 패배할 징조로 해석하였다. 마케도니아 측에서도 몇몇 병사들이 빵을 쪼갤 때, 빵에서 핏 방울이 나오는 것을 목격했다. 알렉산드로스는 이 일에 충격을 받았지만, 마케도니아 군에서 가장 능력 있는 예언자인 아리스탄드로스(Aristandros)는 다르게 말했다. 즉, 만약 빵의 겉에서 피가 나왔다면 마케도니아에 좋지 않은 징조이지만, 안에서 나왔기 때문에 이는 실제로 그들이 공략하려는 도시가 붕괴될 전조라는 것이다.

알렉산드로스의 해군은 멀리 떨어져 있고, 공성을 오래 끌게 되면 다른 계획들에 지장이 올 것이라고 생각한 알렉산드로스는 전령들을 보내 티로스 사람들에게 평화조약을 받아들이라고 권하였다. 그러나 티로스 사람들은 국제적인 관례를 깨고 전령들을 죽여서 바다에 시신을 던져버렸다. 부하들이 불명예스럽게 죽은 것에 분노한 알렉산드로스는 도시를 포위 공략하기로 마음먹었다.

그러나 먼저 도시와 육지를 잇는 방파제가 먼저 건설되어야 하는데, 물이 바닥을 알 수 없을 정도로 깊어서 병사들은 절망하게 되었다. 신의 도움이 있더라도 그 깊이를 메우지 못할 것처럼 보였기 때문이다. 어디에서 커다란 바위들을 구하며, 어디에서 높은 나무들을 구한단 말인가? 그 정도의 공간을 메우는 제방을 만들려면 지상의 전 지역을 다 벗겨내야 할 것이었다. 해협은 항상 파도가 굽이치고 있는데, 섬과 육지 사이에서 그 파도치는 지역이 제한될수록 그만큼 파도는 더 거셌다. 하지만 알렉산드로스는 병사들의 기분을 좌우하는 데 능했다. 그는 병사들에게 자신이 꿈을 꾸었는데, 꿈에서 헤라클레스 상이 오른 손을 그에게 뻗었고, 그래서 자신은 헤라클레스가 길을 열고 인도하는 대로 티로스로 입성했노라고 말했다. 그는 또 살해당한 전령들, 티로스 사람들이 국제적인 관례를 깨트린 것에 대해 언급하고 나서, 이곳이 바로 그의 승리의 행진을 감히 늦추는 유일한 도시라고 덧붙였다. 그 다음, 그는 장군들에게 병사들을 타이르라고 명령했고, 병사들이 모두 충분히 자극을 받자 그는 작업을 시작시켰다.

많은 양의 바위는 구(舊) 티로스 시에서 조달할 수 있었고, 뗏목과 공성병기를 만들 재목은 리바노스(Libanos) 산에서 운반해 왔다. 방파제를 만들기 위한 기초 공사가 진척되어 바다 밑바닥에서 상당한 높이까지 올라왔지만 아직 수면 위까지는 올라오지 못했을 때, 티로스 사람들은 작은 배들을 끌어 모으면서 마케도니아 병사들에게 "저 유명한 전사들이 짐 나르는 짐승들처럼 등짐을 지고 있구만 !"이라고 모욕하며 놀렸다. 그들은 알렉산드로스에게도 "바다의 신 포세이돈(Poseidon) 보다 강하신거요?"라고 물었다. 실제로 그들의 야유는 병사들의 열정에 불을 붙이는 구실을 했다. 조금씩 둑이 수면 위로 올라오기 시작하고, 도시에 가까워지면서 방파제의 너비가 커졌다. 이제까지 방파제의 크기를 파악하지 못했던 티로스 사람들은 이제야 그 규모를 알게 되었다. 그들은 작고 빠른 배들을 타고 아직 섬까지 이어지지는 않은 방파제 주위를 돌면서 작업하느라고 서있는 병사들을 활로 쏘면서 공격했다. 티로스 사람들은 부상은 제법 많이 입었지만 사망자는 없었다. 작은 배들을 내고들일 때 방해를 받지 않기 때문이었다. 그로 인해 마케도니아 병사들은 자신을 보호해야 해서 작업에 전념할 수 없게 되었다. 더군다나 방파제가 해안에서 멀어질수록 쌓아올려야 하는 것들은 점점 더 많이 바다 속으로 사라졌다. 그래서 알렉산드로스는 작업하는 병사들을 티로스 사람들의 공격에서 보호할 목적으로 가죽과 범포들을 그 앞에 펼쳐

세웠고, 방파제 끝에 공성탑을 두 개 세워서 보트가 다가오면 공격하도록 했다. 다음에 티로스 사람들은 적의 관측에서 멀리 떨어진 해안가에 작은 배들을 대고 병사들을 상륙시켜 바위를 나르고 있는 마케도니아 병사들을 죽였다. 리바누스 산에서도 마케도니아 병사들이 흩어져 일하는 틈에 아라비아 토착민들이 습격하여 30여명을 죽이고 그보다는 적은 수의 포로를 잡아갔다.

3. 그 사건으로 알렉산드로스는 부대를 나누어야 했다. 그는 단 하나의 도시를 포위 공략하는데 시간을 낭비하고 있는 것처럼 보이지 않도록, 자신이 없는 사이의 작업은 페르디카스와 크라테로스에게 맡기고 자신은 경무장한 분견대를 이끌고 아라비아로 갔다. 그 사이에 티로스 사람들은 커다란 배를 한 척 준비해서 고물에 바위와 모래 등을 가득 실어 이물이 물위로 번쩍 들리도록 만들었다. 그리고 이물에 역청과 유황을 잔뜩 발라놓았다. 그리고 그 배의 돛이 강한 바람을 받게 한 다음 노를 저어서 빠르게 방파제가 있는 곳 까지 다가갔다. 그리고 그 때, 노잡이들은 이물에 불을 지르고 바로 이 목적을 위해 배 뒤에서 따라오게 했던 작은 배들로 갈아탔다. 그 배는 불타올라서 넓은 지역에 불길을 뿜어내기 시작했다. 그리고 이 불길은 지원이 도착하기 전에 공성탑들과 방파제 위에 세워진 구조물들을 삼켜버렸다. 작은 배들에 갈아탔던 사람들은 장작이나 불길을 키울 수 있는 인화물질들을 이 구조물들에 집어 던졌다. 공성탑들의 하부와 마찬가지로 꼭대기에도 불이 붙어서 그 위에 있던 마케도니아 병사들은 불타죽든지, 무기를 버리고 바다로 뛰어들든지 했다. 티로스 사람들은 그들을 죽이기보다는 사로잡으려고 막대기와 돌로 그들의 손을 때려 무기력하게 만든 다음 배에 태웠다. 그 날, 큰 구조

물이 불타서 무너진 일만 일어난 것이 아니었다. 특별히 강한 바람이 바다 깊숙이에서 물을 감아 올려 방파제를 때렸다. 아래쪽의 접합부들은 파도가 계속 때려서 느슨해 졌고, 바위 사이에서 물이 흘러 방파제는 가운데부터 갈라지기 시작했다. 그 결과 둑 위에 쌓여있는 흙을 지탱해주던 바위 무더기가 무너져서 방파제 전체가 깊은 물속으로 쓸려 들어가 버렸다. 그래서 알렉산드로스가 아라비아에서 돌아왔을 때는 그 거대한 방파제의 흔적 밖에 남지 않았다.

거기다가 재난이 일어났을 때 통상 그렇듯이 그들은 서로 서로 책임을 전가하였다. 바다의 분노 때문이라고 생각하는 편이 더 나았을 텐데도. 알렉산드로스는 새로운 방파제 건설에 착수했다. 그런데 이번에는 바람을 비스듬히 받게 하기 보다는 아예 바람 부는 방향 정면으로 건설하기 시작했다. 그래서 맨 앞부분이 다른 부분들을 보호하는 역할을 하게 되어, 다른 부분들은 마치 그 뒤에 숨은 것처럼 되었다. 그는 또 방파제의 폭을 더 넓히도록 해서 적의 공격 범위 밖에 있는 중간부분에 공성탑들을 세우도록 했다. 거기다가 마케도니아 인들은 커다란 가지들이 달린 나무들을 통째로 바다에 집어넣고 그 위에 바위들을 얹었다. 그리고 또 다른 나무더미를 그 위에 올리고 그 위에 흙을 쌓아 올렸다. 그리고 그 위에 또 바위와 나무의 층을 쌓아 올려서 전체적으로 하나로 얽혀있는 단단한 구조물을 만들었다.

그러는 동안 티로스 사람들도 방파제 건설을 방해할 수 있는 도구를 열심히 고안하고 있었다. 특히 방해에 도움이 되었던 것은 잠수부들의 활동이었다. 이들은 적의 시야가 미치지 않는 곳에서 잠수한 다음 바로 방파제가 있는 곳까지 헤엄쳐 가서 갈고리로 나무의 튀어나온 가지들을 자기들 쪽으로 끌어 당겼다. 그리고 나무들이 제거되고 난 후에는 구조물의 여러 부분들을 물속 깊이 끌어들였다. 위를 누르던 것들이 치워지자, 잠수부들은 별 어려움 없이 나무줄기와 둥치들을 없애버릴 수 있었다. 이제 지지해주던 통나무들이 사라졌으므로 기초가 무너짐에 따라 전체 구조물이 바다 속으로 가라앉았다.

알렉산드로스는 계속해야 할지, 떠나야 할지도 결정하지 못한 채 낙담하게 되었다. 바로 그 때, 키프로스에서 함대가 도착했고, 거의 같은 시기에 클레안드로스도 아시아에서 바로 항해해 온 그리스 병사들을 데리고 도착하였다.[117] 알렉산드로스는 190척의 전선을 좌우익으로 나누었다.[118] 키프로스의 왕 프니타고라스(Pnytagoras)[119]와 크라테로스가 좌익을 지휘했고, 알렉산드로스 자신이 대장선으로 사용하는 펜테레스(*penteres*)[120]에 올라타서 우익을 지휘했다. 티로스에도 함대가 있었으나, 해전을 감수하려 하지 않았고 단지 세 척의 배를 내서 성벽 바로 아래에서 마케도니아 해군의 진로에 배치했다. 알렉산드로스는 이 세척을 충각으로 들이받아 침몰시켜 버렸다.

---

117) 아리아노스, 『알렉산드로스 대왕 원정기』 2권 20장 5절에 따르면 이때 도착한 그리스 용병들의 수는 4,000명이었다.

118) 아리아노스, 『알렉산드로스 대왕 원정기』 2권 20장 1-3절에 의하면 모두 224척이었다. 즉, 페니키아 전선들이 80척, 로도스 전선이 10척, 솔리와 말루스에서 온 전선이 3척, 리키아에서 온 전선이 10척, 마케도니아에서 온 50노선이 1척 있었고, 여기에 키프로스 전선들이 120척이었다.

119) 프니타고라스는 살라미스의 왕이었다.

120) 보통 영어로는 라틴식 표현에 따라 quinquereme으로 번역된다. 헬레니즘 국가들과 로마 공화정기 함대의 전선의 기본 모델이다. 트리에레스(*trieres*)와 형태는 비슷하나 더 크고 더 많은 노잡이를 필요로 하는 갤리선이다. 전투병을 제외하고 300명을 태웠다고 한다. 운용 형태는 불분명하게 알려졌으나, 커다란 하나의 노를 5명이 같이 저었을 것으로 보인다. 트리에레스(영어로는 trireme)는 기원전 6세기부터 쓰이기 시작했고, 헬레니즘 시기를 제외하면 거의 고대 내내 전선의 기본형이었다. 구조는 좁고 긴 편이었으며 선수의 충각이 주요한 공격 수단이었다. 선원은 200명 정도였으며, 역시 운용 형태는 잘 알려지지 않아서 많은 논쟁이 되어 왔다. 노잡이들이 앉는 의자에 세 명씩 앉고, 각각 하나씩의 노를 저었을 것이라고 추정된다.

다음 날, 알렉산드로스는 함대를 도시의 성채 바로 앞에까지 끌고 갔다. 그리고 모든 곳에서 공성병기들, 특히 충각으로 성벽을 흔들었다. 티로스 사람들은 급히 바위들을 가져다가 터진 곳을 수리했고, 성벽에서 물러날 때를 대비해서 내성을 만들기 시작했다. 하지만 모든 면에서 재난이 그들에게 다가오고 있었다. 방파제는 이제 투창의 사정거리에까지 가까이 왔고, 알렉산드로스의 함대는 성벽 주위를 돌고 있었다. 육지와 바다에서 동시에 벌어지는 전투에서의 재난이 코앞에 다가왔다. 마케도니아 군은 테트레레스(*tetreres*)[121] 두 척씩을 짝 지워 돌격시켰다. 이 배들은 이물을 한데 묶고, 고물은 가능한 멀리 떨어뜨려 놓았다. 그리고 벌려진 고물 사이의 공간에는 가로 활대와 견고한 가로 들보를 엮어 놓았고 그 위에 보병을 태울 수 있는 대좌를 만들어 덮어 놓았다. 그들은 테트레레스들을 이런 식으로 만들어서 도시 바로 앞까지 가게 했다. 그리고 그곳에서 방어병들을 향해 안전하게 사격을 실시했다. 보병들은 이물들에 가려져 방어가 되었기 때문에 안전했다.

알렉산드로스는 한밤중에 위에 설명한 것처럼 장비를 한 함대에 명령을 내려 성벽 주위를 돌게 했다. 배들이 여러 방면에서 도시에 가까이 다가옴에 따라 티로스 사람들은 절망감에 몸이 굳어졌다. 그리고 갑자기 짙은 구름이 하늘을 가리고 안개가 자욱하게 끼어 햇빛을 숨겨버렸다. 바다가 점차 출렁거리고 거칠어지기 시작했다. 점점 더 강한 바람이 파도를 일으켜서 배들이 서로 부딪치게 되었다. 테트레레스들을 서로 묶어 놓았던 부분들이 떨어져 나가기 시작했고, 큰 소리와 함께 대좌가 쪼개져 나가서 병사들이 물 속 깊이 그

121) 영어로는 quadrireme. 트리에레스와 펜테레스의 중간 크기이다.

조각들과 함께 빠져 들어갔다. 배들이 서로 묶여 있었기 때문에 거친 파도 속에서 기동하는 것이 불가능했다. 보병들은 노잡이들이 일하는 것을 방해하게 되었고, 그 반대도 마찬가지였다. 그리고 그런 상황 속에서 종종 그렇듯이 키잡이도 포함해서 노련한 사람들이 목숨을 잃을 위기 속에서 나오는 지시들을 따르며 습관적으로 명령을 내리는 미숙한 이들에게 복종했다. 뱃사람들은 필사의 결의로 노를 저어 바다를 굴복시킬 수 있었다. 그래서 그들은 거의 난파한 것과 마찬가지 상태였지만 해안으로 가서 목숨을 건질 수 있었다.

이 시기에 30명의 카르타고 사절들이 도착했다. 포위당한 측으로서는 그들로부터 도움을 받는다기보다는 그저 격려만을 얻게 되었다. 카르타고 인들은 본국에서 지금 전쟁을 하고 있으며 그것도 제패를 위한 전쟁이 아니라 생존을 위한 전쟁을 하는 중이라고 말했기 때문이다. 그 때 시라쿠사 인들이 아프리카의 곡식들을 불에 태우고 있을 뿐만 아니라, 카르타고 성벽에서 멀지 않은 곳에 진영을 세우고 있는 상황이었다.[122] 비록 크게 실망하긴 했지만, 티로스 사람들은 용기를 잃지 않았다. 대신 그들은 카르타고 사절들에게 아내와 자식들을 데리고 가 달라고 맡겼다. 그들은 공동체의 가장 귀중한 보물들을 다가오는 위험에서 지킬 수만 있다면 자신들은 어떤 일이 닥쳐도 견디어 낼 수 있다고 생각했다. 티로스 시민들 중의 한 명도 민회에 나가 자신이 꿈을 꾸었다고 말했다. 그 꿈에서는 티로스 사람들이 특히 경배하는 신인 아폴론이 도시를 떠나고 있었고, 마케도니아 인들이 만들어 놓은 방파제가 숲속의 오솔길로 변했다

122) 이는 역사적으로 맞지 않는다. 시라쿠사 인들은 기원전 310년에 있었던 아가토클레스(Agathocles)의 원정이 있기 전까지는 아프리카로 건너간 적이 없다.

는 것이다. 사람들이 그의 말을 믿지 않았음[123]에도 불구하고, 티로스 사람들은 공포에 질린 와중에 최악의 사태를 예비하고 있었다. 그들은 아폴론 신상을 황금 사슬로 헤라클레스의 제단에 묶어 놓았다. 그들이 자기네 도시를 봉헌했던 헤라클레스가 아폴론을 붙잡아 줄 것이라는 희망에서 한 행동이었다. 이 신상은 시라쿠사에서 빼앗아 온 것이며 카르타고 인들에 의해 선조들의 땅에 세워졌다.[124] 그리고 그들이 정복한 도시의 여러 전리품들을 가지고 카르타고가 아닌 티로스를 장식했다.

심지어 어떤 자들은 여러 세대동안 이어져 내려오지 않았던 종교적 의식을 되살리자고 주장하기 까지 했다. 필자는 이 의식을 신들께서 받아들이실 거라고 생각하지 않는다. 즉, 이 의식은 자유민 남자 아이를 풍요의 신[125]께 희생 제물로 바치는 것이다. 희생제라기보다는 오히려 신성 모독에 가까운 이 행위는 카르타고 인들이 도시를 창건했을 때부터 내려오는 것이다. 그리고 그들은 이 행위를 자기네 도시가 파괴될 때[126]까지 계속 했다고 한다. 모든 문제를 결정하는 장로회(長老會)가 거부하지 않았더라면 잔인한 미신이 문명화된 행위를 엎어버리는 사태가 벌어질 뻔 했다.

---

123) 디오도로스 시쿨루스, 『역사 도서관』 17권 41장 8절에서는 아폴론이 그 남자에게 "나는 이 도시를 떠난다"고 말했다고 한다. 이 남자는 돌에 맞아 죽을 뻔 했지만 겨우 탈출하여 헤라클레스의 신전으로 몸을 숨겼다고 나와 있다.

124) 카르타고는 시라쿠사를 약탈한 적이 없다. 디오도로스 시쿨루스, 『역사 도서관』 13권 108장 3절 이하에서는 그들이 아폴론 신상을 기원전 405년 겔라(Gela) 교외에서 옮겨왔다고 언급하고 있다.

125) 원문에는 로마 신화의 농경신 사투르누스(Saturnus)로서 티로스에서는 페니키아 인들의 풍요의 신인 몰록(Moloch)을 가리킨다.

126) 카르타고는 기원전 146년에 제 3차 포이니 전쟁에 패하여 파괴되었다.

그러나 상황이 긴급 - 어떤 기술보다 더 효율적인 - 하여 통상적인 방어 수단보다 더 기발한 것들이 몇 가지 나오게 되었다. 그들은 성벽 가까이 다가오는 배들을 타격하기 위해 거친 통나무들을 끈으로 묶었다. 그 통나무들을 투석기를 이용하여 앞으로 움직인 다음, 갑자기 끈을 풀어 배위로 떨어지게 만들었다. 통나무에 매달려 있던 갈고리와 칼들이 같이 떨어져서 수병들이나 배에 상처를 주었다. 그 밖에 그들은 청동 방패들을 불길에 집어넣어 달군 다음 거기에 뜨거운 모래와 끓인 오물을 담아 성벽에서 갑자기 집어 던지기도 했다. 이 방법은 공격 측에 무엇보다 큰 두려움을 안겨주었다. 뜨거운 모래는 갑옷과 몸 사이로 스며들어가기 쉬웠으며, 한 번 들어가면 털어낼 수도 없었고 닿는 곳마다 몸을 데게 했다. 몸이 데인 병사들은 보복할 방도조차 갖지 못한 채, 무기를 집어던지고 방어를 위해 갖춰 입은 의복들을 찢어버리며 상처를 드러내었다. 투석기로 던져진 '까마귀'나 '강철 손'도 역시 많은 병사들을 죽게 만들었다.

4. 녹초가 된 알렉산드로스는 이 때, 티로스의 포위를 풀고 이집트로 가기로 결정했다. 엄청난 속도로 아시아를 쓸어버렸던 그가 단 한 도시의 성벽 앞에 붙잡히게 되어 이전의 엄청난 정복도 빛이 바래게 되었다. 그러나 그가 좌절하여 떠나는 것은 그곳에 붙잡혀 있는 것만큼이나 수치스러운 일이었다. 그리고 그는 패배했다는 증거로 티로스를 남겨놓고 가게 되면 명성 - 그는 무기보다도 바로 이 명성으로 더 많은 정복을 이루어냈다 - 에 손상을 입게 될 것이라고 생각하였다. 알렉산드로스는 후회 없이 모든 방법을 다 써보기 위해 더 많은 배를 끌어 모으고 정예 병사들을 태웠다. 그 때, 파도 위로 등이 불쑥 비어져 나올 정도로 거대한 바다 생물[127]이 그 큰

몸을 쉬기 위해 마케도니아 병사들이 만들어 놓은 방파제 위로 올라오는 일이 벌어지기도 했다. 이 바다 생물이 물을 가르고 몸을 드러냈을 때, 공수 양측이 모두 이것을 목격하였다. 이 바다 생물은 방파제 앞부분에서 다시 잠수했고, 그 다음에는 몸체 대부분을 파도 위로 솟구쳐 올렸으며 마지막으로 도시의 성벽에서 멀지 않은 곳에서 수면 아래로 들어갔다. 양측이 다 이 광경을 보고 사기가 올랐다.[128] 마케도니아 쪽의 해석에 따르면 이는 방파제로 통로를 만들어야 한다는 것을 가리켰다. 티로스 쪽의 해석에서는 침범된 바다의 복수자이신 포세이돈[129]께서 그 방파제를 적대시하여 바다 생물을 불러왔고 이는 그 방파제가 곧 무너지는 것을 의미한다는 것이다. 그 징조를 기뻐한 티로스 사람들은 축제를 벌이고 과도한 음주를 하였다. 그리고 해가 뜰 때, 갖가지 화관과 화환으로 꽃장식된 배에 탔다. 그렇게 그들은 너무 이르게 승리의 징조를 해석했을 뿐 아니라, 실제로 승리를 축하하기까지 했다!

알렉산드로스는 해안에 30척의 작은 배들만을 남겨두고 함대를 다른 방향으로 기동하도록 지시했다. 티로스 사람들은 30척 중에서 두 척을 사로잡고 다른 배들을 공포로 몰아넣었다. 알렉산드로스는 부하들의 비명을 듣고 소음이 터져 나오는 곳으로 함대를 데리고 왔다. 마케도니아 함대의 선두에는 다른 배들보다 속도가 더 빠른 펜테레스가 있었다. 그리고 티로스 배들이 이 펜테레스를 보았을 때, 그들 중 두 척이 서로 반대방향에서 펜테레스의 측면으로 돌격

127) 고래로 보인다.

128) 디오도로스 시쿨루스, 『역사 도서관』 17권 41장 5-6절 참조.

129) 원문에는 넵투누스(Neptunus)

해 들어갔다. 펜테레스는 그 배들 중의 하나에로 방향을 틀었고, 적선의 이물과 충돌하게 되어 서로 얽혀 버리게 되었다. 붙잡히지 않아서 자유롭게 움직일 수 있었던 또 한 척의 티로스 배는 펜테레스의 다른 쪽 측면으로 돌격하기 시작했다. 바로 이 때, 마케도니아 함대 중에서 트리에레스 한 척이 적시에 도착했다. 트리에레스는 펜테레스를 위협하고 있는 배로 돌진하여 그 배의 키잡이가 고물에서 튕겨져 나갈 정도로 강하게 들이 받았다. 더 많은 마케도니아 전선들이 나타났고, 알렉산드로스도 도착했다. 뒤얽힌 배를 어렵게나마 구한 티로스 사람들은 배를 역진하였고, 티로스 배들은 한데 뭉쳐 항구로 퇴각하였다. 빠르게 그들을 추격한 알렉산드로스는 성벽에서의 사격 때문에 항구로 들어가지는 못했지만 적선의 거의 대부분을 침몰시키거나 나포할 수 있었다.[130)]

마케도니아 군은 이틀간 휴식을 취하고 나서, 함대와 공성 병기들을 동시에 정렬하라는 명령을 받았다. 그리고 알렉산드로스는 사기가 떨어진 적에 대하여 모든 방면에서 공세를 취할 수 있었다. 왕 자신이 몸소 가장 높은 공성탑 위로 기어 올라갔다. 그의 용기는 대단했지만 위험은 그 이상이었다. 왕의 표식과 번쩍이는 갑옷으로 그를 알아본 적군이 그에게 사격을 집중했기 때문이었다. 그리고 확실히 전투에서의 그의 행동은 눈길을 끌었다. 그는 창으로 성벽 위에 있는 수비대원들 중 다수를 찔러 죽였고, 백병전을 벌이며 칼이나 방패로 적을 쳐서 일부를 성벽 아래로 떨어뜨렸다. 그가 타서 싸우고 있던 공성탑이 바로 성벽에 붙어 있었기 때문이다. 그 때, 계속

130) 아리아노스, 『알렉산드로스 대왕 원정기』 2권 21장 8절에 따르면 티로스 배들은 모두 13척이었다.

되는 충각의 충격으로 돌들의 접합부가 느슨해져서 성벽이 무너졌다. 한편 함대는 항구로 들어섰고, 마케도니아 군 병사의 일부는 적이 버리고 도망친 탑들로 올라갔다.

티로스 사람들은 여러 곳에서 동시에 동시다발적으로 패하게 되었다. 그들 중 일부는 탄원자로서 신전으로 도망쳤고, 다른 일부는 문을 닫아걸고 자기들의 선택에 따라 죽음으로 맞섰다. 어떤 이들은 자신들의 죽음이 어떤 의미가 있을 것이라고 생각하며 적에게 달려들었다. 그러나 대다수의 사람들은 지붕 위로 올라가 돌이나 손에 잡히는 것을 뭐든지 쥐고 다가오는 마케도니아 병사들에게 던졌다.

알렉산드로스는 신전으로 몸을 피한 사람들 말고는 모두 죽이고 건물들에 불을 지르라고 명령했다. 비록 전령들이 이런 명령을 공표했으나, 무기를 가진 티로스 사람들 중 누구도 신들에게 보호를 요청하려고 하지 않았다. 어린 소년과 소녀들은 신전에 가득 차 있었으나, 성인 남성들은 자기 집의 현관에 서서 적의 분노에 정면으로 맞설 준비를 했다. 그러나 많은 사람들은 마케도니아 군 사이에 끼어 있던 시돈 사람들 덕분에 구원을 받았다. 그들은 정복자들과 함께 도시에 입성했지만, 자신들이 티로스 사람들과 인척관계 - 그들은 아게노르(Agenor)가 두 도시를 창건했다고 믿었다 - 인 것을 잊지 않았고, 티로스 사람들 중에 상당수를 보호해서 자기네 배에 태워 숨긴 다음 시돈으로 운송해 주었다. 이런 술수 덕분에 티로스 사람들 중 15,000명이 잔인하게 살해당하는 것을 면할 수 있었다. 성벽 내에서 싸우다가 학살된 사람의 수가 6,000명에 이르는 사실만 보더라도 당시의 유혈 사태의 범위를 알 수 있을 것이다. 분노한 왕은 비참한 정경을 만들어 놓았다. 학살에 지친 마케도니아 병사들의 분노에서 살아남은 2,000명의 티로스 인들은 해안가의 넓은 공간을 가로 질러 십자가에 못 박혔다. 알렉산드로스는 카르타고 사절들을 살려두기는 했지만, 공식적으로 그들에게 전쟁을 선포했다. 그러나 이 전쟁은 당장 여유가 없어서 보류되었다.

대단히 오래된 기원을 가지고, 운명의 부침을 자주 겪어서 후대인들의 많은 관심을 받고 있는 티로스는 공성을 시작한 지 6개월 만에 함락되었다.[131] 티로스는 아게노르에 의해 창건되었고, 인근의 바다뿐만 아니라 함대를 동원하여 방문했던 땅 모두를 오랫동안 지배해왔다. 민간의 전승을 믿는다면, 티로스 사람들이 처음으로 알파벳을 배우고 혹은 가르친 첫 번째 사람들이었다.[132] 그리고 그들의 식민시가 거의 전 세계에 퍼져있는 것도 사실이다. 그 식민지들은 아프리카의 카르타고, 보이오티아의 테바이, 대양의 가데스(Gades) 등이다. 짐작컨대 그들은 바다를 자유롭게 돌아 다녔고, 다른 민족이 알지 못하는 땅을 매우 자주 방문했기에 젊은 세대의 넘쳐나는 인구를 위해 정착지들을 선택했을 것이다. 혹은 주민들이 잦은 지진에 질린 나머지(이는 또 다른 전승에 의한 설명이다) 해외에서 새로운 고향을 찾을 수밖에 없었을 것이다. 여러 번의 재난을 겪고, 파괴된 다음 다시 흥기하는 것을 거듭한 다음, 이제 드디어 오랜 평화와 번영을 완전히 되찾은 티로스는 로마 제국의 자비로운 보호 아래서 평안을 즐기고 있다.

---

131) 플루타르코스(「알렉산드로스 전」 24장 5절)와 디오도로스(『역사 도서관』 17권 46장 5절)에 따르면 이 공략전은 7개월간 지속되었고, 기원전 332년 7월 혹은 8월에 끝났다. 아리아노스에 따르면 티로스 인 8,000명과 마케도니아 병사 400명이 죽었고, 3만 명이 노예로 팔렸다.(『알렉산드로스 대왕 원정기』 2권 24장 4-5절) 디오도로스는 7,000명이 전사했고, 2,000명이 십자가에 못 박혔으며, 13,000명이 포로가 되었다고 전한다.(『역사 도서관』 17권 46장 3-4절)

132) 그리스 인들은 페니키아 인들에게서 페니키아 문자를 받아들였고, 거기에 몇 몇 모음을 더하고 글자를 개량하여 그리스 알파벳을 만들었다. 로마 인들은 그리스 문자를 받아 들여 오늘날 세계적으로 사용되는 알파벳을 만들었다.

5. 이즈음에 다레이오스가 드디어 알렉산드로스를 '전하'라고 칭하는 서한이 도착했다. 다레이오스는 헬레스폰트 해협과 할리스(Halys) 강 사이에 있는 영토를 지참금으로 줄 터이고, 자신은 그 동쪽에 있는 영토를 보유하는 것으로 만족할 터이니 스타티라(Statira)라고 부르는 자신의 딸과 결혼하라고 청했다.[133] 다레이오스는 혹시 알렉산드로스가 이 제안을 받아들이는 것을 주저한다면, 운명의 여신께서는 한 장소에 머무르시지 않으며, 아무리 대단한 성취를 이룩한 사람도 더 큰 것에 대해 질투하는 법이라는 사실을 기억해야 한다고 말했다. 또 다레이오스는 마치 자연의 빛에 이끌려 하늘 끝까지 날아오르는 새들처럼 알렉산드로스 역시 젊은 마음의 변덕에 쓸려 가지나 않을까 걱정이 된다 - 그 나이 또래에 그렇게나 대단한 행운을 통제하는 것보다 어려운 일은 없기 때문에 - 고 덧붙였다. 다레이오스는 자신이 아직 다른 영토를 많이 보유하고 있기 때문에 다시 좁은 통로에서 공격받기란 쉽지 않을 것이라고 말했다. 사실 알렉산드로스는 유프라테스 강과 티그리스 강, 아락세스(Araxes) 강, 히다스페스(Hydaspes) 강을 건너야 하는데 이 모든 것은 다레이오스의 왕국을 위한 튼튼한 방어선이 될 것이었다. 그리고 알렉산드로스는 넓은 평야 지대(메디아, 히르카니아, 박트라 Baktra)로 들어가게 될 터인데, 그 곳에서 소수의 병력으로는 수치를 당하게 되리라는 것이다. 그리고 소그디아 인, 아라코시아(Arachosia) 인, 코카서스(Caucasus) 산맥과 타나이스(Tanais) 산맥에 이르는 곳에 사는 많은

133) 아리아노스, 『알렉산드로스 대왕 원정기』 2권 25장 1절에 의하면 이 서한은 알렉산드로스가 아직 티로스를 공략하고 있을 때 도착했다. 스타티라는 다레이오스의 비의 이름이기도 하다. 실제로 알렉산드로스는 기원전 324년 수사에서 다레이오스의 딸 스타티라와 결혼했다.

부족들은 말할 것도 없고, 대양의 바로 옆에 살고 있는 인디아 인들에게는 언제 도달할 것인가라고 물었다. 그는 또 만약 싸우지 않고 나간다 해도 그 모든 땅에 도착하는 과정에서 이미 나이 들어 버릴 것이라고 말했다. 그리고 자신을 그에게로 부르는 일을 멈춰야 하며, 그가 도착하면 이는 곧 알렉산드로스의 종말을 의미하게 된다고 말했다.

이에 대응하여 알렉산드로스는 서한을 가지고 온 사람에게 다레이오스는 자신에게 줄 수도 없는 재산을 준다고 약속했으며, 그가 나누겠다고 약속한 영토는 이미 완전히 잃어버린 것이라고 말했다. 지참금으로 주겠다고 하는 리디아, 이오니아, 아이올리스(Aiolis), 헬레스폰트 연안은 이미 승리의 대가로 자신의 것이 되었다고도 했다. 그리고 말하기를 규칙이란 승리자가 만들고 패배자가 받아들여야 하는 것이며, 다레이오스 만이 두 왕 중에서 자신이 어떤 위치에 있는지를 인지하지 못하고 있다면, 전투에서 그 의문을 해소시키는 기회를 주겠다고 했다. 게다가 그가 바다를 건너왔을 때, 목표로 했던 것은 킬리키아나 리디아 - 그런 대단한 전쟁을 치른 것 치고는 적은 보상인 - 가 아니라, 다레이오스 제국의 수도인 페르세폴리스(Persepolis), 그리고 박트리아 및 동쪽 해안 끝까지 라고 말했다. 그리고 그는 다레이오스가 도망간다면 어디든 쫓아갈 것이며, 다레이오스는 바다를 건너온 사람에게 강을 가지고 겁주는 쓸데없는 짓을 그만두어야 할 것이라고 했다.[134]

이상이 두 왕이 나눈 서한들의 내용이다. 그 사이에 로도스 섬 사

134) 문맥상으로는 마치 전령에게 구술한 것 같이 보이지만, 실제로는 서한을 교환한 것이다.

람들은 자기네들의 도시와 항구들[135]을 알렉산드로스에게 바쳤다. 알렉산드로스는 킬리키아 태수직을 소크라테스(Sokrates)에게 맡겼고,[136] 필로타스에게는 티로스 인근 지역을 책임지도록 했다. 한편 파르메니온은 코일레 시리아라고 불리는 지역을 안드로마코스(Andromachos)에게 맡겨 자신은 여타의 전투에 대해 신경 쓸 수 있게 되었다. 알렉산드로스는 헤파이스티온에게 함대를 끌고 페니키아 연안을 따라 항해해 오라고 명하고, 그 자신은 전군을 거느리고 가자(Gaza) 시로 향했다.[137]

이 무렵에 모든 그리스 인이 모여 참여하는 전통적인 이스트미아(Isthmia) 경기[138]가 거행되었다. 이 모임에서 그리스 인들 - 기질적으로 정치적 기회주의자들인 - 은 그리스 인의 안전과 자유를 위해 대업을 성취한 알렉산드로스에 대한 경의의 표시로 황금 왕관을 승전 선물로 바치기로 결의하고 15명의 사절을 파견하기로 했다. 바로 얼마 전에는 같은 그리스 인들이 운명의 여신께서 그들의 흔들리는 마음을 이끄시는 대로 따라가려는 의도로 불확실한 소문에 귀를 기울인 바 있다.

그러는 동안, 알렉산드로스 스스로도 여전히 지배당하기를 거부하는 도시들을 굴복시키기 위해 행군해 갔을 뿐만 아니라, 그의 휘하에 있는 탁월한 장군들도 여러 지역을 침공해 갔다. 칼라스는 파

---

135) 로도스에는 대소 두 개의 항구들이 있었다.

136) 킬리키아의 태수는 발라크루스(Balacrus)였다. 여기서 소크라테스를 언급한 것이 옳다면 그는 군지휘권만을 가졌을 것이다.

137) 아마 헤파이스티온은 티로스에서 가자로 공성병기들을 가지고 오라는 명을 받았을 것이다.

138) 2년마다 그리스 코린토스(Korinthos)에 있는 이스트모스에서 거행되었다.

플라고니아(Paphlagonia)로, 안티고노스는 리카오니아(Lycaonia)로 진군했으며, 발라크로스(Balakros)는 다레이오스의 장군인 이다르네스(Idarnes)[139]를 패배시키고 밀레토스를 재탈환했다. 한편 암포테로스(Amphoteros)와 헤겔로코스(Hegelochos)는 강력한 160척의 함대를 거느리고 아카이아(Achaia)[140]와 아시아 사이에 있는 섬들을 알렉산드로스의 지배권 아래 넣었다. 그들은 또 테네도스(Tenedos)를 점령했고, 주민들의 요청으로 키오스를 장악하기로 했다. 그러나 파르나바조스는 친 페르시아 파인 아폴로니데스(Apollonides)와 아타나고라스(Athanagoras)에게 비교적 적은 수의 수비대를 주어 마케도니아 동조자들을 체포하고 그 도시를 다시 장악했다. 알렉산드로스의 장군들은 자기네들의 힘을 믿기 보다는 지키는 자들의 감정을 고려하여 키오스 공략전을 계속 수행했다. 그 생각은 틀리지 않았다. 아폴로니데스가 수비대 장교들과 다투는 바람에 도시 안으로 진입할 기회가 생겼기 때문이다. 성문이 부서지고 마케도니아 군이 진입하자, 이미 전에 알렉산드로스에게 항복하기로 했던 주민들은 암포테로스와 헤겔로코스에게 합류했다. 페르시아 수비대는 학살당했고, 파르나바조스, 아폴로니데스, 아타나고라스는 쇠고랑이 채워져 마케도니아 군에 인계되었다.[141] 그리고 마케도니아 군은 수병과 선원도 다 갖추고 있는 12척의 트리에레스, 빈 배 30척, 그리고 해적질할 때

---

139) 아마도 히다르네스(Hydarnes)일 것이다.

140) 로마 식 용례로는 그리스라는 의미로 많이 쓰였다. 기원전 2세기 로마가 그리스 문제에 간여하고 있을 때, 그리스의 아카이아 연방이 로마의 맹방이었다가 나중에는 로마에 가장 강력히 저항했기 때문에 많이 알려졌다.

141) 아리아노스, 『알렉산드로스 대왕 원정기』 3권 2장 7절에 따르면 파르나바조스는 탈출했다.

쓰는 배 50척, 페르시아에 고용된 3,000명의 그리스 용병도 넘겨받았다. 마케도니아 군은 인원을 보충하기 위해 이들 용병들을 분산 배치했고, 해적들은 처형했으며 선원들은 함대에 근무하도록 했다.

첫 야간 교대 시간에 키오스 상황을 알지 못한 메팀나(Methymna)의 참주인 아리스토니코스(Aristonikos)가 해적선들을 이끌고 항구의 방재 구역(防材區域)[142]으로 오는 일이 일어났다. 그는 경비대의 수하에 응대하여 파르나바조스를 만나기 위해 온 아리스토니코스라고 대답했다. 경비대원들은 파르나바조스가 지금 취침 중이어서 잠시 만날 수는 없지만 동맹군과 친구에게는 항구가 개방되어 있으며 내일 아침에는 알현할 수 있을 것이라고 말했다. 아리스토니코스는 지체하지 않고 항구 안으로 들어갔고, 해적 선원들은 그의 항적(航跡)을 따라갔다.[143] 배들이 항구의 부두에 접안하자, 경비대는 방재용 밧줄을 다시 치고 근처에서 경비하고 있는 대원들에게 경보를 발령했다. 해적들은 감히 저항하지 못했고, 모두 쇠사슬에 묶여서 암포테로스와 헤겔로코스에게 끌려갔다.[144]

마케도니아 군은 아테나이 인 카레스가 최근에 점령하여 2,000명의 정예 페르시아 수비대와 함께 지키고 있는 미틸레네(Mithylene)로 건너갔다. 공성전을 감당할 수 없었던 카레스는 자신을 안전하게 방면해 준다는 조건으로 항복하고 임브로스(Imbros)로 떠났다. 마케도니아 군은 항복한 병사들을 잡아 두었다.

---

142) 항구에서 목재의 유실 등을 막기 위해 밧줄 등으로 둘러놓은 구역.

143) 아리아노스, 『알렉산드로스 대왕 원정기』 3권 2장 4절에서는 해적선이 5척 있다고 적었다. 대체로 쿠르티우스 루푸스는 다른 자료들보다 수를 부풀려 적는 편이다.

144) 참주인 아리스토니코스는 처벌받게 하기 위해 자신의 도시로 송환되었다.

6. 서한과 사절을 통해 평화 조약을 맺겠다는 희망을 버린 다레이오스는 군을 재건하고 전쟁을 재개하는데 집중했다. 따라서 그는 휘하 장군들을 바빌로니아(Babylonia)로 소집하고, 박트리아 태수인 베쏘스(Bessos)에게 소집 가능한 최대의 병사들을 데리고 자신에게 오라고 명령했다. 박트리아 인은 아시아의 여러 민족 중에서 가장 용감하며 기질이 사나워서 유약한 페르시아 인과는 완전히 달랐다. 그들은 약탈로 먹고 사는 호전적인 스키티아(Scythia) 인들과 가까이 살아서 상시로 전쟁 중이었다. 다레이오스는 베쏘스를 경계했다. 그의 충성이 의심스러웠고, 그가 항상 부사령관 직책에 대해 불만을 가졌기 때문이다. 그는 왕이 되려는 야심을 가지고 있었고, 그 야심을 실현시키는 유일한 방법은 반역이었기 때문에 다레이오스는 걱정이 되었다.[145)]

그동안 알렉산드로스는 다레이오스의 목적지를 확인하기 위해 최선의 노력을 기울였으나, 알아내지 못했다. 왕에 대한 비밀을 감추는 페르시아의 관행과 대단한 충성심 - 협박이나 보상의 약속도 그들의 입에서 한 마디라도 새어 나오게 하지 못했다 - 덕분 이었다. 왕이 강제로 시켰던 오랜 훈련 덕분에 그들은 목숨의 위협을 받아도 이런 문제에 대해서는 침묵을 고수했다. 다른 어떤 범죄 보다 심한 처벌을 감수해야 했기 때문이다. 사제들도 침묵을 지키지 못하는 사람들은 큰일을 할 수 없다고 믿었고, 사람들은 자연에 의해 침묵을 지키는 일이 가장 쉽게 만들어졌다고 믿었다. 이런 이유들 때문에 알렉산드로스는 적에게 무슨 일이 일어나고 있는지에 대해서는 전혀 알지 못한 채 가자 시를 포위하였다.

---

145) 베쏘스의 반역에 대해서는 5권 9장 이하를 참조.

이 도시를 통치하고 있는 자는 베티스(Betis)[146]라는 인물인데 그는 왕에 대한 충성심이 각별했다. 이 도시의 성벽은 강력했으나 수비대의 수는 비교적 적었다. 알렉산드로스는 이곳의 상황을 조사한 다음, 땅굴을 파라고 명령했다. 토양이 가볍고 작업하기에 편해서 굴착을 하기 좋았기 때문이다. 근처에 있는 바다로부터 많은 모래가 퇴적되었고, 파들어 가는데 장애가 되는 바위나 돌도 없었다. 그는 시내에서 관측할 수 없는 곳에서 작업을 시작하도록 했고, 그들의 주의를 끌기 위해 공성탑을 성벽으로 움직였다. 그러나 공성탑을 움직이기에는 땅이 좋지 않았다. 모래가 푹 꺼져서 바퀴를 밀고 가기는 어려웠기 때문이다. 그 결과 공성탑의 바닥이 갈라져 나갔고,[147] 많은 병사들이 거기에 제대로 대응하지 못해서 상처를 입었다. 병사들이 공성탑을 뒤로 움직이는 것이 앞으로 움직이는 것만큼이나 어려워서 지쳐버렸기 때문이다.

그래서 알렉산드로스는 퇴각 신호를 보냈고, 다음 날 병사들로 하여금 성벽을 빙 둘러싸도록 했다. 그리고 해가 뜰 때, 그는 군대를 전진시키기 전에 전통적인 방식으로 신에게 도움을 청하는 희생제를 올렸다. 바로 그 때 날아가던 까마귀가 발톱으로 움켜쥐고 가던 흙덩어리를 떨어뜨렸다.[148] 이 흙덩어리는 바로 알렉산드로스의 머리에 맞고 부서져 땅에 떨어졌다. 그 동안 그 까마귀는 가장 가까

146) 아리아노스, 『알렉산드로스 대왕 원정기』 2권 25장 4절에서는 바티스(Batis)라고 되어 있으며 내시라고 묘사했다.

147) 모래가 꺼져 들어가면 바퀴를 밀고 가기가 힘들고, 한쪽의 바퀴들이 모래에 빠지면 공성탑이 기울어져서 바닥이 깨져 나간다.

148) 아리아노스, 『알렉산드로스 대왕 원정기』 2권 26장 4절에는 까마귀가 아니라 맹금류 한 마리가 돌을 물고 가다가 떨어뜨렸다고 적혀있다.

운 공성탑에 자리를 잡았다. 그 공성탑은 역청과 유황이 발라져 있어서 까마귀의 날개가 거기 딱 붙어버렸다.[149] 까마귀는 날아 도망치려고 헛되이 애쓰다가 구경꾼들에게 잡혔다. 이 사건은 예언자들과 상의해야 할 의미가 있는 것으로 보였다. 하지만 왕은 마음속으로는 미신이라며 믿지 않았다. 가장 신뢰받던 예언자인 아리스탄드로스는 이 징조가 저 도시를 확실히 파괴할 수는 있으나 알렉산드로스가 상처를 입을 위험도 있다는 것을 보여준다고 하였다. 왕은 그 충고에 따라 그날은 더 이상 공세를 취하지 않았다. 비록 이 도시가 이집트로 안전하게 들어가는 길에 위치하고 있어서 방해가 되기는 했지만, 예언자의 말에 귀 기울이거나 퇴각 신호를 보낼 의사는 없었다.

포위당한 측은 사기가 올랐다. 그들은 적이 머뭇거리는 것은 곧 기회라고 생각하여 성문을 열고 출격해서 퇴각하는 마케도니아 군을 공격했다. 사실 그들은 결단 보다는 허세로 전투를 시작했다. 그래서 그들은 마케도니아의 군기가 돌아서는 것을 보자마자 진격을 멈췄다. 그 때, 전투의 소리를 들은 알렉산드로스는 앞서 들었던 경고는 까맣게 잊어버리고 - 친구들의 권유에 따라 거의 입지 않았던 흉갑을 입기는 했지만 - 전열의 선두로 갔다. 그를 본 다레이오스의 부하인 한 아라비아 인이 자기 분수에 넘치는 공훈을 세우려 했다. 그래서 그는 방패 뒤에 칼을 감추고 투항하려는 것처럼 왕 앞에 무릎을 꿇었다. 알렉산드로스는 그를 일어나게 하고 자기 부하로 받으

149) 공성탑에 가연성 물질인 역청과 유황을 발라 놓았다는 것은 이해하기 어렵다. 플루타르코스, 「알렉산드로스 전」 25장 3절에 따르면 이 새는 투석기의 밧줄에 걸려 잡혔다고 한다.

려 했다. 그는 재빨리 칼을 오른 손으로 옮겨 쥐고 왕의 목을 찌르려 했다. 하지만 왕은 몸을 살짝 기울여 그 일격을 피하고 공격을 실패한 그 이민족의 두 손을 잘라버렸다. 그럼으로써 그는 그 날 경고 받은 위험을 피했다고 생각했다.

하지만 필자의 생각으로는 운명을 피할 수는 없는 것이다. 그가 대단한 용맹을 보이며 맨 앞에 서서 싸우고 있는 동안에 화살을 한 대 맞았기 때문이다. 화살은 흉갑을 뚫고 어깨에 박혔고, 주치의인 필리포스가 화살을 뽑아내었다. 상처에서 피가 뿜어져 나왔다. 그 자리에 있던 모든 사람은 흉갑에 가려 화살이 얼마나 관통했는지를 알 수 없었기 때문에 불안해했다. 알렉산드로스 자신은 낯빛도 변하지 않은 채, 지혈하고 상처를 싸매도록 했다. 그는 오랫동안 고통을 감추거나 극복하면서 군기들 앞에 서 있었다. 그런데 결국 바로 전까지 상처를 누르고 있던 붕대가 풀어져서 피가 더 많이 솟아나왔고, 아직 따뜻한 반면 고통은 없었던 상처는 피가 식어가면서 부어올랐다. 그는 정신을 잃었고, 다리에 힘이 풀렸다. 옆에 있던 사람들이 그를 부축하여 진영으로 모셔 갔다. 알렉산드로스가 죽었다고 믿은 베티스는 승리를 뽐내며 도시로 들어갔다.

그러나 알렉산드로스는 상처가 완전히 치료되기도 전에 성벽 높이와 같은 가산(假山)을 세우고, 성벽 아래로는 여러 개의 땅굴을 파라고 명령했다.[150] 그러자 주민들은 원래의 성벽 높이만큼 새로운 방어물을 건축하기 시작했으나 마케도니아 인들이 가산 위에 세워놓은 공성탑의 높이 까지는 이르지 못했다. 그래서 도시 내부는 적

150) 아리아노스, 『알렉산드로스 대왕 원정기』 2권 27장 3절에 따르면 이 가산의 너비는 400m 정도였고, 높이는 75m 정도였으며 도시 전체를 둘러쌌다.

의 사격에 노출되었다. 땅굴을 파서 성벽의 기초가 무너진 것이 이 도시에 대한 마지막 타격이 되었다. 그 무너진 틈으로 마케도니아군이 진입했다. 알렉산드로스는 직접 선두에 서서 좀 부주의하게 돌격했기에 다리에 돌을 맞아 부상을 입었다. 그는 전에 입었던 상처도 다 아물지 않았음에도 불구하고 창으로 몸을 지탱한 채 선두에 서서 계속 싸웠다. 도시 하나를 공략하는데 두 번이나 상처를 입어서 매우 화가 났기 때문이다. 용맹하게 싸우고 여러 곳에 상처를 입은 베티스는 부하들이 전투를 포기했지만, 자신과 적의 피로 질퍽거리는 갑옷을 입고 똑같은 용기로 계속 싸웠다. 하지만 그는 사방에서 날아드는 무기의 표적이 되었기 때문에 …[151] 결국 기진하여 알렉산드로스 앞에 산채로 끌려가게 되었다. 적이라도 용맹한 사람을 존경하기는 했지만, 이 젊은 왕은 과도할 정도로 기뻐했다. "너는 원하는 방식으로 죽지 못할 것이다. 대신 너는 포로가 맛볼 수 있는 모든 고문을 겪게 될 것이다." 기가 꺾이지 않을 뿐 아니라 도도하기 까지 한 베티스는 그의 위협에도 한 마디도 하지 않고 노려보고 있었다. 그래서 알렉산드로스는 이렇게 소리쳤다. "그대들은 저 친구가 완고하게 입을 다물고 있는 꼴을 보고 있는가? 저 친구가 내게 무릎을 꿇고 있나? 내게 한 마디 애원이라도 하나? 그렇지만 나는 저 침묵을 정복하고 말겠네. 적어도 신음으로라도 그 침묵을 끝장내고 말겠네." 알렉산드로스는 화를 내다가 크게 분노하게 되었다. 최근에 거둔 그의 성공으로 인해 그는 벌써 낯선 행동 방식을 보여주고 있었다. 그는 베티스가 아직 살아있음에도 불구하고 가죽 끈을 그의 발목에 묶은 다음 전차에 달아매고 말을 몰아 도시를 한 바퀴 돌았

151) 이 부분은 탈문(脫文)되었다.

다. 그러면서 알렉산드로스는 자신의 선조인 아킬레우스(Achilleus)를 모방하여 적에게 복수한 것을 자랑하였다.[152)]

가자에서 1만 명 정도의 페르시아 인과 아라비아 인이 죽었으나, 마케도니아 군의 사망자는 없었다.[153)] 확실히 이 공략전은 유명해졌는데, 이 도시의 명성 때문이 아니라 알렉산드로스가 두 번이나 위험해 졌기 때문이다. 그는 서둘러 이집트로 가고 있으면서 신병을 충원하기 위해 아민타스[154)]에게 10척의 트리에레스를 주어 마케도니아로 보냈다. 비록 승전을 거듭했어도 병력의 손실이 있었고, 정복지의 민족들에게서 충원하는 것 보다는 고국에서 병사를 데려오는 것이 더 믿을만했기 때문이다.

7. 오랫동안 페르시아의 통치에 저항 - 그들의 통치가 탐욕스럽고 오만하다고 믿었기에 - 해왔던 이집트 인은 알렉산드로스가 도착한다고 해서 용기를 얻었다. 그래서 그들은 기반이 없는 망명객 - 군대를 거느리고 있기는 해도 - 인 아민타스[155)]도 반갑게 맞이하였다. 그래서 많은 군중이 알렉산드로스가 이집트로 들어올 장소인 펠루시온에 모여들었다. 실제로 알렉산드로스는 군대를 이끌고 가자를 출발하여 6일 후에 오늘날 알렉산드로스의 진영[156)]이라 불리는 이집

---

152) 알렉산드로스는 외가 쪽으로 아킬레우스의 후예가 된다고 한다. 아킬레우스는 헥토르(Hektor)와 싸워 이긴 후, 그의 시신을 전차에 묶어 트로이아 성 밖을 세 바퀴 돌았다. 호메로스, 『일리아스』 22장 395절 이하 참조.

153) 아리아노스, 『알렉산드로스 대왕 원정기』 2권 27장 2절에 따르면 전투 중에 가자의 모든 성인 남성이 죽었고, 여인과 아이들은 노예로 팔렸다. 아리아노스는 마케도니아 군의 사상자에 대해서는 언급하지 않았다.

154) 안드로메네스의 아들이다.

155) 4권 1장에서 언급한 안티오코스의 아들인 아민타스로서 바로 앞서 알렉산드로스가 마케도니아로 파견한 아민타스와는 동명이인이다.

트의 한 장소로 왔다. 그곳에서 그는 보병은 펠루시온으로 보내고, 자기 자신은 경무장 정예 부대를 이끌고 배를 타서 나일 강을 거슬러 올라갔다. 페르시아 인들은 이집트 인의 봉기에 완전히 동요해 버렸기에 감히 알렉산드로스가 도착할 때까지 기다리지 못했다. 그리고 알렉산드로스는 멤피스에서 멀리 떨어지지 않은 곳까지 도착하자, 다레이오스에게 멤피스 통치를 위임받았던 장군인 마자케스(Mazaces)[157]는 자신이 보관하고 있던 모든 금 - 800 탈란톤이 넘었다 - 과 왕의 집기를 바쳤다. 알렉산드로스는 멤피스로부터 [나일 강의] 상류로 항해해 간 다음, 이집트 내륙 쪽으로 들어갔다. 그리고 이집트 인의 전통을 손상하지 않는 한도 내에서 행정적인 문제들을 처리하고 제우스 아문(Zeus Amun) 신[158]의 신탁소를 방문하기로 했다. 소규모 경무장 병사들만 왕을 수행했지만, 그 곳까지의 여행은 매우 힘들었다. 하늘과 땅은 건조했고, 평평한 모래사막이 이어졌다. 작열하는 태양 때문에 일행은 피부가 그을리게 되었고, 뜨거운 대지 때문에 사람들은 지치고 발에 화상이 생겼으며, 더위는 참기 힘들 지경이었다. 대지가 고온 건조할 뿐만 아니라, 모래가 깊고 거추장

---

156) 어느 곳인지는 알 수 없다.

157) 아마도 마자케스는 이집트 인 부대를 이끌고 이소스 전투에 참전했던 사바케스로부터 이집트 통치를 위임받았을 것이다. 아리아노스, 『알렉산드로스 대왕 원정기』 3권 1장 2절에 따르면 다레이오스가 이소스 전투에서 부끄럽게 도망쳤기에 마자케스의 마음이 움직여 알렉산드로스에게 항복했을 것이라고 한다.

158) 이집트의 최고신인 아문을 그리스 인들은 그리스 식으로 아몬(Ammon)이라고 불렀다.(아몬이라고 처음 칭한 이는 그리스 시인 핀다로스 Pindaros 로서 그는 아문을 그리스의 제우스 신과 동일시했다) 아문 신의 성역은 테베에서 서쪽으로 640Km 정도 떨어진 시와(Siwah)에 위치했다. 알렉산드로스의 시와 방문에 대해서는 디오도로스 시쿨루스, 『역사 도서관』 17권 49-51장, 아리아노스, 『알렉산드로스 대왕 원정기』 3권 3-4장, 플루타르코스, 「알렉산드로스 전」 26-27장 등을 참조할 수 있다.

스러워서 걷기 힘들었기 때문에 발이 고통스러웠다.

사실 이집트 인은 이 길이 굉장히 힘들다고 과장해서 전했지만, 알렉산드로스는 제우스 신전을 방문해야겠다는 열망에 사로잡혀 있었다. 그는 인간으로서 특출한 것에는 만족하지 않고, 자신이 제우스의 후손이라는 것을 확신하거나 사람들이 그렇게 믿도록 하고 싶어 했기 때문이다.[159] 그래서 그는 자신과 동행하기로 결정한 사람들과 함께 마레오티스(Mareotis) 호수로 배를 타고 내려가서 평화 조약을 맺고 자신들의 도시들에 방문해 달라고 간청하기 위해 키레네(Kyrene)에서 선물을 가지고 온 사절들을 접견했다.[160] 그는 선물을 받아들이고 그들과 조약을 체결한 뒤, 예정된 여행을 재개했다. 첫째 날과 둘째 날에는 비록 대지가 황무지이긴 하지만 아직 광대하게 펼쳐진 완전한 사막에는 이르지 않았기 때문에 그럭저럭 견딜만 했다. 하지만 모래가 깊이 쌓인 대지가 나타나자, 그들은 마치 망망대해에 들어선 것처럼 느껴졌고, 육지를 둘러보았지만 나무 한 그루도, 토지가 경작되었던 흔적도 찾을 수 없었다. 설상가상으로 낙타 가죽 주머니에 담아 왔던 물까지 떨어졌지만, 건조한 대지와 뜨거운 모래 속에서는 한 방울의 물도 찾을 수 없었다. 태양도 모든 것을 바짝 말리고 있어서 사람들의 목이 타들어갔다. 그런데 신의 선물인지 아니면 순전히 운이 좋은 건지 모르지만 갑자기 하늘에 구름이 끼어 태양을 가렸다. 여전히 물은 없었지만 더위에 지쳐있었

---

159) 그의 가문은 제우스의 아들인 헤라클레스의 후손이라고 자처했다. 그밖에 플루타르코스, 「알렉산드로스 전」 3장에 따르면 그의 부왕인 필리포스가 왕비 올림피아스의 침실을 훔쳐보았을 때 침대에 제우스 신이 뱀의 모습으로 누워 있었다고 한다. 물론 이 이야기는 후대에 창작된 것으로 보인다.

160) 디오도로스 시쿨루스, 『역사 도서관』 17권 49장 2절에 따르면 이 선물에는 300마리의 전마(戰馬)와 네 마리의 말이 끄는 전차 다섯 대가 포함되어 있었다.

기 때문에 사람들은 그 상황에 적잖이 마음이 놓이게 되었다. 그리고 돌풍이 불면서 많은 비가 내려서 각자 자신들만의 방법으로 빗물을 받으려고 애썼다.[161] 그 중에는 목마름에 정신이 없어져서 심지어 입을 벌리고 빗물을 받아먹으려는 사람들도 있었다.

그들은 4일을 사막에서 지낸 다음, 신탁소에서 멀지 않은 곳에 도착했다. 이곳에서 한 떼의 까마귀가 일행을 맞아 선두의 군기(軍旗) 앞에서 천천히 날아갔다. 그리고 행렬이 비교적 늦게 나아가면 때때로 땅에 내려앉았다가, 마치 길을 알려주듯이 다시 날아올랐다.[162] 마케도니아 인들은 드디어 신에게 바쳐진 성소에 도착했다. 이곳은 사막 한 가운데 위치하고 있음에도 불구하고, 믿을 수 없게도 주위를 빙 둘러싼 나무들 덕분에 모든 방향에서 잘 가려져 있어 태양빛도 거의 뚫고 들어오지 못했다. 그리고 신선한 물이 풍부하게 솟아나서 그 숲을 유지시켜 주고 있었다. 기후도 마치 봄날처럼 믿을 수 없을 만큼 온화하여 일 년 내내 쾌적했다. 성소에서 가장 가깝게 살고 있는 부족은 동쪽에 있는 에티오피아 인들이고, 그들의 남쪽에는 트로고디테스(Trogodytes)라 불리는 아라비아 인들이 살고 있다. 그들의 영역은 홍해까지 이어져 있다. 서쪽으로는 시무이(Simui, 들창코를 가진 이들)라 불리는 에티오피아 인들이 살고 있다. 그리고

---

161) 이 여행 시기는 초겨울이었기 때문에 원래 비가 오는 때는 아니었다.

162) 플루타르코스, 「알렉산드로스 전」 27장에서도 까마귀가 길을 인도했으며, 그 직전에는 많은 비가 내려 먼지를 씻어내 주어 공기를 맑게 해주고 길을 가기 편하게 해주었다고 적고 있다. 아리아노스, 『알렉산드로스 대왕 원정기』 3권 4장에서는 "라고스의 아들인 프톨레마이오스에 따르면, 두 마리의 뱀이 쉿 소리를 내면서 군대 앞에서 길을 알려주었고, 알렉산드로스는 길잡이들에게 신의 은총을 믿고 그 뱀들을 따라가라고 하였다. 그리고 그 두 마리의 뱀은 신탁소까지 길을 알려주고 돌아갔다고 한다."라는 비슷하지만 다른 일화도 소개하고 있다.

북쪽으로는 배를 약탈해서 살아가는 시르테스(Syrtes) 인의 한 부족인 나사모네스(Nasamones) 부족이 살고 있다. 시르테스 인은 해안에 자리 잡고 있으며, 얕은 바다 속에 대해 잘 알고 있어서 조류에 의해서 좌초된 배들을 습격했다.

숲 속에는 하모니 족(Hammonii)이라 불리는 이들이 살고 있다. 그들은 흩어져 있는 오두막집에 살며 세 벽으로 둘러싸인 숲의 중앙부를 요새로 삼고 있다. 첫 번째 누벽(壘壁)[163]은 그들의 왕들이 살았던 오래된 왕궁을 둘러싸고 있고, 두 번째 누벽 뒤에는 왕비들, 왕의 자식들, 첩들이 살고 있다. 신탁소도 이곳에 있다. 가장 바깥쪽의 누벽은 왕궁 시종들과 경비병들의 주거였다. 또 한 가운데에는 '태양의 물'이라고 불리는 샘이 있는 아문 신의 두 번째 숲이 있다. 해가 뜰 때는 샘물이 미지근하게 흘러나오다가 한낮이 되면 날씨가 매우 더움에도 불구하고 매우 차가운 물이 흘러나온다. 그리고 저녁이 되어 가면서 조금씩 따뜻해지고 한 밤중이 되면 수온이 매우 뜨거워진다. 그리고 새벽이 되면서 수온이 떨어지기 시작해서 해가 뜰 때가 되면 원래의 미지근한 온도가 된다. 그곳에서 섬기는 신상의 모습은 보통의 예술가들이 신을 묘사할 때 만드는 모습과는 다르다. 그 모습은 마치 배꼽(혹은 반구 半球)같은데 에메랄드 및 다른 보석으로 만들어졌다. 신탁을 구할 때는 사제들이 여러 개의 은잔이 양쪽에 달린 금도금한 배로 이 신상을 나르는데, 기혼 및 미혼 여성들이 전통적이고 소박한 노래를 부르며 따라간다. 그들은 제우스 아문 신께서 틀림이 없는 신탁을 내려주신다고 믿는다.

이 때, 알렉산드로스가 사제들에게 다가가자 가장 늙은 사제가

---

163) 즉 가장 안쪽의 벽

그를 '내 아들아'라고 불렀다. 그리고 이 호칭은 아버지이신 제우스께서 내려주신 것이라고 말했다. 알렉산드로스는 필멸자(必滅者)라는 처지를 잊어버리고 자신은 그 칭호를 받아들이며 인정한다고 말했다. 그리고 그는 계속해서 자신이 전 세계를 지배할 운명을 가졌는지를 물어보았다. 아부할 준비가 되어 있던 그 사제는 "그대는 전 세계를 통치하게 될 것입니다."라고 대답했다. 그 다음 알렉산드로스는 부왕을 시해한 자들이 모든 처벌을 받았는지 물어보았다. 사제는 "부친께는 누구도 감히 잘못을 저질러 해를 끼칠 수 없을 것이지만, 필리포스에 관계된 자들은 모두 대가를 치렀습니다."라고 대답했다. 그리고 "신들에게로 가서 합류하실 때까지 그대는 무적입니다."라고 덧붙였다. 그러자 알렉산드로스는 희생제를 올리고, 사제들 및 신들께 선물과 공물을 드렸다. 또 친구들도 각자 제우스께 여쭤볼 것이 있으면 질문하도록 허용했다. 그들은 단지 신께서 자신들의 왕에게 신적인 존경을 바쳐도 좋다고 허락하셨는지 만을 물어보았다. 사제는 역시 제우스께서 허락하셨노라고 대답했다.

신탁에 대해서 건전하고 정직하게 판단해 본다면 위와 같은 답변이 만들어진 것이라는 것을 알겠지만, 운명의 여신께서는 그 분만을 믿고 따르는 이를 영광에 잘 대처하기 보다는 영광에 목말라 하는 이로 만드시는 법이다. 그래서 알렉산드로스는 '제우스의 아들'이라는 호칭을 허용하기만 한 것이 아니라, 실제적으로는 자신을 부를 때 그 호칭을 사용하라고 명령했다. 그 결과 그는 자신의 업적을 더 빛나게 하기 위해 그런 호칭을 원했지만, 실제로는 그 때문에 명성이 손상되었다. 더군다나 마케도니아 인들은 군주정에 익숙해 있기는 하지만, 다른 민족들 보다는 더 자유롭게 살아왔기에 자신들이나 자신들의 왕에게 편리한 그 호칭, 즉 불멸성에 대한 주장을 아주 완고하게 거절했다. 하지만 이 문제는 이 시점에서 접어두도록 하자. 이제 이야기를 더 진행시켜 나가야 하기 때문이다.

8. 제우스 아문 신의 성역에서 돌아온 알렉산드로스는 파로스(Pharos) 섬에서 멀리 떨어져 있지 않은 마레오티스 호수로 갔다. 그는 이 지역의 자연 경관을 조사해 본 다음, 처음에는 새로운 도시를 바로 이 섬에 건설하려 했으나 대규모로 정착할 수 있는 부지가 아니라는 것이 분명해지자, 새로운 도시 건설지를 현재의 알렉산드리아(Alexandria)[164]로 선택했다. 그리하여 이 도시의 이름은 창건자를 따라 지어졌다. 그는 호수와 바다 사이의 땅 전체를 성벽 주위로 1.6Km 정도 되게 표시를 한 다음, 도시 건설을 감독할 사람들을 남겨두었다.[165] 그리고 그는 이집트 내륙만이 아니라 에티오피아도 방문해 보려는 마음이 강하게 들었기 때문 - 이해는 가지만, 시의 적절한 것은 아니었다 - 에 멤피스로 떠났다. 고대의 유적들, 특히 유명한 멤논(Memnon)과 티토노스(Tithonos)의 궁전을 탐사해 보려는 욕망으로 인해 그는 거의 태양신의 전차가 순회하는 영역 밖으로까지 나갈 뻔 했다.

하지만 치러야하는 전쟁 - 아직도 큰 부담으로 남아있었다 - 으로 인해 한가하게 여행이나 다닐 수는 없었다. 그는 4,000명의 병사를 수비대로 남기고 이집트 통치를 로도스 섬 출신의 아이스킬로스(Aischylos)와 마케도니아 인 페우케테스에게 위임했다. 그리고 펠로몬에게는 30척의 트리에레스를 주어서 나일 강 어귀를 순시하도록

164) 고대의 7대 불가사의 가운데 하나인 등대로 유명했다. 그 불빛은 1.4Km 정도까지 뻗어나갔다고 한다.

165) 그들 중 수석 건축기사는 데이노크라테스(Deinoctrates)였다.

했다. 아폴로니오스(Apollonios)에게는 이집트에 인접한 아프리카를 관장하도록 했고, 클레오메네스는 이집트와 아프리카의 세금 징수를 맡도록 했다. 그리고 인접한 도시들로부터 알렉산드리아로 주민들을 이주시킴으로써 알렉산드로스는 많은 인구를 가진 새 도시를 만들었다. 한편 알렉산드로스가 마케도니아의 관습에 따라 앞으로 도시의 성벽이 될 지점에 빙 둘러가며 낟알들을 뿌리자, 새 떼가 내려앉아 그 낟알들을 쪼아 먹었다는 이야기가 전해진다. 많은 사람들은 불길한 징조라고 생각했으나, 예언자들은 앞으로 이 도시에 많은 사람들이 이주해 올 것이며, 이 도시는 여러 나라에 식량을 제공하게 될 것이라고 해석했다.[166)]

알렉산드로스가 나일 강을 따라 하류로 내려가고 있을 때, 알렉산드로스가 매우 총애하는 사람인 파르메니온의 아들 헥토르(Hektor) - 그는 한창 때의 젊은이였다 - 는 왕을 따라 잡기 위해서 작은 배에 넘치도록 정원 외의 사람을 싣고 항해에 나섰다. 그리고 그 배는 가라앉아서 모든 사람들이 물에 빠지게 되었다. 헥토르는 오랫동안 물살과 싸웠고, 흠뻑 젖은 옷과 꽉 끼는 신발이 수영하는데 방해는 되었지만 초죽음이 되어서 겨우 강기슭에 도달할 수는 있었다. 그는 기진맥진해졌고 위험과 공포로 호흡 곤란을 겪어서, 겨우 숨을 쉴 수 있게 되었을 때는 죽어버렸다. 다른 사람들은 반대 쪽 강기슭으로 헤엄쳐 나왔기 때문에 아무도 그를 보지 못해서 도움을 받을 수도 없었다. 알렉산드로스는 그를 잃고 매우 슬퍼했다. 그는 시신을 단장해서 성대한 장례식을 치러 주었다.

---

166) 로마 제정 초기 이후에 이집트가 로마에 식량을 주로 수출했던 것에 비추어 볼 때, 이 책의 저자가 이 일화를 만들어 내었을 가능성이 충분히 있다.

그리고 시리아의 통치를 위임했던 안드로마코스(Andromachos)의 죽음이 전해져서 알렉산드로스의 슬픔은 더 깊어졌다. 사마리아(Samaria)인들이 그를 산채로 불태워버렸던 것이다. 알렉산드로스는 그의 죽음에 복수하기 위해 서둘러 진군해갔다. 그가 도착하자 그토록 극악한 범죄를 저질렀던 자들은 항복했다. 그는 안드로마코스 대신에 멤논[167]을 그 자리에 임명하고 전 태수의 살해범들을 처형했다. 그리고 신하들에게 토착 지배자들 - 아리스토니코스(Aristonicos), 메팀나(Methymna)의 에르실라오스(Ersilaos) 등 - 을 넘겨주었다. 신하들은 넘겨받은 범죄자들을 고문하고 처형했다. 그 후, 그는 아테나이, 로도스, 키오스에서 온 사절들을 접견했다. 아테나이 사절들은 그의 승리를 축하하고, 그리스 포로들을 고향에 돌아갈 수 있도록 풀어달라고 간청했다. 한편 로도스와 키오스 사절들은 그들의 도시에 주둔한 수비대에 대해 불만을 제기했다. 알렉산드로스는 그들의 요청이 일리가 있다고 여겨 모두 들어주었다. 그는 또 미틸레네 사람들의 충성에 보답하는 의미에서 전비를 변제해 주었을 뿐 아니라, 인접한 넓은 땅을 추가로 주었다. 그밖에 다레이오스 측에서 자신에게로 전향해 왔을 뿐 아니라, 티로스를 공략할 때 함대를 보내온 키프로스의 지배자들에게는 적절한 보상을 해주었다. 그는 함대 사령관 암포테로스를 크레테 섬을 해방시키기 위해 파견했다. 크레테의 대부분을 페르시아와 스파르타 군이 점거하고 있었기 때문이다.[168] 그리고 또 두 왕들(다레이오스와 알렉산드로스)이 전쟁을 치르고 있는 와중

---

167) 케르딤나스(Cerdimnas)의 아들이다. 다른 것은 알려지지 않았다.

168) 크레테 섬은 심각한 타격을 받은 페르시아의 잔여 함대의 기지가 되어 있었다. 또 스파르타의 아기스(Agis) 왕과 그 동생인 아게실라오스(Agesilaos)는 페르시아와 동맹을 맺고 크레테 주변에서 활동하고 있었다.

에 해적들이 준동하였기 때문에, 그에게 특별히 바다의 해적들을 일소하라는 명령을 내렸다. 알렉산드로스는 이 일들을 처리하고 나서 금제 혼주기(混酒器)[169]와 30개의 금잔을 티로스의 헤라클레스에게 헌정하고 다레이오스를 압박할 목적으로 유프라테스 강을 향해 진군 명령을 내렸다.

9. 한편 다레이오스는 적이 이집트에서 아프리카로 방향을 틀었다는 것을 알고, 메소포타미아 지역에 머물러 있을지, 아니면 자신의 왕국 깊숙한 곳으로 들어갈지를 고민하고 있었다. 전쟁을 활발하게 수행하기 위해서 그 주변에 있는 부족들을 소집하기 위해서는 자신이 그 지역에 있는 것이 더 효율적인 반면, 그곳에 머물러 있으면 각 지역의 태수들에게 명하여 전쟁에 참여하게 하는 것은 힘들다는 것이 확실하기 때문이다. 그 때, 알렉산드로스가 전군을 이끌고 그가 있는 곳이면 어디든지 쫓아올 기세라는 소식이 믿을만한 소식통들로부터 들어왔으므로, 적수의 힘에 대해 잘 알고 있던 다레이오스는 자신을 돕기 위해 멀리 떨어진 곳에서 오고 있는 모든 군대에 명을 내려 바빌로니아에 모이도록 했다. 박트리아, 스키티아, 인디아에서의 병력들이 도착했고, 그 뒤를 이어 다른 민족들이 보낸 군대들도 속속 도착했다. 그러나 킬리키아에서의 병력의 절반 밖에 되지 않았음에도 모인 병사들의 상당수가 무기를 갖추지 못했기에 무기를 구하는 것이 가장 급선무였다. 기병과 말들을 위해서는 철판을 엮어 만든 보호구가 있었지만, 다레이오스는 이들에게 투창만을

169) 포도주를 물에 희석시켜 마시는 습관이 있는 그리스 인들이 포도주에 물을 타서 희석시킬 때 사용하는 항아리.

지급했었기에 방패와 칼도 지급해야 했다. 그리고 흩어진 기병대의 말들은 보병들에게 지급하면 [기병의 수가 늘어서] 전보다 기병이 더 강력해질 것이었다. 다음으로 그가 적에게 공포를 안겨줄 수 있다고 믿는 것은 전차용 낫을 장비한 200대의 전차로서 페르시아 고유의 장비였다. 전차 굴대 끝에는 철촉을 가진 창이 튀어 나와 있었고, 양 옆의 굴대에는 삼중 날을 가진 칼이 붙어 있었으며, 바퀴살에는 날카로운 부분들이 서로 다른 방향으로 삐죽삐죽 튀어나와 있었다. 그리고 바퀴의 테에는 낫들이 부착되어 있었는데 일부는 위로, 일부는 아래로 향하고 있어서 말들이 뛰어가는 방향에 있는 모든 것들을 갈아버릴 수 있게 되어 있었다.

군대를 이렇게 정비한 다레이오스는 바빌론을 출발하여 저 유명한 티그리스 강은 오른쪽에 유프라테스 강은 왼쪽에 두고 행군했다. 그의 군대는 메소포타미아의 평원을 가득 메웠다. 그 다음 티그리스 강을 건너고 나서, 적이 멀지 않은 곳에 있다는 소식을 듣고 다레이오스는 1,000명의 정예병을 뽑아 기병대 지휘관 사트로파테스(Satropates)[170]에게 주어 먼저 앞으로 나가게 하고 마자이오스(Mazaios) 장군에게는 6,000명의 병사를 주어 적의 도강을 저지하게 했다. 그는 또 마자이오스에게 알렉산드로스가 향하고 있는 지역을 황폐하게 만들고 태워버리라는 지시도 내렸다. 적은 약탈품 이외에는 가지고 있지 않아서 굶주리다가 항복하게 될 터이고, 자신은 바다와 티그리스 강을 통해 보급을 할 수 있다고 믿었기 때문이다.

170) 그의 이름은 아트로파테스(Atropates)였을 수도 있다. 아리아노스, 『알렉산드로스 대왕 원정기』 3권 8장 4절에서는 메디아 기병 지휘관의 이름이 아트로파테스였다고 거론하고 있기 때문이다.

그는 이제 자신이 패배하여 유명하게 된 마을인 아르벨라(Arbela)에 도착하였다.[171] 그는 이곳에 군수품과 식량 대부분을 저장해 놓았다. 그리고 전에 군대를 이끌고 유프라테스 강을 건널 때 그랬던 것처럼 리코스 강을 건너는데 5일이 걸렸다. 그리고 그곳에서 16Km 정도 진군하여 부멜로스(Boumelos) 라는 이름의 두 번째 강[172] 옆에서 진영을 설치했다. 이 곳은 그의 군대를 전개시키기에 적절한 장소였다. 즉, 기병이 활동하기에 적절한 넓은 평원으로서 키 작은 관목이나 덤불로 덮여있는 곳이 전혀 없고 시야를 가리는 것은 아무것도 없어서 멀리까지 탁 트여있었다. 그래서 다레이오스는 평지에 튀어 나온 부분들은 평탄하게 하고, 조금 높은 지대는 다 깎아버리라고 명령했다.

마케도니아 군은 멀리서 관측했지만 가능한 정확하게 적의 수효를 추산하려 했다. 하지만 그렇게도 많은 적을 학살하고 난 후에도 다레이오스가 심지어 전보다 더 많은 병력을 재건했다는 사실을 알렉산드로스에게 납득시키는데 크게 애를 먹었다. 그러나 알렉산드로스는 어떤 위험 - 특히 적의 수효가 더 많음 - 에도 구애받지 않는 사람이었다. 그는 7일 후에 유프라테스 강에 도착했다. 그는 기병이 먼저 건너고, 그 다음에 보병이 건너도록 하여 도강했다. 한편 적의 도강을 저지하기 위해 빠르게 달려온 마자이오스는 감히 위험을 무릅쓰고 나서지 못했다.

---

171) 전투는 아르벨라가 아니고 가우가멜라(Gaugamela)에서 벌어졌다. 하지만 아르벨라가 로마인이 듣기에는 더 그럴듯하게 들리는 이름이었기 때문에 그렇게 알려졌다.(라틴어로 벨룸bellum은 전쟁이라는 의미이고, 복수형은 벨라이다.) 가우가멜라는 아르벨라에서 100여 Km 떨어진 곳이다.

172) 오늘날의 카지르(Khazir) 강이다. 아리아노스, 『알렉산드로스 대왕 원정기』에서는 부모도스(Bumodos) 강이라고 불렀다.

알렉산드로스는 휴식을 위해서가 아니라 사기 진작을 위해서 병사들에게 며칠간의 휴식을 허락한 후, 강력하게 적을 추적하기 시작했다. 그는 다레이오스가 페르시아 깊숙이 도망치게 되면 보급을 할 수 없는 광활하고 황량한 지대를 통과해서 추적해야 할까봐 걱정하고 있었다. 그는 4일 째[173]에 아르메니아(Armenia)를 넘어 티그리스 강까지 도착했다. 티그리스 강 너머의 전 지역은 최근의 방화로 인해 아직도 곳곳에서 연기가 나고 있었다. 마자이오스가 마치 스스로가 적이 되어 침입한 것처럼 자신이 담당한 지역 전체에 불을 놓아버렸기 때문이다. 알렉산드로스는 처음에 짙은 연기로 인해 한낮인데도 침침할 지경인 상황을 보고, 적의 계략이 있지 않을까 해서 진군을 멈추게 했다. 하지만 정찰병들이 안전한 상황이라고 보고하자 소수의 기병만을 보내 도강을 시도하게 했다. 강물은 처음에는 말의 가슴께에 찼지만, 중간 쯤 갔을 때는 말의 목까지 차올랐다.[174] 동방의 어떤 강도 이렇게 격렬하게 흐르면서 격류에 돌들이 섞여 흐르지는 않는다는 것은 분명한 사실이다. 이 강의 유속 때문에 '티그리스'라는 이름이 붙었다. 페르시아 어로 티그리스는 '화살'이라는 뜻이다.

기병이 양쪽 가장자리에서 가면서 호위하는 가운데 보병들은 날개처럼 두 갈래로 갈라져 강을 건넜다.[175] 그들은 머리 위로 무기를 높이 쳐들고 강의 중간까지는 무리 없이 갈 수 있었다. 그리고 보병들

173) 킨치(Kinch)는 본문에 *decimo*를 추가하여 14일째라고 해석해야 한다고 교정했다.

174) 과장으로 보인다. 티그리스 강은 이 지점에서 가을과 겨울에는 여울 정도의 깊이라고 한다.

175) 좌익에 선 기병들이 물살을 어느 정도 막아서 약화시키는 한편, 우익의 기병들은 강에서 쓸려 가는 사람들을 건지는 역할을 맡았다.

의 선두에 선 왕은 맨 먼저 물에서 나와 강둑으로 올라섰다. 그의 목소리가 다 울려 퍼지지 않기 때문에 왕은 수신호로 얕은 지점들을 알려주었다. 그러나 미끄러운 돌을 밟아서 발 디딤이 없어지는가 하면, 유속 때문에 물에 빠지기도 하는 등 병사들은 균형을 유지하기 매우 힘들어했다. 어깨에 짐을 지고 가는 병사들은 특별히 더 어려워했다. 그들은 균형을 잡기 어려웠기 때문에 부담스러운 짐을 멘 채 빠른 물살에 휩쓸리기 일쑤였다. 그리고 잃어버린 짐을 찾느라 법석을 떠는 바람에 강물 보다는 서로 충돌하여 생긴 소란이 더 클 정도였다. 한편 여러 곳에서 물에 빠져 흘러가는 짐이 병사들이 다리에 종종 부딪곤 했다. 왕은 병사들에게 무기만 잘 쥐고 있으면 그만이니 짐은 잃어도 상관없다고 말했다. 하지만 그의 말소리는 공포 때문에, 또 병사들이 서로 다투면서 지르는 고함소리에 묻혀버려서 그의 충고가 전달되지도 않았고, 명령이 시행되지도 않았다. 마침내 그들은 물살이 약하고 수위도 낮은 곳에 도달하게 되어 상륙했다. 실제로 잃어버린 짐은 그리 많지 않았다. 만약 적이 이 순간에 승리를 쟁취하려고 마음먹었다면 마케도니아 군은 전멸했을 것이다. 다만 알렉산드로스가 계속 운이 좋아서 적이 공격하지 않은 것이다. 이점은 수천의 적 기병과 보병들이 건너편 강둑에 서 있어서 도강을 허용했던 그라니코스 강 전투에서나, 킬리키아의 좁은 통로에서 수적으로 엄청나게 우세한 적을 격퇴할 수 있었던 때도 마찬가지였다. 그가 분별없이 서둘러 행동할 기회조차 갖지 못했다면, 그가 무모할 정도의 용기를 충분히 발휘했어도 크게 도움이 되지 않았을 것이다. 마자이오스가 마케도니아 군이 도강하며 혼란에 빠져있을 때 공격했다면 확실히 적을 패배시켰을 텐데, 그는 적이 강둑에 올라서고 이미 무장을 추슬렀을 때에나 말에 타서 달려오기 시작했다. 그는 단지 1,000기의 기병만을 앞에 내보냈고, 알렉산드로스는 적이 적은 수인 것을 보고 얕보면서 파이오니아(Paionia) 기병대 지휘관인 아리스톤(Ariston)을 내보내 전력으로 달려서 적을 공격하도록 했다. 그 기병대, 특히 아리스톤이 이날 전투의 주역이었다. 그는 창으로 적 기병대 지휘관인 사트로파테스의 목을 겨누고 돌격하여, 그가 자기 기병들 쪽으로 도망칠 때 찔러서 떨어뜨린 다음 목을 잘랐다. 그는 사트로파테스의 머리를 가지고 돌아와 환호성이 울리는 가운데 왕의 발 앞에 바쳤다.

10. 알렉산드로스는 그곳에서 이틀을 더 머무르고 사흘 째 떠날 것이라고 명령을 내렸다. 하지만 첫 번째 야간 교대시간에 월식(月蝕)이 있었다.[176] 처음에는 달빛이 평상시와 달리 어두워졌고, 그 다음에는 달에 피처럼 붉은 빛이 감돌아서 사방이 어슴푸레해 졌다. 아슬아슬한 전투의 고비 때에 이미 병사들은 긴장 상태에 있었는데, 월식이 있게 되자 일종의 공포 상태나 마찬가지인 깊은 종교적 경외감에 빠지게 되었다. 병사들은 신들께서는 그들이 세상 끝까지 장악하는 것을 달가워하지 않으시며, 강도 접근을 거부하고 천체도 예전의 빛을 잃고 있으니 가는 곳마다 황무지와 사막만을 만나게 될 것이라고 한탄했다. 그리고 조국을 경멸하고 부왕인 필리포스를 부정하는 한 사람의 헛된 허영심을 충족시키려고 수천의 피가 뿌려졌으며, 그는 하늘에 오르려는 얼토당토않은 생각을 하고 있다고 비난했다.[177]

---

176) 실제로 기원전 331년 9월 20일에 월식이 있었다. 하지만 기록상 전투는 10월 1일에 있었다.

177) 분명히 쿠르티우스가 윤색하여 과장되게 얘기하고 있는 것이지만, 알렉산드로스가 제우스 아문의 아들이라고 자처한 것에 대한 불만이 있었던 것도 분명하다.

반란이 일어나기 일보 직전인 상황이었지만, 이 모든 일에도 불구하고 침착한 알렉산드로스는 자신의 군막에 모든 장군들과 지휘관들을 불러 모으고 이집트 예언자들 - 그는 이들이 하늘과 별에 관해서는 탁월한 전문가들이라고 믿고 있었다 - 에게 의견을 내도록 했다. 그들은 한 해의 주기가 정기적인 패턴을 따르며, 달이 지구 뒤로 돌아가거나 태양에 가려지면 월식을 일으킨다[178]는 것도 잘 알고 있었다. 하지만 그들은 일반 병사들에게 자신들이 알고 있는 대로 설명하지 않았다. 대신 그들은 태양은 그리스 인을, 달은 페르시아 인을 나타내며, 월식은 페르시아에 재난과 학살이 일어날 것임을 예고한다고 선언했다. 그리고 월식으로 인해 그들이 신의 승인을 받지 않고 싸웠다는 예들을 보여주는 페르시아 왕들을 열거했다. 군중을 통제하는데 있어서 미신보다 더 효과만점인 것은 없다. 방종하고, 잔인하며, 변덕스러운 군중은 미신에 사로잡히면 그들의 장군의 말보다 예언자의 말에 더 복종한다. 그리하여 기죽은 병사들은 이집트 예언자들의 선전으로 인해 다시 희망과 자신감을 되찾았다. 왕은 병사들의 자신감이 회복되자 이를 활용해야한다고 느꼈다. 그래서 두 번째 야간 교대시간에 진영을 걷게 하고 티그리스 강을 오른 편에 소위 고르디온 산맥[179]을 왼쪽에 두고 길을 떠났다.

새벽이 되기 바로 직전 행군을 하기 시작했을 때, 정찰병들이 다레이오스가 다가오고 있다고 보고했다. 알렉산드로스는 병력을 정렬시켜 전투 대형으로 배치하고, 선두에 서서 병력을 이끌었다. 하지

178) 신월일 때 지구 쪽을 향하고 있는 달 표면이 어두워지면 월식이 일어난다.

179) 크세노폰의 『아나바시스』 3권 5장 15-17절에서는 카르두카이아(Charduchaia) 산맥이라고 불렀다.

만 두려움 때문에 거짓이 증폭되어 확인을 할 수 없었기에 대군으로 보였던 이들은 1,000여명 밖에 안 되는 페르시아 낙오병들[180]이었다. 이 사실을 알게 된 왕은 몇 명의 부하들만을 데리고 페르시아의 전열에 뛰어들어 본대를 물러나게 하면서 일부를 죽이고 일부는 포로로 잡았다. 그는 기병대 일부를 정찰대로 내보내면서 페르시아 인들이 마을에 질러 놓은 불길을 잡으라는 추가 임무를 주었다. 그들이 철수할 때 서둘러 지붕과 곡식 더미에 불을 붙이는 바람에 맨 윗부분들은 불길에 먹혔지만 아직 아래쪽은 타지 않았기 때문이다. 기병대는 불길을 잡고 상당한 양의 곡식 및 다른 필수품들을 많이 발견할 수 있었다. 이 때문에 적을 추격해야겠다는 병사들의 의지가 더 굳건해졌다. 페르시아 인들이 자기네 땅에서 약탈과 방화를 저질렀으므로, 서둘러가서 그들이 도착하기 전에 모든 것을 태워버리는 일이 없도록 할 필요가 있기 때문이다. 이렇게 하여 필요에 의해 취해진 조치가 방책이 되었다. 전에 마을들을 불태우는데 시간을 썼던 마자이오스는 이제 잘 도망칠 수 있는 것에 만족했고, 뒤에서는 거의 피해를 받지 않은 적이 쫓아가고 있었다. 다레이오스가 30Km 정도 떨어진 곳에 있다는 것을 안 알렉산드로스는 병사들을 실컷 먹이고 그 자리에서 4일간 쉬었다.

그 사이 다레이오스가 그리스 병사들[181]에게 알렉산드로스를 암살하거나 배신하라고 매수하는 편지를 보냈지만, 알렉산드로스 측에서 이 편지를 가로챘다. 알렉산드로스는 그리스 병사들의 호의와 충성

---

180) 아리아노스, 『알렉산드로스 대왕 원정기』 3권 7장 7절 이하에 따르면 이들은 기병이었다.

181) 마케도니아 인이 아닌 그리스 동맹 도시국가들의 병사들이다.

심을 충분할 정도로 신뢰하고 있어서 전체 집회에서 이를 낭독할 것을 고려했다. 하지만 파르메니온은 다레이오스가 한 약속이 병사들의 귀에 들어가서는 안 된다고 만류했다. 만약 한 명이라도 배신한다면 알렉산드로스가 상처를 입을 수도 있고, 탐욕 앞에서는 어떤 것도 죄로 보이지 않는 법이라는 것이 그의 주장이었다. 알렉산드로스는 이 충고에 따랐고, 진영을 걷었다.

행군 도중에 포로로 잡힌 내시들 중에서 다레이오스의 왕비의 시중을 들게끔 되어 있던 사람이 와서 알렉산드로스에게 왕비의 건강이 나빠졌으며 거의 숨을 못 쉴 지경이라고 알렸다. 계속된 강행군과 낙담 속에서 기력이 쇠한 그녀는 시어머니와 미혼의 딸들의 품안에서 실신했고, 그 후 사망했다. 두 번째 전령이 그녀가 사망했다는 소식을 알렉산드로스에게 전했다. 알렉산드로스는 마치 자신의 어머니가 사망했다는 소식을 들은 것처럼 슬퍼했다. 그는 마치 다레이오스가 알았다면 그랬을 것처럼 여러 차례 흐느끼고 눈물을 흘렸다. 그가 시신이 있는 군막에 들어섰을 때, 다레이오스의 모후는 시신 옆에 앉아 있었다. 그녀가 땅에 엎드리는 모습에 왕은 다시 슬픔이 몰려왔다. 다레이오스의 모후는 지금 새롭게 다가온 불행 때문에 예전의 불행들을 곱씹게 되었다. 그녀는 다 큰 처녀들인 손녀들을 가슴에 안고 달래주고 있었지만, 그녀도 위안을 얻고 있었다. 그녀 앞에는 어린 손자가 서 있었다. 누구보다도 그 아이에게 가장 큰 불행이 닥친 셈이겠지만, 막상 그 사실을 자각하지 못하고 있어서 더 딱해보였다.

알렉산드로스가 눈물을 흘린다면, 자신의 친지들을 위해서이고, 그는 위로를 하는 편이라고 하기 보다는 위로를 받아야 하는 사람이라고 생각할 지도 모르겠다. 그는 식사도 거르고 아주 정중하게 장례를 치러주었다. 장례는 페르시아 전통 방식으로 거행되었다. 그럼으로써 알렉산드로스는 자비롭고 절제하는 인물이라는 평을 받을 만한 사람이라는 것을 보여주었다. 그는 다레이오스의 왕비를 단 한 번, 그것도 그녀가 포로가 되었을 때만 보았을 뿐이고, 포로들을 방문했을 때도 그녀가 아니라 다레이오스의 모후를 보러 갔었다. 그리고 그녀가 아름다웠어도 그는 욕망을 갖지 않았고, 자신의 영광을 더해주는 행동을 한 것이다.

진영 전체가 애도하고 있는 비상시기에 왕비를 시중들었던 내시들 중에 한 명인 티리오테스(Tyriotes)[182]는 진영의 책문을 몰래 빠져나갔다. 적에게서 멀리 떨어져 있었기 때문에 엄중하게 경계하고 있지 않았기 때문이다. 그는 다레이오스의 진영에 도착해서 경비병들에 의해 인도되었다. 그는 옷을 찢고 통곡하면서 왕의 군막으로 들어갔다. 티리오테스를 보고 다레이오스는 마음이 동요되었다. 그는 모든 안 좋은 소식을 예상했지만, 가장 두려운 것은 알지 못했다. 다레이오스는 이렇게 말했다 : "네 모양을 보아하니 끔찍한 일이 벌어진 것이로구나. 이 불행한 사람의 귀에 그 일을 들려다오. 나는 불행과 더불어 살아가는 법을 이미 배웠고, 사람에게 닥친 운명에 대해 알게 되면 불행 속에서도 위안이 될 때가 종종 있지 않더냐. 너는 내가 가장 의심스러워하고 두려워하는 일을 말하지는 않겠지? 내 가족이 모욕당하는 것은 내가 그들을 위해 고문당하는 것보다 더 좋지 않은 일이다. 그런 일은 아니겠지?" 티리오테스는 이렇게 대답했다 : "전혀 아니옵니다. 승리자인 그 왕은 두 분 마마를 신하들이 대하는 것처럼 존중했사옵니다. 사실을 말씀드리자면, 전하의

182) 플루타르코스, 「알렉산드로스 전」 30장 2절에서는 그의 이름이 테이레오스(Teireos)라고 전한다.

왕비께옵서 바로 얼마 전에 돌아가셨나이다."

이 말에 신음소리와 통곡소리가 군막 안에 가득 찼다. 다레이오스는 왕비가 음탕한 유혹을 거절해서 살해당했다고 확신하고, 비탄과 분노에 사로잡혀 소리질렀다 : "알렉산드로스여, 내가 그리도 큰 잘못을 네게 저질렀더냐 ? 내가 너의 친척 중 누구를 잔인하게 죽였기에 내게 이렇게 복수하는가? 네가 나를 이리도 미워하는 것은 이유 없는 짓이다. 네가 전쟁을 시작한 것은 정당했다 치자. 너는 여자들을 상대로 싸워야만 했더냐?" 티리오테스는 페르시아의 신들께 맹세하면서 왕비께는 어떤 위해도 가해지지 않았으며, 실제로 알렉산드로스는 마치 다레이오스가 그랬을 법 하게 그녀의 죽음을 슬퍼하고 눈물을 흘렸다고 말했다. 하지만 이런 증언은 아내를 사랑하는 남편의 마음에 의구심의 불씨만 다시 지필뿐이었다. 그는 알렉산드로스가 포로를 위해 슬퍼한 이유는 그녀와 성적인 관계를 가졌기 때문일 것이 틀림없다고 추단했다. 그래서 그는 티리오테스만 남겨두고 다른 사람들은 모두 물러나게 한 뒤, 이렇게 말했다(눈물을 흘리지는 않고 한숨을 쉬면서) : "티리오테스야, 너는 거짓말을 해봐야 소용없다는 것을 알고 있지 않으냐. 네가 왕에 대한 충성심이 남아 있다면, 제발이지 곧 준비될 수 있는 고문 도구가 이리로 들여오는 것을 기다리지 말아라. 확실히 그가 감히 그러지는 못했겠지. … 내가 알고 싶어 하는 것을 물어보기가 차마 두렵구나. … 그는 젊고 게다가 그녀를 포로로 잡고 있었으니." 티리오테스는 신들을 부르며, 신들께서는 그 두 분이 예의바르게 존중받았음을 보셨노라고 말하고, 고문을 하셔도 좋다고 자청했다. 마침내 내시의 말이 사실이라는 것을 받아들인 다레이오스는 얼굴을 가리고 한참동안 울었다. 그리고, 아직도 눈에서 눈물이 흐르고 있는 얼굴을 드러내면서 손을 하늘로 치켜 올렸다. “이 나라의 신들이시여, 다른 무엇보다 저의 통치를 굳건히 해 주십시오. 하지만 다시금 기도하건대, 저의 통치가 끝나게 된다면 바로 저 정의로운 적, 자비로운 정복자를 아시아를 통치할 사람으로 세워주십시오!”

11. 따라서 두 번의 평화 조약 체결 시도가 실패로 돌아간 후, 전적으로 전쟁 준비에 매달려 왔었지만, 이번에 적수의 자기 절제에 감명을 받은 나머지 다레이오스는 가장 가까운 ‘친지’가 이끄는 10명의 사절단을 알렉산드로스에게 보내 새로운 조건의 평화 조약을 제의했다. 알렉산드로스는 회의를 소집하고 이 사절단을 들여보내 조건을 들어 보았다. 사절단 중에서 가장 연장자가 이렇게 말했다 : “다레이오스 전하께서는 어떤 압력도 받지 않았지만 이번에 세 번째로 전하께 평화조약을 요청하십니다. 전하께서 정의롭고 절제하는 성품을 가지고 계신 것에 감명 받았기 때문입니다. 저희는 다레이오스 전하의 모후와 왕비, 자녀들께서 저희와 함께 있지 않는 것만을 제외하면 포로 상태에 있다고 느끼지 않게 되었습니다. 전하께서는 아버지처럼 그 분들의 자존심을 지켜주셨습니다. 전하께서는 그 분들을 마마라고 불러주시고 예전처럼 자신의 지위에 걸맞게 살도록 해주셨습니다. 저는 전하께서 저희 다레이오스 전하만큼이나 슬퍼하시는 것을 표정을 보아 알겠습니다. 하지만 저희 전하께서는 아내를 위해 슬퍼하고 계시고 전하께서는 적을 위해 슬퍼해 주시는 것이지요. 전하께서 돌아가신 왕비님의 장례를 치러 주시기 위해 지체하지 않으셨다면, 지금쯤은 전투 진형의 한 가운데 서계셨겠지요. 그렇게 친절하게 행동하신 분께 저희 전하께서 평화조약을 제의하신 것이 놀라울까요? 양측의 증오감이 사라진 지금 꼭 전쟁이 필요하겠습니

까? 예전에 저희 전하께서는 리디아의 경계인 할리스 강을 전하의 통치 영역의 끝이라는 조건을 제시하셨습니다. 하지만 이제는 헬레스폰트 해협과 유프라테스 강 사이의 모든 것을 전하와 결혼시키고자 하는 공주님의 지참금으로 드리고자 합니다. 그 분의 아드님이신 오코스를 평화조약에 대한 볼모로 잡으시고 그 분의 모후와 두 미혼 따님들을 돌려주십시오. 그러면 그 세 분의 몸값으로 황금으로 30,000탈란톤을 지불하겠습니다. 제가 전하께서 절제력이 있으신 줄을 몰랐다면, 전하께서 평화에 동의하실 뿐만 아니라 스스로 평화를 얻어내시는 것이라고 감히 말씀드리지 못할 것입니다. 전하의 뒤에 있는 땅이 얼마나 되는지 돌이켜 보시고, 앞으로 진군해야 할 땅은 또 얼마나 될지 판단해 보십시오. 거대한 제국이란 매우 위험한 존재입니다. 그 모두를 장악하고 통제하기 어렵기 때문입니다. 과적한 배가 얼마나 통제하기 어려운지를 아십니까? 많이 가질수록 잃어버릴 기회도 많은 법이기에 다레이오스 전하께서 실패하셨다고 진정으로 저는 생각합니다. 지키기보다는 정복하기가 더 쉬운 법입니다. 손에 가지고 있기 보다는 움켜잡기가 얼마나 더 쉬운 지요! 전하께서는 왕비님의 죽음으로 인해 전에 성취하셨던 것보다 더 적게 성취하실 수도 있다는 것을 아셨겠지요."

알렉산드로스는 사절단을 군막에서 나가도록 하고 이 문제를 회의에 부쳤다. 하지만 왕의 의중을 알 수 없어서 참석자들은 오랫동안 침묵을 지켰다. 드디어 파르메니온이 입을 열어 전에 말했던 것처럼 다마스쿠스에서 잡은 포로들을 몸값을 받고 돌려주자고 했다. 엄청난 금액을 받을 수도 있고, 그들을 지키기 위해 많은 용감한 마케도니아 병사들이 바쁘게 움직여야 하기 때문이라는 것이다. 군의 사기를 떨어뜨리기만 하는 존재들인 늙은 여자 하나와 두 소녀를 돌려주고 30,000탈란톤의 황금을 받아야만 한다는 것이 그의 확고한 의견이었다. 싸움도 하지 않고 협상을 통해 부유한 왕국을 얻어내고, 엄청난 거리의 경계선에 싸인 히스테르(Hister) 강[183]과 유프라테스 강 사이의 땅을 가지는 것은 누구도 할 수 없었던 일이라는 것이다. 그는 알렉산드로스가 박트리아와 인디아로 눈을 돌리기보다는 마케도니아에 주의를 기울여야 한다고 했다.

파르메니온의 말을 듣고 마음이 상한 알렉산드로스는 그의 말이 끝나기를 기다려서 이렇게 말했다 : "좋다. 내가 만약 파르메니온이라면 군사적 영광보다는 돈을 택했겠지. 그러나 나는 알렉산드로스다. 나는 돈이 모자란 것을 걱정하지 않는다. 나는 상인이 아니라 왕이라는 것을 자각하고 있다. 나는 팔 것이 없고, 내 운명을 내다 팔지도 않으련다. 만약 포로들을 돌려준다면 명예로운 행위로 그렇게 하는 것이고 선물로서 그리 하는 것이지, 값을 받고 하지는 않을 것이다." 그 다음 그는 페르시아 사절단을 들어오게 하여 이렇게 답했다 : "내가 자비롭고 관대하게 행동한 것은 그의 친구가 되려고 해서가 아니라 내 원래 성품 때문이었노라고 다레이오스에게 전하게. 포로와 여인들을 잡고 전쟁에 임하는 것은 내 취향이 아닐세. 나의 적수는 무장하고 있어야 하네. 그가 좋은 뜻으로 나와 평화 조약을 체결하려 한다면, 나도 그럴 용의가 있네. 하지만 실제로는 편지를 써서 병사들이 나를 배반하게 부추기고, 친구들이 나를 암살하도록 뇌물을 준다면, 나는 끝까지 그를 추적할 것이야. 그것도 정당한 적수가 아니라 독을 사용하는 암살자로 대하면서 말이지. 더군다나 자네가 가지고 온 평화조약의 조건을 받아들이게 되면, 그가 승

183) 다뉴브 강이다.

리자가 되는 것일세. 그는 관대하게 유프라테스 강 너머의 것들을 준다고 했지. 하지만 자네들은 뭔가 잊어버린 듯한데, 실제로 나를 보기 위해 어디로 찾아왔는가를 생각해 보게. 나는 이미 유프라테스 강을 넘어 왔다네! 내가 있는 진영은 그가 지참금으로 주겠노라고 관대하게 약속한 땅의 경계선 밖에 있지 않나. 내게 할양하려는 땅이 자네들의 영토라고 내가 알게 하려면 나를 이곳에서 몰아내 보게. 또 마찬가지로 그는 내게 관대하게 자신의 딸을 주겠노라고 했지만, 그녀는 나를 그의 신하로 만들려는 의도의 뇌물일세. 차라리 나보고 마자이오스의 사위가 되라고 하는 편이 정말로 더 영광이겠군![184] 가서 자네의 왕에게 전하게. 그가 잃어버린 것이나, 지금 가지고 있는 것 모두가 전쟁의 상품이 되었다고. 전쟁으로 두 왕국의 경계선이 정해질 테니, 그 모두는 내일의 운명에 따라 정해질 걸세."

사절단은 "전하의 의도가 전쟁에 있기 때문에, 평화 조약에 대한 헛된 희망으로 저희들을 기만하지는 않으시는 군요" 라고 답했다. 그들은 자신들의 왕도 이 적대 행위를 대비할 필요가 있으므로 가능한 빨리 보내달라고 요청했다. 그리고 그들은 돌아가서 다레이오스에게 전쟁이 임박했다고 보고했다.

12. 다레이오스는 마자이오스에게 3,000명의 기병을 주어 적이 진군해 올 것 같은 도로를 점거하라고 명했다. 알렉산드로스는 다레이오스의 왕비의 시신에 적절한 의식을 치러주었다. 그리고 자신의 부대 중에서 [전투에] 부담을 줄 것 같은 것들은 진영에 남겨두고, 진

---

184) 이 대화 부분은 다른 자료들에서는 찾아볼 수 없다. 아마도 쿠르티우스가 극적 효과를 부여하기 위해 창작해 낸 것인 듯싶다.

영을 강화[185]한 다음 소수의 수비대로 하여금 지키게 하고 서둘러 적을 향해 진군했다. 그는 보병을 양익으로 나누고, 기병대로 하여금 양익을 둘러싸게 했다. 그리고 수송대[186]는 본대 뒤를 따라오게 했다. 그리고 메니다스(Menidas)에게 기병대를 주어 먼저 앞으로 나가 다레이오스의 위치를 파악하도록 했다. 그러나 메니다스는 마자이오스가 바로 근처에 자리를 잡고 있는 것을 발견하고 더 이상 진군하기를 두려워하여 사람들의 소음과 말울음 소리 외에는 아무 것도 듣지 못했다고 보고했다. 마자이오스 역시 멀리서 적의 정찰병들을 보고는 본진으로 돌아가서 적이 다가오고 있다고 보고했다. 그래서 넓은 벌판[187]에서 일전을 벌이고 싶었던 다레이오스는 병사들을 무장시키고 전열을 가다듬었다.

그는 좌익에 1,000명 정도의 박트리아 기병, 같은 수의 다하이[188]인, 4,000명의 아르코시아 인, 수시아 인을 배치하고, 그 뒤를 전차낫을 장비한 전차들이 따르도록 했다. 그 다음으로는 베쏘스가 역시 박트리아 인인 8,000명의 기병을 데리고 있었다. 그 뒤를 2,000명의 마사게타이(Masagetai) 인이 받치고 있었다. 이들 옆으로 여러 종족의 보병들이 포진되었는데, 이들은 서로 섞이지 않고 종족 별로 모여서 자신들의 종족의 기병대 옆에 붙어있었다. 그 다음으로는 아리오바르자네스와 오론토바테스(Orontobates)가 이끄는 페르시아 인,

185) 즉, 도랑을 파고 목책을 둘렀다. 아리아노스, 『알렉산드로스 대왕 원정기』 3권 9장 1절 참조.

186) 수송용 짐승들과 비전투원들, 즉 병자나 부상자들, 그밖에 전투에 적합하지 않은 사람들로 구성된 부대이다.

187) 가우가멜라(Gaugamela) 평원으로서 알렉산드로스가 동방 원정에서 가장 큰 승리이자 결정적인 승리를 거둔 곳이다.

188) 카스피 해 너머에 사는 스키타이 부족이다.

마르디아 인, 소그디아 인 부대가 있었다. 이들은 두 부대로 나뉘어 있었지만 이들에 대한 전체 최고 지휘권은 오르시네스(Orsines)가 가지고 있었다. 그는 '7인의 페르시아 인'의 후손이며, 가계를 거슬러 올라가면 저 유명한 키로스 대왕에게 이른다.[189] 이들 뒤로는 페르시아 인들에게도 많이 알려져 있지 않은 여타 민족들이 따르고 있었다. 그 다음으로는 프라다테스(Phradates)가 50대의 4두 전차와 카스피 인의 대군을 데리고 있었다. 전차 부대 뒤로는 인디아 인들과 홍해 연안에 사는 부족들이 배치되었는데, 이들은 실질적인 전력이라기보다는 명목상의 부대들이었다. 그들의 바로 뒤에는 또 다른 전차낫을 장비한 전차 부대가 배치되었다. 그 뒤로는 소위 소(小) 아르메니아 인들이 있었고, 다시 그들의 뒤로는 바빌로니아 인 부대가 있었다. 그리고 이 두 부대 뒤로 벨리타이(Belitae) 인 부대와 코사이아(Kosaia) 산맥 부근에 사는 주민들의 부대가 배치되었다. 그들 뒤에는 고르투아이(Gortuae) 인이 따르고 있었다. 이들은 원래 메디아 인과 함께 돌아온 에우보이아(Euboia) 계통 사람들이었지만, 지금은 변질되어 원래의 문화를 다 잊어버린 상태였다.[190] 그 다음으로는 프리기아와 카타오니아(Kataonia) 인이 배치되었다. 그리고 이

---

189) 페르시아를 창건한 키로스의 아들 캄비세스가 이집트에 머물고 있을 때, 사제인 스메르디스(Smerdis)가 키로스의 아들인 스메르디스(동명이인이다)라고 사칭하여 반란을 일으켰다. 캄비세스가 병으로 죽고, 7인의 페르시아 인이 힘을 합하여 스메르디스를 죽였다. 그들 중에 다레이오스 1세가 다음 왕이 되었다. 보다 자세한 내용은 헤로도토스, 『역사』 3권 61장 이하 참조.

190) 기원전 490년 다티스(Datis)와 아르타프레네스(Artaphrenes)가 그리스의 에레트리아(Eretria) 지방의 에우보이아 도시들을 약탈하고 포로들을 페르시아의 수사 근처에 정착시켰다. 이에 대하여는 헤로도토스, 『역사』 6권 101장 119절 참조. 디오도로스, 『역사 도서관』 17권 110장 4-5절에서는 이들을 보이오티아 인이라고 잘못 부르고 있으며, 이들이 그리스 어를 여전히 사용하고 원래 관습도 상당 부분 유지하고 있다고 썼다.

전체 부대들 뒤에는 오늘날 스키티아에서 이주해 온 파르티아 인들이 살고 있는 지역에서 온 사람들의 부대가 뒤를 받치고 있었다. 이상의 좌익의 진용이었다.[191)]

우익은 대 아르메니아, 카두시아(Kadusia), 카파도키아, 시리아, 메디아에서 온 사람들로 이루어진 부대와 50대의 전차낫을 장비한 전차들로 구성되었다. 전군의 수효는 기병 45,000명, 보병 20만 명에 이르렀다.[192)] 이상과 같은 진용으로 정렬한 페르시아 군은 2Km 정도 앞으로 진군한 다음, 정지 명령이 떨어지자 적이 무장을 갖추도록 기다렸다.

원인은 분명히 알 수 없지만, 알렉산드로스의 군대는 두려움에 사로 잡혔다. 원인모를 두려움이 모든 이들의 가슴을 스쳐 지나자, 병사들은 떨기 시작했다. 찌는 것 같은 무더위가 나타나는 여름날에 종종 보이곤 하는 것처럼 하늘이 간헐적으로 번쩍이자, 그들은 그 불빛들이 다레이오스의 진영에서 피워 올리는 불이고, 자신들은 알지 못하는 사이에 적의 진영 한가운데에 들어와 있다고 믿게 되었다.[193)] 그 때, 도로를 점거하고 있던 마자이오스가 아직 공포에 사로잡혀 있던 마케도니아 군을 공격했다면 엄청난 피해를 적에게 입힐 수 있었을 것이다. 그러나 마자이오스는 공격을 받지 않고 있는 것

---

191) 보다 자세한 묘사는 아리아노스, 『알렉산드로스 대왕 원정기』 3권 11장 3-7절 참조.

192) 다른 자료들에서는 페르시아 군의 수효를 심하게 과장하고 있다. 아리아노스, 『알렉산드로스 대왕 원정기』 3권 8장 6절에서는 보병이 100만 명, 기병이 4만 명이라고 묘사하고 있으며, 디오도로스, 『역사 도서관』 17권 53장 3절에서는 80만 명의 보병과 20만 명의 기병이라고 서술한다. 현대의 학자인 마스든(Marsden)은 보병이 20만 명에 못 미쳤을 것이며, 기병은 34,000명정도였을 것으로 추산한다.

193) 이 진술은 애매한 면도 있고 그럴듯하지도 않다.

에 만족하면서 자신들이 점령하고 있던 언덕 위에서 가만히 머물러 있었다. 병사들이 당황하고 있다는 것을 알아차린 알렉산드로스는 정지 신호를 내리고 병사들에게 무기를 앞에 내려놓고 휴식을 취하도록 했다. 그리고 병사들에게 적은 아직 멀리 있으며 이렇게 당황할 이유가 없다고 훈시했다. 병사들은 마침내 마음을 가다듬고 자신감을 회복하여 무기를 집어 들었다. 하지만 알렉산드로스는 그 자리에 방어를 강화한 진영을 세우는 것이 이 상황에서는 가장 안전한 방책이라고 판단했다.

정예 기병대를 거느리고 언덕 위에 자리 잡고 마케도니아 진영을 내려다보고 있던 마자이오스는 다음 날이 되자 다레이오스에게 돌아갔다. 겁을 먹었거나, 아니면 그의 임무가 단지 정보를 얻는 것 때문이었을 수도 있다. 그리하여 마케도니아 군은 그가 포기하고 떠난 언덕을 점령했다. 그 장소가 평지보다 더 안전할뿐더러, 평야에 포진한 적의 전열을 관측할 수도 있었기 때문이다. 이 언덕 지역은 습기가 있어서 전역이 안개로 덮이게 되었다. 그 결과 그들은 적을 관측할 수 있었지만, 적은 마케도니아 군이 어떻게 나뉘고, 조직되었는지를 알 수 없었다. 페르시아의 대군이 들판을 가득 메우고 있어서, 심지어 아주 멀리 떨어진 곳에서도 수많은 병사들이 내는 소음을 들을 수 있었다.[194] 알렉산드로스는 마음이 흔들려서 파르메니온의 정전 제안을 다시 곱씹어 보았다. 하지만, 이미 늦은 상황이었다. 이제는 승리하지 못한다면, 엄청난 피해를 입지 않고서는 철군할 수 없는 때인 것이다. 그는 근심하는 기색을 내비치지 않고, 파이오니아에서 온

194) 아리아노스, 『알렉산드로스 대왕 원정기』 3권 9장 2절에 따르면 6Km 정도 떨어진 거리였다.

용병 기병대에게 진격 명령을 내렸다. 그리고 앞서 말했던 대로, 그는 이미 밀집보병 방진을 양쪽으로 나누어 배치했고, 각자에 기병대를 붙여 놓았다. 서서히 안개가 걷히면서 밝아지는 태양 빛 속에서 적의 전열이 드러났다. 마케도니아 군은 전의가 솟구쳐서 혹은 기다림에 지쳐서 천둥소리 같은 전투의 함성을 내질렀다. 페르시아 군도 맞고함을 질렀고, 주변의 숲과 계곡에는 끔찍한 소음이 감돌게 되었다. 마케도니아 군은 적에게 돌격하고 싶은 욕구를 억누르기 힘들었으나, 알렉산드로스는 언덕 위에 있는 진영을 강화하는 것이 더 낫겠다고 생각하고 목책을 세우도록 했다. 그는 이 작업이 완료되자 자신의 군막으로 돌아갔다. 그 곳에서는 적의 전투 대열이 잘 보였다.

13. 이제 곧 전투가 임박해 있다는 표시들이 알렉산드로스의 눈앞에 펼쳐졌다. 병사들과 군마들의 방어구가 빛나고, 적의 장군들이 말을 타고 전열 사이를 돌아다니고 있었다. 그 밖에 별로 중요하지 않은 것들도 여러 가지 보였다. 이 모든 것들로 인해 그는 경각심을 가지게 되었다. 또 병사들의 웅성거림, 말울음 소리, 여기저기서 빛나는 무기들로 인해 다가올 상황에 대해 흥분하게 되었다. 그에 따라 아직 마음이 정해지지 않아서인지, 지휘관들의 사기를 시험해 보려고 인지는 몰라도 회의를 소집하여 앞으로의 방책을 논의했다. 알렉산드로스의 휘하 장군들 중에서 가장 노련한 파르메니온은 다음과 같은 의견을 내놓았다 : “정당한 전투를 벌이기보다는 기습을 해야 합니다. 한 밤중에 공격을 하면 적을 분쇄할 수 있을 것입니다. 저들의 부대들은 관습이나 언어들이 서로 다르므로, 그들이 자고 있을 때 습격하여 공포에 빠뜨리면 한 밤중에 어찌 혼란을 피할 수 있겠습니까? 반면 낮에 공격하게 되면 스키티아 인과 박트리아 인

의 흉악한 모습을 처음 대하는 마케도니아 군은 겁을 먹을 것입니다. 그들의 얼굴은 털이 덥수룩하고 머리는 길며, 무엇보다 덩치가 크기 때문입니다. 병사들이란 정당한 사유가 있는 일이 아니라 오히려 별 것 없는 하찮은 일에 영향을 받기 마련입니다. 더군다나 전투가 저 킬리키아에서처럼 좁은 통로에서 벌어지는 것도 아니고 넓은 평야에서 벌어지기 때문에 저들은 대군으로 상대적으로 적은 우리 마케도니아 군을 포위하여 싸우게 될 것입니다."

거의 모두가 이구동성으로 파르메니온의 의견에 찬성했다. 폴리페르콘(Polyperchon)[195] 역시 이 계획에 전투의 승리가 달려있는 것이 분명하다고 생각했다. 알렉산드로스는 최근에 의도했던 것 보다 더 심하게 파르메니온을 질책한 적이 있었고 다시 또 비난하고 싶은 마음이 없었기 때문에 폴리페르콘을 직시하고 말했다 : "그대가 권고한 계책은 강도나 도둑들이 할 법한 것이요. 그들이 유일하게 노리는 것이 속임수이기 때문이요. 하지만 나는 다레이오스가 없을 때 적을 치거나, 좁은 지형에서 싸우는 것, 한밤중에 은밀하게 공격하는 등의 내가 얻게 될 영광에 손상을 입히는 짓을 허용치 않겠소. 나는 대낮에 정정당당하게 싸우기로 결정했소. 나는 승리를 부끄러워하기 보다는 차라리 불운을 후회하며 살려 하오. 그밖에 다른 점도 고려한 것이오. 그들은 밤에도 보초를 세우고 무장을 풀지 않고 있어서 기습이 거의 불가능하오. 그러니 여러 장군들은 전투를 준비하시오." 그는 이렇게 지휘관들을 격려하고 나가서 쉬라고 명령했다.

다레이오스는 파르메니온이 알렉산드로스에게 권고한 대로 적군이 움직일 것이라고 예측하고 말은 고삐를 채워둔 채로 있게 하고,

---

195) 폴리페르콘은 파르메니온과 같이 마케도니아 군의 역전의 숙장(宿將)이다.

전군의 대부분은 무장하고 있으며, 경계는 평소보다 더 철저하게 하라고 명령했다. 그래서 진영 전체가 화톳불로 환하게 되었다. 그는 휘하의 장군들 및 친족들을 거느리고 무장하고 있는 병사들을 직접 둘러보았다. 그러면서 병사들에게 오랜 영광과 선조들의 위업에 어울릴만한 용기를 고취시키기 위해 태양신 미트라스(Mithras)[196]와 성스럽고 영원한 불[火]을 소리 내어 불렀다. 그리고 만약 사람의 마음이 하늘의 도움을 예측할 수 있는 능력이 있다면, 신들은 분명히 그들의 편이라고 말했다. 그리고 최근에 마케도니아 인들에게 갑작스런 공포를 안겨주었으므로, 그들은 아직도 마음이 어지러울 것이고 무기를 던질 것이며, 그러므로 페르시아 제국의 수호신들께서 저 미친놈들에게 합당한 처벌을 내려주실 것이라고 덧붙였다. 또 저들의 지도자 역시 미쳐있기는 마찬가지여서, 마치 사나운 짐승처럼 약탈품에만 정신이 팔려있기 때문에 그 뒤에 숨겨져 있는 덫에 곧바로 달려들 것이라고 말했다.

마케도니아 인들도 비슷한 불안에 시달리고 있었다. 그들은 마치 전투가 그 시간에 예정되어 있다는 듯이 두려움에 밤을 뜬 눈으로 새웠다. 알렉산드로스도 극도로 근심에 싸인 나머지 신들께 서약하

---

196) 원래는 프리기아 지방의 지역신이나 페르시아의 예언자 조로아스트레르(Zoroasthrer)에 의해 페르시아의 국가 종교 체계에 편입되었다. 신화에 따르면 미트라스는 바위에서 태어난 태양신으로 청년의 모습을 하고 있으며 세상을 어지럽히는 거대한 황소를 잡아 죽이는 위업을 이룩했다고 한다. 황소의 피에서 포도가, 살에서 밀이 나오는 등 세상에 유용한 식물들이 황소의 시신에서 나타났다. 미트라스 숭배자들은 그 위업을 기리기 위해 일주일의 일곱 번째 날, 즉 태양의 날 정오에 모여 빵과 포도주를 음미하며 사제의 설교를 들었다. 이 미트라스 숭배는 로마 시대에 매우 유행했으며, 많은 로마인은 예수를 미트라스로 오해하기도 했다. 미트라스의 탄생일로 알려진 동지날(낮이 밤보다 길어지기 시작한 첫 날이므로)이 서기 4세기 경에 크리스마스가 된 것도 미트라스 숭배와 무관하지 않을 것이다.

고 기도하기 위해 아리스탄드로스를 불렀다. 예언자는 흰 옷을 차려 입고 손에는 성스러운 나무 가지를 들고 머리에 베일을 쓴 채, 왕이 제우스와 승리의 여신 아테나께 도움을 청하는 동안 기도식을 이끌었다. 알렉산드로스는 희생의식을 마치고 나머지 밤 동안 쉬기 위해 자기 군막으로 돌아갔다. 하지만 잠도 오지 않았고, 긴장이 풀리지도 않았다. 그는 한번은 병사들을 적의 언덕 위에서부터 적의 우익으로 돌격시키기로 결정했다가, 다음에는 정면으로 격돌할 생각을 해보고, 또 적의 좌익으로 돌아 공격하면 이점이 무엇일까를 생각해 보기도 했다. 결국 근심으로 인해 몸까지 피곤해져서 그는 평소보다 더 깊은 잠에 빠져버렸다.

날이 밝자, 명령을 받기 위해 모인 지휘관들은 왕의 군막 주위가 조용해서 놀랐다. 보통 다른 때는 알렉산드로스가 사람을 보내 회의를 소집하거나, 때로는 게으른 자를 꾸짖기도 했기 때문이다. 그런데 이런 중차대한 시기에 기상하지 못했다는 것에 놀라서 그가 잠자고 있는 것이 아니라 두려움에 웅크리고 있다고 여겼다. 결단의 시간이 다가왔음에도 불구하고 경호대원들 중에 누구도 왕의 군막에 들어가지 못했다. 그리고 병사들은 왕의 명령이 없어서 무기를 잡지도, 전열을 정비하지도 못했다. 파르메니온은 오랫동안 주저하다가 병사들에게 식사를 하도록 명령했다. 그리고 병사들이 진영 밖으로 출격해야만 하는 때가 되자, 결국 그가 알렉산드로스의 군막으로 들어갔다. 그는 여러 차례 이름을 부르며 깨웠으나, 알렉산드로스가 반응하지 않아서 직접 흔들어 깨웠다. "해가 중천에 떴습니다. 전하의 병사들이 명령을 기다리느라 아직 무장도 갖추지 못하고 있는데 반해, 적은 이미 전투 대형을 갖췄습니다. 오랫동안 기민하셨던 분이 웬 일입니까? 경계병들을 깨우곤 하셨던 분이잖습니까." 알렉산드로스는 이렇게 대답했다 : "고민하느라 쉬지도 못하고 있다가 고민이 끝나서 겨우 잠들었다는 것은 생각해 보았소?" 그 다음, 그는 전투를 알리는 나팔 신호를 발하도록 명령했다. 그리고 파르메니온이 계속해서 왕이 시름을 내려놓고 푹 잤다고 말하는 것에 대해 놀라움을 표시하자, 이렇게 답했다. "조금도 놀랄 필요 없소. 다레이오스가 대지를 불태우고, 마을들을 파괴하며 우리의 식량 공급을 방해했을 때는 절망적이어서 정신이 나갈 뻔 했소. 하지만 이제 그가 전투를 준비하고 있는데 두려워 할 일이 무엇이 있겠소. 신들께서 내 기도에 응답해 주신 게요. 하지만 내 전략에 대해서는 조금 있다가 말해주겠소. 모든 장군은 맡은 바 부대로 가서 명령을 내리도록 하오. 내 곧 나가서 여러분에게 내가 원하는 바를 말해주리다." 그가 흉갑을 걸쳐 입는 것은 아주 드물었고, 그럴 때도 닥쳐올 위험이 두려워서가 아니라 친구들의 간청 때문이었다. 그런데 이번에는 병사들 앞에 나가기 전에 흉갑을 걸쳐 입었다. 이전에는 왕이 이렇게까지 활기찬 모습을 보인 적이 없었고, 또 자신 있게 말을 했기 때문에 그들은 승리할 것이라는 희망을 갖게 되었다.

알렉산드로스는 목책을 부수게 하고, 병사들에게 진영 밖으로 나가서 전투 대열을 갖추도록 지시했다. 우익에는 아게마(*agema*)[197]이라고 부르는 기마 경호대가 배치되었다. 이 부대는 클레이토스[198]가 이끌었다. 그 옆에는 필로타스의 부대를 붙여 놓았고, 필로타스 부대의 측면에는 다른 기병대 지휘관들의 부대가 배치되었다. 그리고 마

197) 기마 경호대이다.

198) 클레이토스는 이 기마 경호대의 지휘관으로 그라니코스 강 전투에서 알렉산드로스의 목숨을 구했다.

지막으로 멜레아그로스의 기병대가 배치되었으며, 밀집방진 보병부대가 그 뒤를 따랐다. 밀집방진 보병부대 뒤에는 파르메니온의 아들 니카노르가 지휘하는 '은빛 방패 부대'(*argyraspides*)가 있었다. 그 뒤에는 코이노스가 예비대를 이끌고 있었고, 그 뒤로는 오레스타(Oresta)인, 린케스타(Lyncesta) 인[199] 부대가, 그 뒤로는 폴리페르콘의 부대가 있었으며, 그 다음으로 용병부대가 있었다. 용병부대의 지휘관 아민타스는 이곳에 없어서 최근에야 마케도니아의 동맹군에 들어온 발라크루스(Balacrus)의 아들 필리포스가 지휘하고 있었다.[200]

좌익에는 크라테로스가 펠로폰네소스 기병대 - 아카이아, 로크리아(Lokria), 말리아 분견대가 같이 하고 있었다 - 를 책임지고 있었다.[201] 그리고 그 뒤를 필리포스가 지휘하는 테살리아 기병대가 받치고 있었다. 보병부대들은 기병대가 보호하고 있었다. 이상이 양익의 전열이었다.

알렉산드로스는 수적으로 우세한 적에게 포위당하지 않게 하기 위해서 후위를 강력한 부대로 둘러쌌다. 또 전면이 아니라 측면에 예비대를 두어 강화했다. 그렇게 해서 양익은 적이 포위 공격을 하

---

199) 이 두 민족은 마케도니아에 종속되어 있는 일리리아 혹은 에피로스 민족들이다. 이 때 이 부대들은 페르디카스가 이끌고 있었지만, 쿠르티우스는 생략했다.

200) 안드로메네스의 아들 아민타스는 병력을 새로 모집하기 위해 마케도니아에 파견되어 있었다. 원래의 사본에는 필라그루스(Philagrus)라고 되었으나, 주석가들이 발라크루스의 아들 필리포스로 교정했다. 한편 아리아노스, 『알렉산드로스 대왕 원정기』 3권 11장 9절에서는 아민타스의 동생인 시미아스(Simmias)가 지휘했다고 기록하고 있다.

201) 쿠르티우스는 다른 자료들을 부정확하게 인용한 것으로 보인다. 다른 자료들에 의하면 크라테로스는 좌익에 있는 밀집방진 보병부대를 지휘했고, 파르메니온은 좌익 전체를 지휘했다. 그리고 그리스 동맹군 기병대는 에리기오스(Erygios)가 이끌었다.

려는 경우에 대해서도 대비가 되었다. 이 예비대는 아그리아네스 인부대로서 아탈로스(Attalos)가 이끌고 있었다. 크레테 궁수대도 이 부대에 배속되었다. 알렉산드로스는 후위의 부대가 적의 포위를 막을 수 있도록 했지만, 여전히 우회 기동을 하거나 전면으로 이동할 수도 있도록 전열을 유연하게 배치했다. 그래서 측면도 전면만큼이나 보호를 받았고, 후위도 측면만큼이나 보호를 받았다.

전군에 대한 배치를 끝낸 알렉산드로스는 병사들에게 만약 적이 전차낫이 달린 전차를 앞세우고 함성을 지르며 공격해 온다면, 소리를 지르지 말고 조용히 열과 열 사이를 벌려 적이 지나가도록 하라고 명령을 내렸다. 즉, 그는 맞서 싸우려 하지 않는다면 적의 전차가 아무 해도 끼치지 못하고 열 사이를 빠져 나가 버리게 될 것이라고 확신했다. 하지만 적이 소리를 지르며 공격해 온다면 전투의 함성을 질러 적을 공포에 빠뜨리고 양 측면에서 놀란 적의 복부를 찌르라고 했다. 그리고 양익의 지휘관들에게는 양익을 충분히 넓혀서 적에 바짝 다가섰을 때 포위당하지 않게 하되, 그러느라고 후위를 약하게 만들지는 말라고 지시했다. 군수품들과 다레이오스의 모후 및 자녀들을 포함하는 포로들은 소규모 병력을 붙여서 인근의 고지대에서 지키게 해 놓았다. 다른 경우가 발생하면 좌익은 파르메니온이 지휘하고, 우익은 알렉산드로스 자신이 맡기로 했다.

그들이 투창의 사정거리 안에 들어서기 전에 비온(Bion)이라는 한 망명자가 알렉산드로스에게 전력으로 말을 달려와서 다레이오스가 마케도니아 기병대가 전개될 거라고 생각하는 장소에 쇠못들을 묻어 놓았고, 자기 병사들은 덫을 피할 수 있도록 표시를 해 놓았다고 알렸다. 알렉산드로스는 그 망명자에게 경비병을 붙여주고 장군들을 소집했다. 그는 보고받은 내용을 알려주고 나서, 표시된 지역을 피하도록 하며, 기병들에게 위험에 대해 알려주라고 일렀다.

알렉산드로스가 병사들에게 연설하는 내용은 양군의 병사들이 내는 소음 때문에 들리지 않았지만, 그가 전열 사이를 돌아다니면서 지휘관들과 가까이 있는 병사들에게 연설하고 있는 모습은 누구든지 볼 수 있었다.

14. 연설의 내용은 다음과 같다 : "여러분은 오늘 싸워서 얻게 될 승리를 갈망하면서 지금까지 여러 나라들을 가로질러 왔다. 그리고 오늘의 결정적인 전투야말로 최종 목표인 것이다. 여러분은 싸워 이기면서 정복해왔던 그라니코스 강, 킬리키아의 산길, 시리아와 이집트를 기억하라. 이것들을 상기하면 자신감이 북돋워지고, 영광을 쟁취하려는 용기가 날 것이다. 페르시아 군은 도망치다가 우리에게 따라 잡혔고, 이제는 더 이상 도망치는 것이 불가능하기에 우리와 싸울 뿐이다. 저들은 이틀 동안이나 두려움에 창백해지고 무기의 무게에 짓눌리면서 그 자리에 못 박혀 있었다. 적에게 빼앗긴 것은 파괴할 수 없으니만치, 자기네들의 도시와 경작지에 불을 지르는 것만 보아도 저들이 얼마나 절망하고 있는지 잘 보여주고 있지 않은가! 모르는 종족의 이름 따위에 쓸데없이 겁먹지 말도록 하라. 스키티아 인, 카두시아 인이라고 불리는 자들이 얼마나 되든지 간에 전쟁의 결과와는 아무 상관이 없기 때문이다. 그들의 이름을 모른다는 것 자체가 저들이 별 것 아닌 존재라는 의미이다. 용감한 이들은 자연히 알려지게 되지만, 겁쟁이들은 굴을 파고 숨어 있어서 이름만 겨우 알려지게 마련이다. 우리 마케도니아 인으로 말하면, 그 용기가 널리 퍼져서 전 세계에 알려지지 않은 곳이 없다." 그는 무질서하게 흩어진 페르시아 군으로 눈길을 옮기면서 말을 이었다 : "[적들 중

에] 어떤 자는 투창만을 들고 있고, 어떤 자는 가죽 끈에 돌만을 재어 들고 있으며[202], 제대로 된 무기를 갖추고 있는 자는 몇 되지도 않는다. **서있는** 자는 페르시아 측에 더 많지만, **싸울 태세가 되어 있는** 자는 마케도니아 측에 더 많다. 내 자신이 용감하게 싸우는 모범을 여러분에게 보여주지 못한다면, 여러분에게 전투에서 용기를 보이라고 요구하지 않을 것이다. 나는 최전방에서 군기보다 앞서 나가 싸울 것이다. 내 몸 곳곳에 아로 새겨져 있는 흉터들이 내 용기를 증언해 줄 것이다. 그리고 아마도 나만이 전리품의 한 몫을 요구하지 않는 사람이 될 것이다. 여러분을 부자로 만들어주고 명예롭게 해주는 것이 내가 받을 승리의 보상이다. 나는 지금 용감한 이들에게 말하고 있는 것이다. 만약 그 범주에 들어가지 않는 자들이 있다면 이렇게 말해주겠다. 이제는 도망칠 수도 없는 지점에 와 있노라고. 우리는 이제껏 드넓은 지역을 가로 지르고, 수많은 산과 강을 건너왔다. 이제 조국과 가정으로 돌아가기 위해서는 싸워야만 한다." 알렉산드로스는 가까운 곳에 있는 지휘관들과 병사들에게 이상과 같이 말하며 용기를 북돋웠다.

다레이오스는 기병과 보병 중에서 추려 뽑은 자들에게 밀접 경호를 받으며 좌익에 자리 잡았다.[203] 그는 마케도니아 군의 전열은 양익이 길게 늘어져 있기 때문에 취약해졌다고 확신하며 적의 수효가 적다고 깔보았다. 그는 전차에 높이 올라앉아 좌우에 있는 병사들에게 시선을 주면서 그들에게로 팔을 뻗고 이렇게 말했다 : "너희는 얼

202) 슬링을 사용하는 투석전사를 말한다.

203) 아리아노스, 『알렉산드로스 대왕 원정기』 3권 11장 5절, 13장 1절에 따르면 그는 중앙에 자리 잡았다.

마 전까지 한 면은 대양에 씻기고, 다른 한 면은 헬레스폰트 해협에 닿아있는 영토의 주인이었다. 하지만 지금은 영광을 구해서가 아니라 생존을 위해 싸우고 있다. 그러면서도 생존 그 이상의 것을 위해 싸우고 있는 것이기도 하다. 그것은 바로 자유이다. 오늘 우리는 어떤 세대도 목격한 적이 없었던 대제국을 세우거나, 끝장낼 것이다. 우리는 그라니코스 강에서는 전력의 일부분만을 가지고 적과 싸웠다. 그리고 킬리키아에서 패배당해서 우리는 시리아로 퇴각해야 했다. 티그리스와 유프라테스 강은 이 나라의 든든한 방패가 되어 왔다. 이제 우리는 패퇴한다면 도망칠 곳조차 없는 지점에 몰려 있다. 우리 등 뒤에는 오랜 전쟁으로 모든 것이 고갈된 산하가 놓여있다. 도시에서는 주민들이 사라졌으며, 대지를 경작할 농부들도 보이지 않는다. 아내와 자식들이 우리 군 뒤에 따라오고 있다. 가장 가까운 이들, 우리가 사랑하는 이들을 위해 우리의 몸뚱이를 적에 대한 방벽으로 삼지 않는다면, 그들은 적의 손쉬운 먹잇감이 될 것이다.

내 할일에 대해 말하겠다. 나는 이 끝도 잘 보이지 않을 벌판을 병사들로 거의 채워 놓았고, 군마와 무기를 지급했고, 이 대군이 필요로 하는 군수품을 준비했다. 그리고 우리 병력 전체가 전개되어 싸울 수 있는 장소도 선정했다. 이제는 너희에게 달려있다. 그저 이길 수 있다는 용기를 가지고, 적의 평판에 대해서는 신경 쓰지 말도록 하라. 그 평판이라는 것은 용감한 자에게 대항하는 가장 취약한 무기일 따름이다. 이제까지 너희들이 용기라고 생각해서 두려워했던 것은 단지 무모함일 뿐이다. 처음의 그 추진력이 사라진 이상, 적은 이제 독침을 다 써버린 곤충이나 마찬가지이다. 킬리키아의 산속에서는 가려져 안보였던 적의 수적인 약세가 이 들판에서는 훤히 드러나 있다. 자, 보이지 않느냐. 저들의 전열은 엷고, 양익은 늘어져 있으며, 중군은 취약하고 고갈되어 있다. 보라, 적의 후미는 반대편을 향하고 있다. 이미 도망칠 준비를 하고 있는 것이다. 내가 단지 전차낫을 장비한 전차들을 내보내기만 해도 군마로 밟아버릴 수 있을 것이다. 이 전투에서 이기면 이 전쟁에서 승리하는 것이다. 저들은 도망칠 기회조차도 없다. 티그리스 강과 유프라테스 강이 양쪽에서 저들을 가둬 놓고 있기 때문이다.

더구나 저들이 전에 누렸던 이점은 이제 역전이 되어 버렸다. 우리는 가볍고 이동하기 좋은 무기로 무장하고 있는 반면, 저들은 노략질한 물품들의 무게에 눌려있다. 저들이 우리에게서 노략질한 물품들을 지고 허덕거릴 때, 베어 넘겨 버리도록 하자. 그 물품들은 우리가 승리하는 원인이자 성과가 될 것이다. 너희 중에 마케도니아의 명성에 겁을 집어 먹은 자가 있다면 똑똑히 알아야 할 것이다. 마케도니아의 무기들이 저기 있을지 몰라도, 마케도니아 인들의 신체는 그렇지 않다. 이미 양측 다 많은 피를 흘렸고, 숫자가 적은 편이 더 손실이 크게 마련이다. 그리고 겁쟁이들에게는 대단한 인물로 보일지 몰라도, 알렉산드로스 역시 일개 생명일 따름이다. 내가 보건대 저 자는 무모한 미친놈에 불과하다. 이제까지 그가 승리한 것은 그의 용기 때문이 아니라 우리가 겁을 집어 먹어서 그런 것뿐이다. 하지만 이성으로 받쳐주지 않으면 계속되는 것은 아무 것도 없다. 비록 행운의 바람이 불어주는 것 같아도 결국에는 무모함을 충분히 받쳐주지 못한다. 또 인생의 부침이란 짧고 덧없는 것이고, 행운도 순전한 것은 아니다. 신들께서는 230년 이라는 세월동안 우리 페르시아를 힘의 정점에 올려놓아 주셨다. 아마도 오늘 신들께서 우리에게서 그 힘을 없애버리시려 하기보다는 [정신을 차리도록] 좋은 충격을 주려고 배려하셨음이 드러날 것이다. 이는 우리가 오랫동안 번영을 누리면서 종종 잊어버리곤 했던 것, 바로 인간사란 덧없다는 점을 상기시켜주시려는 것이다. 얼마 전에는 우리가 능동적으로 그리스를 공격해 들어갔는데,[204] 지금은 우리 땅에서 적의 침공을 격퇴하려 애쓰고 있다. 이번에는 우리가 변화하는 운명에 희롱당하고 있는 것이다. 양측 다 갈망하고 있는 이 제국은 한 나라가 감당하기에는 너무나 거대하지 않은가.

심지어 희망이 사라졌어도 긴급한 상황 때문에 우리는 떨치고 일어서야 한다. 우리는 막다른 골목에 몰려 있다. 나의 모후와 두 공주, 그리고 날 때부터 이 제국의 후계자가 된 왕자인 오코스, 그리고 여러 장군들이 마치 범죄자처럼 쇠사슬에 묶여 있다. 너희들에게 얼마간 희망을 걸지 않았다면 나는 아마 스스로 포로가 되었을 것이다. 내 살과 피[205]를 속박에서 구해다오. 내게 사랑하는 이들을 돌려다오. 그들은 너희가 목숨을 걸고 충성하겠다고 했던 이들이 아니더냐. 왕비는 저들에게 갇혀 있다가 죽음을 맞았지만, 모후와 공주들, 왕자는 남아있다. 저들은 족쇄에서 벗어나고, 노예상태이자 타인의 변덕에 의존하는 삶에서 벗어나게 해달라고 이 나라 신들의 자비를 구하고, 너희들의 도움과 동정심, 충성심에 호소하고 있다. 그들 모두가 너희들에게 손을 뻗고 있다는 사실을 명심하라. 너희들은 저들이 존엄성을 깔아뭉개는 이들 아래에서 노예 상태를 감내할 수 있다고 믿는가?

적이 다가오고 있는 것이 보인다. 위험이 점점 가까이 다가올수록 내가 한 말에 만족하지 못하게 된다. 너희들에게 호소한다. 이

---

204) 기원전 5세기 초의 페르시아 전쟁을 말한다.

205) 즉, 어머니와 자식들

나라 신들을 걸어, 제단에 안치되어 우리 앞에 운반되어 온 영원한 성화(聖火)를 걸어, 이 제국의 경계선 안에서 떠오르는 저 밝은 태양을 걸어, 처음으로 메디아와 리디아 인에게서 제국을 앗아내어 페르시아 인에게 건네주신 키로스 대왕[206]에 대한 영원한 기억을 걸어. 페르시아의 인민과 명예를 굴욕의 늪에서 건져다오. 너희의 자손들에게 너희가 조상들께 물려받은 영광을 건네주기 위해 용기를 가지고 전진하라, 자신감을 가지고 돌격하라. 너희의 오른 손에 자유와 힘, 미래의 희망이 달려 있다. 죽음을 경멸하는 자는 죽지 않을 것이다. 그러나 죽음은 겁쟁이를 덮친다. 나는 우리나라의 관습 때문만이 아니라 모든 병사들이 잘 볼 수 있도록 전차에 타고 있을 것이다. 내가 용기를 보이건 겁을 내건 본보기를 보일 터이니 내 행동을 따라 하도록 하라."

15. 그러는 동안 알렉산드로스는 망명자가 알려준 덫이 있는 곳을 우회하고 또 양익 중에 하나를 지휘하고 있는 다레이오스를 요격하기 위해 한 경사진 곳으로 돌격 명령을 내렸다. 다레이오스 역시 베쏘스에게 마사게타이 기병대를 움직여 알렉산드로스의 좌익을 측면에서 공격하라고 지시하며 전열을 적이 향하고 있는 방향을 돌렸다. 전차낫을 장비한 전차들을 앞세웠던 다레이오스는 신호를 보내 이 전차들이 적을 향해 일제히 돌격하도록 했다. 전차들은 마케도니아 군을 기습해서 사상자를 늘리기 위해 전속력으로 달려 나갔다. 그 결과 마케도니아 군의 일부는 전차의 기둥에 장착되어 앞으로 삐죽 튀어나온 창에 찔려 죽었고, 또 다른 일부는 양쪽에 장착된

206) 키로스는 기원전 550년에 메디아, 547년에 리디아를 정복했다.

전차낫에 사지가 잘렸다. 마케도니아 군은 축차적으로 퇴각하는 것이 아니라 전열을 무너뜨리면서 도주했다. 마자이오스는 당황해 하는 적에게 공포감을 가져다주기 위해 1,000기의 기병에게 명령을 내려 말을 타고 주위를 돌면서 적의 군수품을 약탈하도록 했다. 적의 감시 하에 짐을 나르고 있던 포로들이 동족이 다가오는 것을 보고 탈출할 것이라고 생각했기 때문이다.

좌익에 있던 파르메니온은 적의 움직임을 파악하고 왕에게 위험에 대해 알리며 명령을 받아오라고 폴리다마스(Polydamas)를 급파했다. 알렉산드로스는 폴리다마스의 보고를 듣고 답했다 : "가서 파르메니온에게 이 전투에서 이기면 우리 군수품을 되찾을 수 있을 뿐 아니라, 적의 것도 차지할 수 있을 터라고 전하라. 그러니 어떤 이유로건 전열을 약화시킬 이유가 없다. 나와 부왕이신 필리포스가 신뢰했던 것처럼 파르메니온은 군수품을 잃은 것을 신경 쓰지 말고 용감하게 싸우라고 하라."[207]

그러는 동안 페르시아 군은 군수품을 약탈했고, 경비병들 대부분을 죽여 포로들을 해방시켰다. 포로들은 무기가 될 만한 것들을 닥치는 대로 손에 잡고 동족 기병대의 공격에 합세하여 이제 양쪽에서 위험에 노출된 마케도니아 군을 공격했다.

시시감비스를 시중들던 자들은 기쁨에 겨워하며 다레이오스가 이겼고, 적은 인명에 큰 손실을 입고 도주하고 있으며, 심지어 적의 군수품을 약탈까지 하고 있다고 알렸다. 시중들던 자들은 전선 전체가 같은 상황이며 승리한 페르시아 군이 나뉘어서 약탈하고 있다고 믿

---

207) 다른 자료들(플루타르코스, 디오도로스)에서는 파르메니온이 지원을 요청했으나, 지원이 오지 않자 테살리아 기병대를 매우 능란하게 지휘해서 위기를 극복했다고 전한다.

었기 때문이다. 비록 다른 포로들이 이제 슬픔을 거두시라고 주청했지만, 시시감비스는 여전히 같은 태도를 유지했다. 그녀는 한 마디도 입 밖에 내지 않았고, 얼굴색이나 표정에 변화를 보이지 않았다. 그녀는 미동도 하지 않고 앉아 있어서 - 필자의 생각으로는 성급하게 기쁨을 표현하여 부정을 탈까봐 그랬던 것 같다 - 그녀를 바라보고 있던 사람들은 그녀가 무엇을 바라는지 확신하지 못하고 있었다.

그러는 동안 기병대 지휘관인 메니다스가 군수품을 지키는 것을 지원하기 위해 - 자신의 판단인지, 알렉산드로스의 명령에 의한 것인지는 알 수 없다 - 몇몇 소부대들을 데리고 왔으나, 카두시아와 스키티아 인의 공격을 감당해내지 못했다. 그는 진심으로 싸우려 하지 않고 왕에게로 퇴각했다. 군수품을 되찾기 보다는 약탈당하는 것을 구경만 한 셈이었다. 알렉산드로스는 분노 때문에 결심이 바뀌었다. 그럴 법도 한 것이 병사들이 군수품을 되찾는데 집착한 나머지 전투에서 빠질 것 같기 때문이었다. 그래서 그는 사리소포로이(*sarisophoroi*)라고 부르는 창병 부대[208]의 지휘관인 아레테스(Aretes)를 보내 스키티아 인에게 대적하도록 했다. 그러는 사이에 알렉산드로스의 전열을 크게 파괴한 전차들은 밀집방진 부대로 돌진했다. 마케도니아 병사들은 확고한 결의를 가지고 전차들을 맞이하여 적이 전열의 중간을 통과하도록 했다. 마케도니아 진형은 성벽 같았다. 그들은 굳건하게 창들을 세워 정렬시키고, 적이 성급하게 앞으로 돌격할 때 양옆에서 말의 옆구리를 찔렀다. 그 다음 전차들을 포위하고 전차병들을 끌어내렸다. 말들과 전차병들은 들판을 가득 메우며 대규모로 죽어갔다. 전차병들은 겁을 먹고 날뛰는 말들을 제어할 수 없었다. 말들은 계속

208) 밀집방진 보병부대가 아니라 장창을 들고 말을 탄 창병 부대이다.

고개를 치켜들고 흔들거나, 굴레를 떨어뜨릴 뿐만 아니라 전차를 전복하기까지 했다. 전사자들을 끌고 가던 부상당한 말들은 공포에 질려 한 장소에 가만히 있을 수도 없었고, 기운이 다해 앞으로 나갈 수도 없었다. 그럼에도 몇몇 전차들은 전열을 돌파하면서 마주치는 이들에게 비참한 죽음을 선사했다. 땅 여기저기에 병사들의 사지가 흩뿌려졌고, 상처가 아직 따뜻한 동안에는 팔이나 다리가 잘리고 약해졌어도 무기를 놓지 않았지만, 결국 과다 출혈로 죽어갔다.

그 동안 아레테스는 군수품을 약탈하던 스키티아 인들의 지휘관을 죽였다. 그리고 적이 공포에 빠지자 그들을 거세게 몰아 붙여서 결국 다레이오스는 박트리아 인 일부를 보내 전장의 분위기를 바꾸게 했다. 첫 번째 격돌에서 마케도니아 병사들이 많이 전사하고, 그 보다 더 많은 수가 알렉산드로스 쪽으로 도망쳤다. 그러자 페르시아 군은 전장의 모든 구역에서 적을 분쇄했다고 믿고 승리의 함성을 지르면서 적을 향해 광포하게 돌격했다. 알렉산드로스는 겁을 먹은 병사들을 질책하고 격려하면서 혼자 힘으로 밀리는 전세를 가다듬었고, 마침내 병사들의 사기가 살아나자 적을 향해 돌격하라고 명령했다.

박트리아 인들이 군수품 약탈을 하기 위해 빠졌기 때문에 페르시아 군은 우익이 더 취약했다. 알렉산드로스는 이 취약한 부분을 향해 공격해 가서 페르시아 군을 상당수 죽였다. 그러나 페르시아의 좌익은 알렉산드로스가 싸우고 있는 동안 그를 몰아 놓으려고 그의 후미를 향해 자리를 잡았다. 알렉산드로스는 가운데 끼어 큰 위험에 처할 뻔 했으나, 아그리아네스 인 기병대가 왕을 포위한 적의 주의를 끌기 위해 전력으로 달려와 그들을 상대하면서 적의 후미의 병사들을 베어 넘겼다.[209] 양측 다 혼란에 빠졌다. 알렉산드로스는 앞뒤로 공격을 받았고, 그의 후미를 공격하고 있는 적들도 다시 아그리아네스 기병대에게 공격받고 있었기 때문이다. 한편 적의 군수품을 약탈하고 돌아오던 박트리아 인들은 다시 대오를 형성하지 못했다. 그리고 본대에서 떨어져나간 여러 소규모 부대들은 적과 조우하면 상대를 가리지 않고 싸웠다.

양군의 본대가 근접하게 됨에 따라 두 왕은 병사들을 독전했다. 지금까지는 페르시아 측의 사자가 더 많았고, 부상자 수는 거의 비슷했다. 다레이오스는 전차에 올라타고 있었고, 알렉산드로스는 말을 타고 있었다. 양자 모두 가려 뽑은 병사들이 지키고 있었는데, 이들은 자기 목숨을 돌보지 않았다. 그들은 자신들이 모시는 왕이 죽으면 살려고 하지도 않고, 또 안전지대로 퇴각할 수도 없는 처지였으며, 각자가 다 왕이 보는 앞에서 생을 마감하게 된다면 이 또한 영광이라고 생각하는 사람들이었다. 하지만 가장 큰 위험에 처한 사람은 역설적이게도 가장 열심히 보호를 받는 사람들이었다. 모든 병사들은 각자 영광을 쟁취하기 위해 적의 왕을 죽이려 애썼기 때문이다.

이때, 알렉산드로스의 호위병들은 착시현상을 일으켰건, 아니면 정말로 목격했건 간에 독수리 한 마리가 자신들의 왕의 머리 위를 부드럽게 맴도는 것을 보았다고 믿게 되었다. 이 독수리는 무기가 서로 부딪치는 소리에도, 죽어가는 병사들의 신음소리에도 놀라지 않고 알렉산드로스의 말 주위를 떠돌고 있었다. 날고 있는 것이 아니라 마치 공중에 걸린 듯했다. 흰 옷을 차려 입고 오른 손에 월계수 가지를 든 예언자 아리스탄드로스는 싸움에 몰두해 있는 병사들을 가리키며 저 독수리는 승리하리라는 분명한 징조라고 주장했다. 바

---

209) 이 부분에서 쿠르티우스가 실수한 듯하다. 아그리아네스 인 부대는 투창을 장비한 보병부대였다.

로 직전까지 공포에 질려있던 병사들은 이제 대단한 열정과 자신감에 사로잡혀 다레이오스 바로 앞에서 말을 몰고 있던 왕의 전차병들에게 창을 내지르면서 돌격해 들어갔다. 그러자 마케도니아 인들과 페르시아 인들 모두가 다 다레이오스가 전사했다고 확신하게 되었다. 전황이 아직 팽팽하게 흐르고 있었음에도 불구하고 다레이오스의 '친지들'과 종자들은 당황하여 거의 전장 전체에 들리도록 통곡하고, 고함지르며 신음했다. 그러자 좌익의 병사들은 왕의 전차를 버려두고 바로 옆에 붙어있는 우익을 중간을 가르며 도주했다. 다레이오스는 신월도를 뽑아 들고 자결하여 수치스러운 도주를 피하려고 작정했으나, 높은 전차 위에 올라타고 있었기 때문에 아직 전장을 버리지 않은 부하들 앞에서 전군을 포기한다는 것은 부끄러운 일이라고 느꼈다고 전해진다. 그가 희망과 절망 사이에서 흔들리고 있을 때, 페르시아 군은 점차 전장을 이탈하여 전열이 흐트러지게 되었다.

알렉산드로스는 여러 차례 말을 바꿔 타 가면서 - 말들이 지쳤기 때문에 - 아직도 저항하고 있는 페르시아 군의 얼굴과 도망치고 있는 병사들의 등을 찔렀다. 이제는 더 이상 전투가 아니고 학살이 되어버렸으며 다레이오스도 결국 전차를 돌려 도주했다. 승리자는 도주하는 적을 바짝 추격하려 했으나, 공기 중에 퍼진 구름 같은 먼지 때문에 시야가 제한되었다. 그래서 마케도니아 병사들은 마치 어둠속에서인 것처럼 헤매다가 익숙한 목소리나 신호가 들릴 때에나 서로 뭉치곤 했다. 하지만 때때로 전차의 말고삐를 죄거나 채찍질하는 소리를 들을 수 있어서 그 소리를 따라 도망치는 적의 왕을 추적했다.

16. 하지만 파르메니온이 지휘하는 마케도니아 좌익이 있는 곳에서는 전황이 정반대였다. 마자이오스가 기병대 전체를 지휘하여 마케도

니아 기병대에게 맹렬한 공격을 가하여 압박하자, 수적으로 우세였기 때문에 보병을 포위하기 시작했다. 이에 파르메니온은 기병을 몇 명 알렉산드로스에게 보내서 빨리 지원을 해주지 않는다면 패주가 불가피하다고 위기 상황을 보고하게 했다. 파르메니온의 소식이 전해졌을 때 이미 알렉산드로스는 패주하는 적을 한참이나 추격하던 중이었다. 그는 기병에게는 말고삐를 죄고, 보병은 멈춰 서도록 명령했다. 알렉산드로스는 승리를 눈앞에서 놓치게 되고, 자신이 직접 추적하고 있던 다레이오스가 더 성공적으로 도주하게 되어서 무척 화가 났다.

그러는 동안 자신의 왕이 패했다는 소식이 마자이오스에게 전해졌다. 그는 아군의 패배에 경각심이 들어 수적 우세에도 불구하고 사기가 떨어진 마케도니아 군에 대한 압박을 줄이기 시작했다. 비록 적의 공격의 예봉이 둔해진 이유는 알지 못했지만, 파르메니온은 재빠르게 승기를 잡았다. 그는 테살리아 기병대를 소집하여 이렇게 말했다 : "제군은 바로 얼마 전까지만 해도 맹렬하게 공격해 오던 적이 갑작스럽게 공포에 질려 퇴각하는 이유를 아는가? 우리의 전하께서 행운을 거머쥐셨고, 우리에게까지 승리를 가져다주신 것이 틀림없다. 전장은 페르시아 전사자로 완전히 뒤덮였다. 제군은 도망치는 병사들마저도 상대하지 못하는가?"

그의 말이 사실로 들렸기에, 떨어진 사기가 새로운 희망으로 다시 부풀어 올랐다. 그들은 빠르게 전장을 뜨기 시작하는 적군에게 전력으로 돌격하였다. 그러나 페르시아 군이 아직 완전히 등을 보인 것은 아니기 때문에 도주라고 하기에는 무리가 있었다. 한편 우익의 왕의 상황이 어떻게 되어가는 지를 몰랐던 파르메니온은 병사들을 제어하여 적에게 퇴각할 기회를 주었다. 마자이오스는 티그리스 강을 건너 - 직선 경로를 택하지 않고, 멀지만 안전한 경로로 돌아서

갔다 - 패잔병들을 추슬러서 바빌론으로 들어갔다.

다레이오스는 소수의 수행원만을 거느리고 서둘러 리코스 강[210]을 건넜다. 그는 도강하고 난 후, 적이 곧 도착할 것이라는 보고를 듣고 다리를 파괴하려 했다. 하지만 다리를 파괴하면 아직 강에 도착하지 않은 수만의 부하들이 적의 쉬운 먹잇감이 될 뿐이라는 사실을 알게 되었다. 믿을만한 자료에 따르면 그가 다리를 손대지 않고 떠나면서 도망치고 있는 병사들에게서 통로를 빼앗느니 차라리 추격해오는 적에게 통로를 제공하는 편이 낫겠다는 말을 했다고 한다. 멀리 도주하는데 성공한 다레이오스는 한밤중이 되어서야 아르벨라에 도착했다.

이 모든 운명의 장난을 어찌 납득하고 말로 표현할 수 있겠는가? 지휘관들과 병사들이 대학살을 당하고, 정복당해 도주하게 되었으며, 개인적으로 그리고 집단적으로 당하게 된 이 재난들을! 오, 운명의 여신께서는 단 하루 동안에 거의 한 시대에나 일어날 법한 일들을 꾸려 넣으셨도다! 패잔병 중에 일부는 그저 앞에 있는 직선 경로를 따라 도망쳤고, 다른 일부는 추적자들이 알지 못하는 길을 찾아 멀리 떨어진 숲과 통로를 통해 도망쳤다. 기병과 보병은 지휘관을 잃고 닥치는 대로 뒤섞였으며, 무장한 자들과 비무장인 자들, 부상자와 멀쩡한 자들이 무차별로 섞여 있었다. 그때에는 공포가 동정심의 자리를 차고앉았기에 도저히 따라올 수 없는 자들은 서로 탄식하는 와중에 버려졌다. 갈증에 목이 탄 지친 병사들, 특히 부상병들은 산야 곳곳에서 물만 보면 엎드려 입을 벌리고 흐르는 물을 들이키려 애썼다. 물은 진흙탕이 되었고, 그 물을 게걸스럽게 들이켰

210) 이 강은 가우가멜라 평원과 아르벨라 사이에서 북동쪽으로부터 티그리스 강으로 흘러 들어간다.

기 때문에 병사들의 위는 진흙의 무게로 늘어났다. 그들은 사지가 늘어지고 감각이 사라진 연후에 적들에게 따라잡혀 다시 새로운 상처를 입게 되었다. 일부는 가장 가까운 개울이 점령당한 것을 보고는 숨겨진 실개울이라도 찾기 위해 먼 곳까지 통로를 뒤지며 나아갔지만, 너무 먼 곳을 제외하면 물웅덩이가 없거나 목마른 페르시아 병사들에 의해 말라버린 상태였다. 가장 가까운 마을들에서는 이민족의 풍습대로 그들의 왕인 다레이오스스의 이름을 부르는 노인과 여인들의 통곡 소리가 길에까지 들려왔다.

앞서 말한 대로 부하들이 서둘러 추격하려는 것을 제어한 알렉산드로스는 리코스 강에 이르렀다. 이곳에서 도망치고 있는 수많은 페르시아 패잔병들이 다리 위에 가득 몰려있었다. 그들 중에 상당수는 적이 도착하자 물로 뛰어들었으나, 갑옷의 무게도 있고 또 뛰어서 도망쳐 오느라 기력이 다 빠졌기 때문에 물속에 삼켜져 버렸다. 그리고 결국에는 다리뿐만 아니라 물속까지 맹목적으로 계속 도망치고 있는 병사들로 가득 차 뒤엉키게 되었다. 이미 공포가 패잔병들의 마음을 가득 채우고 있었기 때문에 그들은 처음 두려워하기 시작한 것에게만 공포심을 느꼈기 때문이다. 알렉산드로스의 부하들은 왕에게 도주하는데 성공하는 적들을 계속 추격하자고 청했다. 그러나 알렉산드로스는 적의 무기는 이미 무디어졌고, 팔은 힘이 빠졌으며, 육체는 뛰어서 도망치느라 기력이 고갈되었고 이미 빠르게 밤이 다가오고 있다는 명분을 내세워 추적을 중지시켰다. 실제로는 좌익이 아직 전투를 계속하고 있다고 믿어서 걱정이 되었기 때문이다. 그래서 그는 좌익의 부하들을 지원하기 위해 그곳으로 돌아가려고 결정했다. 그가 병력을 이미 뒤로 돌렸을 때, 자기 구역에서도 승리를 거두었다는 소식을 전하는 파르메니온의 기병이 도착했다. 그러나 그가 병사들을 이끌고 진영으로 돌아가는 도중에 그날 맞닥뜨렸던 일 중에서 가장 위험한 일이 일어났다. 알렉산드로스와 함께 가고 있는 소규모 병력은 적이 완전히 패주했거나, 전투 중에 전사했다고 믿어서 승리에 취해 대오도 갖추지 않고 있었다. 갑자기 그들 앞에 일단의 페르시아 기병대가 나타났다. 처음에 페르시아 기병대는 멈춰 섰으나, 적의 수효가 적다는 것을 파악하고 나서는 일부 부대가 그들을 향해 달려왔다. 알렉산드로스는 위험을 무시하기보다는 위험의 정도를 감추면서 행렬의 맨 앞으로 나섰다. 그리고 위기 때면 언제나 그를 지켜주었던 행운은 이번에도 그를 가호해 주었다. 그는 흥분에 들떠 무모하게 돌격해 오는 적 기병대 지휘관을 창으로 찔러 죽이고, 그가 말에서 굴러 떨어지자 다음 사람을 향해 달려들어갔고, 이렇게 하여 여러 명을 창으로 쓰러뜨렸다. 적이 혼란에 빠지자 알렉산드로스의 친구들도 적에게 달려들었다. 그러나 페르시아 기병대는 쉽게 굴하려 하지 않았다. 그들의 부대 전체는 일부 부대와는 달리 맹렬하게 달려들지 않았기 때문이다. 결국 어두워지면서 싸우는 것보다 달아나는 것이 더 안전해 보이자, 페르시아 기병대는 소그룹들로 나뉘어 도망쳐 버렸다. 그리고 알렉산드로스는 뜻밖의 위험에서 살아남아 무사히 진영으로 귀환했다.

승자 측의 계산에 따르면 페르시아의 전사자 수는 4만이었고, 마케도니아 전사자는 300명이 되지 않았다.[211] 그러나 이 승리는

---

211) 디오도로스 시쿨루스, 『역사 도서관』 17권 61장 3절에 따르면 페르시아의 전사자 수는 9만 명, 마케도니아의 전사자 수는 500명이었고, 아리아노스, 『알렉산드로스 대왕 원정기』 3권 15장 6절에 따르면 페르시아의 전사자 수가 30만 명인데 반해 마케도니아는 단지 100명이었다. 무명의 알렉산드로스 전기 작가(옥시린쿠스 파피루스 *Oxyrhynchus Papyri*, 1798)의 추산이 가장 현실적인데, 그는 페르시아 측의 전사자는 53,000명, 마케도니아 측은 1,200명이라고 했다.

운이 좋아서 얻어낸 것이라기보다는 알렉산드로스의 영웅적인 자질 덕분이었다. 즉, 이전처럼 지형 덕분에 승리한 것이 아니라 용기로 승리를 쟁취해냈기 때문이다. 그는 원숙하게 병력을 포진했고, 그 자신이 대단한 무용을 보이며 싸웠다. 그는 이 전투가 최종 결과를 좌우하게 될 것이라는 점을 포착하였기 때문에 매우 현명하게도 짐과 군수품들을 무시했다. 또 전투가 아직 다 끝나지도 않았는데도 마치 정복자처럼 행동했다. 그리고 또 그는 적을 공포에 빠뜨리고 패주시켰을 때, 패잔병을 추격하는 과정에서 흥분보다 침착함을 보여주었다. 그가 충동적인 성품을 가졌다는 점을 감안한다면 거의 믿기지 않는 일이기도 하다. 만약 그가 휘하 병력의 일부가 아직 전투를 하는 와중에 퇴각하는 페르시아 군을 계속 추격했다면, 자신의 판단 실수로 패배했을 수도 있고, 다른 사람의 용기 덕분에 승리했다는 소리를 들었을 수도 있다. 또 그가 귀환 도중에 마주쳤던 페르시아 기병대의 수가 많다고 겁을 먹었다면, 승리의 그 순간에 수치스럽게 도주해야 했거나, 굴욕적인 죽음을 맞이했을 수도 있다.

그의 지휘관들에 대한 칭찬도 빼놓을 수 없다. 그들 각자가 입은 상처야말로 그들의 용맹에 대한 증거가 될 것이다. 헤파이스티온은 팔을 창에 찔렸고, 페르디카스와 코이노스, 메니다스는 화살에 맞아 거의 죽을 뻔했다. 그 날의 마케도니아 인들에 대해 정당하게 평가하자면, 왕은 진실로 그런 부하들을 가질 만 했고, 부하들은 위대한 왕을 모시고 있었다고 해야 할 것이다.

## 제 5권

1. 만약 필자가 알렉산드로스의 통치 아래 있는 그리스나 일리리아, 트라키아에서 동시기에 일어났던 일들을 엄격하게 시간 순으로 쓰려 한다면, 아시아에서 벌어진 일들을 묘사하다 말고 종종 중단해야만 할 것이다. 아시아에서 일어났던 일들, 특히 다레이오스의 도주와 죽음에 관한 것들은 한데 묶어서 묘사할 필요가 있는 듯하다. 또 실제로 일어났던 일들은 시종일관하게 묘사할 필요가 있어 보인다.[212] 따라서 여기서는 아르벨라의 전투[213]에 관련된 일들로 이야기를 시작하려 한다.

다레이오스는 한밤중 즈음에 아르벨라에 도착했는데, 운명의 여신께서는 그의 친구들 대부분과 패잔병들도 이곳으로 몰아 놓으셨다. 그는 이들을 소집하여 회의를 열고, 알렉산드로스의 목적지는 온갖 편의시설로 가득 차있는 가장 주요한 도시들과 지역임이 틀림없을 것이라고 말했다. 알렉산드로스와 그의 병사들은 부유하고 쉽게 약탈할 수 있는 곳을 찾기 때문이라는 것이다. 현재 상황의 그의 입장에서는 매우 다행한 일이었는데, 그는 경무장한 부대를 데리고 황무지로 떠날 예정이기 때문이었다. 그는 제국의 외곽 지역은 아직적이 손대지 않은 채 남아 있으므로, 별 어려움 없이 전쟁을 치를 군대를 일으킬 수 있을 것이라고 말했다. 그가 판단하기로는 탐욕스러운 마케도니아 인들이 그의 보물들을 강탈하고, 그들이 오랫동안 굶주려왔던 황금을 탐닉할 텐데, 따라서 그들은 곧 그의 제물이 될

212) 쿠르티우스는 유럽 지역에서 일어난 사건들은 6권 초에서 다루고 있다.
213) 앞서도 언급했듯이 가우가멜라 전투이다.

것이었다. 그는 값비싼 가구, 첩들과 내시들의 무리는 무거운 짐과 장애물에 지나지 않는다는 것을 경험으로 배웠는데, 알렉산드로스는 이것들을 끌고 다니다가 예전에 승리를 쟁취할 수 있게 해주었던 것들 때문에 발목을 잡힐 거라는 것이다.

모든 사람들은 그가 절망에 가득 차서 그렇게 말한 것 이라고 느꼈다. 그들은 부유한 바빌로니아는 지금쯤 승리자에게 항복하고 있을 것이며, 곧 수사도 점령당할 것이고, 그밖에 전쟁의 원인을 제공한 다레이오스 왕국의 보석 같은 도시들도 그렇게 될 거라고 생각했다. 다레이오스는 계속해서 역경의 시기에는 보기에 화려한 길이 아니라, 실용적인 길을 걸어야 한다고 말했다. 즉, 전쟁은 황금이 아니라 철로, 도시의 건물들이 아니라 병사들로 치르는 것이며 무기를 소유한 자에게 다른 모든 것은 절로 따라온다는 것이다. 이것이야말로 그의 선조들이 초반의 역경을 극복하고 옛 번영을 빠르게 회복할 수 있었던 방법이라고 그는 말했다. 이렇게 수하들의 자신감이 회복되자 - 혹은 그의 설득에 따른 것이 아니라 그저 명령에 복종하여 - 그는 메디아의 경계를 넘어갔다.[214]

그가 떠난 직후에 왕의 가구들과 많은 보물이 있는 아르벨라는 알렉산드로스에게 항복했다. 그곳에는 4,000탈란톤이 넘는 돈과 엄청나게 비싼 옷가지들 및 앞서 언급했던 대로 페르시아 전군의 재산이 쌓여 있었다. 그런데 들판의 썩어가는 시신들 때문에 전염병이 발생하여 마케도니아 군은 서둘러 진영을 옮겼다. 그들이 메디아로 행군해 갈 때 왼 편에는 향료로 유명한 지역인 아라비아가 있었

214) 그는 먼저 엑바타나(Ecbatana)로 간 다음, 그곳에서 상부 지역의 태수령들로 갔다.

다.[215] 티그리스 강과 유프라테스 강 사이의 지역에서는 평원 가운데 통로가 나 있다. 이 지역은 매우 풍요롭고 비옥하여서 가축들이 풀을 뜯어먹다가 과식하여 죽을까봐 방목을 하지 않을 정도라고 소문나 있다. 이곳은 두 강에서 나오는 습기 덕분에 비옥한데, 두 강에서 흘러나오는 지하수로 인해 어디에서도 물이 솟아나온다. 이 두 강은 아르메니아 산맥에서 발원하는데, 한동안 큰 호를 그리면서 갈라져 흐른다. 두 강 사이가 가장 넓은 곳은 아르메니아 산맥이 있는 지역에 있고 그 너비가 50Km 정도나 된다고 전해진다. 이 두 강은 메디아와 고르디온 영역을 통과하면서 서로 가로질러 흐르기 시작하더니 점차 합쳐져서 두 강 사이에 있는 땅이 점점 좁혀져 들어간다. 그리고 주민들이 '메소포타미아'(Mesopotamia)라고 부르는 - 양 끝이 강에 의해 막혀 있기 때문이다 - 평원에 이르면 아주 가까워진다. 이곳을 지난 두 강은 바빌로니아 지역을 통과하여 홍해(紅海)[216]로 흘러 들어간다.

알렉산드로스는 사흘간 행군하여 메니스(Mennis)에 도착했다. 이곳에는 많은 양의 역청(瀝青, 아스팔트)이 흘러나오는 동굴이 있다. 바빌론의 방대한 성벽이 이곳에서 나오는 역청으로 접합되었다는 것은 잘 알려진 사실이다.

알렉산드로스는 바빌론으로 가는 길에 마자이오스를 만났다. 그는 전투 후에 이 도시로 도망갔었다. 그는 자신과 바빌론 시는 알렉

215) 이 지역에서 왼쪽에 아라비아가 있을 수 없다. 쿠르티우스가 착각했거나 실수한 것으로 보인다. 유프라테스 강과 티그리스 강 사이에는 아라베스 오레이(Arabes Orei), 아라베스 스켄티아이(Arabes Scentiae)라는 곳들이 있다. 이곳들을 아라비아로 착각했을 가능성도 있다.

216) 이곳과 다른 곳들에서도 페르시아 만을 홍해라고 칭하고 있다.

산드로스에게 항복한다면서 장성한 자녀들과 함께 와서 애원했다. 알렉산드로스는 방어 시설이 잘 갖춰진 바빌론을 공략하는 것은 힘든 일이라고 예상되었기 때문에, 또 마자이오스도 최근의 전투에서 두각을 나타낸 훌륭한 장군이자 뛰어난 인물이기 때문에, 그밖에 마자이오스의 본보기가 다른 사람들도 항복하게 유도할 것이기 때문에 그의 항복을 흔쾌히 받아들였다. 따라서 알렉산드로스는 마자이오스와 그의 자녀들을 정중하게 환영했다. 그럼에도 불구하고 알렉산드로스는 방진 형태를 취한 군대의 선두에 서서 마치 전투에 돌입하려는 것처럼 바빌론으로 진군해 가도록 명령했다.

바빌론의 성벽 위에는 그들의 새로운 왕을 보고 싶어서 많은 사람들이 운집해 있었지만, 대부분의 사람들은 성 밖으로 나와 그를 영접했다. 그 중에는 요새와 왕의 보고를 책임지고 있는 바고파네스(Bagophanes)라는 자가 있었다. 그는 알렉산드로스를 영접하는데 있어 마자이오스에 지고 싶지 않아서 길 전체에 카펫을 깔고 꽃과 화환으로 장식해 놓았다. 그리고 길 양쪽 여기저기에 은으로 만든 제단을 놓았는데, 그곳에 유향(乳香) 뿐만 아니라 온갖 향료를 쌓아놓았다. 그는 여러 가지 선물도 가져왔는데, 여러 마리의 가축과 말, 우리에 넣은 사자와 표범들이었다. 그 다음으로는 사제인 마고스들이 전통적인 방식에 따라 송가(頌歌)를 부르며 따라왔고, 그 뒤로는 칼데아 인, 바빌론 인들이 따라왔다. 이들은 성직자뿐만 아니라 민족의 전통적인 장비를 갖춘 음악가들을 대표하는 자들이었다. 바빌로니아 인들은 페르시아 왕을 찬미하는 역할을 맡았고, 칼데아 인들은 별자리의 변화와 계절의 변화를 읽고 해석해내는 사람들이었다. 후미에는 바빌론 기병대가 왔는데, 그들의 장비는 장엄하다기 보다는 사치스러웠다.

무장한 경호대원들에 둘러싸인 왕은 도시 주민들에게 보병대의 뒤에서 따라오라고 지시했다. 그리고 전차에 올라타 도시 안으로 들어가서 궁전으로 갔다. 다음 날, 그는 다레이오스의 가구와 보물들을 검사했다. 한편, 이 도시는 대단히 아름답고 고풍스러워서 왕 뿐만이 아니라 모든 마케도니아 인들의 눈길을 끌었는데, 정말로 그럴만 했다. 이 도시는 많은 사람들이 생각하는 것처럼 벨로스가 창건한 것은 아니고, 세미라미스(Semiramis)[217]가 창건했는데, 아직도 그의 궁전을 볼 수 있다. 도시의 성벽은 조그마한 구운 벽돌들로 만들어졌고, 역청으로 접합된 것이다. 성벽은 너비가 9m 60cm 정도이고, 전차 두 대가 성벽위에서 다니면서 서로 지나칠 수 있다고 한다. 높이는 25m 정도이고, 탑들은 다시 거기서 3m 정도 더 높이 솟아있다. 성벽의 둘레는 365스타디온(*stadion*)[218]인데 전통적인 계산에 따라 하루에 1 스타디온씩 완성했다고 한다. 도시의 건물들은 성벽에 인접해 있지 않고 대략 1유게룸(*iugerum*)[219] 정도 떨어져 있다. 그리고 도시 구역 - 거주 구역은 단지 16Km 정도 였다 - 은 완전히 다 지어진 것도 아니고, 건물들도 연속해서 붙어 있지도 않았다. 아마도 띄엄띄엄 짓는 것이 더 안전하다고 보았던 듯하다. 나머지 땅에는 씨를 뿌리고 경작을 하여서 외부의 공격을 받는 경우에도 포

---

217) 기원전 9세기 말, 아들인 아다드 니라리(Adad-nirari) 3세가 성년이 될 때까지 섭정했던 아시리아의 여왕인 삼무라마트(Sammuramat)이다.

218) 1 스타디온은 약 200m이다. 이 책의 다른 부분들에서 나온 스타디온은 모두 미터법으로 환산하여 번역해 놓았으나, 이번 경우는 환산할 경우 본래 의도가 사라지므로 스타디온 단위를 그대로 썼다.

219) 로마의 단위, 대략 28,000 평방 피트이다. 쿠르티우스는 그리스의 길이/넓이 단위인 플레트론(*plethron*)에 해당되는 것으로 적은 듯하다. 1 플레트론은 100피트(30m 정도) 정도에 해당한다.

위당하는 동안 자급자족을 할 수 있었다.

유프라테스 강이 도시 내를 흐르는데, 거대한 둑을 쌓아 물결을 막았다. 제방들 뒤로는 거대한 저수지를 파 놓아서 홍수가 나도 물이 모두 그 안에 담기도록 하였다. 수위가 제방 위로까지 넘치게 될 때, 저수지와 배수 장치가 없어서 물을 빨아들이지 못하면 도시의 건물들이 홍수로 쓸려 나갈 것이기 때문이다. 이것들은 모두 구운 벽돌[220]로 만들어졌는데, 모두가 역청으로 접합되었다.

도시의 두 구역은 강물위로 놓인 돌다리[221]로 연결되어 있었다. 이 돌다리는 동방의 놀라운 광경 중 하나라고 여겨졌다. 유프라테스 강에는 두꺼운 진흙층이 형성되어 있어서 기초를 세우기 위해 이 진흙을 깊이 파 들어가도 건축물을 지탱할 만큼 단단한 바닥을 찾기 힘들 정도이다. 더욱이 다리를 지탱하고 있는 기둥들 주변에 쌓인 모래가 물의 흐름을 방해하고, 이렇게 잘 흘러가지 못하게 된 물은 원래의 흐름보다 더 거세게 다리를 때리게 된다.

바빌론에는 둘레가 4Km 정도인 요새도 있다. 요새의 작은 탑들의 기초는 지반 밑으로 9m 정도나 아래에 세워졌으며, 요새의 가장 높은 곳은 24m 쯤도 더 넘는다. 그 꼭대기에는 공중 정원들이 있는데, 그리스인의 이야기에 나타나서 유명해진 불가사의[222] 중 하나이다. 이 공중 정원들은 성벽만큼이나 높고, 많은 키 큰 나무들의 그

---

220) 잘게 썬 지푸라기와 갈대를 섞어 만들었기 때문에 매우 튼튼하다.

221) 이 돌다리의 길이는 100m 정도로서 네부캇네짜르(Nebuchadrezzar)의 아버지인 나보폴라싸르(Nabopolassar)가 건설했다.

222) 고대의 7대 불가사의를 말한다. 1. 기자에 있는 쿠푸왕의 대 피라미드 2. 바빌론의 공중 정원 3. 올림피아 신전의 제우스 신상 4. 에페소스의 아르테미스 신전 5. 할리카르나소스의 마우솔로스 왕의 영묘 6. 로도스 섬의 태양신 거상(巨像) 7. 알렉산드리아 앞바다의 파로스 섬에 있는 등대

늘 덕분에 더 매혹적으로 보인다. 이 건축물 전체를 지탱하는 기둥들은 바위로 만들어졌으며, 그 꼭대기에는 표면이 평평한 정방형의 돌들을 올려놓았다. 이 돌들은 두터운 토양층과 관개용수들을 지탱할 만큼 튼튼하다. 이 건축물이 지탱하고 있는 나무들은 줄기가 4m 정도나 되게 두껍고, 높이는 15m 정도나 된다. 이 나무들은 마치 자연적인 환경에서 자라는 것처럼 풍성한 열매를 맺는다. 시간이 흐르면 인간이 만들어 놓은 것뿐만 아니라 자연의 창작물도 점차 기초가 흔들리는 법인데, 이 건축물은 피해를 받지 않고 살아남았을 뿐 아니라 여러 그루의 나무들의 뿌리와 거대한 숲이 내려누르는 압력을 버티고 있다. 이 건축물은 3.3m 정도의 간격을 두고 6m 정도 높이의 벽으로 된 하부 구조물을 가지고 있어서 멀리서 보면 자연적인 산 위에 숲이 떠 있는 것처럼 보이게 된다. 전승에 따르면 이 건축물은 바빌론에서 다스렸던 시리아의 왕이 만든 것이라고 한다. 그는 아내를 사랑해서 이 건축물을 지었다고 하는데, 평지에서 살게 된 왕비가 숲을 그리워하게 되자 남편을 설득하여 이런 형태의 구조물을 지어 숲의 아름다움을 모방했다고 한다.[223)]

알렉산드로스는 다른 어느 곳보다 이 도시에서 오래 머물렀다. 그러다 보니 다른 어느 곳에 머무르는 것보다도 병사들의 군기가 약해지는 결과를 가져왔다. 이 도시의 도덕적 해이는 짝을 찾을 수 없을 정도였기 때문이다. 사람들의 방종한 열망을 자극하는 데는 이 도시만한 곳이 없었다. 부모와 남편은 음란함에 걸 맞는 대가를 치르기만 하면 자식이나 아내가 낯선 이와 성관계를 맺는 것도 허용

223) 디오도로스 시쿨루스, 『역사 도서관』 2권 10장 1절에서는 이 왕이 네부캇네짜르이며 시리아 인이 아니라 칼데아 인이라고 한다.

했다. 페르시아 제국 전역에서 왕이나 조신들은 연회를 매우 즐기는데 특히 바빌론 인들은 포도주를 특히 탐닉하여 취하도록 마신다. 여성들도 저녁 연회에 참석한다. 처음에는 예의바르게 옷을 입고 연회에 참석하지만, 그 다음에는 겉에 걸친 옷들을 벗어버리며 체면도 돌보지 않게 되어 - 독자들이여, 이런 말을 하는 것을 용서하시라 - 결국에는 가장 내밀한 속옷까지 벗어버린다. 고급 매춘부들만이 아니라 유부녀나 젊은 아가씨들도 이런 구역질나는 행동을 하는데, 그들은 이런 천박한 매춘 같은 짓을 '사교적인 행동'이라고 부른다. 34일이나 이런 방탕한 술잔치를 치른 다음에, 아시아를 정복했던 군대는 확실히 허약해져서 적이 존재한다면 더 이상 대결할 수 없을 정도가 되었다. 그러나 이런 [심리적] 타격의 효과를 약화시키기 위해 끊임없이 보충병을 받아들였다. 안드로메네스의 아들 아민타스는 안티파트로스로부터 6,000명의 마케도니아 보병과 500명의 기병, 600명의 트라키아 기병과 3,500명의 보병을 인수하여 돌아왔고, 펠로폰네소스로부터도 4,000명가량의 보병과 380명의 기병으로 구성된 용병 부대가 도착했다. 아민타스는 50명 정도의 성년이 된 마케도니아 귀족 자제들을 데리고 와서 경호대에 편입시켰다. 경호대원은 왕이 식사를 할 때 시중을 들고, 전투에 나갈 때는 말을 끌고 가며, 사냥에 동행하고, 밤에는 왕의 침실 밖에서 돌아가며 경호한다. 이런 식으로 양육되고 훈련받은 이들이 장차 훌륭한 장군과 지도자가 된다.

알렉산드로스는 아가톤(Agathon)에게 700명의 마케도니아 병사와 300명의 용병을 주고 바빌론 요새의 수비를 맡겼다. 그리고 메네스(Menes)와 아폴로도로스(Apollodoros)를 각기 바빌로니아와 킬리키아의 태수로 임명했다. 그리고 이들에게 2,000명의 병사들과 1,000탈란톤의 자금을 하사하고 보충병들을 더 모집하라고 명령했다. 망명해 온 마자이오스에게는 바빌론을 중심으로 한 태수령을 하사하고 항복한 요새 지휘관인 바고파네스에게 그를 돕도록 하였다. 아르메니아는 사르디스를 배신했던 미트레네스에게 맡겼다. 그는 바빌론에서 얻은 금으로 병사들에게 포상을 실시했다. 마케도니아 기병대에게는 600데나리우스(*denarius*) 씩, 외국 기병대는 500데나리우스 씩, 마케도니아 보병대에게는 200데나리우스 씩 주었고, 그 밖의 다른 병사들에게는 석 달 치 봉급을 주었다.[224)]

2. 알렉산드로스는 이 일들을 마무리 짓고 시타케네(Sittacene)라고 알려진 태수령으로 갔다. 이곳은 온갖 종류의 곡물이 풍부하게 생산되는 곳이어서 그는 체류를 연장했다. 그는 병사들이 게을러지고 사기가 떨어지는 것을 방지하기 위해 심판관을 선임하고, 군사적인 용기를 겨루는 새로운 경쟁시험들을 만들어 시상했다. 그리고 가장 용감하다고 판정된 이들에게는 1,000명의 병사들로 이루어진 부대의 지휘권을 주고 이들을 '천인장'(*chilarchos*)이라고 불렀다. 마케도니아 군은 전에 이런 식으로 편제된 적이 없었다. 이전에는 500명 단위로 편제되었고, 용맹에 대한 상으로 지휘권이 부여된 적도 없었다.[225)] 병사들은 각 응시자들의 공적을 평가하고 심판관에게 의견을 말하기 위해 구름처럼 몰려들어 이 개인 경쟁시험에 참여했다. 왜냐하면 그들이야말로 각 응시자들에게 주어지는 명예가 정당한지 아

224) 데나리우스는 로마의 화폐단위이다. 서기 1세기 중엽 경, 수도 로마의 한 달 평균 생활비가 곡물 45리터 정도와 5데나리우스였고, 군단병의 연봉이 225데나리우스였다는 것을 감안해 보면 이 때 하사한 돈의 대략의 가치를 짐작할 수 있을 것이다.

225) 가우가멜라에서 전사자들이 발생하고, 새로이 보충병들이 도착했기 때문에 새로이 편제할 필요가 생겼을 것이다.

닌지를 확실히 알 수 있기 때문이다. 용맹한 자로 뽑히는 첫 번째 영예는 나이든 아타리아스(Atarrhias)에게 돌아갔다. 그는 할리카르나소스 전투에서 젊은 병사들이 싸우기를 포기했을 때, 사기를 되살려 전투에 임하게 하는 데 가장 큰 공을 세웠기 때문이다.[226] 두 번째 영예는 안티게네스(Antigenes)가 차지했고, 세 번째는 필로타스와 아이가이아스(Aegaias),[227] 네 번째는 아민타스였다. 그리고 차례로 안티고노스, 아민타스 린케스테스, 테오도토스(Theodotos), 그리고 마지막으로 헬라니코스(Hellanikos)가 선정되었다.

알렉산드로스는 전통적인 군사 조직에 여러 가지 새롭고 실용적인 개혁을 실시했다. 예전에는 기병을 민족 단위 부대로 편제했으나 이제는 민족별 구성을 폐지하고 종족에 관계없이 자신이 가려 뽑은 사람들이 지휘하는 편제로 바꾸었다. 또 이제까지는 진영을 뜰 때 나팔로 신호를 보냈으나, 대열에서 나오는 소음과 흥분 때문에 나팔 소리가 잘 들리지 않는 경우가 많았다. 그래서 그는 장군의 군막에 사방에서 볼 수 있는 장대를 세우고, 여기에서 밤에는 불꽃, 낮에는 연기를 피워 올려 모든 사람이 볼 수 있도록 신호하기로 했다.

알렉산드로스가 수사에 도착하기 직전에 이 지역의 태수인 아불리테스(Abulites)가 아들을 보내 항복 의사를 알렸다. 이것이 그가 독자적으로 한 행위인지, 다레이오스의 지시에 따른 행위인지는 불분명하지만, 알렉산드로스는 약탈을 늦추기로 했다. 왕은 아불리테스의 아들을 정중하게 맞이하고 그를 길잡이로 삼아 맑은 식수를

226) 8권 1장 36절 참조. 그밖에 할리카르나소스 전투에 대해서는 디오도로스 시쿨루스, 『역사 도서관』 17권 27장 1절 참조.

227) 원문에는 아이가이우스(Aegaeus)이나 마케도니아 식 이름은 아이가이아스일 것이다.

공급하는 것으로 명성이 높은 코아스피스(Choaspis) 강[228]으로 갔다. 아불리테스는 이곳에서 왕에 걸 맞는 풍부한 선물을 가지고 그를 기다렸다. 이 선물들 가운데는 아주 속도가 빠른 단봉낙타들과 다레이오스가 인디아에서 들여온 12마리의 코끼리가 포함되어 있었다. 운명의 여신께서 정복당한 자의 재산을 정복자에게로 옮겨주셨기 때문에 이제 이 동물들은 더 이상 마케도니아 군에 두려움을 주지 못하게 되었다. 수사로 들어선 알렉산드로스는 창고에서 믿을 수 없을 만큼의 자금을 발견했다. 이것들은 50,000탈란톤의 은인데 주화로 만들어진 것이 아니라 은괴 형태로 쌓여있었다. 이 자금은 여러 대의 페르시아 왕들이 후손을 위해 오랫동안 모아 놓은 것으로, 그들은 하루아침에 외국의 왕에게 이 자금이 넘어가리라고는 상상치 못했다.

알렉산드로스는 옥좌에 좌정했으나, 너무 높아서 발이 바닥에 닿지 않자 시동 중에 한 명이 탁자를 하나 그 밑에 가져다 놓았다. 그는 다레이오스를 섬기던 한 내시가 비통한 표정을 짓고 있는 것을 보고 그 이유를 물었다. 그는 이 탁자가 다레이오스가 식사를 할 때 쓰던 가구였는데 이제 이 귀중한 탁자가 비천한 용도로 사용되는 것을 보니 눈물을 참을 길이 없었다고 대답했다. 왕은 호의로 맞아주는 신들에게 너무 무도한 짓을 했다고 생각하여 부끄러워하면서 탁자를 치우라고 하자, 필로타스가 말했다 : "전하, 그러지 마옵소서. 이 역시 징조로 받아들이시지요. 즉, 적수가 연회를 벌이던 식탁이 그대의 발판이 되었나이다."

페르시아의 경계[229]에 거의 도착한 알렉산드로스는 3,000명의 수

228) 카라 수(Kara Su) 강이다.

비대를 주어 수사 시를 아르켈라오스(Archelaos)에게 맡기고, 요새책임자로는 크세노필로스(Xenophilos)를 임명한 다음 그에게는 1,000명의 나이든 노련한 병사들을 수비대로 주었다. 그리고 금고는 칼리크라테스(Kallikrates)에게 관리를 맡겼고, 아불리테스는 다시 수사 지역의 태수직을 맡도록 했다. 다레이오스의 모후와 자식들도 수사에 남겨두었다. 이 때, 마케도니아에서 장신구 일부와 여러 필의 자주색 옷감, 그것으로 옷을 만들 여인네들이 선물로 도착했다. 알렉산드로스는 이를 시시감비스에게 주었다. 이제까지 그는 그녀를 매우 정중하게 대했을 뿐 아니라, 심지어 어머니처럼 모셨다. 그리고 덧붙이기를 만약 이 옷감들을 좋아하신다면, 손녀들에게 옷 짓는 법을 가르치셔도 좋고, 그러기 위해 재봉을 가르칠 여인네들을 선물로 드리겠다고 하였다.[230] 이 말을 들은 시시감비스는 분해서 눈에 눈물이 어렸다. 페르시아에서는 여인들이 옷을 짓는 일을 가장 천한 것으로 여기기 때문이었다. 선물을 가져갔던 사람은 시시감비스가 거절하더라고 전했고, 알렉산드로스는 사과하고 위로할 필요가 있겠다고 생각했다. 그래서 시시감비스에게 가서 이렇게 말했다 : "어머님, 지금 보고 계신 제 옷은 제 누이들이 직접 만들어 선물한 것입니다. 지금 문제가 생긴 것은 관습 차이 때문입니다. 부탁하건대 제가 몰라서 그런 것이지 모욕하려고 그랬던 것이 아님을 알아주십시오. 저는 지금까지 귀국의 관습에 대해 알게 된 것은 잘 지키려고 애써왔습니다. 페르시아에서는 아들이 어머니가 허락하지도 않았는

229) 페르시아 민족이 살던 옛 페르시아 왕국의 경계선이다.

230) 이 이야기는 다른 자료들에서는 찾아볼 수 없다. 디오도로스 시쿨루스, 『역사도서관』 17권 67장 1절에서는 포로들에게 그리스어를 가르칠 교사를 붙여주었다고 한다.

데 자리에 앉으면 안 된다고 알고 있습니다. 그래서 제가 당신을 방문할 때는 언제나 허락하실 때까지 서있었던 것입니다. 이제까지 당신께서는 제게 부복함으로써 존경심을 표시하려고 무진 애써왔습니다만 제가 그것을 막았습니다. 그리고 제 사랑하는 어머니 올림피아스에게도 어울릴 호칭으로 당신을 불렀습니다."

3. 이렇게 해서 시시감비스의 마음을 풀어준 알렉산드로스는 3일간 행군하여 티그리스 가에 도착했다. 그 지방 주민들은 이 강을 파시티그리스(Pasitigris) 라고 부른다.[231] 이 강은 욱시아(Uxia) 산맥에서 발원하여 나무들이 잘 자란 강둑 사이의 바위투성이 협곡을 흘러 10Km 정도 흘러 내려간다. 그 다음엔 평원으로 흘러 들어가서 항해가 가능할 정도로 잔잔히 흘러가다가 120Km 정도 부드러운 토양위로 부드럽게 흘러가다가 페르시아 해[232]로 흘러 들어간다. 알렉산드로스는 9,000명의 보병, 아그리아네스 인 부대, 3,000명의 그리스 용병 궁수대, 1,000명의 트라키아 인 부대를 거느리고 이 강을 건너 욱시아 인들의 지역에 도착했다. 이 지역의 경계는 수사에까지 이르고, 페르시아의 경계선까지 닿는다. 그리고 이 지역과 수사 사이에는 좁은 통로가 있다. 이 지역의 태수는 메다테스(Medates)라는 사람인데 전혀 정치적 기회주의자가 아니었다. 그래서 그는 끝까지 자신의 왕에게 충성하려 했다. 하지만 이 지역을 아는 사람들이 도시에서 얼마 떨어진 산위로 잘 알려지지 않은 통로가 있다고 보고

231) 이 강은 티그리스 강이 아니라 에울라이우스(Eulaeus) 강으로 오늘날 카룬(Karun) 강이다.

232) 페르시아 만을 고대인은 통상 홍해라고 부르는 경우가 많았다.

했다. 그리고 경보병을 얼마라도 보내면 적 바로 위에서 나타날 수 있을 것이라고 말했다. 알렉산드로스는 그 계획을 채택했고, 중간 지휘관인 타우론(Tauron)에게 1,500명의 용병과 1,000명의 아그리아네스 인 부대를 주고 길잡이로 그 통로를 알려준 이들을 붙여준 다음 해가 진 뒤에 그 통로로 출발하라고 명령했다.

알렉산드로스 자신은 세 번째 야간 교대시간에 진영을 철수하고 새벽녘에 협곡을 건넜다. 그 다음 나무를 베고 공성탑을 밀고 가는 병사들을 적의 사격에서 보호해줄 덮개와 피신처를 나무 가지로 짜서 만들게 한 다음, 도시에 대한 포위 공격을 진행했다. 토양 전체가 자갈투성이인데다가 여기저기에 돌들이 많아 접근이 곤란하였다. 마케도니아 병사들은 적뿐만이 아니라 지형 때문에도 애를 먹어서 많은 부상자를 내면서 격퇴되고 말았다. 그렇지만 그들은 다시 앞으로 나가 싸웠다. 왕이 직접 선두에 서서 싸우며 "그렇게도 많은 도시를 함락시켰던 그대들이 아무 명성도 떨치지 못한 이 작은 요새의 방어도 뚫지 못하다니 당혹스러운 일이 아닌가?"라고 격려했기 때문이다. 그가 격려하는 동안 그에게로 원거리 사격이 집중되었지만 그는 자리를 피하려 하지 않았다. 그래서 부하들은 방패를 모아 거북이 진형으로 그를 보호했다.

마침내 타우론과 그가 거느린 부대가 요새 위로 모습을 드러내자, 적은 당황하였고 마케도니아 병사들은 용기백배하여 싸움에 임했다. 마케도니아 군이 양면 공격을 퍼붓자 성내 주민들은 심각한 타격을 받게 되었고 더 이상 적의 공격에 대한 저항이 불가능하게 되었다. 몇몇은 죽음을 각오했지만, 더 많은 사람들은 도망쳤고, 상당수의 사람들은 요새로 퇴각했다. 요새에서 30명의 대표자가 나와 자비를 구했으나, 알렉산드로스는 자비란 없다고 냉혹하게 거절하였다. 따라서 잡힌 다음 고문을 받게 될까봐 겁을 먹은 주민들은 적이 모르는 샛길을 통해 시시감비스에게 사람을 보냈다. 그들은 알렉산드로스가 시시감비스를 마치 어머니처럼 존중하고 경애한다는 것을 알고 있어서 왕의 분노를 누그러뜨려 달라고 부탁한 것이다. 그밖에도 메다테스는 시시감비스의 누이의 딸과 결혼했기 때문에 다레이오스의 가까운 친척이었다. 그녀는 자신이 지금 처한 입장으로 보아 그들에 대한 구명을 요청한다는 것은 주제넘은 짓이라고 말하면서 오랫동안 탄원자들의 요청을 거절했다. 그리고 정복자의 관대함에 대해 너무 과신하는 것은 아닌지 걱정도 되고, 왕의 모후라는 예전의 지위가 아니라 포로인 현재의 처지에 대해 자주 고려하고 있다고 덧붙였다. 그러나 결국 그 요청을 들어주기로 하고 알렉산드로스에게 편지를 써서 이 문제에 대해 간여하는 것을 용서해 달라며 탄원하였다. 그녀는 그 도시의 주민들을 용서해주시고, 그렇지 못한다면 자신의 탄원을 봐서라도 용서해 달라고 했다. 그들은 이제 알렉산드로스의 적이 아니고 한 탄원자인 자신의 친구이자 친척이니 그 목숨만은 붙여달라는 것이다.

이 일화는 당시 알렉산드로스의 자제심과 자비를 잘 보여준다. 그는 메다테스를 용서했을 뿐만 아니라, 항복한 사람과 포로가 된 사람들에게까지 자유를 주고 완전 사면을 베풀었다. 그는 이 도시를 손대지 않고 내버려 두었고, 주민들이 자신의 경작지를 경작하는데 대해 면세해 주었다. 다레이오스가 승리자였다고 해도 그의 모후가 그에게서 더 많은 것을 얻어내지는 못했을 것이다.

알렉산드로스는 정복한 욱시아를 수사 지역 태수령에 합병시켰다. 그 다음 그는 병력을 둘로 나누어 파르메니온으로 하여금 평원을 통과하는 통로를 따라 진군하게 하고, 자신은 일부 경보병들만을 데리고 페르시아까지 쭉 이어지는 산길을 택해 진군했다. 이 지역 전체를 약탈하면서 통과한 그는 이틀 후에 페르시아로 들어갔고, 다시 4일이 지난 후에 수사(Susa)의 관문이라 불리는 좁은 통로에 도착했다. 아리오바르자네스가 25,000명의 보병을 거느리고 이 관문을 지키고 있었다.[233] 이곳은 사방이 가파른 험준한 절벽으로 이루어져 있었고, 그 정상에는 페르시아 군이 사정거리 밖에서 대기하고 있었다. 그들은 마케도니아 군이 협곡의 가장 좁은 부분으로 들어올 때를 기다리고 있었다. 그들은 신중하게 대기하고 있었는데 겁먹고 있는 인상이 역력했다. 그들은 마케도니아 군이 그들을 신경 쓰지 않고 진군해 오고 있는 것을 보다가 커다란 바위들을 산비탈 아래로 굴리기 시작했다. 이 바위들은 절벽 면에 여러 번 부딪치며 굴러 떨어져서 대단한 속도로 마케도니아 군을 덮쳤고, 개개 병사들만이 아니라 전체 진형이 무너질 정도의 타격을 주었다. 투석기에서 쏘아진 돌과 화살도 모든 방향에서 퍼부어졌다. 하지만 알렉산드로스의 용감한 병사들은 이 공격 때문이 아니라 반격을 할 수 없었기에 괴로워했다. 그들은 함정에 빠진 짐승처럼 그 자리에서 학살당했다. 분노는 거의 광기에 가깝게 변했다. 그들은 튀어나온 바위를 잡고 서로에게 발판이 되어 가면서 적에게 다가가려고 애썼다. 그러나 너무 많은 손들이 한꺼번에 잡아당겼기에 바위들은 헐거워졌고, 다시 발판을 잃은 사람들에게 굴러 떨어졌다. 이렇게 해서 발판을 만들고 앞으로 밀고 나가거나, 심지어 방패를 거북이 진형으로 만들어 보호할 수도 없었다. 이민족들이 엄

---

233) 아리오바르자네스는 페르시아 태수령의 태수였다. 아리아노스, 『알렉산드로스 대왕 원정기』 3권 18장 2절에서는 페르시아의 군세를 과장하여 보병이 4만 명에 기병이 700명이라고 묘사하고, 디오도로스 시쿨루스, 『역사 도서관』 17권 68장 1절에서는 쿠르티우스와 똑같이 보병은 25,000명이라고 묘사하나 여기에 기병 300명이 더 있었다고 기록한다.

청난 크기의 물체들을 집어 던졌기 때문이다. 알렉산드로스는 휘하의 군대를 좁은 골짜기에 옴쭉 달싹 못하게 만들어 버렸기에 부끄럽고 낙담하여 죄책감에 고통을 겪었다. 이날까지 그는 무적이었고 작전이 실패한 적도 없었다. 그는 킬리키아의 좁은 통로도 안전하게 진입했고, 바다를 이용해 팜필리아로 가는 새로운 통로를 개척하기도 했다.[234] 하지만 이제는 그의 행운도 다하여 끝난 듯 했고, 유일한 해결책은 왔던 길로 퇴각하는 것밖에 없었다. 결국 그는 퇴각 나팔을 불게 하여 밀집대형을 짜고 방패들을 서로 얽어 머리 위로 치켜든 채,[235] 그 통로에서 퇴각하여 6Km 정도 물러났다.

4. 사방이 트인 넓은 지역에 진영을 설치한 알렉산드로스는 다음 행보에 대해서 이성적으로 고려하는 한편 미신에 생각이 미쳐 예언자들을 소집하였다. 하지만 이런 상황에서야 그가 가장 신뢰하는 예언자인 아리스탄드로스마저도 어떤 예언을 내놓겠는가? 따라서 그는 시기가 적절치 않다는 이유를 들어 희생제를 드리자는 제안을 물리치고, 지형을 잘 아는 자들을 소집했다. 그들은 메디아로 들어가는 안전하고, 트여있는 길이 있다고 조언했다. 하지만 그는 전사한 부하들을 매장도 하지 않고 떠나도록 할 수는 없었다. 전쟁에 관한 마케도니아의 관습상 전장에서 전사자를 찾아 매장하는 것은 거의 첫째가는 의무였기 때문이다.

따라서 그는 최근에 잡힌 포로들을 불러들였다. 그들 중에 그리스 어와 페르시아 어를 모두 하는 이가 하나 있었다. 그는 알렉산드

---

234) 산 정상에서 바다 쪽으로 가는 통로를 개척할 수 있었다.

235) 로마 군의 진형을 여기에서 암시하고 있다.

로스에게 다음과 같이 말했다 : "군대를 이끌고 산등성이를 넘어 페르시아로 넘어가려고 시간을 낭비할 필요가 없습니다. 한 번에 한 명씩만 겨우 통과할 수 있는 숲의 샛길이 있습니다. 이 길은 잎이 무성하고 나뭇가지들이 서로 얽혀있어 죽 이어진 숲속에 있습니다. 페르시아의 한쪽 면은 연속된 산들로 에워싸여 있기 때문입니다. 그 산들은 코카서스 산맥에서 홍해까지 이어져 있고,[236] 그 범위는 길이가 320Km 정도이며, 너비가 34Km 정도입니다. 그리고 산맥이 끝나는 곳에 또 다른 장벽인 바다가 나타납니다. 작은 언덕들을 넘어가면 넓은 평원이 펼쳐지는데 마을과 도시들이 많이 있는 비옥한 땅입니다.[237] 아락세스(Araxes) 강[238]은 이 평원을 가로질러 많은 양의 급류를 메두스(Medus) 강[239]으로 흘려 넣습니다. 메두스 강은 남쪽으로 꺾어져서 지류보다 작은 자그마한 강이 되어 바다로 들어갑니다. 이 강은 식물을 성장하게 하는데 매우 적합합니다. 이 강이 흘러가는 곳에는 꽃들이 흐드러지게 피어있고, 강둑에는 플라타너스와 포플러가 가득합니다. 멀리서 보면 강둑위에 있는 숲이 산자락에까지 연결된 것으로 보입니다. 나무 그늘들이 드리워진 강이 토양 깊은 곳까지 파여 들어간 하상(河床)을 따라 흘러가고, 습기가 나무뿌리까지 침투되기에 잎들이 무성한 나무로 덮인 언덕들이 드리워져 있기 때문입니다. 아시아에서 이곳보다 더 건강에 좋은 환경은

---

236) 여기서 말하는 코카서스 산맥은 오늘날 말하는 코카서스 산맥이 아니다. 홍해는 페르시아 만을 의미한다.

237) 이 지역은 코일레 페르시아(Coele Persis), 즉 페르시아 저지대라고 부르는 곳으로서 페르시아의 나머지 지역(Scalae Persis)은 고지대와 계곡으로 형성되어 있다.

238) 오늘날의 분드 아미르(Bund-Amir) 강이다.

239) 오늘날의 폴바르(Polvar) 강이다.

없다고들 합니다. 한편으로는 산맥이 죽 이어져서 그늘을 제공해주기 때문에 온도가 그리 높지 않고, 또 다른 한편으로는 바다가 가까이 있어서 적당한 온도를 제공해주고 있기 때문에 이곳은 기후가 매우 좋습니다."

알렉산드로스는 그 포로가 묘사한 말을 듣고 누구에게 전해 들어서 알게 된 것인지, 아니면 직접 보아서 아는 것인지 물어보았다. 그는 자신이 목동이며 문제가 되고 있는 모든 길들을 다 다녀보았다고 말했다. 그리고 덧붙이기를 자신이 두 번 포로가 되었는데, 한 번은 리키아에서 페르시아 인들에게 잡힌 것이고 이번이 두 번째라고 했다. 왕은 전에 들었던 신탁의 예언을 상기해 보았다. 그가 문의했을 때 신탁의 답변인즉, 페르시아로 가는 길을 안내할 이는 리키아 인이라는 것이다. 알렉산드로스는 현재의 위급한 상황과 그가 처한 상황에 맞는 큰 보상을 잔뜩 약속하면서, 그를 마케도니아 식으로 무장하게 허용하였다. 그리고 일이 잘 되기를 바라며 기도하고, 그에게 아무리 험해도 좋으니 길을 안내하라고 지시했다. 왜냐하면 양들이나 겨우 찾아낸 길로 영광과 불멸의 명성을 추구하는 알렉산드로스는 가지 않을 거라고 그 포로가 믿었기 때문에, 알렉산드로스는 자신이 직접 몇 명의 부하만을 이끌고 그 길로 갈 것이라고 말했다. 그 포로가 계속해서 길이 매우 험하며 특히 갑옷을 입고는 정말 가기 어렵다고 말하자, 알렉산드로스는 이렇게 대꾸했다 : "내 약속을 함세. 자네를 따라가는 이들 중 누구도 자네가 인도하는 길을 거절하지 않을 것이네."

알렉산드로스는 크라테로스에게 정규군 이외에도 멜레아그로스가 지휘하는 병력과 1,000명의 궁기병[240]을 더 주면서 진영의 책임을 맡기고 떠났다. 그리고 알렉산드로스 자신이 진영에 남아 있다고 페르시아 군이 믿게 하기 위해 신중하게 모닥불의 수를 더 늘리도록 하여 평상시 모습을 유지하도록 지시했다.[241] 그리고 좁은 산길로 알렉산드로스가 다가오고 있는 것을 만약 아리오바르자네스가 알아차려서 부대를 일부 나누어 길목을 막으려 한다면, 더 다급한 위험 때문에 군대를 그리로 돌리도록 크라테로스가 그의 주의를 끌기 위해 몇 번 공격을 가하도록 지시했다. 그리고 알렉산드로스가 적의 이목을 속이고 산길을 장악하게 되어, 페르시아 군이 알렉산드로스를 추격하느라고 당황한 소리를 지르는 것을 크라테로스가 듣게 된다면 지체하지 말고 전날에 퇴각했던 길로 공격해 가도록 했다. 왜냐하면 적의 이목이 알렉산드로스에게 쏠려 있으면 크라테로스는 적의 방어망의 빈틈을 찾을 수 있을 것이기 때문이다.

알렉산드로스는 세 번째 야간 교대시간에 그 산길로 출발했다. 휘하의 병력들은 기도비닉을 유지하도록 하고 심지어 출발의 나팔신호도 울리지 않았다. 그리고 병사들에게는 경무장을 하고 사흘간의 식량[242]을 휴대하도록 했다. 하지만 대단히 험준한 바위산이나 때때로 딛는 곳이 흔들리는 가파른 바위는 별도로 하고라도 쌓인 눈 더미 때문에 진군하는데 고생을 많이 하게 되었다. 마치 구덩이 같은 이 눈 더미에 빠져서 동료들이 구해주려고 하면, 빠진 사람은 나오지만, 도와주려던 사람이 대신 빠지는 식이었다. 밤이고 익숙하지 않은 환경인데다가 길잡이의 충성도 완전히 믿을 수 없기 때문

---

240) 궁기병이라기 보다는 궁수와 기병이라고 고쳐 읽어야 옳을 가능성이 더 크다.

241) 폴리아이노스(Polyaenos, 4권 3장 27절)에 따르면 진영의 책임을 맡은 사람은 필로타스와 헤파이스티온이었다.

242) 퀸투스 쿠르티우스의 창작일 것이다. 아리오바르자네스의 진영은 하루 만에 포위할 수 있는 거리에 있었다.

에 두려움은 배가되었다. 만약 그 길잡이가 도망쳐 버리게 되면 그들은 덫에 걸린 야생 짐승 같은 꼴이 되어버릴 터였다. 왕과 병사들의 안전은 단 한명 포로의 충성심 혹은 그의 생명에 달린 셈이었다. 마침내 그들은 정상에 도달했다. 아리오바르자네스가 있는 쪽으로 가는 길은 오른 쪽에 있었다. 알렉산드로스는 이 지점에 필로타스, 코이노스, 아민타스, 폴리페르콘을 남겨두고 경무장한 병력을 맡겼다. 그들에게 맡긴 병력에는 보병들 중에 기병도 포함되어 있고, 이 지역의 토양은 매우 비옥하며 말먹이용 풀이 많이 나 있었기 때문에 천천히 진군하라고 명령하였다. 또 그는 그들에게 길잡이로 쓸 포로들도 몇 명 넘겨주었다.[243)]

알렉산드로스 자신은 경호대와 아게마(*agema*)[244)]라고 불리는 부대를 이끌고 험준하지만 적의 관측은 확실히 피할 수 있는 길을 따라 어렵게 나아갔다. 때는 한낮이었고 그들은 지쳐서 잠들고 싶었다. 비록 그렇게까지 험준하고 어려운 길은 아니지만 이제껏 지나온 길만큼이 또 앞으로 남아 있었기 때문이다. 따라서 알렉산드로스는 병사들이 식사를 하고 얼마간 수면을 취해 원기를 회복하게 한 다음, 두 번째 야간 교대시간에 행군을 계속했다. 그들은 좀 더 평평한 땅으로 천천히 내려가는 산자락에 이를 때 까지는 별로 어렵지 않게 나아갈 수 있었다. 그 곳에서는 계곡물들이 합쳐지는 바람에 생긴 거대한 틈바구니가 있어서 길이 끊겨 있었다. 게다가 이 지점에서는 나뭇가지들이 이리저리 서로 얽혀서 길을 가는데 계속 방해가 되었

243) 아리아노스, 『알렉산드로스 대왕 원정기』 3권 18장 6절에 따르면 필로타스, 코이노스, 아민타스는 아락세스 강에 다리를 놓기 위해 페르세폴리스 방면으로 파견되었다.

244) 역주 197번 참조.

다. 이렇게 되자 그들은 깊은 절망에 빠져서 눈물을 참기 힘들었다. 그리고 나뭇잎이 무성하게 덮여있어 별도 보이지 않는 칠흑 같은 어두운 밤이라서 두려움이 더 커졌다. 거기다가 나무들이 바람에 흔들리고 나뭇가지들이 부딪쳐서 원래 낼 법한 소리보다 더 큰 소리를 내는 바람에 소리도 잘 들을 수 없었다. 드디어 오랫동안 기다렸던 아침이 되자, 밤 동안에 증폭되었던 공포감이 옅어졌다. 협곡은 조금 돌아가는 길로 둘러싸여 있었고, 각자는 스스로 길을 찾기 시작했다. 그들은 적의 초소를 관측할 수 있는 높은 정상으로 올라갔다. 그들은 재빨리 무장하고 페르시아 군의 후미에 나타났다. 적은 배후에서 습격을 받는 것에는 전혀 대비하고 있지 않았다. 도망치려 하던 몇몇 적을 베어 넘기자, 죽어가는 병사들의 신음소리와 본대로 퇴각하면서 내지르는 당황스런 고함 때문에 새로이 나타난 적 병사들은 위험에 대처하지도 않고 도망쳐 버렸다. 그 소음이 크라테로스가 지휘하는 진영에까지 울려 퍼지자, 그는 병사들을 이끌고 나와 전날에 진군을 멈추게 했던 그 협곡을 장악했다.[245] 동시에 필로타스, 폴리페르콘, 아민타스, 코이노스가 다른 길을 택하여 공격하게 되자 페르시아 군의 혼란은 더 커졌다. 두 방면에서 공격을 받았고, 온통 사방에서 마케도니아 군의 무기가 번쩍였어도, 페르시아 군은 기억될만한 전투를 치렀다. 필자의 생각으로는 어쩔 수 없는 상황이 되면 겁이 용기로 바뀌기도 하고, 절망이 때로는 희망을 불러오기도 하기 때문인 듯 했다. 무장을 하지 않은 병사는 무장한 적을 붙잡고 늘어져 서로의 무게 때문에 땅에 구르게 되면, 적의 무기로 적을 여

245) 퀸투스 쿠르티우스의 묘사에 잘못이 있다. 바로 앞에서는 첫 공격이 실시된 후 이틀이 지났다고 묘사했기 때문이다.

러 차례 찌르곤 했다.

아리오바르자네스는 그 지역의 중심 도시인 페르세폴리스(Persepolis)를 점령하기 위해 서둘러 40명 정도의 기병과 5,000명의 보병을 데리고 마케도니아 전열의 가운데를 뚫고 지나갔고, 그 와중에 양쪽 다 많은 인명 피해가 났다. 하지만 그는 도시 수비대에 의해 진입이 차단되었고, 맹렬한 적의 추격을 받게 되었다. 전투가 재개되었을 때, 그는 자신과 함께 도망쳤던 병사들과 같이 전사했다. 크라테로스도 빠른 속도로 전군을 채근하여 그곳에 도착했다.

5. 알렉산드로스는 적병을 퇴치한 장소에 강력한 요새를 세웠다. 비록 페르시아 군을 완벽하게 패주시킴으로써 승리할 수 있었지만, 길 때문에 전진이 쉽지 않았기 때문이다. 가파른 경사면이 있는 깊은 도랑들이 여기저기 나 있어서 길이 종종 끊어져 있었다. 그는 적의 매복보다는 불안정한 지형에 신경을 써야만 해서 천천히 그리고 주의 깊게 나아가야만 했다. 가는 도중에 그는 왕실자금 관리인인 티리다테스(Tiridates)로부터 편지를 받았다. 그는 이 편지에서 알렉산드로스가 다가오고 있다는 소식을 들은 성 주민들이 자금 창고를 약탈하려 한다는 소식을 전해왔다. 그는 창고를 포기해야 할 것 같으니, 비록 중간에 아락세스 강이 가로지르기는 하지만 길도 쉬운 편이므로 서둘러 오라고 했다. 알렉산드로스의 장점 중에서 필자가 가장 훌륭하다고 치는 것은 그의 신속한 행동이다. 그는 보병은 남겨놓고 밤새 말을 달려서, 긴 여행에 완전히 지쳐버린 기병대를 거느리고 새벽에 아락세스 강에 도달했다. 그는 주변 마을들을 쓸어버리고, 그곳에서 목재를 조달하여 돌 더미 위에 재빠르게 다리를 건설했다.[246)]

페르세폴리스에 멀지 않은 곳에 도달했을 때, 알렉산드로스는 역사상 보기 드물 정도로 불쌍한 한 무리의 사람들과 마주쳤다. 그들은 페르시아 인들에게서 갖은 고문을 받았던 4,000명 정도 되는 그리스 포로들이었다.[247] 어떤 사람들은 발이 잘려나갔으며, 어떤 사람들은 손이나 귀가 잘려나갔다. 그들을 사로잡았던 자들은 페르시아 글자로 낙인을 찍어 놓았는데, 오랫동안 그들을 괴롭히면서 즐거워했던 모양이었다. 페르시아 인들은 이제 자신들이 다른 사람의 통치 아래에 들어가게 되자, 왕을 만나겠다는 포로들의 요구를 감히 거절할 수 없었다. 그들은 목소리 외에는 사람의 외양을 찾기 힘들어서 마치 이상한 유령 같았다. 그리하여 그들은 보는 사람으로 하여금 눈물을 자아내게 만들었다. 그들은 제각각 다른 운명을 겪었고, 보는 사람들은 그들이 비슷한 고통을 겪고 있다고 느꼈지만, 그들 각자는 모두 다른 상황에 처해 있었다. 그래서 누가 가장 불쌍한 지 판단할 수 없을 지경이었다. 하지만 그들이 "그리스 인의 복수자이신 제우스[248]께서 드디어 눈을 뜨셨도다!"라고 울부짖자, 모든 병사들은 그 불행한 사람들의 고통을 공유하는 것처럼 느꼈다. 알렉산드로스는 눈물을 닦으면서, 그들에게 "이제 고향에 돌아가 아내를 만나볼 수 있을 터이니 안심하라."라고 말해주었다. 그 후, 그는 도시에서 400m 정도 떨어진 곳에 강력한 진영을 구축했다.

그리스 인들은 왕에게 어떤 것을 요청하는 것이 가장 좋을지에 대해 숙고해 보기 위해 진영 밖으로 물러나왔다. 어떤 사람들은 아

246) 아리아노스, 『알렉산드로스 대왕 원정기』 3권 18장 10절에서는 알렉산드로스가 도달했을 때 이미 다리가 완공되었다고 서술한다.

247) 아마도 알렉산드로스가 그리스 인들이 페르시아로부터 받은 피해를 복수한다는 의미에서 만든 가공의 이야기일 것이다.

248) 물론 본문에는 로마의 신인 유피테르(Jupiter, 영어식으로는 주피터)라고 되어 있다.

시아에 눌러 살기를 바랐고, 어떤 사람들은 고향에 돌아가고 싶어 했다. 그래서 키메(Cyme) 출신의 에욱테몬(Euktemon)이 그들에게 이렇게 연설했다고 한다 : "얼마 전까지 우리는 도움을 청하기 위해서 감옥 밖으로 나오는 것조차도 수치스러워 했다. 그런데 이제는 우리가 지닌 상처들이 즐거운 구경거리라도 되는 듯이 그리스 전체에 우리의 상처를 내놓고 행진하기를 원하는가? 그 상처들에 대해서 우리가 수치를 느끼는지, 고통을 느끼는지는 잘 모르겠다. 하지만 고통을 감추는 사람이 가장 잘 견딜 수 있는 법이며, 불행을 겪은 사람은 고독하게 지내며 예전의 상황을 망각하는 것이 고향보다 더 반가운 법이다. 가까운 사람들의 동정을 중시하는 사람들은 눈물이 얼마나 빨리 마르는지 모르기 때문이다. 누구도 계속 쌀쌀한 사람을 계속 사랑하지는 못한다. 불행은 불평을 불러오고, 번영은 오만을 불러오는 것과 같은 이치이다. 그리고 모든 사람은 다른 사람을 판단할 때 자신을 기준으로 하게 마련이다. 우리가 불행을 공유하지 못하므로 이미 오래 전부터 우리는 서로에게 쌀쌀하게 대한다는 것을 알아차렸을 것이다. 그러니 행복한 사람은 언제나 자신과 같은 처지에 있는 사람만을 찾는다는 게 왜 놀라운 일인가? 우리는 오래 전에 죽은 사람으로 여겨졌으니 불구가 된 이 몸이 묻힐 땅이나 찾아보도록 하자. 물론 우리가 돌아가면 젊었을 적 결혼했던 아내는 정말로 기뻐할 것이다. 하지만 지금 한창 때이고 성공의 절정에 올라있는 자식들은 아버지가 포로가 되어 노예노릇을 하다가 돌아온 폐물이라고 여길 것이다. 그리고 우리 중에 얼마나 많은 사람이 자기 땅에 돌아갈 수 있을까? 우리는 늙고 병들었으며 장애인이 되어 유럽에서 멀리 떨어져 아시아에서도 가장 후미진 곳에 들어와 있다. 물론 우리는 승리한 지친 병사들이 가진 것을 참아낼 수는 있을 것이다. 그러면 우리가 잡힌 다음에 우연히 얻게 되어 우리의 비참한 상황 속에서 유일한 위안이 돼 주었던 아내[249]는 어떻게 해야 하는가? 우리가 그녀들과 어린 자식들을 끌고 가야하는가, 아니면 버리고 가야 하는가. 만약 그들을 데리고 돌아가면 누구도 우리를 인정하지 않을 것이다. 그러면 우리가 찾는 이들을 앞으로 보게 될지도 불확실한 상황에서 지금 우리에게 소중한 이들을 당장 버려야 하는가? 아니다. 우리는 마땅히 우리의 불행이 시작된 다음에 알게 된 사람들 사이에서 묻혀 지내야 할 것이다."

에욱테몬의 말이 끝나자, 이에 대해 반대 의견을 토론하기 위해 아테나이 인 테아이테토스(Theaitetos)[250]가 말했다 : "점잖은 사람이라면 소중한 사람을 육체적 외양으로 판단하지 않을 것이다. 특히 그들의 불행이 자연적인 것이 아니라 적의 잔인한 행동으로 생겨난 것이라면 더욱 그렇다. 우연히 발생한 불행을 불명예로 아는 사람은 그런 불행을 다 겪을 만하다. 그런 사람은 인간의 본성에 대해 못되게 보는 사람이고 다른 사람의 동정을 거절할 사람이기 때문에 동정에 대해서도 희망을 갖지 않는다. 신들께서는 그들에게 감히 바라지도 못하는 것들을 다 주셨다. 즉, 조국, 아내, 자식들, 그밖에 사람이 목숨과도 견줄 수 있는 것들, 혹은 다시 찾으려면 목숨을 걸어야 하는 것들을. 그들은 왜 이 감옥을 깨트리지 못하는가? 그들은 고향에서는 다른 공기를 숨 쉬었고, 다른 햇빛을 보았다. 그들의 관습, 종교적 의식, 언어는 외국인들도 부러워하는 것이었다. 비록 어쩔 수

---

249) 페르시아에 잡혀 온 다음에 얻게 된 비공식 처를 말한다.

250) 원문에는 Theaetetus라고 되어 있으나, 그리스 식으로 고치면 Theaitetos가 될 것이다.

없이 그것들을 빼앗기게 되어 불쌍한 처지가 되었다고 해도, 모두 자발적으로 포기했던 것들 이었다! 나는 이제 우리 가문의 수호신들과 조국에 돌아가련다. 그리고 왕의 대단한 은총을 받아들이련다. 노예 생활 때문에 어쩔 수 없이 만나 인정하게 된 여자와 자식들에 대한 감정 때문에 이곳에 붙잡히는 사람들도 있을 것이다. 하지만 다른 무엇보다도 조국을 더 사랑하는 사람들은 떠나야만 한다."

소수는 이 견해에 찬동했지만, 나머지 사람들에게는 관습의 힘이 천성보다 더 강력했다. 그들은 왕께 자신들이 정착할 땅을 할당해 달라고 요청하기로 했고, 청원을 하기 위해 100명의 대표자를 선정했다. 알렉산드로스는 자신이 해주려는 보상에 대해 질문을 받을 것이라고 예상했다. 그래서 대표자들에게 이렇게 말해주었다 : "나는 그대들이 이동할 때 쓰기 위한 수송용 동물들을 준비하고, 각자에게 1,000데나리우스 씩을 선물로 주라고 명령해 놓았소. 그리스로 돌아가게 되면, 여러분이 짊어진 불행을 제외하고는 누구도 여러분보다 더 나은 생활 조건을 갖지 못하도록 해주겠소." 그들은 눈에 눈물을 가득 담고 땅만 뚫어지게 내려다보면서 감히 고개를 들거나 말하려 하지 못했다. 마침내 왕이 왜 이리 슬퍼하는지를 묻자, 에욱테몬이 자기들끼리 회의하면서 했던 말과 비슷한 취지의 답변을 하였다. 알렉산드로스는 그들이 처한 불행뿐만 아니라, 마음의 변화에 대해서도 동정심을 느꼈다. 그는 그들 각자에게 3,000데나리우스 씩을 주고, 그밖에도 옷 열 벌씩과 그들에게 할당해 준 땅을 갈고 씨 뿌릴 수 있는 가축들, 종자용 곡식들을 하사했다.[251]

---

251) 디오도로스 시쿨루스, 『역사 도서관』 17권 69장 8절에서는 남자들에게 각자 옷 다섯 벌, 여자들에게 각자 다섯 벌, 소 두 쌍, 양 50마리, 곡식 50메딤노스를 주고 세금을 면제해 주었다고 기록했다.

6. 알렉산드로스는 다음날 장군들의 회의를 소집하고 이렇게 말했다. "그리스 인에게 페르세폴리스보다 더 가증스러운 도시는 없다. 페르시아 옛 왕들의 수도인 이 도시에서 첫 번째는 다레이오스가, 그리고 다음으로는 크세륵세스가 유럽에 대해 사악한 전쟁을 일으켜 수많은 군사를 출병시켰다.[252] 그리스 인의 선조들의 영혼을 달래기 위해 이 도시를 파괴해야 한다." 페르시아 인들은 공포에 질려 도시를 버리고 뿔뿔이 도망쳤고, 왕은 지체 없이 밀집방진을 이끌고 나갔다. 알렉산드로스는 이제까지 왕실의 보물들이 가득 차 있는 여러 도시들을 공격하거나, 항복을 받았지만 이 도시의 부유함에 비하면 과거의 모든 것들이 빛을 잃었다. 이민족은 페르시아 전체의 부를 모두 이 도시에 쌓아 올려놓았다. 금과 은이 산더미처럼 쌓여 있었고, 엄청난 양의 의복, 실제 사용하기 위해서가 아니라 과시용으로 만들어진 사치스러운 가구들이 잔뜩 있었다. 그래서 승리자들이 이것들을 놓고 서로 싸웠다. 그들은 더 값비싼 것들을 차지한 이들을 적처럼 대했고, 발견한 것들을 다 가져갈 수 없었기 때문에 아무거나 약탈하지 않고 그 값어치를 평가했다. 그들은 각자가 하나씩 움켜쥐는 바람에 왕의 의복들을 갈가리 찢어 놓았고, 값을 매길 수 없을 만치 귀중한 예술품인 꽃병에 곡괭이질을 해서 조각내 놓기도 했다. 망가뜨리지 않고 내버려 둔 것도 없었고, 한 가지라도 가져가지 않은 것도 없었다. 그들은 조각상들의 사지를 부숴 질질 끌고 나가기도 했다. 그리고 욕망만큼이나 잔인함도 이 정복당한 도시에서 마음껏 날뛰었다. 금과 은을 짊어진 병사들이 이제는 쓸모없어진 포로들을 학살하고,

252) 다레이오스 1세가 기원전 490년, 크세륵세스가 기원전 480-479년에 일으킨 페르시아 전쟁을 말한다.

어디에서나 마주친 사람들을 마구잡이로 베어 넘겼다. 전에는 몸값을 치를 것을 약속받고 자비를 베풀어 주었을 사람들이었다. 따라서 많은 사람들이 적의 폭력에 자살로 대응할 수밖에 없었다. 그들은 가장 비싼 옷을 걸치고 아내와 자식들을 데리고 성벽 위에서 몸을 던졌다. 또 그들은 적이 곧 약탈할 자신의 집에 불을 지르고 가족들과 함께 산채로 타죽기도 했다. 결국 알렉산드로스는 부하들에게 여자와 여자들이 입은 옷은 손대지 말라는 명령을 내려야만 했다.

이 도시에서 약탈한 금전은 믿기 어려울 정도로 많았다고 한다. 다른 일들과 마찬가지로 의심하지 말아야 한다면, 결국 믿어야 할 것이다. 그 양은 12만 탈란톤에 달했다. 알렉산드로스는 이 돈을 옮기기 위해서 - 그는 이 돈을 전비로 쓰기 위해 가져가기로 했다 - 수사와 바빌론에서 수송용 동물들과 낙타를 보내라고 명령했다. 여기에 파르사가다(Parsagada)를 점령하면서 나온 자금 6,000탈란톤이 더해졌다. 키로스가 창건한 이 도시의 태수인 고바레스(Gobares)가 항복해 왔다.

알렉산드로스는 니카르키데스(Nicarchides)에게 페르세폴리스의 요새 책임을 맡기고, 3,000명의 마케도니아 병사를 수비대로 남겨주었다. 왕실자금 관리인이었다가 항복한 티리다테스는 다레이오스 밑에서 누리던 지위를 그대로 유지하게 해주었다.[253] 알렉산드로스는 병력을 나누어 그 대부분과 군수품을 남겨두고 파르메니온과 크라테로스가 통제하게 한 다음, 자신은 1,000명의 기병대와 경무장 보병 한 부대만을 데리고 페르시아 내륙 깊숙이 떠났다. 때는 플레이아데스(Pleiades) 성단[254]이 뜨는 시기[255]라서 비가 엄청나게 내리고 날씨

---

253) 정복한 도시에 페르시아 관리들은 남겨두고, 도시나 그 주위의 요새에 마케도니아 수비대를 남겨놓는 것이 알렉산드로스의 정복지 총치 방침이었다.

가 견디기 힘들 정도였지만, 그는 상관하지 않고 목표를 향해 밀어붙였다.

그들은 심한 추위로 얼어붙은 만년설이 도로를 덮고 있는 지역에 이르렀다. 땅은 황폐하고 인적이 없이 황량하였다. 지친 병사들은 두려워하며, 그들이 지금 세상의 끝을 보고 있다고 생각했다. 그들은 사람이 경작하지 않아 완전히 황량한 이 풍경을 경이에 찬 눈으로 바라보았다. 병사들은 햇빛과 하늘이 완전히 없어지기 전에 돌아가자고 떠들어댔다. 왕은 그들이 두려워하는 것을 위무해 주지 않은 대신, 말에서 뛰어내려 눈과 단단히 쌓인 얼음 위로 걸어서 나아갔다. 그의 친구들은 그를 뒤따르지 않는 것을 부끄럽게 여기게 되었고, 그 다음에는 지휘관들, 마지막으로 병사들도 부끄러운 감정을 느꼈다. 왕 스스로가 맨 앞에 나서서 도끼로 얼음을 부수며 길을 열기 시작했고, 다른 사람들도 그의 본보기를 따랐다. 드디어 거의 길이 없던 숲을 통과하고 나자, 경작한 흔적이 드문드문 있고, 가축떼가 여기저기 보이는 지역을 발견했다. 여기저기 흩어진 오두막집에 살고 있던 이 지역 주민들은 그 도로는 통과가 불가능하다고 여겼고, 그래서 방벽이 될 것이라고 생각했었다. 그들은 적을 보자, 같이 갈 수 없는 사람들은 자신들 손으로 살해하고 멀리 있는 눈덮인 산으로 도망쳤다. 그 다음, 포로로 잡힌 사람들과의 대화를 통해 조금씩 진정된 이들은 알렉산드로스에게 항복하였다. 알렉산드로스는 그들을 심하게 벌하지 않았다.

---

254) 원문에는 웨르길리아이(Vergiliae) 성단.

255) 기원전 330년 4월 경일 것이다. 플레이아데스 성단은 11월부터 4월 까지 뜨고 그 기간이 우기이다.

페르시아의 영토를 약탈하고 여러 마을들을 손에 넣은 다음, 알렉산드로스는 마르디아 인이 사는 지역에 이르렀다. 이들은 다른 페르시아 인들과도 아주 다른 풍습을 갖고 있는 호전적인 민족이었다. 그들은 자신들과, 아내, 자식들을 보호하기 위해 산속에 동굴을 파고 지내며, 가축이나 야생 짐승의 고기를 먹고 살았다. 자연 상태에서 그렇듯이, 그들은 여자들도 성품이 더 부드럽지 않았다. 그들은 머리를 덥수룩하게 길러서 늘어뜨리고 있었고, 무릎 위까지만 오는 옷을 입었으며, 이마에는 머리장식 겸 무기로 쓰이는 가죽 끈을 묶고 있었다. 하지만 이들도 알렉산드로스의 행운에는 저항하지 못하고 무릎을 꿇었다. 그는 페르세폴리스를 떠난 뒤 30일째 되는 날에 다시 귀환하였다. 그리고 친구들과 다른 사람들 각자에게 자신이 페르세폴리스에서 얻은 것들을 모두 나누어주면서 적절히 포상했다.

7. 알렉산드로스는 몇 가지 위대한 천성을 지니고 있었다. 이는 다른 모든 군주들을 능가하는 고귀한 성품이었다. 즉, 위험에 직면했을 때의 과단성, 빠르게 일에 착수하고 마무리 짓는 능력, 항복한 자들과 포로들을 대하는 고결하고 자비로운 성품, 일반적으로 용인되고 어지간한 사람들이 탐닉하고 있는 쾌락들에 대한 자제심을 가지고 있었다. 하지만 이 모든 장점들도 용서할 수 없을 정도로 음주에 탐닉하는 버릇 때문에 망쳐졌다. 왕위를 놓고 다투는 그의 적과 경쟁자가 다시 전쟁을 준비하고 있던 바로 그 때에도, 바로 최근에 정복한 나라에서 권위가 제대로 다 인정받지도 못하고 있던 그 때에도, 그는 여자들도 같이 있는 대낮부터의 음주 연회를 즐겼다.[256] 그녀들은 양가집 규수들은 아니고, 병사들과 함께 지저분하게 어울리는 매춘부들이었다.

그 중의 하나가 타이스(Thais)였다.[257] 술이 취한 상태에서 알렉산드로스에게 페르세폴리스의 궁전을 태워 버리면 모든 그리스 인들에게서 깊은 감사를 받을 것이라고 주장했던 사람이 바로 그녀였다. 그녀는 그것이야말로 페르시아 인들에게 도시를 파괴당했던 사람들이 바라는 바라고 말했다. 이 매춘부가 그렇게도 중차대한 문제에 대해서 취한 채로 발언하자, 한두 명 그녀보다 더 취한 사람들이 거기에 동의했다. 왕도 역시 그저 고개를 끄덕이기보다는 열정적으로 동의했다. "그러면 이 도시를 불태워 버려서 그리스를 위해 복수하지 않을 까닭이 있겠는가?"

그들은 모두 포도주를 마셔 붉어진 얼굴을 하고, 무장을 한 채 불을 지르기 위해 취한 상태에서 일어났다. 알렉산드로스가 선두에 서서 궁전에 불을 질렀고, 술친구들과 참석자들, 고급 매춘부들이 그 뒤를 따랐다. 궁전은 주로 삼목으로 지어져 있어서 쉽게 불이 붙었다. 그리고 큰 불이 넓은 지역으로 번져나갔다. 도시에서 멀지 않은 곳에 진영을 세웠던 군대는 그 불길을 보았다. 사고가 났다고 생각한 그들은 돕기 위해 뛰어왔다. 하지만 궁전의 주랑현관에 도착했을 때, 그들은 자신들의 왕이 아직도 장작더미를 쌓아올리고 있는 것을 목격했다. 그래서 그들은 날라 왔던 물을 떨어뜨리고 불타고 있는 궁전에 마른 나무를 던져 넣기 시작했다.

이상이 아시아 전체를 통치했던 궁전의 최후였다. 지난날에는 이곳에서 수많은 나라들이 사법 행정을 처리했었다. 수많은 왕들이 탄

---

256) 원래 마케도니아에서는 여자들이 음주 연회에 참석하지 못했다.(헤로도토스, 『역사』 5권 18장 이하 참조.)

257) 그녀는 후에 헬레니즘 이집트 왕국을 창건한 프톨레마이오스의 비가 되었고, 자식을 세 명 낳았다.

생한 곳이기도 했다. 이곳은 바다에 다리를 놓고 해군이 지나갈 운하를 만들기 위해 산을 뚫은 다음 1,000여척의 함대를 건조하고 유럽을 뒤덮은 군대를 양성하여 그리스 땅에 그지없는 공포를 야기한 곳이었다. 이렇게 파괴된 이후에는 오랜 시간이 흘러도 다시는 재건되지 못했다. 마케도니아 출신의 왕들은 다른 도시에 거처를 정했고, 지금[258]은 파르티아(Parthia)가 점령하고 있기 때문이다. 아락세스 강 옆의 지역이라고 표시되지 않았다면 페르세폴리스의 자취도 찾기 어려웠을 것이다. 아락세스 강은 성벽에서 멀지 않은 곳에 흘러갔는데, 주변 지역에 사는 주민들 말을 빌리자면 - 이는 지식이라기보다는 믿음의 문제이긴 한데 - 페르세폴리스는 강에서 4Km 정도 떨어진 곳에 있었다고 한다.

마케도니아 인들은 그리도 유명한 도시가 자신들의 왕에 의해서, 그것도 난잡하게 술을 마시는 연회 끝에 파괴된 데에 대해 부끄러워했다. 따라서 이 일화는 진지하게 해명될 필요가 있었다. 그리고 이 도시를 파괴하는 데는 가장 적합한 방법이었다고 스스로를 납득시켰다. 알렉산드로스는 술이 깨고 나서 자신의 행동을 후회하고, 페르시아 인들이 알렉산드로스가 크세륵세스의 궁전에서 옥좌에 앉아 있는 모습을 보게 했다면 그리스 인으로서는 페르시아에 대해 더 가혹하게 복수한 것이었을 텐데 라고 말했다고 전해진다.

다음 날, 알렉산드로스는 페르시아로 들어오는 통로를 안내해 주었던 리키아 인에게 30탈란톤의 돈을 포상으로 주었다. 그는 이곳에서 메디아 지역으로 이동했고, 그곳에서 킬리키아에서 온 새로운 보충병을 받았다. 이들은 5,000명의 보병과 1,000명의 기병으로서 아테

---

258) 쿠르티우스가 이 책을 서술한 서기 1세기 경이다.

나이 인 플라톤(Platon)이 인솔하고 왔다. 이와 같이 병력이 늘자, 알렉산드로스는 다레이오스를 추격하기로 결정했다.

8. 이 때 다레이오스는 메디아의 중심지인 엑바타나(Ecbatana)에 도착했다. 이곳에는 파르티아 인들이 살고 있었는데 그들은 이곳을 여름 거주지로 사용하고 있었다.[259] 그는 여기에서 박트리아로 가기로 결정했지만, 빠르게 추격해오는 알렉산드로스에게 따라 잡힐까봐 두려워하여 전략과 이동로를 모두 바꾸었다. 알렉산드로스는 300Km 정도나 떨어져 있었지만, 그의 속도를 생각해보면 충분한 거리가 아니라고 생각한 다레이오스는 퇴각이 아니라 교전을 준비하기 시작했다.

그는 끝까지 흔들리지 않는 충성심을 유지하고 있던 4,000명의 그리스 병사들을 포함하여 3만의 보병과 4,000명의 투석전사 및 궁수들이 있었다. 그밖에 주로 파르티아 인으로 구성된 3,300명의 기병도 있었는데, 이들은 박트리아 지방의 태수인 베쏘스가 지휘하고 있었다. 그는 이 병력과 함께 종군 민간인들[260]과 수송대가 도로로 먼저 앞서 가라고 명령하면서 자신은 군사용 도로[261]에서 약간 옆으로 방향을 바꾸었다. 그 다음 회의를 소집하고 이렇게 말했다 : “만약 운명의 여신께서 나를 겁쟁이들, 고귀한 죽음보다는 어떤 대가를 치르고서라도 살려고 발버둥치는 자들 사이에 두셨더라면 나는 차라리 침묵하고 말을 아꼈을 것이요. 그러나 나는 이미 그대들의 용기와 충성을 내가 바라던 이상으로 확인하였으므로, 그대들이 예전

259) 엑바타나는 오늘날의 하마단(Hamadan)이다. 파르티아 인들은 겨울은 크테시폰(Ctesiphon)에서 보냈다.

260) 상인이나 매춘부 등.

261) 수사와 바빌론에서 출발하여 엑바타나를 거쳐 카스피 관문들까지 뻗어있었다.

그대로 남아 있는지 궁금해 하기보다는 내 스스로가 그런 친구들에게 어울리는 사람이 되도록 더 노력해야겠소. 내가 거느리고 있던 그 수많은 군사들 중에 두 번의 패배와 두 번의 퇴각을 겪으면서 나를 따라온 이들이 바로 그대들이요. 그대들의 불퇴전의 용기로 인해 내가 왕이라는 것을 실감할 수 있었소. 배반자들과 도망자들이 지금 내가 다스리던 도시들을 지배하고 있소. 물론 그 자들이 그런 지위를 얻을만하다고 생각하지 않기 때문에 그런 보상 때문에 그대들의 마음이 흔들릴 수도 있겠소. 하지만 그대들이 승리자와 운명을 함께 하는 것이 아니라 **나와 함께하기로** 결정하였기에, 만약 내가 못해주더라도 진정으로 신들께서 그대들에게 내 몫까지 보상을 해주실 만 하오. 그리고 확신컨대 신들께선 **그리 해주실 거요.**

심지어 내가 도주를 생각해 보았을 때도 - 전혀 받아들일 수 없는 생각이긴 하지만 - 나는 그대들이 적에게 대항하는 용기를 생각하며 힘을 냈소. 묻건대 내가 내 땅에서 얼마나 더 망명자 노릇을 해야 하며, 타국인 왕을 피해 내 나라 속에서 도망쳐 다녀야 하오? 내가 전쟁에 운명을 건다고 하면, 언제 내가 잃었던 것들을 되찾거나 아니면 명예로운 죽음을 맞이할 수 있겠소? 아니면 아마도 마자이오스와 미트레네스의 예[262]를 따라 승리자의 결정에 기대를 걸면서 기다리고, 다른 사람의 변덕에 따라 한 지방을 다스리는 것을 택하는 것이 더 나을지도 모르오. 그가 화를 내기 보다는 허영심을 만족시키는 것을 택하기를 기대하면서 말이요. 신들께 기원하건대 누구도 감히 나의 머리장식을 가져가지 못하게 하시고, 내게 수여하시길! 나는 이 나라를 잃는 것을 살아서 보고 싶지는 않소. 나의 통치

262) 마자이오스는 바빌론을, 미트레네스는 사르디스를 바치고 항복했다.

는 내 숨이 붙어 있는 한 계속 될 거요. 만약 그대들이 나와 같은 감정을 느끼고, 나와 같은 원칙을 세우고 있다면 그대들 중 누구도 자유를 잃는 일은 없을 것이요. 그대들 중 누구도 마케도니아 인의 경멸과 오만한 표정을 감내하지 않게 될 것이오. 그대들 각자의 오른 손으로 이제껏 고생한 것에 대해 복수를 하든지, 아니면 그 고생을 끝장낼 것이기 때문이오. 내 자신이 바로 운명의 여신께서 변덕스러우시다는 산 증거요. 그리고 이제는 좀 더 나은 쪽으로의 변화를 기대해 볼만 하오. 그러나 만약 신들께서 이 정당하고 옳은 전쟁을 거부하실 때, 용감한 사람이라면 아직도 명예로운 죽음을 택할 수 있소. 대단히 명예롭게 근동 전체의 통치권을 장악하셨던 선조들의 명예를 걸고, 마케도니아가 예전에 조공을 바쳤던 그 분들에 맹세코, 엄청난 함대를 그리스에 파견했던 그 분들께 맹세코, 그대들의 선왕들이 얻어낸 수많은 전리품에 걸고, 그대들에게 간청하오.[263] 과거에 그랬던 것처럼 불굴의 의지를 가지고 운명의 여신께서 우리를 위해 예비해 주신 것들에 직면하기 위해 그대들의 명성과 조국에 어울리는 용기를 보여주시오. 나 역시도 영광스러운 승리나, 영광스러운 패배를 통해서 영원한 명성을 확실히 얻어내겠소."

9. 다레이오스가 이렇게 말하자, 그 자리에 참석한 모든 사람들은 눈앞에 다가온 위험 때문에 마음이 차갑게 식는 것을 느꼈다. 그들은 제안할 것도, 할 말도 없었다. 그 때, 아르타바조스가 말했다. 그

---

263) 기원전 513년에서 480년 사이에 마케도니아는 페르시아의 조공국이었다. 하지만 페르시아가 파견했던 함대는 그리 자랑할 만하지 못했다. 특히 기원전 480년 아테나이 앞바다인 살라미스(Salamis) 해전의 패배는 페르시아 전쟁의 패배로 이어졌다.

는 다레이오스의 친구들 중에서 가장 나이가 많을 뿐 아니라, 앞서 언급했듯이 필리포스의 궁정에 손님으로 갔던 적이 있었던 사람이었다.[264] "우리는 가장 좋은 의복을 입고, 또 최고의 갑옷을 걸치고, 정신적으로는 승리를 준비할 뿐만 아니라 죽을 각오도 하고 전하를 따라 전장에 나갈 것이옵니다." 나바르자네스를 뺀 모두는 이 말에 박수갈채를 보냈다. 그는 회의에 참석했지만, 베쏘스와 같이 이제까지 들어본 적도 없는 범죄를 행하려는 음모를 꾸미고 있었다. 그들은 각자가 지휘하고 있는 병력을 이용하여 다레이오스를 잡아 가두려고 했다. 그들은 만약 알렉산드로스가 그들을 따라 잡으면 자신들의 왕을 산채로 넘겨줌으로써 승자의 비위를 맞출 수 있을 것 - 다레이오스를 사로잡은 공적을 알렉산드로스가 높이 쳐줄 것이라고 확신하였다 - 이라고 판단을 내렸다. 반면, 알렉산드로스에게서 도망칠 수 있게 된다면, 다레이오스를 죽이고 그들이 왕국을 찬탈하여 다시 전쟁을 재개할 수도 있을 것이라고 생각했다.

그들은 오래전부터 반역을 생각해왔고, 이제 나바르자네스는 극악무도한 계획을 실천할 방도를 준비했다. 그는 이렇게 말했다 : "이제 제가 말하려는 것이 처음 듣기에는 좋을 리가 없다는 것은 잘 알고 있사옵니다. 하지만 의사들은 중병을 다스리기 위해 독한 약을 쓰고, 난파할 위기에 처한 선장은 귀중한 화물을 구하기 위해 불필요한 부분들을 버리는 법입니다. 저는 전하께 손실을 초래하라고 권하는 것이 아니라, 단지 전하 자신과 나라를 구하기 위한 안전한 방

264) 아마도 산실된 1-2권에 언급되었을 것이다. 아르타바조스는 기원전 352년에 필리포스에게로 망명을 하려했던 적이 있다.(디오도로스 시쿨루스, 『역사 도서관』 16권 52장 3절 참조)

법을 권하는 것입니다. 이번 전쟁에서 신들께서는 우리와 반대편에 서계시고, 운명의 여신께서도 쉬지 않고 우리 페르시아 인들을 가차 없이 몰아붙이고 계십니다. 지금은 새로운 징조를 가지고 새롭게 시작하는 것이 필요합니다. 아시아에서 적을 몰아낼 때까지만 왕의 칭호를 가지고 싸워 이긴 다음 전하의 왕국을 전하께 다시 돌려드릴 사람에게 일시적으로 전하의 통치권과 지휘권을 넘기심이 어떤지요? 더군다나 이성적으로 생각해 보시면 그리 길지 않을 일이라는 것을 아실 것입니다. 박트리아는 아직 건재하고, 인디아와 사카이(Sacae)[265]도 전하의 통치 아래 있습니다. 그리고도 수많은 민족과 군대가 있으며, 수만의 보병과 기병이 현재의 상황을 역전시키기 위한 준비가 되어 있기 때문에 전하께서 의지할 군사적 역량도 충분하옵니다. 왜 우리가 들짐승들처럼 필요도 없는 파멸 속으로 뛰어들어야 하겠습니까? 용감한 자의 특징은 삶을 미워하는 것이 아니라 죽음을 경멸하는 것입니다. 겁쟁이들은 견디기 어려운 일이 닥칠 때, 삶을 낭비해버리는 경향이 있지만, 용감한 자는 모든 것을 다 시도해 봅니다. 그리고 죽음이란 모든 것이 끝나는 일이므로 지체 없이 이 방법을 써볼만 합니다. 그러니 우리에게 가장 안전한 피난처인 박트리아가 우리의 목표라면 그 지역의 태수인 베쏘스를 임시 왕으로 임명하십시오. 그는 사태가 진정되면 신뢰 속에 받아 가지고 있던 지휘권을 합법적인 왕이신 전하께 돌려 드릴 것입니다."

나바르자네스의 불충스러운 말 속에는 그의 사악한 협잡이 드러나 있지는 않았지만, 다레이오스가 불처럼 화를 낸 것도 무리는 아니었다. "이 야비한 종아! 네가 드디어 배반하려는 마음을 만천하에

---

265) 즉 그리스 인이 스키티아 인이라 칭하는 사람들이 사는 지역이다.

드러낼 기회를 잡은 게로구나!" 그는 이렇게 말하며 칼을 빼들고 나바르자네스를 죽일 듯이 바라보았다. 그러자 베쏘스와 몇몇 박트리아 인이 재빠르게 왕을 둘러싸고는, 겉으로 걱정하는 듯이 그만하시라고 탄원했다. 하지만 실제로는 왕이 계속 죽이려 했다면 왕을 구금할 의도였다. 그 사이 나바르자네스는 그 자리를 빠져나갔고, 베쏘스도 곧 그 뒤를 따랐다. 그들은 은밀하게 회동하기 위해 휘하의 군대에 명령을 내려 본대에서 철수해 있으라고 했다.

아르타바조스는 적당한 기회를 보아, 위험한 상황에 놓여 있다는 것을 끊임없이 상기시키면서 다레이오스를 계속 회유했다. 그는 신하로 아직 남아 있는 자들이 어떤 소리를 하더라도 그들의 어리석음이나 그릇된 생각을 참아 주어야 한다고 왕에게 말했다. 또, 다레이오스가 모든 신민의 지지를 다 얻고 있어도 만만치 않은 적수인 알렉산드로스가 이 순간에도 바로 등 뒤에까지 와 있는데, 그가 도주하는 순간에도 끝까지 따라왔던 신하들을 내치신다면 무슨 일이 일어나겠는가고 말했다.

다레이오스는 주저하면서도 아르타바조스의 의견에 양보했다. 그리고 다레이오스가 이미 전에 진영을 옮기기로 결정했음에도, 이제 대부분의 사람들의 마음이 흔들렸기 때문에 여전히 같은 자리에 머물러 있기로 했다. 그러나 그는 우울하고 절망적인 기분이 들어서 자신의 군막에 칩거했다. 그 결과 진영에서는 누구도 지휘를 하지 않았고, 의견들이 엇갈렸으며 더 이상 전처럼 공동의 관심사를 논의하려 하지도 않았다. 그리스 용병부대의 지휘관인 파트론(Patron)[266]

266) 포키스(Phocis)인 파트론과 아이톨리아(Aetolia) 인 글라우코스(Glaucos)가 용병부대의 지휘관이었다.

은 부하들에게 무장하고 명령을 받을 준비를 하라고 일렀다. 페르시아 인들은 진영에서 철수해 다른 무리를 지었다. 베쏘스와 박트리아 인들은 아직 적의 손을 타지 않은 지역인 박트라와 그 지역의 부에 대해 말하고, 동시에 만약 머물러 있으면 위험이 닥쳐올 것이라고 하면서 페르시아 인들을 구슬리려 했다. 하지만 페르시아 인들은 왕을 버리는 행위는 불경한 짓이라는데 거의 일치단결하여 동의했다. 그러는 사이에 아르타바조스는 페르시아 인들의 군막들을 끊임없이 방문하여 그들이 그의 제안에 확실히 찬성할 때 까지 개별적으로 그리고 단체적으로 부추기고 권유하여 모든 지휘권을 장악했다. 그는 또한 어렵게나마 다레이오스가 식사를 하게하고, 현재 상황으로 주의를 돌리게 하는데 성공했다.

10. 왕권에 대한 욕심에 눈이 먼 베쏘스와 나바르자네스는 이제 오랫동안 꾀해오던 음모를 실행에 옮기기로 결정했다. 그러나 페르시아 인들 사이에서 왕은 엄청나게 존경을 받기 때문에 다레이오스가 살아 있는 한은 권력을 획득할 희망이 없었다. 그의 이름만으로도 사람들을 불러 모으기에 충분하며, 그가 전성기 때에 받던 숭앙이 곤경에 처한 지금도 살아있기 때문이었다. 이 두 사람의 사악한 야심을 부추긴 것은 이들이 관장하고 있는 무기, 군사, 영역이 페르시아의 어느 누구보다 대단했기 때문이다. 그 영역은 아시아의 1/3에 달하며, 거기 살고 있는 청년들의 수는 다레이오스가 잃어버린 군사의 수에 필적했다. 그들은 다레이오스 뿐 아니라 알렉산드로스도 대단하게 생각하지 않았다. 만약 다레이오스를 수중에 넣는다면 이 지역의 힘으로 제국의 모든 영역을 회복할 수 있을 것이라고 예상했기 때문이다. 그들은 모든 조건들을 오랫동안 고려해 본 다음,

박트리아 병사들을 써서 - 박트리아 병사들은 그들에게 비굴할 정도로 복종했다 - 다레이오스를 붙잡기로 했다. 또 알렉산드로스에게 전령을 보내 다레이오스가 살아 있으며 그들이 구금하고 있다고 전하기로 했다. 그리고 만약 그들이 걱정하는 대로 알렉산드로스가 배신 제안을 거절하면 다레이오스를 살해하고 자신들의 군대를 거느리고 박트리아로 향하기로 했다. 그러나 수천의 강력한 군사를 보유하고 있는 페르시아 인들이 왕을 도우러 달려올 것이고, 그리스 병사들의 충성도 염려되기 때문에 다레이오스를 대놓고 체포하는 것은 불가능했다. 따라서 그들은 힘이 아니라 잔꾀에 의존하기로 했다. 그들은 무서워서 그랬다며 철수한 것에 대해 양심의 가책을 받고 있는 듯이 행동하기로 했다. 그동안에 그들은 페르시아 인들의 마음을 돌리기 위한 사람들을 파견했다. 파견된 사람들은 병사들에게 그들의 생명이 대재난에 노출되어 있고 나락으로 끌려 들어가고 있는 반면, 박트리아는 쉽게 들어갈 수 있고 상상하기 힘들 정도로 풍부한 재화가 준비되어 있다고 말하며 희망과 공포를 동시에 사용하여 회유했다.

이들이 이런 공작을 하고 있을 때, 다레이오스의 지시 때문인지 아니면 스스로의 의지인지는 확실치 않지만 아르타바조스가 도착했다. 그는 다레이오스가 이제 진정되었으며, 그들이 예전에 왕과 나누었던 교분은 여전히 유효하다고 전했다. 그들은 다레이오스에게 자신들의 행동에 대해 변호해 달라고 부탁하고 대신 탄원해 달라고 아르타바조스에게 청하면서, 울면서 사과했다. 그리고 이런 식으로 밤을 보낸 다음, 새벽이 되기 직전에 베쏘스, 나바르자네스와 박트리아 병사들은 경건한 의무를 수행한다는 식의 탈을 쓰고 자기들의 은밀한 음모를 속이면서 왕의 군막 입구에 나타났다. 다레이오스는 진군 신호를 하고 평소처럼 전차에 올랐다. 나바르자네스와 다른 배신자들은 땅에 엎드려서 잠시 후면 자신들이 구금할 사람에게 경의를 표했다. 그들은 후회한다는 표시로 눈물을 흘리기조차 했다. 이렇게 그들은 자신들의 마음마저도 속일 준비가 되어있었다! 그들이 탄원자로써 애원하자, 천성이 솔직하고 동정심 많은 다레이오스는 설득되어 그들의 말을 믿어줄 뿐 아니라 같이 울기까지 했다. 그러나 심지어 그들이 속이려는 이가 왕으로서도 인간으로서도 훌륭한 품성을 지니고 있는 것을 보면서도, 이들은 자기들이 꾸미고 있는 범죄에 대해 아무런 양심의 가책도 받지 않았다. 한편 다레이오스는 알렉산드로스의 손아귀에서 서둘러 벗어나는 것만이 유일한 관심사였기 때문에 닥쳐온 위험에 대해서는 전혀 염려하고 있지 않았다.

11. 그리스 인으로 이루어진 용병부대의 대장인 파트론은 부하들에게 이제까지 짐 속에 넣어 운반해 온 무기를 꺼내 장비하고, 긴장한 채 명령을 기다리며 대기하라고 일렀다. 그 자신은 왕의 전차를 따르면서 말을 걸 기회를 노렸다. 베쏘스 측의 음모를 눈치 챘기 때문이었다. 그러나 파트론의 그런 움직임에 경각심을 느낀 베쏘스는 동반자라기보다는 경호원처럼 행세하면서 전차에서 한 발짝도 떨어지려 하지 않았다. 이렇게 하여 파트론은 여러 번이나 말하려고 하면 제지되는 일을 겪었고, 충성심과 두려움 사이를 왔다 갔다 하면서 오랫동안 주저하다가 그저 왕만을 바라볼 뿐이었다. 드디어 다레이오스가 그에게 시선을 주었다. 그는 전차에 가장 가까이 있던 사람들 중에 한 명인 내시 부바케스(Bubakes)를 불러 무슨 할 말이 있는지 파트론에게 물어보라고 하였다. 파트론은 그가 **정말로** 드릴 말씀이 있으니 다른 사람을 물리쳐 달라고 말했다. 그러자 다레이오

스는 그리스 어를 웬만큼 알아들었으므로 통역 없이 가까이 오라고 말했다. 파트론은 이렇게 말했다 : "전하, 저희들이 5만의 그리스 병사들 중에 남은 전부입니다. 저희는 전하께서 더 운이 좋으셨던 시절에도 항상 전하와 함께 했고, 지금도 그 때와 마찬가지로 남아 있습니다. 그리고 저희는 전하께서 선택하시는 땅을 조국과 고향으로 여기고 받아들일 준비가 되어 있습니다. 저희는 전하의 행운과 불운 모두 함께 해왔습니다. 저희의 이 흔들리지 않은 충성심을 걸고 탄원 드립니다. 저희가 경비하는 구역에 군막을 치시고 저희가 경호를 하게 해주소서. 저희는 그리스를 떠나왔으며, 박트리아를 가지고 있지도 않습니다. 저희는 오로지 모든 희망을 전하께 걸 뿐입니다. 물론 다른 이들도 그러기를 바랍니다! 더 이상 말씀드리는 것은 의미가 없습니다. 만약 다른 누군가가 할 수 있다고 생각한다면, 외국 출신이며 다른 민족인 저희가 전하를 개인 경호하겠다는 책임을 지게 해 달라고 소청 드리지 않았을 것입니다."

베쏘스는 그리스 어를 몰랐지만 지레 찔려서 파트론이 그의 음모를 알아차렸다고 믿었다. 그리고 다레이오스와의 그리스 어 대화를 통역으로부터 전해 듣고 확신하게 되었다. 그러나 다레이오스는 파트론이 가능한 한 암시를 해주었음에도 불구하고 전혀 경각심을 갖지 않고, 그런 권고를 한 이유가 무엇이냐고 물어보았다. 파트론은 더 이상 지체하면 일이 잘못될 것이라고 생각하여 이렇게 대답했다 : "베쏘스와 나바르자네스가 전하에 대한 음모를 꾸미고 있습니다. 전하의 운명과 생명이 경각에 달려 있으니, 배신자들이거나 전하께 오늘이 마지막 날이 될 것입니다." 실제로 파트론은 신뢰를 얻고, 왕의 생명을 구하는 탁월한 공적을 세울 수도 있었다.[267] 당연히 인간의 삶은 아주 오래 전부터 보이지 않는 일련의 얽혀있는 원인들에 의해 통제되는 불변의 법칙에 의해 예정되어 있다고 믿기 보다는, 인간사가 우연에 의해 통제된다고 믿는 사람들은 필자의 믿음을 비웃을 지도 모르겠다.[268] 어쨌거나 다레이오스는 그리스 병사들의 충성심을 잘 알고 있었음에도 불구하고 동포들을 떠나려 하지 않았다. 그로서는 차라리 속임을 당하는 것이 그들을 비난하는 것보다 더 쉬웠을지도 모른다. 그는 도망자가 되기보다는 차라리 동포들 사이에 있으면서 운명의 여신께서 이끄시는 대로 어떤 일이든 감내하는 편을 택하겠노라고 말했다. 그리고 만약 그의 병사들이 왕을 구하는 것을 원치 않는다면, 오히려 죽음이 너무 늦게 찾아오는 것이라고도 했다. 파트론은 이제 왕의 생명을 포기하고, 그의 지휘를 받는 병사들에게로 돌아가서 자신의 충성심을 증명할 수단을 사용할 준비를 했다.

12. 베쏘스는 바로 다레이오스를 살해해야겠다는 감정을 강하게 느꼈으나, 다레이오스를 살려서 잡은 다음 알렉산드로스에게 항복하지 않으면 비위를 맞추지 못하게 될까봐 두려워하여 다음 날 밤에 범죄를 실행하려던 계획을 연기했다. 그는 파트론은 왕의 머리를 선물로 들고 적에게 가려는 것이었다고 말하면서, 다레이오스에게 이미 알렉산드로스의 부유함을 목격한 배신자의 음모를 사려 깊고, 주의 깊게 피하셨다고 축하했다. 또 고용된 자는 모든 것에 값을 매기는 법이므로 놀랄 일도 아니라고 덧붙였다. 그는 가까운 가족도 가

---

267) "실제로 파트론은 왕의 생명을 구하는 탁월한 공적을 세웠다"라고 원문을 해석해야 하지만, 도저히 문맥상 맞지 않으므로 현대의 주석가들은 이를 고쳐 해석한다.

268) 역시 이 문장도 "… 예정되어 있다고 믿거나, 인간사가 …" 라고 되어 있어 원문이 문맥에 맞지 않으므로 고쳐서 번역하였다.

정도 없이 전 세계를 떠도는 망명자이므로 누가 부르기만 하면 이곳에서 저곳으로 옮겨가 버리는 위험한 적이라고도 말했다. 베쏘스가 자신이 결백하다고 열심히 변명하고, 페르시아의 신들께서 자신의 충성을 굽어보고 계시다고 선서하고 있을 때, 다레이오스는 동의한다는 표정을 지었으나 실제로는 그리스 병사들이 한 이야기가 맞을 것이라고 확신하고 있었다. 하지만 상황 상 그런 감정을 내비치면 부하들에게 속는 것만큼이나 위험했다. 음모를 꾸미고 있다고 의심되는 믿을 수 없는 이들의 병력은 3만 명인데 반해 파트론의 병사들은 단지 4,000명[269]이었다. 다레이오스는 만약 자신이 파트론에게 경호를 맡기고 동포들의 충성심을 의심하게 되면, 배신의 빌미를 제공하게 될 것임을 알았다. 그래서 그는 배신을 정당화 해주기보다는 모르는 척하기로 했다. 하지만 베쏘스가 배신의 음모를 부인했을 때, 다레이오스는 알렉산드로스가 용기 있는 것만큼이나 정의감에 불타고 있다는 것을 잘 알고 있다면서 남을 배신하여 그에게서 보상을 타내려고 하는 자는 큰 코 다치게 될 것이라고 말했다. 배신에 대해서 알렉산드로스보다 더 가혹하게 복수하거나 처벌하는 사람은 없다는 것이다.

밤이 되자 페르시아 병사들은 관례대로 무기를 내려놓고 서둘러 무리들을 짓고 가까운 마을에 가서 먹을 것들을 가져왔다. 그러나 박트리아 병사들은 베쏘스에게 지시받은 것이 있어서 계속 무장하고 있었다. 그러는 동안 다레이오스는 아르타바조스를 불러서 파트론의 고발 내용을 알려주었다. 아르타바조스는 다레이오스가 그리스

269) 아리아노스, 『알렉산드로스 대왕 원정기』3권 16장 2절에서는 2,000명이라고 서술한다.

병사들의 진영으로 갈 것임을 확신하고, 페르시아 인들은 왕이 변을 당했다는 소식을 들으면 그를 따라갈 것이라고 말했다. 하지만 다레이오스는 이미 운명에 순응하여, 어떤 충고도 귀 기울여 들으려 하지 않았다. 그는 현재 상황에서 유일하게 위안이 되는 존재인 아르타바조스를 다시는 못 볼 듯이 껴안았다. 두 사람의 눈에는 눈물이 가득 고였다. 그리고 왕에게서 떨어지려 하지 않으려는 그를 강제로 데리고 나가라고 명령했다. 그리고 마치 그의 화장용 장작더미 앞을 떠나듯이 비탄에 잠겨서 나가는 아르타바조스의 모습을 보지 않으려고 머리를 감싸며 땅에 엎드렸다. 이때, 통상 왕의 경호를 맡아오던 병사들이 빠져나갔다. 이미 무장을 하고 다가오고 있다고 믿는 병력과는 싸움이 안 될 것이라고 생각해서였다. 이들은 자신들의 왕을 지키기 위해서 죽음도 불사해야 했던 병사들이었다. 왕의 군막은 깊은 적막에 휩싸였다. 단지 내시들 몇 명만이 왕의 주변에 서 있을 뿐이었다. 이 내시들은 아무데도 갈 곳이 없었다. 다레이오스는 그 자리에 있던 자들을 해산시키고 몇 가지 계획을 오랫동안 곱씹어보았다. 그리고 방금 전까지는 마음을 달래기 위해 고독을 선택했던 그가 이제는 고독의 무게에 짓눌리기 시작하여 내시인 부바케스를 불렀다. 그는 부바케스를 응시하며 이렇게 말했다 : "너희 모두는 이제 떠나거라. 너희의 생명을 돌보도록 하라. 너는 바로 마지막 순간까지 너의 왕에게 충성을 다하며 정당하게 행동했노라. 나는 여기 앉아 예정된 운명의 순간을 기다리겠노라. 너는 혹시 왜 내가 자결하지 않는지 궁금할지 모르겠구나. 나는 스스로에 의해서가 아닌 타인의 비행에 의한 죽음을 선택했기 때문이란다."

다레이오스의 말이 끝나자 부바케스의 비통한 울음소리가 군막뿐만 아니라 진영 전체에 가득 찼다. 그러자 다른 사람들도 이민족의 방식대로 옷을 찢고 통곡하면서 왕을 위해 비탄에 잠겼다. 그 소리가 페르시아 인들의 귀에까지 들어가자 그들은 공황 상태에 빠졌다. 그들은 박트리아 인들을 만날까 두려워서 감히 무기를 들지도 못하고, 왕을 버리면 불경스럽게 보일까봐 가만히 있지도 못해서 안절부절 했다. 지도자도 없고 지휘하는 사람도 없어서 진영 전체가 혼란 속에서 떠드는 소리만 가득했다.

이 비탄의 소리를 잘못 이해한 [박트리아] 병사들은 베쏘스와 나바르자네스에게 왕이 자결했다고 알렸다. 그 두 사람은 범죄를 실행에 옮기기 위해 자기들이 가려 뽑은 병사들의 선두에 서서 전속력으로 달려왔다. 그들이 군막에 들어섰을 때, 내시들이 그들에게 아직 왕이 살아있음을 알렸다. 그들은 왕을 체포하여 묶으라고 명령했다. 바로 얼마 전까지만 해도 전차에 탄 채 신민들에게서 신적인 존경을 받던 왕이, 이제는 외부의 간섭도 없었는데도 자신의 종들의 포로가 되어 너저분한 마차에 처박히게 되었다. 음모를 꾸몄던 자들은 마치 전쟁 중의 관습이라도 되는 듯이 왕의 자금과 가구를 약탈하고서는 그들의 악행의 결과물로 나온 약탈품들을 짊어지고 도주하기 시작했다. 아르타바조스는 자기가 지휘하던 군대 뿐만 아니라 그리스 용병부대의 병력도 같이 데리고 파르티에네(Parthiene)로 향했다. 살인자들의 시선을 받으며 남아 있는 것은 대단히 위험하다고 생각했기 때문이다. 베쏘스가 했던 여러 약속에 넘어가기도 했고, 달리 따를 사람도 없었기 때문 - 그 이유가 더 크지만 - 에 페르시아 인들은 이틀 후에나 박트리아 부대를 따라잡아 합류했다. 배신자들은 왕에 대해 예우를 한답시고 금으로 만든 족쇄를 그에게 채워 놓았다. 운명의 여신께서는 이렇게 계속하여 이 불운한 왕을 조롱하는 새로운 방식을 고안해 내셨다. 또 그들은 왕이 입고 있는 당당한 의상이 남의 눈에 뜨일까봐 마차를 더러운 가죽으로 덮어놓고, 왕을 모르는 사람들을 시켜서 마차를 몰도록 했다. 그렇게 해서 그들은 행군 중에 호기심 많은 병사들이 왕을 찾아내지 못하도록 했다. 근위대원들은 멀찌감치 떨어져서 따라왔다.

13. 다레이오스가 엑바타나를 떠났다는 소식을 들은 알렉산드로스는 메디아로 뻗어있는 길을 버리고 도망치는 왕을 쫓아 맹렬하게 추격했다. 그가 파라이타케네(Paraetacene) 지역에서도 가장 멀리 있는 도시인 타바이(Tabae)에 도달했을 때, 귀순자들이 다레이오스는 박트리아를 향해 허겁지겁 도망치고 있다고 알려왔다.[270] 곧 이어 바빌로니아 인 바기스타네스(Bagisthanes)가 알렉산드로스에게 좀 더 믿을만한 소식을 전했다. 그는 다레이오스가 실제로 구금된 것은 아니지만, 살해되거나 체포될 위험에 직면해 있다고 주장했다.[271]

알렉산드로스는 장군들을 소집하여 이렇게 말했다 : "남아있는 과업은 대단히 중요하지만, 이제 곧 끝날 일이다. 다레이오스는 이제 멀리 떨어져 있지 않다. 그는 지금 휘하 병사들에게 버림받았거나 폐위된 상황이다. 그의 신병을 확보하는 데에 우리의 승리가 달려있다. 속도를 내면 이 대단한 상품을 보상으로 받을 수 있을 것이다." 그들은 한 목소리로 어려움과 고난도 개의치 않겠노라고 말하며, 따를 준비가 되어 있다고 외쳤다. 그래서 알렉산드로스는 휘하의 병력

---

270) 아리아노스, 『알렉산드로스 대왕 원정기』 3권 19장 4-5절에 따르면 이 소식을 전한 이는 전왕인 오코스의 아들인 비스타네스(Bisthanes)였다.

271) 아리아노스, 『알렉산드로스 대왕 원정기』 3권 21장 1절에서는 마자이오스의 아들과 동행해서 온 바기스타네스가 왕이 실질적으로 구금되었다고 알렸다.

을 이끌고 빠르게 나아갔다. 그들은 심지어 낮에 강행군했음에도 불구하고 밤에도 쉬지 않고 행군이라기보다는 거의 경주하듯이 달려갔다. 100Km 정도를 진군해서 그들은 베쏘스가 다레이오스를 체포했던 마을에 이르렀다. 그곳에서 다레이오스의 통역이었던 멜론(Melon)을 붙잡았다. 그는 건강이 안 좋아서 페르시아 병사들과 보조를 맞출 수 없었기 때문이다. 그는 빠르게 달려온 알렉산드로스 군에 사로 잡혔을 때 귀순자인 척 했다. 알렉산드로스는 그로부터 사실을 확인할 수 있었다. 하지만 이제 병사들이 지쳐서 휴식이 필요했기 때문에 그는 정예 기병 6,000명과 디마카이(*dimacae*)[272]라 불리는 300명의 강병(强兵)을 선발했다. 디마카이는 무거운 갑옷을 지니고 다녔지만, 말을 타고 다니다가, 상황 혹은 지형에 따라 필요하면 보병처럼 싸웠다.

알렉산드로스가 이와 같이 달려가고 있을 때, 오르실로스(Orsilos)와 미트라케네스(Mithracenes)가 베쏘스의 배신을 참다못해 알렉산드로스에게 귀순하고자 오고 있었다. 그들은 페르시아 군이 100Km 정도 떨어져 있지만 지름길을 알려주겠다고 했다. 알렉산드로스는 그들의 귀순에 기뻐하며 초저녁에 경기병대 일부를 데리고 그들이 가르쳐 준 길로 안내를 받아 떠났다. 보병들에게는 가능한 속도를 내어 따라오라고 명령했다. 그는 수미상관(首尾相關) 할 수 있도록 보조를 조절하면서, 그 자신이 직접 방진 형태로 짠 병력을 이끌고 나아갔다. 60Km 정도 전진한 다음, 알렉산드로스는 마자이오스의 아들 브로쿠벨로스(Brochubelos)[273]를 만났다. 그는 시리아의 전 태

272) 기병으로도 보병으로도 싸울 수 있는 이들이며, 갑옷은 보병보다는 가볍고, 기병보다는 무거웠다. 이 부대는 알렉산드로스가 고안했다.

수였다. 그도 전에 귀순해온 인물이었는데, 베쏘스가 40Km 정도 밖에 떨어지지 않은 곳에 있으며, 그의 병력은 경계도 하지 않고 대열도 흐트러진 채 진군하고 있다고 알렸다. 또 그들은 히르카니아(Hyrcania)로 향하고 있는 것이 분명하다고 했다. 알렉산드로스가 박차를 가해서 추격한다면 그들이 우왕좌왕할 때 따라잡을 수 있을 것이라고 말했다. 또 다레이오스는 아직 살아있다고 덧붙였다. 알렉산드로스는 원래부터 대단한 활동가인데, 지금은 그 귀순자가 베쏘스를 따라 잡겠다는 비정상적일 정도의 열정을 불러 일으켜 놓았다. 부하들은 말에 박차를 가하고 전력을 다해 달렸다. 이 때, 적이 진군해 가는 소음은 들렸지만, 먼지 구름 때문에 볼 수는 없었다. 알렉산드로스는 먼지가 가라앉도록 속도를 일시적으로 줄였다. 이제 이민족 군대가 그들을 발견했고, 그들도 적이 퇴각하는 것을 보게 되었다. 만약 베쏘스가 음모를 꾸몄던 때만큼만 용기를 가지고 교전에 임했다면 마케도니아 군은 상대가 안 되었을 것이다. 이민족 군대가 수나 전력 면에서 훨씬 우세였을 뿐만 아니라, 그들의 적은 지친 상태이고 자신들은 생기 있는 상태로 전투에 임했을 것이기 때문이다. 하지만 전장에서 엄청난 효과를 발휘하는 요소인 알렉산드로스의 이름과 명성 때문에 그들은 공포에 질려 도망치고 말았다.

베쏘스와 다른 배신자들은 다레이오스가 타고 있는 마차로 가서, 다레이오스에게 말에 올라 적에게서 도망치자고 권하기 시작했다.

---

273) 아리아노스, 『알렉산드로스 대왕 원정기』 3권 21장 1절에서는 그를 안티벨로스(Antibelos)라고 칭하고 있다. 아마도 아르티볼로스(Artibolos)를 잘못 옮긴 것으로 보인다. 그는 이미 바빌론에서 마자이오스와 같이 귀순하였다.

그러나 다레이오스는 그의 복수를 해주시기 위해 신들이 임하셨노라고 선언하면서, 알렉산드로스에게 보호해 달라고 외치면서 배신자들의 동행 요구를 거절했다. 이에 그들은 격분했다. 그들은 왕에게 각자의 창을 던진 다음, 많은 상처를 입고 창에 찔려 있는 그를 내버려 둔 채로 떠났다. 또 그들은 자신들이 나갈 길을 방해하자 다레이오스의 마차를 끌던 짐승들에게 칼질을 하여 불구로 만들어 버리고, 왕을 호종하던 노예 두 명도 죽여 버렸다. 그들은 이 범죄를 저지른 후, 각자가 살 길을 찾아서 따로 도망쳤다. 나바르자네스는 히르카니아로 향했고, 베쏘스는 기병 몇 명만 거느리고 박트리아로 도망쳤다. 지휘자를 잃은 이민족 군대는 희망 혹은 공포가 이끄는 대로 이리저리 흩어졌고, 단지 500명의 기병만이 저항해야 할지, 도망쳐야 할지를 결정 못하고서 한데 뭉쳐서 남아 있었다. 알렉산드로스는 적이 겁에 질렸다는 것을 파악했고, 니카노르에게 기병대 일부를 주어 적의 도주를 저지하게 하고 자신은 나머지 병사들을 데리고 추적했다. 저항하던 3,000명 정도의 병사들은 죽임을 당했지만, 나머지는 가축처럼 몰이를 당하게 되었다. 하지만 알렉산드로스가 유혈을 피하라고 했기 때문에 그들은 별다른 상처를 입지 않았다. 포로 중에 아무도 다레이오스가 타고 있던 마차가 어느 것인지 알 수 없었고, 마케도니아 군이 그들을 따라 잡았을 때도, 마차들을 하나하나 수색했지만, 왕이 도망친 곳을 알 수 없었다. 알렉산드로스가 속도를 내서 달려왔을 때, 3,000명도 안 되는 기병만이 그를 따라왔지만, 좀 더 천천히 따라온 병사들이 도주하던 페르시아 군을 모두 사로잡았다. 포로들이 사로잡은 자들 보다 훨씬 더 많은 기현상이 일어났다. 공포에 질린 페르시아 군은 불행에 완전히 휘말려 버려서 자신들이 수가 더 많고 적은 소수라는 사실조차 인식하지 못할 정도가 되었던 것이다.

그러는 사이, 마부가 없는 다레이오스의 마차는 큰 길에서 벗어나서 800여 미터 정도를 헤매다가 말들이 상처를 입고 더위에 지쳐 어느 계곡에 멈춰 섰다. 멈춰선 장소 근처에는 샘물이 있었다. 이때, 마케도니아 인 폴리스트라토스(Polystratos)가 그 지역을 아는 사람에게 안내를 받아서 이곳으로 왔다. 목이 말랐기 때문이다. 그는 투구를 벗어 거기에 물을 담아 마시고 있을 때, 죽어가는 말들의 몸통에 창들이 꽂혀 있는 것을 보았다. 그리고 말들이 여기까지 쫓겨 와서라기보다는 상처를 입었기에 의아해 했고, 거의 죽어가는 사람의[274) ]

[신음 소리에 놀랐다.]

274) 원문은 여기에서 끊어졌다. 5권의 마지막 부분과 6권의 첫 부분 원고가 산실되었기 때문이다. 5권의 마지막 부분은 아마도 다레이오스의 최후에 대한 서술이었을 것이다.

## 제 6권

[제 6권의 첫 부분 약간은 산실되었다. 쿠르티우스는 제 4권의 첫머리에서 약속한대로 이야기의 초점을 유럽에서 일어난 일들에 맞추고 있다. 알렉산드로스가 아시아에서 다레이오스와의 전쟁에 전념하고 있을 때, 트라키아를 맡았던 마케도니아 인 태수 멤논이 반란을 일으켰다. 마케도니아 섭정을 맡고 있던 안티파트로스가 그 반란을 진압하기 위해 군대를 이끌고 가 있는 동안, 스파르타에서는 아기스(Agis) 3세가 적어도 2만 명의 보병과 2천 명의 기병을 소집했다. 안티파트로스는 트라키아의 반란을 진압하고 4만 정도의 병력을 데리고 펠로폰네소스 반도로 남하하였다. 현재 남아있는 6권의 첫 부분에서는 메갈로폴리스(Megalopolis) 전투(기원전 331년)에서의 아기스 왕의 용맹과 사망을 자세히 얘기하고 있다.]

1. 그[275)]는 전투가 벌어지는 한 가운데에 뛰어들어 가장 맹렬하게 저항하는 자들을 베어 넘기면서 앞에 있는 적의 대부분을 물리쳤다. [그 때까지] 이기고 있던 측[276)]은 지나치게 흥분한 적의 추격을 받으면서 평지에까지 물러나기 시작했고, 반격하지 못한 채 쓰러졌다. 하지만 버티고 싸울 수 있는 지형에 도달하자 그들은 동등한 조건에서 싸웠다. 모든 스파르타 인들 중에서 아기스 왕은 특히 눈에 잘 띄었다. 체격이나 무기도 훌륭할 뿐 아니라, 용기가 대단하여 남이

---

275) 스파르타의 아기스 왕을 말한다. 스파르타의 공식 명칭은 라케다이몬(Lacedaemon)이고 원문에도 그렇게 표기되었지만, 이 책에서는 독자들의 편의상 스파르타로 번역한다.

276) 안티파트로스가 이끄는 마케도니아 군을 말한다.

따라올 수 없을 정도였기 때문이다. 그는 멀리서 또 가까이서, 모든 방향으로 공격을 받았다. 그는 방패로 적의 공격을 흘리거나, 민첩한 몸놀림으로 피해가면서 오랫동안 다방면의 공격을 받아내며 싸웠다. 하지만 결국 다리에 창을 맞아 피를 많이 흘려서 더 이상 싸울 수 없었다. 그가 상처를 입어 몸이 격렬하게 흔들리자, 그의 종자들은 그를 방패 위에 얹어[277] 재빨리 진영으로 후송했다.

그러나 스파르타 인들은 전투를 포기하지 않았다. 그들은 적보다 유리한 위치를 잡자마자, 밀집대형을 취하고 파도처럼 몰아쳐 오는 적의 공격을 견디어 냈다. 이보다 더 격렬한 전투가 없었다는 점은 기록해 둘만 하다. 가장 큰 군사적 명성을 자랑하는 양국의 군대는 거의 막상막하의 전투를 치렀다. 스파르타 군은 과거의 명성을 되새기며, 마케도니아 군은 현재의 영광을 생각하며 전투를 치렀다. 전자는 자유를 위해, 후자는 지배권을 위해 싸웠다. 스파르타 군은 지휘관을 잃었고, 마케도니아 군은 싸울 공간을 잃었다. 더구나 그날의 전운은 계속 변하고 있어서 양측에 교대로 자신감과 우려를 더해 주었다. 마치 운명의 여신께서 가장 용맹한 두 나라 병사들 사이의 충돌을 신중하게 조정하시는 것 같았다. 그러나 전장의 지형이 좁아 양군은 전면전을 벌일 수가 없었다. 그 결과 직접 싸우는 자들보다 구경할 수밖에 없는 병사들이 더 많았고, 사정거리 밖에 있는 병사들은 각자 아군을 향해 격려의 함성을 질렀다.

---

277) 그리스의 방패는 대개 지름이 1m 정도의 원형이었고, 약간 바깥쪽으로 볼록하며 안쪽에는 팔목을 끼울 수 있는 부분이 있고, 가장자리에는 가죽 끈들이 둘러져 있어서 들것으로도 활용할 수 있었다. 스파르타에서는 전장에 나가는 남자들을 배웅하면서 여자들이 "방패와 함께, 그렇지 못하다면 방패 위에!" 라고 소리 지르며 격려했다고 한다. 이는 승리하지 못한다면 차라리 들것 대용이 된 방패에 실려 오라는 의미였다.

결국 땀에 미끄러져 무기를 더 이상 잡기 어려워진 스파르타 군의 전열이 약화되었고, 물러서기 시작했다. 그 결과 마케도니아 군은 물러나기 시작하는 스파르타 군을 더 밀어 붙였고, 승리자 측은 질서를 잃은 적에 바짝 다가붙어서 스파르타 군이 장악했던 자리에 재빨리 자리를 잡고 아기스를 추격하기 시작했다. 부하들이 패주하고 적이 다가오는 것을 본 아기스는 자신을 땅에 내려놓으라고 명령했다. 그는 사지가 말을 듣는지 시험해보려 했으나, 그렇지 못하다는 것을 알게 되었다. 그는 땅에 무릎을 꿇고 재빨리 투구를 쓴 다음, 방패를 몸을 가리고 그가 누워 있을 때 그에게서 전리품을 벗겨내려는 적을 대적할 자세를 취하며 오른 손에 든 창을 휘두르기 시작했다. 누구도 감히 그와 일대일 전투를 벌이려 하지 않았다. 그리고 멀찌감치 서서 그에게 창을 던지기 시작했다. 그는 적에게 그 창들을 되던졌으나 결국 노출된 가슴에 창이 한 자루 꽂히고 말았다. 그는 상처에서 창을 뽑아내고, 기력이 다해 숙여지는 머리를 잠시 방패에 기댄 다음 자신의 무기 위로 쓰러졌다. 그는 온 몸에서 피를 뿜으며 마지막 숨을 거두었다. 스파르타 군의 전사자는 5,300명이고, 마케도니아 군의 전사자는 1,000명이 안되었으나, 상처를 입지 않고 진영으로 돌아간 자는 거의 없었다.[278]

이 승리로 인해 스파르타와 그 동맹국들만이 아니라 전쟁의 향방을 주시하고 있던 모든 사람들의 기가 죽었다. 안티파트로스는 그에게 축하의 말을 전하는 사람들의 속마음을 모르지는 않았으나, 전쟁을 빨리 끝내야만 하기 때문에 그런 기만을 눈감아 주었다. 안티파

278) 디오도로스 시쿨루스, 『역사 도서관』 17권 63장 3절에서는 마케도니아 전사자 수를 3,500명이라고 서술한다.

트로스는 이 전투를 승리해서 기뻤으나, 질투를 사게 될까봐 두려워했다. 그가 이룩해 낸 업적은 신하로서의 한계를 넘어섰기 때문이다. 실제로 알렉산드로스는 적의 패배를 바라기는 했지만, 그 승리의 공적이 안티파트로스에게 간 것에 대해서는 불쾌하다는 표현을 하였다. 그는 다른 사람의 신망이 높아지면 자신의 명성이 깎인다고 생각했기 때문이다.[279] 따라서 알렉산드로스의 성향을 잘 알고 있던 안티파트로스는 승리자로서 자신이 요구 조건을 결정하려 하지 않고 범 그리스 동맹 협의회에 맡겼다. 협의회의 결정에 따라 스파르타는 알렉산드로스에게 사절단을 보내야 했고, 테게아(Tegea)는 주모자는 제외하고 사면을 받았다. 또 아카이아와 엘레아(Elea)는 반란군이 포위 공격을 했던 도시인 메갈로폴리스에 120탈란톤을 배상하라는 명령을 받았다.

이렇게 전쟁은 끝났다. 이 전쟁은 갑자기 시작하여 알렉산드로스가 아르벨라에서 다레이오스를 패배시키기 전에 종결되었다.[280]

2. 알렉산드로스는 평화와 여가를 즐기기 보다는 전쟁을 더 편하게 여기는 사람이었다. 그런데 이제 그가 염려해야 할 일이 사라지자 방탕에 몸을 맡겼다. 그리고 페르시아의 무기로도 거꾸러지지 않았던 사람이 이제 페르시아의 악덕 앞에서 무너졌다. 아침 일찍부터 연회가 벌어졌으며, 밤새도록 술을 마시고 환락을 즐겼다. 그 자리에는 매춘부들도 많이 참석했다. 외국의 방식에 맞추어져 타락

279) 플루타르코스, 「아게실라오스 전」 15장에 따르면, 알렉산드로스는 메갈로폴리스 전투를 '생쥐들의 전투'라고 폄하했다고 한다.

280) 아마도 기원전 331년 늦여름이었을 것이다.

해 가는 전형적인 예였다. 그는 마치 외국인들이 마케도니아 인들보다 더 낫다는 듯이 그들과 즐기느라고 동포들의 눈과 마음을 거스르게 되었다. 그래서 알렉산드로스의 친구들 대부분이 그를 적으로까지 여기게 되어버렸다. 왜냐하면 고유의 몸 단련에 몰두하고, 쉽게 구할 수 있는 것들로 소박하게 식사를 하던 마케도니아 인을 이제 그가 외국, 그것도 정복한 나라의 관습으로 물들여 버렸기 때문이었다. 따라서 그의 생명을 노리는 음모가 자주 일어나고, 병사들의 폭동이 빈번해지며, 사람들이 모였다하면 대놓고 불평을 터트리는 일이 잦아진 것도 무리는 아니었다. 또 알렉산드로스가 왜 근거 없는 두려움 때문에 분노와 의심 사이에서 갈팡질팡했던지, 그리고 나중에 자세히 설명할 유사한 문제들이 왜 일어났는지도 설명이 된다.

알렉산드로스가 밤이고 낮이고 계속 연회를 벌이느라고 여흥은 연회의 지루함을 달래기 위해서나 사용할 뿐이었다. 하지만 그는 그리스에서 데려온 여러 공연자들에게는 만족하지 않았다. 대신 포로 여자들에게 자기네 방식으로 노래를 하게 해서 외국인에게는 귀에 거슬리는 그들의 서투른 노래를 감상하곤 했다. 왕은 이런 여자들 중에 하나가 다른 이들과 달리 눈을 내리 깔고, 또 부끄러워하면서 다른 여자들이 앞으로 밀어내는 것을 거절하는 모양을 보았다. 이 여자는 특히 아름다웠고, 조신한 태도로 인해 더 매력적이었다. 그녀는 눈을 바닥에 고정시키고, 얼굴은 가능한 가리고 있어서 왕은 그녀가 이런 저녁 식사 자리에서 공연할 사람이 아닌 고귀한 태생의 여자일 것이라고 추측했다. 그래서 물어보았더니, 그녀는 자신이 페르시아의 전왕인 오코스[281]의 손녀라고 대답했다. 그리고 히스타스페스(Hystaspes)의 아내였다. 히스타스페스는 다레이오스의 친척이며, 대단한 장군이었다.

왕은 그녀의 예전 신분 때문에 마음을 확실히 정하지 못했다. 그는 오코스 같이 유명한 전왕의 혈통이 이렇듯 운명의 부침을 겪고 있다는 점도 생각하였다. 그래서 이 여성을 풀어주도록 했을 뿐 아니라, 재산도 돌려주라고 명령했다. 또 그녀의 남편을 찾아보라고 하였다. 찾아지면 그녀를 남편에게 돌려주기 위해서였다. 다음 날, 그는 헤파이스티온을 시켜서 모든 포로들을 궁전에 모아 놓고, 평민 출신과 귀족 출신을 구분해 가면서 포로들 각자의 가계를 조사하도록 하였다. 귀족 출신은 1,000여명에 이르렀는데, 그 중에 다레이오스의 동생인 옥시다테스(Oxydates)가 있었다. 그는 왕의 동생이었기에 그들 중에 가장 고귀한 신분이었다. 옥시다테스는 다레이오스에 의해 처형 판결을 받아 쇠고랑을 차고 있었다. 알렉산드로스는 그를 해방시켜주고, 메디아 태수에 임명하였다. 그리고 오래되고 고귀한 가문에 걸 맞는 대우를 해주면서, 그를 자신의 친구들 중의 하나로 받아들여 주었다. 한편 최근에 거두어들인 전리품으로 26,000탈란톤이 모였는데, 그 중에 12,000탈란톤이 병사들에게 보너스로 지급되었다. 한편 그와 거의 비슷한 양의 돈을 부정하기로 악명 높은 관리 책임자들이 착복했다.[282)]

마케도니아 군은 여기에서 파르티에네로 진군해 갔다. 당시의 파르티에네는 사람들에게 많이 알려지지 않은 땅이었지만, 지금은 유

281) 오코스(아르타크세륵세스 3세)는 기원전 359-338년 재위했다. 바고아스(Bagoas)에게 독살당했다. 그의 후계자인 아르세스(Arses, 기원전 338년 11월 - 336년 7월) 역시 바고아스에게 희생되었다. 바고아스는 다레이오스 3세를 왕으로 추대했다.

282) 어떤 편집자들은 원문을 편집할 때, 이 역주가 달린 마지막 두 문장과 그 바로 앞의 세 문장의 순서를 바꾸는 경우도 있다.

프라테스 강과 티그리스 강 너머, 홍해 근처의 지역 중에서 가장 중요한 곳이다. 스키티아 인이 이 평탄하고 비옥한 지역을 점거하고 있는데, 이들은 오늘날에도 아시아와 유럽에서 거주하면서 말썽을 피우고 있다. 보스포러스 해협을 건너서 살고 있는 스키티아 인은 아시아 계로 간주된다. 그리고 유럽에 사는 스키티아 인들의 영역은 트라키아 서쪽에서 보리스테네스(Borysthenes) 강으로 뻗쳐있고, 또 거기서부터 일직선으로 타나이스(Tanais) 강까지 걸쳐있다. 타나이스 강은 유럽과 아시아 사이에서 흐르는 강이다.[283] 파르티아 인의 선조인 스키티아 인은 보스포러스 방면에서가 아니라 유럽 지역에서 유입된 것이 확실하다.

이 시기에는 저 유명한 도시인 헤카톰필로스(Hecatompylos)가 아직 건재했다. 알렉산드로스는 그리스 인이 세웠던 이 도시에 여러 날 머물면서 인근 지역에서 보급품을 걷어 모았다. 따라서 근거 없는 소문 - 심심한 병사들은 쓸데없는 소리를 떠들게 마련이다 - 이 떠돌게 되었다. 알렉산드로스가 이제까지의 전공에 만족하고 마케도니아로 곧 회군하려고 한다는 것이다. 병사들은 정신없이 각자의 군막으로 흩어져서 귀환 준비를 하기 시작 - 전면적인 이동 명령이 내려진 진영을 상상해 보시면 될 것이다. - 했고, 같은 군막을 쓰는 동료를 찾는 소리며, 마차에 짐 싣는 소리 등이 왕의 귀에 까지 들렸다. 그리스 병사들이 고향에 돌아가라는 명령을 받은 것도 이 소문을 믿게 하는데 일조했다. 또 왕이 그리스 기병들에게는 일인당 6,000데나리우스[284], 보병들에게는 1,000데나리우스 씩 주었기 때문

283) 보리스테네스 강은 오늘날의 드네프르(Dnieper) 강이고, 타나이스 강은 오늘날의 돈(Don) 강이다.

에, 그들 모두는 해산 시기가 임박했다고 생각했다.

당연히 알렉산드로스는 경각심을 느꼈다. 인디아 및 동방의 더 먼 지역으로까지의 원정을 마음먹고 있었기 때문이다. 그는 군막에 장군들을 불러 모아서, 눈에 눈물을 머금고 정복자라기보다는 패배자처럼 고향에 돌아가게 생겼으니 빛나는 위업에 제동이 걸려버렸다고 호소했다. 이는 병사들이 겁쟁이라서가 아니라 신들께서 질투하셔서, 조금만 지나면 더한 명성과 영광을 가지게 될 용감한 병사들에게 집에 돌아가고 싶다는 강한 열망을 불어 넣으셨기 때문이라는 것이다. 그러자 모든 장군들은 그를 지지하겠노라고 대답했다. 그리고 그들 각자는 가장 어려운 임무도 떠맡을 각오가 되어 있으며, 병사들 문제는 왕이 상황에 맞는 말로 적절히 위무해 주면 그들도 역시 충성을 다짐할 것이라고 말했다. 알렉산드로스는 그 충고에 따를 것이니, 연설을 할 수 있도록 병사들을 집합시키라고 일렀다. 그 상황에 맞는 모든 준비가 끝나자, 알렉산드로스는 병사들을 모두 소집하고 그들 앞에 나아가 다음과 같은 내용의 연설을 하였다.[285]

3. "병사들이여! 그대들이 성취한 위업의 규모를 생각해 본다면, 이제 평화를 갈구하게 되고 치열한 전투가 지겨워진 것도 전혀 놀라운 일은 아니다. 일리리아, 트리발리아, 보이오티아, 트라키아, 스파르타, 아카이아, 펠로폰네소스 등을 나의 지도력이나 전투로 복종시켜 내 명령과 지시를 따르게 한 일은 접어두도록 하자. 생각해 보라!

---

284) 은 1탈란톤에 해당한다. 은 1탈란톤은 앞의 역주에서도 말한 바 있지만, 아티카와 에우보이아 기준으로는 25.86Kg이며, 아이기나 기준으로는 37.80Kg이다.

285) 이 일화는 기원전 330년 7월경에 일어났다.

헬레스폰트에서 전투를 시작한 이래, 우리는 이오니아와 아이올리스를 저 거만한 야만족들에게서 구해냈고, 카리아, 리디아, 카파도키아, 프리기아, 파플라고니아, 팜필리아, 피시디아, 킬리키아, 시리아, 페니키아, 아르메니아, 페르시아, 메디아, 파르티에네 까지를 장악했다. 나는 남들이 도시를 정복한 수보다 더 많은 수의 지역을 정복했으며, 심지어 너무 많아서 몇 군데는 계산에서 빠질 지경이 아닌가!

그러므로 병사들이여! 만약 우리가 그렇게도 빨리 정복한 땅이 완전히 안전하다고 확신하기만 한다면, 오히려 그대들이 나를 붙잡는다고 해도 나 자신부터가 고향과, 어머니, 누이들[286], 그리고 동포들에게로 달려가려 할 것이다. 그러면 거기에서 나는 그대들과 함께 얻었던 명성과 영광을 즐길 것이다. 그곳에서는 우리가 승리한 데 대한 최고의 보상, 즉 기쁨에 겨운 자식들, 아내와 부모님, 평화와 고요, 우리가 용맹으로 얻어낸 것들을 걱정하지 않고 누리는 것 등이 우리를 기다리고 있을 것이다. 하지만 우리가 일구어 낸 제국은 이제 막 새로이 시작되었다. 또 진실을 인정할 준비가 되었다면 그대들에게 말하거니와, 이 제국은 아직 안전하지 않다. 이민족들은 지고 있는 멍에 아래에서 아직도 고개를 빳빳이 세우고 있다. 그들을 좀 더 유순한 성품으로 만들고, 야만성을 약화시켜 문명에 적응하도록 만들 시간이 필요하다. 심지어 곡식도 익기 위해서는 일정한 시간을 기다려야 하는 법이다. 부드러워 지기 위해서 시간이 필요한 점에 있어서는 무생물도 마찬가지이다. 이 나라의 종족들은 다른 사

---

286) 알렉산드로스는 에피로스의 왕 알렉산드로스와 결혼한 클레오파트라라는 친누이 하나 밖에 없다. 그러나 이복누이는 셋이 있었다. 그 중 에우로파(Europa)는 필리포스가 죽은 직후에 알렉산드로스의 어머니 올림피아에 의해 살해되었고, 나머지 두 이복누이는 키나(Kynna), 테살로니케(Thessalonike)이다.

람의 지배와 권위에 복종하는 데 익숙해져 있고, 우리와는 종교, 문화 혹은 언어 면에서 유사성이 없다. 그대들은 정말로 그들을 전투로 정복했다고 해서 복종시킬 수 있다고 생각하는가? 그들을 억제할 수 있는 것은 군사적인 힘일 뿐, 그들이 자신들의 성품 때문에 억제되어 있는 것은 아니다. 그들은 우리가 여기 있을 때만 두려워 할 뿐, 만약 우리가 떠나게 되면 다시 우리의 적이 될 것이다. 우리는 지금 한 떼의 야생 동물을 다루고 있는 셈이라서, 천성적으로 고집불통이므로 붙잡아서 가둬 두어도 오로지 시간이 지나야만 길이 들게 마련이다. 내가 지금까지 말한 것들은 다 예전에 다레이오스가 다스리던 것들이 모두 우리의 무기 아래 복종한다는 전제 하에서 한 이야기이다. 그런데 실상 나바르자네스는 히르카니아를 점거하고 있고, [다레이오스의] 시해범 베쏘스는 박트리아를 차지하고 있을 뿐 아니라 우리를 위협하고 있는 형편이다. 게다가 소그디아 인, 다하이인, 마사게타이 인, 사카이 인, 인디아 인도 여전히 독립을 유지하고 있다. 우리가 등을 돌리는 순간 그들 모두는 함께 우리의 뒤를 쫓아올 것이다. 그들은 모두 같은 종족이고, 우리는 외국인이며 종족적으로 다르기 때문이다. 모든 사람은 더 두려운 통치자라고 해도, 동족에 의해 다스려지는 것이 더 좋다고 여긴다. 그러니 지금은 우리가 가진 것을 놓아 버리든지, 아직 다 갖지 못한 것을 움켜쥐든지 양자택일을 해야만 한다. 병사들이여, 의사는 치료할 때 환자에게 해가 될지도 모르는 부위를 내버려 두지 않는다. 바로 그런 것처럼, 우리도 통치에 장애가 될 것이라면 그 무엇이라도 쳐 없애 버려야 한다. 간과해 넘긴 작은 불똥이 대화재로 변하는 일이 종종 있지 않던가! 적과 관련된 일이라면 어떤 것도 깔보면 위험한 법이다. 다른 사람을 얕보면, 그 무관심 때문에 그는 강해질 것이다. 다레이오스가 올

바른 계승권을 가지고 페르시아를 다스리지는 않았다고 해도 그는 내시 바고아스의 덕으로 키로스의 왕좌를 계승했다.[287] 그러니 베쏘스가 비어있는 왕좌를 차지하는 어려운 과업을 달성하지 못할 것이라고 속단하지 말라. 그러니 병사들이여, 우리가 다레이오스를 정복한 결과로 그저 권력이 그의 신하 - 그것도 자신이 모시고 있는 왕이 외부의 조력을 간절히 필요로 할 때(정복자인 우리마저도 확실히 그를 죽이지 않았을 텐데도), 그를 마치 포로처럼 사슬로 묶고, 그리고 마침내는 우리가 그를 구출하지도 못하게 살해하는 가증스런 범죄를 저지른 자 - 에게 옮겨질 뿐이라면 우리는 실수한 것이다.

그대들은 그런 자가 왕위를 가져가도록 허용할 것인가? 나 개인적으로는 그 자가 모든 군주 및 민족들에게 범한 범죄의 대가로 그리고 자신이 충성심을 모독한 대가로 십자가에 못 박혀 있는 꼴[288]을 하루빨리 보고 싶다. 하지만 바로 그 자가 그리스 도시들이나 헬레스폰트 연안 도시들을 유린하고 있다는 소식을 듣는다고 상상해 보라! 베쏘스가 그대들이 거둔 승리의 보상을 빼앗아 간다면 도대체 어떤 감정이 들겠는가? 그러면 그대들은 서둘러 그 손실을 회복하려 들 것이고, 무기를 잡을 것이다. 하지만 그가 아직 겁에 질려 있고, 자신을 거의 통제하지 못할 때 쓸어버리는 것보다 더 나은 전략이 있겠는가!

그렇게나 많은 눈을 밟고, 많은 강을 건너고, 엄청난 산맥들을 가로지른 그대들 앞에 '단지 4일'[289] 간의 행군만이 남아 있을 뿐이다.

---

287) 바고아스는 오코스의 경호대장이었지만, 오코스와 아르세스를 독살했다. 다레이오스는 그가 스스로 그 독을 마시지 않을 수 없도록 만들었다.

288) 반역자에 대한 십자가 처형은 로마의 전통적인 방식이다.

289) 대단히 낮춰 말하고 있다.

우리가 진군해 갈 길은 굽이치는 파도로 길을 뒤덮어 행군을 방해하는 바다가 있는 것도 아니고, 킬리키아의 좁은 산길로 인해 저지되지도 않다. 그저 우리 앞에는 평탄하고 쉬운 길만이 펼쳐져 있다. 우리 앞에는 제멋대로 구는 도망자와 살인자가 한 줌도 안 되게 남아 있을 뿐이다. 내 그대들에게 말하노니, 이는 그대들이 늘어난 명성을 후손들에게 전할 수 있을 고귀한 과업이다. 사람들은 이를 그대들의 가장 영광스러운 업적 중의 하나로 쳐줄 것이다. 즉, 그대들은 원수인 다레이오스가 죽자 더 이상 적대감을 갖지 않고 그의 시해범을 처단하여 원수를 위해서 복수해 줌으로써, 또 어떤 범죄도 그냥 보아 넘기지 않음으로써 고귀해지는 것이다. 만약 이 과업을 성취하여 페르시아 인들이 그대들은 정의로운 전쟁을 수행하고, 그대들의 분노는 범죄자 베쏘스를 겨냥하며 페르시아 인 종족을 겨냥하지는 않는다는 것을 실감하게 된다면, 얼마나 그대들에게 잘 복종하게 될 것인지를 생각해 보았는가?"

4. 그의 말이 끝나자, 병사들은 크게 환호하며, 이끄시는 대로 어디든지 따라가겠노라고 외쳤다. 알렉산드로스는 여세를 몰아 이틀 후에는 파르티에네를 통과하여 히르카니아와의 경계에까지 병력을 끌고 나갔다. 그는 파르티에네를 이민족의 침략에서 방어하기 위해서 크라테로스를 남겨두었다. 그에게는 자신이 지휘하던 병력과 아민타스가 이끌던 부대 및 600명의 기병, 600명의 궁수를 맡겼다. 그는 에리기오스에게 소규모 호송 부대를 주고 평야를 통과하는 길로 보급품을 수송하라고 이르는 한편, 자신은 중장보병 부대와 기병을 이끌고 30Km 정도를 가로 질러 간 다음, 히르카니아로 들어가는 입구 중의 하나인 한 계곡에 방어가 강화된 진영을 세웠다.

이 계곡에는 키 큰 나무들이 빽빽한 그늘을 드리우고 있었다. 계곡 위에 있는 절벽에서 흘러 내려오는 물들로 인해 이곳은 매우 비옥했다. 지오베티스(Ziobetis)[290] 강은 바로 이 산맥의 산자락에서 발원한다. 이 강은 600m 정도의 거리를 한 줄기로 흐르다가, 좁은 강바닥에 박혀있는 바위에 의해 두 줄기 지류로 나뉘어져 흐르게 된다. 그 다음에 급류가 되어 흐르는데, 강바닥에 박혀 있는 거친 바위들 때문에 점점 더 거칠게 흘러가다가 갑자기 땅 밑으로 흘러 들어간다. 그리고 60Km 가량을 보이지 않는 땅 밑에서 흘러가다가, 마치 또 다른 발원지에서 나타나는 것처럼 다시 땅위에 모습을 드러낸다. 이제 새로운 수로를 형상하게 된 강은 강바닥이 2.6Km 정도로 넓어지게 되기 때문에 전보다 더 많은 수량으로 흐른다. 강은 전보다 더 좁은 강둑 사이로 흐르게 되어 다시 좁은 수로가 되어 흐르다가 결국에는 리다그누스(Rhidagnus) 라고 불리는 강으로 합류한다. 그 지방 사람들은 무엇이든지 그 강의 수원지에 가까운 동굴 구멍에 던져 넣으면, 강이 다시 모습을 드러내는 두 번째 어귀에서 모습을 드러낸다고 한다. 그래서 알렉산드로스는 지반 아래로 물이 떨어지는 곳에 말 두 마리를 던져 넣도록 명령하고, 강물이 다시 나타나는 곳에 사람을 보내 방출된 말의 사체를 회수하도록 했다.

알렉산드로스가 병사들에게 같은 장소에서 4일간 휴식하도록 했을 때, 베쏘스와 같이 공모하여 다레이오스를 감금했던 나바르자네스로부터 한 통의 서한을 받았다. 서한의 취지인즉, 나바르자네스는 다레이오스의 원수가 아니라는 것이다. 사실 자기는 다레이오스에게 유용하다고 생각되는 권고를 했을 뿐인데, 왕에게 충성스러운 권고

290) 어떤 편집자는 스티보이테스(Stiboetes) 강이라고 해독하기도 했다.

를 했기 때문에 거의 살해될 뻔 했다는 것이 그의 주장이었다. 그의 말에 따르면, 다레이오스는 신변 보호를 용병부대에 맡기려고 했는데, 이는 합법적이고 정당한 일이 아닐뿐더러 230년 동안이나 한 마음으로 군주들에게 충성해 온 신하들의 충성심을 불신하는 행동이었다. 자신은 험준하고 미끄러운 길을 가야만 해서 상황이 인도하는 대로 따랐을 뿐이라고도 했다. 또 그는 계속해서 다레이오스가 바고아스를 죽인 다음에 반역을 꾀한 자를 처단했다고 해명하여 백성들을 만족시켰노라고 덧붙였다. 또 불쌍한 필멸자(必滅者)[291]에게는 목숨이 가장 소중하며, 살고 싶은 욕망 때문에 극단적인 수단을 택했노라고 해명했다. 하지만 그는 단지 상황에 쫓겼을 뿐이고, 실제적인 결과를 원하지는 않았으며, 전반적인 재난이 터지게 되면 모든 사람은 다 자신에게 유리한 쪽으로 움직이게 마련이라고 했다. 만약 알렉산드로스가 부르면 그는 의심하지 않고 오겠노라며, 마치 신이 다른 신들을 속이지 않는 것처럼 위대한 왕이 보장을 한 것을 어기지 않을 것이기에 두려워하지 않는다고 했다. 반면에 안전 보장을 받지 못할 것으로 생각되면 도망쳐 망명해 갈 장소는 많은데, 용감한 자는 어디든 정착하는 곳을 고향으로 삼기 때문이라고 말했다. 알렉산드로스는 지체하지 않고 나바르자네스에게 페르시아 방식으로 안전 보장을 해주면서, 만약 오기만 한다면 해를 당하지 않을 것이라고 했다.

그래도 알렉산드로스는 병력을 거느리고 진군하면서 방진을 짜고 규율을 잘 유지하면서 나아갔다. 또 계속 정찰병들을 내보내 전방의 지역을 탐사하도록 했다. 그는 경무장한 병력이 맨 앞에 나서서 선도

291) 죽을 운명을 가진 자, 즉 인간을 말한다.

하고, 중무장 보병들이 그 뒤를 따르며, 수송대는 보병 뒤에 가도록 했다. 알렉산드로스는 토착민들이 호전적이고, 또 지형이 험해서 경각심을 가지고 있었다. 계속 열려진 계곡이 카스피 해 까지 연결되어 있었는데, 그곳에서 마치 팔처럼 뻗어 나온 두 곶이 돌출되어 있고[292], 가운데 쪽으로 살짝 굽어 있었다. 그 모양이 만월 직전의 초승달 같았다. 그 왼쪽으로는 케르케타이(Cercetae), 모씨니(Mossyni), 칼리베스(Calybes)가 있었으며, 맞은편에는 레우코시리(Leucosyri) 인과 아마존(Amazon) 인들이 사는 평원이 있다. 전자는 계곡의 북쪽에 있고, 후자는 서쪽을 향하고 있다.

카스피 해는 다른 바다보다 소금기가 적은데, 큰 바다뱀들이 많이 서식하고 있으며, 이곳의 물고기들은 다른 곳의 물고기들과 색이 완전히 다르다. 어떤 이들은 이곳을 카스피 해라고 부르지만, 다른 이들은 히르카니아 해라고 부르기도 한다. 어떤 사람들은 이 바다로 흘러들어가는 습지의 물의 영향으로 다른 바다보다 소금기가 적다고 주장하면서, 팔루스 마이오티스(Palus Maeotis)[293]의 바다물이 이곳으로 흘러들어간다고 믿는다. 카스피 해 북쪽에서는 거대한 파도가 일어 연안 지역을 들이치기 때문에 파도들이 내륙 깊숙이까지 들어가고, 땅의 상당 부분에 물웅덩이들을 생기게 한다. 또 다른 기후 조건에서는 [파도가] 앞으로 나갔던 것만큼이나 맹렬하게 뒤로 물러나면서 원래의 자연 조건대로 땅을 회복시켜주며, 물이 빠지기도 한다. 그런데 어떤 사람들은 이 물이 카스피 해에서 온 것이 아니고 인디아에서 히르카니아로 온 것이라고 믿기도 한다. 히르카니

292) 카스피 해의 남쪽 부분이다.

293) 아조프(Azov) 해로써 흑해 북부에 있으면서 흑해에 연결되어 있는 내만이다.

아의 고지는 앞서 말한 대로 천천히 낮아져서 계속 낮아지는 계곡으로 이어지기 때문이다.

알렉산드로스는 여기서 4Km 정도를 진군하면서 아주 애를 먹었다. 숲이 짙게 드리워져 있어서 원래 거의 지나갈 수도 없는 길인데다가 급류와 밀물 때문에 방해를 받았기 때문이다. 그렇지만 적을 만나지는 않았기에 그는 계속 밀고 나가서 결국에는 좀 더 경작이 된 지역에 도착했다. 이 지역은 온갖 종류의 곡식을 많이 생산해 내고 있는데, 특히 과일은 대단히 풍부하다. 그리고 토양은 특히 포도 재배에 적합하다. 이 지역에서 종종 볼 수 있는 나무들은 마치 참나무처럼 생겼는데 잎에는 꿀이 맺혀 두텁게 덮여있다. 하지만 토착민들이 이 수액을 해가 뜨기 전에 모으지 않으면 기온이 높지 않아도 해가 뜨면 증발해 버린다.[294)]

여기서 6Km 정도를 더 전진해 나간 알렉산드로스는 프라타페르네스(Phrataphernes)를 만났다. 그는 다레이오스 사후에 도망친 병사들을 데리고 항복했다. 왕은 그를 정중하게 맞아들이고 작은 도시인 아르바이(Arvae)[295)]로 갔다. 그리고 그곳에서 크라테로스와 에리기오스를 만났다. 그들은 타푸리아(Tapuria)의 태수인 프라다테스[296)]를 데리고 왔다. 그 역시 사면 보장을 받았다. 이에 용기를 얻은 많은 사람들이 알렉산드로스의 자비심에 매달리게 되었다. 알렉산드로스

294) 성경 속에 나오는 만나(manna) - 이스라엘 백성이 이집트에서 탈출하여 사막에서 지낼 때 먹고 살았다는 - 를 연상하게 한다. 디오도로스 시쿨루스, 『역사 도서관』 17권 75장 4절에 따르면 이 근처 마을들은 '운 좋은 마을' 혹은 '풍성한 마을'이라고 불린다.

295) 아르바이는 오늘날 아스테라바드(Asterabad) 남쪽에 있는 지야베트(Ziyavet)이다.

296) 아우토프라다테스이다. 쿠르티우스의 실수거나 후대의 필사자(筆寫者)가 실수한 것으로 보인다.

는 오코스가 통치하고 있을 때 필리포스 왕의 궁정으로 망명해 왔던 마나피스(Manapis)[297]에게 히르카니아 태수직을 수여해 보상해 주었고, 타푸리아는 그대로 프라다테스가 다스리도록 해주었다.

5. 알렉산드로스는 히르카니아의 가장 안쪽 깊숙이까지 진군해 갔다. 그리고 그곳에서 다레이오스의 최고의 충신 - 앞서 말했듯이 - 이었던 아르타바조스를 만났다. 그는 자기 자식들과 다레이오스의 친척들, 소규모 그리스 인 부대를 데리고 있었다. 아르타바조스가 다가오자 왕은 오른 손을 그에게 내밀었다. 이 사람은 오코스가 왕이었을 때 필리포스의 빈객(賓客)이었고, 자신의 왕이 죽어가는 마지막 순간에까지 충의(忠義)를 다했던 사람이기 때문에 친근감 이상의 감정을 느꼈기 때문이다. 다정스러운 환영을 받은 알타바조스는 이렇게 말했다 : "전하, 하늘에 비오니 영원토록 행운을 누리시고, 은총이 함께 하시기를! 저는 이곳에 오게 되어 무척 행복합니다. 다만 그저 제가 늙어서 전하의 친절하신 환대를 오래도록 만끽하지 못할까 두려울 뿐 이옵니다." 그는 95세였고, 그를 수행해온 9명의 청년들은 모두 같은 어머니에게서 난 그의 아들들이었다. 아르타바조스는 아들들을 알렉산드로스의 오른 손 앞으로 이끌어가서 이들이 왕에게 오랫동안 봉사할 수 있도록 해 달라고 축수했다. 보통은 걸어 다니곤 하던 알렉산드로스는 이때 자신이 탈 말을 한 필 끌어오게 했다. 그리하여 자신은 말을 타고 있는데 왕이 서 있는 상황에

297) 아리아노스, 『알렉산드로스 대왕 원정기』 3권 22장 1절에서는 그를 아미나페스(Amminapes)로 칭한다. 아미나페스는 파르티아 인으로써 마자케스와 함께 이집트를 알렉산드로스에게 바치고 항복한 인물이다.

접하게 되어 노인이 당황하지 않도록 배려해 주었다.

알렉산드로스는 진영을 설치한 다음, 아르타바조스를 수행해 온 그리스 인들을 접견했다. 하지만 그들은 스파르타 인들과 시노페(Sinope) 인들에 대한 안전 보장이 되지 않으면 다음에 어떤 행동을 취할지 고려해 보겠다고 답했다. 문제가 되고 있는 사람들은 다레이오스에게 파견된 스파르타 사절들로서 다레이오스가 패배한 다음에는 페르시아 군 중에 있는 그리스 용병들과 같이 있었다. 왕이 안전에 대한 약속이나 보장은 해주지 못하며 어떤 결정이건 그대로 받아들이라고 말하자, 그들은 오랫동안 주저하고 동요하다가 결국 왕에게 오는 데 동의했다. 그러나 마케도니아에 가장 강력하게 저항했던 아테나이 인 데모크라테스(Demokrates)는 사면을 받지 못할 것이라고 생각하고 절망하여 자결하였다. 나머지는 자신들의 결정에 따라 알렉산드로스의 명령을 받들기로 했다. 그들의 수는 병사들이 1,500명, 다레이오스에게 파견된 사절단이 90명이었다. 병사들은 보충병으로 각 부대에 편입되었고, 다른 사람들은 고향으로 돌려보내 주었지만, 스파르타 인들에게는 감시를 붙여 구금해 두었다.

마르디아 인[298] - 히르카니아의 경계 근처에 거주하는 문화적으로 후진 종족이며 약탈이 생업이다 - 만이 사절단을 보내지 않았고, 그들만이 알렉산드로스의 명령을 듣지 않으려는 태도를 보였다. 따라서 이 한 종족이 '무적의 행군'을 막아선데 분노한 알렉산드로스는 수송대에 호위 부대를 붙여 남겨두고, 경무장한 부대를 거느리고 전진했다. 그는 밤과 새벽에 행군을 계속하여 적이 보이는 곳까지 갔다. 그 다음에 벌어진 일은 전투라기보다는 붕괴였다. 그들이

---

298) 혹은 아마르디(Amardi) 인.

점거하고 있던 언덕들에서 물러난 적은 패주했고, 주민들이 버리고 간 첫 번째 마을들은 마케도니아 군이 접수했다. 그러나 그 지역 깊숙이 들어갈수록 행군하기 어려워져서 마케도니아 군은 피로에 휩싸였다. 산마루들이 첩첩이 둘러싸고 있는데다가 키 큰 나무들로 이루어진 숲과 험준한 절벽들이 가득 있었기 때문이다. 좀 넓은 지역에서는 이민족들이 이상한 방어물들로 바리케이드를 쳐 놓았다. 나무들도 의도적으로 빽빽하게 심어져 있었다. 토착민들은 나뭇가지들도 아직 부드러울 때 손으로 구부려 꼬아 놓은 다음 다시 땅에 심어 놓았다. 땅에 심어진 가지들에서는 다시 새로운 뿌리와 줄기가 전보다 더 무성하게 솟아났다. 토착민들은 이 나무들과 가지들을 자연 그대로 자라게 내버려 두지 않고, 마치 격자무늬처럼 서로 얽어 놓았다. 두터운 잎사귀들로 인해 땅이 보이지 않았으며, 도로는 계속된 가지들로 인해 막혀버려 보이지 않는 함정이 되어 버렸다. 입구를 내려면 [칼이나 도끼로] 쳐 없애 가면서 갈 수 밖에 없는데, 나뭇가지들에는 옹이가 많고, 어린 가지들은 서로 뒤얽혀 마치 테처럼 늘어져 있어서 도끼가 내리치는 힘을 흡수해버리기 때문에 아주 고역이었다. 마치 짐승들처럼 덤불 사이로 기어 다니는 토착민들은 바로 이때에 숲으로 들어와서 몸을 숨기고 사격을 가하여 계속 적을 괴롭혔다. 알렉산드로스는 마치 사냥꾼처럼 그들의 은신처를 찾아내어 상당수를 죽였다. 마침내 그는 부하들을 시켜서 숲을 둘러싸고 열린 곳만 보이면 쳐들어갔다. 그러나 그 지역을 몰랐기 때문에 상당수가 길을 잃었고, 그 중 일부는 적에게 사로 잡혔다. 그리고 그 중에는 알렉산드로스가 동물들 중에서 가장 소중하게 여기는 애마인 부케팔라스(Bukephalas)[299]가 있었다. 이 말은 다른 사람을 태우려 하지 않고, 왕이 타려고 할 때는 무릎을 꿇고 타게 해주어서 사람들은 그 말이 기수를 알아본다고들 생각했다. 알렉산드로스의 분노와 슬픔은 정도를 벗어날 정도였다. 그는 말의 흔적을 찾아보게 하고, 통역을 시켜서 말이 돌아오지 못한다면 마르디아 인을 세상에 남겨두지 않겠다는 포고를 하게 했다. 이 경고에 겁을 집어 먹은 마르디아 인은 말을 데리고 오고 다른 선물들도 바쳤지만, 왕의 분노를 누그러뜨리지 못했다. 그는 숲을 베어 넘기게 하고, 산에서 흙을 날라 오게 하여 나뭇가지들이 장벽을 형성하고 있는 평지에 쌓아 올리게 하였다. 이 작업이 진척되어 상당한 높이까지 흙이 쌓여 올라가자 이민족들은 지형에 걸었던 희망을 버리고 항복했다. 왕은 그들에게서 인질들을 잡고, 프라다테스가 이들을 통제하도록 했다.

4일 후, 알렉산드로스는 진영으로 돌아왔다. 그는 아르타바조스에게 다레이오스에게 받았던 것보다 두 배로 명예를 안겨주고, 집으로 돌려보냈다. 그 후, 다레이오스가 머물렀던 히르카니아 시에 도착한 왕은 전에 안전 보장을 해주었던 나바르자네스를 만났다. 그는 알렉산드로스에게 값비싼 선물들을 바쳤는데, 그 중에는 나이가 한창 때인 아주 잘생긴 내시 바고아스(Bagoas)도 포함되었다. 다레이오스는 그와 성생활을 즐겼는데, 알렉산드로스도 그리 했다.[300] 알렉산드로스가 나바르자네스를 용서해 준 데는 바고아스가 변호해 준 덕이 가장 컸다.

앞서 언급한대로 히르카니아의 경계에는 아마존 인들이 살았다. 그

---

299) 어깨에 황소 머리 표지가 낙인으로 찍혔기 때문에 부케팔라스라고 불렸으며, 알렉산드로스가 아직 소년이었을 때 직접 길들인 말이다.

300) 그리스나 로마 및 근동에서는 양성애가 흔한 일이었다. 오늘날의 동성애와는 개념이 다르며, 당시의 관행이었으므로 현재의 윤리로 속단할 수 없다.

들은 테르모돈(Thermodon) 강의 지역에 있는 테미스키라(Themiscyra) 평원에 거주했다. 그들의 여왕 탈레스트리스(Thalestris)는 코카서스 산맥에서 파시스(Phasis) 강에 이르는 전 영역에 사는 사람들을 지배했다. 열렬히 알렉산드로스를 만나보고 싶어 했던 아마존 여왕은 자신이 다스리는 영역을 떠나 그를 보러 왔다. 알렉산드로스가 있는 곳에서 멀지 않은 곳에 도착한 여왕은 먼저 전령들을 보내 그를 만나보고 싶어서 여왕이 직접 찾아왔으며 교분을 맺기를 원한다고 알렸다. 바로 접견할 수 있다는 허락을 받은 여왕은 일행들에게 대기하라고 이르고 300명의 여성들만을 수행시키고 앞으로 나아갔다. 그녀는 알렉산드로스를 보자마자, 오른 손에 두 자루의 창을 쥔 채로 누구의 도움도 받지 않고 말에서 뛰어 내렸다. 아마존 인들의 의상은 몸 전체를 가리지 않는다. 몸 왼쪽은 젖가슴을 노출하고 그 외는 가리는데, 매듭을 지어 묶는 의복의 가장자리는 무릎 위까지만 온다. 왼쪽 젖가슴은 여자아이를 키우는데 쓰기 위해 남겨두지만[301], 오른 쪽 젖가슴은 활을 당기고 무기를 다루기 쉽게 하기 위해 자르고 불로 지졌다.

탈레스트리스는 얼굴에 전혀 두려운 기색을 보이지 않고 알렉산드로스를 응시했다. 그녀는 그의 대단한 업적에 어울리지 않아 보이는 그의 체격을 눈으로 훑어보았다. 모든 이민족은 위업을 성취할 만한 사람에게는 자연이 육체적으로 특별한 외양을 허락해 준다고 믿고 있기 때문이다. 그녀는 소청이 있느냐는 질문을 받자, 주저하지 않고 알렉산드로스의 아이를 갖고 싶어서 왔다고 밝혔다. 자신은 그의 제국의 후계자로 어울릴 만한 아이를 낳아주기에 적합한 사람이라는 것이다. 그녀는 여자 아이를 낳으면 자신이 키울 것이고, 남자 아이

---

301) 남자 아이는 아버지에게로 보내 키우게 한다.

를 낳으면 아버지에게 보내겠다고 말했다. 알렉산드로스는 그녀에게 종군할 의향이 있느냐고 물었다. 그녀는 자신의 왕국의 방어 때문에 종군은 안 되겠다고 거절하고, 자신의 희망을 들어달라고 계속 졸랐다. 잠자리를 같이 하겠다는 그녀의 욕망은 알렉산드로스보다 훨씬 격렬해서 그녀는 알렉산드로스에게 그곳에서 며칠 더 머물라고 밀어붙였다. 13일 동안 그녀의 욕구를 채워주고 나서, 알렉산드로스는 파르티에네로, 탈레스트리스는 자신의 왕국으로 떠났다.

6. 이 시점에서 알렉산드로스는 욕망을 억제하지 않게 되었다. 그가 최고의 행운을 구가하고 있을 때의 덕성이었던 자제력과 금욕이 타락하여 거만과 방탕으로 변하고 말았다. 그는 건전하고 소박한 마케도니아 인의 전통적인 관습과 마케도니아 왕이 취하던 겸손한 태도가 이제 대단한 자리에 서게 된 자신에게는 어울리지 않는다고 생각하게 되었다. 그리고 반신적(半神的) 지위를 내세우는 페르시아의 왕권을 흉내 내기 시작했다. 그는 몇 십이나 되는 민족들을 정복한 부하들이 땅에 엎드려 자신에게 경배하기를 원하게 되었고, 점차 그들이 노예의 의무를 다하는데 익숙하게 만들었으며, 그들을 포로 취급하였다. 따라서 그는 이마에는 예전에 다레이오스가 착용한 것 같은 흰색을 섞어 짠 자주색의 머리띠 장식을 착용하고 페르시아 식 의복을 입었다. 그러면서 정복자의 표식을 피정복자의 의상으로 갈아입는 행위가 암시하고 있는 징조를 두려워하지 않았다. 그는 자신이 페르시아를 정복하고 얻은 전리품을 입고 있다고 주장했으나, 실상은 페르시아의 관습도, 화려한 옷차림에 수반되는 남을 깔보는 태도도 취하고 있었다. 더욱이 그는 유럽으로 서한을 보낼 때에는 자신의 옛날 인장반지로 봉인을 했지만, 아시아에 서한을 보낼 때에는

다레이오스의 인장반지로 봉인을 해서 보냈다. 확실히 한 사람의 마음으로는 두 나라의 운명에 똑같이 대처할 수는 없다.[302] 게다가 그는 친구들과 기병대, 지휘관급 병사들에게도 페르시아 식의 옷을 입도록 강요했다. 그들은 별로 입고 싶지 않았지만, 감히 입지 않겠다고 거부할 수는 없었다. 왕궁에는 다레이오스가 그랬던 것처럼 365명의 비빈(妃嬪)을 채워 놓았고, 그와 더불어 여자 역할을 하는 내시들을 한 무리 데려다 놓았다.

이런 음탕함을 겪어보지 못했던 필리포스 이래의 노병(老兵)들은 방종과 외래의 관습에 한 대 얻어맞은 것처럼 놀라서, 대놓고 반발했다. 진영 전체에서 병사들은 한 목소리로 전쟁에서 얻은 것보다 승리해서 잃은 것이 더 많으며, 무엇보다 외국과 해외의 관습에 굴복하게 되었으니 정복당한 자가 되어버린 셈이라고 불평했다. 그들은 포로처럼 입고 고국에 돌아가서 어찌 동포들을 대하겠느냐고 물었다. 그들은 이제 스스로 부끄러우며, 왕이 정복자라기보다는 피정복자 중의 한 명이 되어버린 것 같고, 마케도니아의 왕에서 다레이오스의 태수로 강등되어 버린 것 같다고 말했다.

알렉산드로스는 자신의 주요한 친구들과 병사들이 전체적으로 반발하고 있다는 것을 알고, 관대하게 선물들을 베풀어 다시 환심을 사려고 했다. 하지만 필자의 생각으로는 자유민은 노예 상태에 대한 보상을 받는 것을 불쾌해 한다. 그 결과 폭동을 예방하기 위해서는 전쟁으로 이런 상태를 끊어주는 것이 필요했는데, 때를 맞추어 그럴 기회가 다가오고 있었다. 왕의 의상을 갖춰 입은 베쏘스가 자신을

302) 알렉산드로스가 페르시아 의상을 입은 것은 개인적인 취향이라기보다는 정치적 고려에서 나온 것이었겠지만, 마케도니아 병사들은 이를 매우 싫어했다.

'아르타크세륵세스'(Artaxexes)라고 칭하며 스키티아 인과 타나이스 인근 지역 민족들에게 소집령을 내리고 있었기 때문이다. 알렉산드로스에 의해 신변 보장을 받고 전에 다스리던 지역의 지휘권을 받았던 사티바르자네스(Satibarzanes)[303]가 이 소식을 전해왔다. 마케도니아 군은 전리품과 사치품들을 바리바리 싸 짊어지고 있어서 거의 움직일 수도 없을 지경이었다. 그래서 알렉산드로스는 명령을 내려 먼저 자신의 물건들을, 그리고 꼭 필요한 물건들만을 제외한 병사들의 모든 짐을 한가운데에 쌓아 올리도록 했다. 병사들은 넓은 평원에 짐을 실은 마차들을 몰고 왔다. 그리고 모든 병사들은 다음 명령이 무엇인지 궁금해 하며 주시하고 있었다. 그는 말들은 따로 마차에서 떼어 놓으라고 명령한 뒤, 직접 횃불을 들고 자신의 짐에 불을 붙인 다음 나머지 짐들도 모두 태워버리라고 지시했다. 그 물건들의 소유자들이 불을 붙이자, 때로는 적의 도시를 침공했을 때 온전한 물건들을 얻기 위해 불길을 잡아가며 구했던 물건들이 연기에 휩싸였다. 하지만 피를 흘려가며 얻은 전리품을 잃는데 대해 한탄하는 사람은 한 명도 없었다. 똑같은 화염이 왕의 귀중품들도 집어 삼키고 있었기 때문이다. 그들은 빠른 시간 내에 이성으로 아쉬움을 억누르고, 원정 준비를 시작하여 모든 준비를 마쳤다. 그들은 자신들의 기율이 희생된 것보다는 차라리 짐이 희생된 것이 낫다고 기꺼워하였다.

그리고 박트리아 지방으로 진군해 가고 있을 때, 파르메니온의 아들 니카노르[304]가 급사했다. 전군이 그의 죽음을 슬퍼했지만, 특히 다른 누구보다 알렉산드로스가 애통해 하여 전군을 정지시키고 장

303) 아리아(Aria) 지역의 태수.

304) 니카노르는 경호대장이었다.

례를 치렀다. 그러나 보급이 부족하여 서둘러 출발해야만 하게 되자, 그는 니카노르의 형제인 필로타스에게 2,600명의 병사를 붙여주고, 남아서 장례를 마저 치르도록 하는 한편, 자신은 서둘러 베쏘스에게 진군했다. 그가 진군해 가는 도중에 주변 지역 태수들로부터의 서한들이 도착했다. 그는 이 서한들을 보고 베쏘스가 공격적인 자세를 취하여 군대를 이끌고 그를 맞으러 오고 있다는 것과 알렉산드로스가 아리아 태수로 임명했던 사티바르자네스도 변절하였다는 소식을 알게 되었다. 따라서 알렉산드로스는 베쏘스를 대적할 의도로 출군했지만, 사티바르자네스를 먼저 쳐부숴야겠다고 생각이 바뀌었다. 그는 병무장 부대와 기병대만을 데리고 밤을 새워 빠르게 진군하여, 적이 알아차리지 못하는 사이에 적이 있는 곳에 도착했다. 사티바르자네스는 그가 도착했다는 소식을 듣고 2,000명의 기병대 - 그가 창졸간에 소집할 수 있었던 최대의 수였다 - 를 거느리고 박트리아로 도망쳤다. 남은 병력은 근처의 언덕들에 자리를 잡았다.

이 언덕들은 바위산이었고, 서쪽으로는 험준했지만 동쪽으로는 비교적 완만한 경사면이었다. 동쪽 사면에는 숲이 울창했고, 연중 언제나 물이 풍성하게 솟아나는 샘이 있었다. 그 둘레는 6.4Km 정도였으며, 그 정상은 고원이었다. 아리아(Aria) 인들은 그 고원에 전투에 적합지 않은 사람들을 모아 자리를 잡고, 절벽이 튀어 나온 곳에 통나무와 바위들을 모아 방어선을 구축하였다. 무장한 아리아 인들은 13,000명이었다. 그는 크라테로스에게 이들을 막고 있으라고 명하고 빠르게 사티바르자네스를 추격했으나, 그가 너무 멀리 도망쳤다는 것을 알고 되돌아가서 산 위에 자리 잡고 있는 적을 급습했다.

처음에 그는 진격하고 있는 도로 위의 것들을 모두 치우라고 명령했으나, 건너갈 수 없는 바위산들과 험준한 절벽들이 있는 곳에 이르자 천연적인 방벽을 상대로는 그런 노력이 쓸데없다는 것을 알게 되었다. 그러나 알렉산드로스는 언제나 난관에 부딪치면 주눅이 들지 않고 덤벼드는 성격이었다. 앞으로 나가기도 어렵고 퇴각하기도 위험한 상황 속에서 생각에 생각을 거듭하여 모든 아이디어를 짜내게 되었다. 마치 우리가 처음 드는 생각은 채택하지 않는 것처럼. 그가 진퇴유곡에 빠져있을 때, 갑자기 이성으로는 생각할 수 없는 계획이 우연히 떠올랐다. 서쪽에서부터 강한 바람이 불고 있었고, 병사들은 바위산을 넘어가는 길을 내기 위해 많은 양의 나무를 베어 놓았는데, 찌는 것 같은 더위로 그 나무들은 잘 말라있었다. 그래서 알렉산드로스는 연료로 쓰기 위해 더 많은 나무들을 쌓아올리게 하였다. 나뭇단은 빠르게 쌓여서 거의 언덕의 높이만큼 올라가게 되었다. 그 다음 사방에서 불을 붙이자, 그 나뭇단들은 화염으로 변했다. 바람에 의해 화염이 적의 코앞에까지 날려갔고, 짙은 연기가 구름처럼 하늘을 가렸다. 나무들은 타들어가면서 따닥따닥 거리는 소리를 냈고, 병사들이 불을 붙이지 않은 부분들도 마찬가지로 불타올라서 불길은 이제 주변에 있는 모든 것을 불태우기 시작했다. 이민족들은 불길이 어느 쪽이건 없어지기만 한다면 이 심한 고통에서 탈출하려고 애써보았으나, 불길은 적에게 도망칠 통로를 하나도 남겨주지 않았다. 그래서 그들은 여러 가지 방법으로 죽어갔다. 일부는 불속에 몸을 던졌고, 일부는 바위산 위에서 투신했으며, 나머지 사람들은 적의 공격에 몸을 맡겨서 겨우 소수의 사람들만이 몸이 반쯤 익은 채 포로가 되었다.

알렉산드로스는 이곳에서 크라테로스가 있는 곳으로 돌아갔다. 크라테로스는 아르타카나(Artakana)[305]를 공략하고 있었다. 그는 필요한 모든 준비를 마친 다음에 왕에게 도시 점령의 명예를 양보하기 위해 기다렸다. 이는 옳고 적절한 판단이었다. 그래서 알렉산드로스는 공성탑을 전진시켰다. 이 광경을 보기만 해도 이미 겁에 질린 이민족들은 팔을 성 밖으로 뻗고 손바닥은 위로 향한 채, 이 반란의 주모자인 사티바르자네스에게 분노하고 탄원자인 자기들은 용서해 달라고 애원하기 시작했다. 왕은 그들을 용서하여 포위를 풀었을 뿐 아니라, 주민들의 재산도 모두 돌려주었다.

이 도시를 떠나면서 알렉산드로스는 새로운 보충병을 받게 되었다. 조일로스(Zoilos)가 그리스에서 500명의 기병을 데리고 왔고, 안티파트로스가 일리리쿰(Illyricum)에서 3,000명을 보냈으며, 필리포스가 테살리아 기병 130명을 데리고 왔다. 리디아로부터 2,600명의 용병들이 도착했고, 같은 종족으로 구성된 300명의 기병대도 같이 왔다. 이렇게 병력을 강화한 알렉산드로스는 호전적인 종족인 드랑가이아(Drangaia)인에게로 진군했다. 그들의 태수인 바르자엔테스(Barzaentes)는 베쏘스(Bessos)가 다레이오스 왕에 대해 범죄를 저지를 때의 공범이었다. 그는 자신이 받을 처벌을 두려워하여 인디아로 도망쳤다.

7. 알렉산드로스는 적과 싸워 패배하지도, 공격을 받지도 않고 8일간 지낸 후, 무사히 진영으로 귀환했지만 돌아와서는 내부 음모의 대상이 되었다. 왕과 약간의 교분을 나누고 지내는 딤노스(Dymnos)[306]라는 인물은 니코마코스(Nicomachos)라는 미소년에게 열렬한 애정을 느끼고 있던 참이었다. 그래서 아주 푹 빠져 있었기 때문에 그가 바라는

---

305) 정확한 위치는 알려지지 않았다. 아마도 아리아 지역에서 가장 큰 도시였을 것이다. 오늘날의 헤라트(Herat) 일 가능성이 있다.

306) 플루타르코스, 「알렉산드로스 전」 49장 3절 이하에서는 그를 림노스(Limnos)라고 칭하고 있다.

것은 무엇이든 들어주었다. 딤노스는 누가 보더라도 흥분한 얼굴을 하고 니코마코스를 데리고 신전으로 갔다. 그곳에 다른 아무도 없자, 그는 먼저 지금부터 이야기하는 것은 비밀이니 누구에게도 누설하지 말라고 하였다. 니코마코스가 매우 궁금해 하자, 그는 서로가 가진 애정과 서로 나눈 서약들을 걸고 지금부터 털어놓는 이야기를 비밀로 하겠다고 맹세하게 했다. 니코마코스는 딤노스가 하려는 말이 맹세를 깨트리게 할 정도의 말이라고는 생각지 않아서 신들께 걸고 비밀을 지키겠노라는 맹세를 했다. 그러자 딤노스는 지금 왕에 대한 시해 음모가 진행 중이며 이틀 안에 거행될 예정이고, 자신도 포함되어 있을 뿐 아니라 몇몇 용감하고 저명한 사람들이 가담하고 있다고 말했다.

이 말을 들은 니코마코스는 반역에 가담하겠다는 맹세를 단호하게 거부하고, 아무리 종교적으로 생각해도 범죄를 덮어줄 수 없는 노릇이라고 말했다. 사랑과 두려움에 넋이 나간 딤노스는 울면서 소년의 오른 손을 잡았다. 그리고 처음에는 그 음모에 가담하여 같이 거사를 실행하자고 했다. 그리고 만약 그렇지 않을 것이라면 적어도 자신을 배신하지는 말아달라고 간청했다. 그는 이제껏 행동으로 그에 대한 사랑을 충분히 증명해 왔는데, 이제는 이전에 시험해 보지 않았던 방법을 사용한다고, 즉 자신의 생명을 맡긴다고 말했다. 그러나 결국 니코마코스가 계속 그 범죄를 혐오한다고 주장하자, 그는 니코마코스를 죽여서 이 고귀한 거사의 시작으로 삼겠다면서 목숨으로 위협했다. 그 다음에는 그를 여자 같은 겁쟁이니, 사랑의 배신자니 하고 부르면서 입에 발린 약속들 - 왕권에 대한 언급마저 했다 - 을 했지만, 니코마코스는 그런 극악한 범죄에는 계속 반발하고 있었다. 그 다음으로는 칼을 뽑아서 처음에는 니코마코스의 목에 다음에는 자기 목에 가져다대면서 협박과 애원을 거듭했다. 그러다가 결국 그는 그 사실에 대해 입을 다물 뿐 아니라 음모에 가담하겠다는 약속을 받아 냈다. 사실 니코마코스는 순진한 사람에 어울리는 신념을 일관되게 갖춘 인물이었다. 그는 처음에 가졌던 결심이 흔들리지는 않았으나, 딤노스에 대한 사랑 때문에 그의 말을 거부할 수 없었던 것뿐이었다. 그는 어떤 사람과 일하느냐가 이런 중대한 계획에 크게 영향을 미친다고 말하며 이 계획에 가담한 사람이 누구인지를 탐문하기 시작했다. 사랑과 죄책감에 정신이 없던 딤노스는 니코마코스가 거리낌 없이 용감한 사람들 사이에 낀 것에 대해 한편 감사하고 한편 축하한다고 하면서, 경호대원인 데메트리오스(Demetrios)[307], 페우콜라우스(Peucolaus), 니카노르가 가담자들이라고 말했다. 딤노스는 그들 이외에도 아포베투스(Aphobetus), 이올라오스(Iolaos), 디옥세노스(Dioxenos), 아르케폴리스(Archepolis), 아민타스가 공범이라고 덧붙였다.

니코마코스는 자신이 들은 이야기를 형인 케발리노스(Kebalinos)에게 옮겼다. 그들은 왕과 가깝게 지내는 사이가 아닌 니코마코스가 왕의 군막에 들어가면 배신이 들통 날 터이므로 군막에 머물러 있기로 했다. 대신 케발리노스가 왕의 군막 앞에 서서 왕과 가까운 누군가가 나와서 자신을 왕에게 데려다 주기를 기다리며 서 있었다. 그는 더 이상 안으로 들어가는 것이 허용되지 않았기 때문이다. 이때, 다른 사람들은 모두 해산했고, 파르메니온의 아들 필로타스 만이 왕이 있는 구역에 남아 있었다. 왜 그가 남아 있었는지에 대해서는 알 수 없다. 눈에 띄게 주저하던 케발리노스는 그에게 당황한 말투로 자신이 동생에게 들었던 사실을 털어 놓고 왕에게 지체 없이 알려야 한다고 주장했다. 필로타스는 그를 칭찬하고 바로 알렉산드

---

307) 경호부대에서 가장 지위가 높은 7인중 하나이다.

로스에게 갔다. 하지만 다른 문제들에 대해 오래 의논하느라고 케발리노스에게서 들은 말은 한 마디도 하지 못했다. 저녁 무렵에 이 청년은 왕의 군막에서 나오는 필로타스를 입구에서 붙잡고 자신이 말한 것을 말씀드렸는지 물어보았다. 필로타스는 알렉산드로스가 바빠서 말씀드릴 시간이 없었다고 하면서 가버렸다. 다음 날, 케발리노스는 왕의 군막이 있는 지역 앞에 있다가 필로타스가 오자 전 날 말했던 문제를 다시 상기시켰다. 필로타스는 알았다고 대답했지만, 그 때도 왕에게 자신이 들은 말을 털어 놓지 못했다.

케발리노스는 그를 의심하기 시작했다. 그에게 다시 말을 건다는 것은 현명치 못한 행위라고 생각한 케발리노스는 무기고를 책임지고 있는 메트론(Metron)[308]이라는 젊은 귀족에게 가서 정보를 전해주었다. 메트론은 케발리노스를 무기고 안에 숨겨 놓고 즉시 왕에게 제보자의 진술을 알렸다. 왕은 그 때 목욕 중이었다. 왕은 경호대원들을 보내 딤노스를 체포하게 하고 무기고로 갔다. 케발리노스는 기쁨에 겨워 소리쳤다. "전하, 무사하시군요! 제가 전하를 범죄자들의 손아귀에서 구했습니다." 알렉산드로스는 그에게 세부 사항을 질문했고, 그가 조리 있게 대답하자 니코마코스에게 얘기를 들은 지 며칠이나 되었느냐고 물었다. 케발리노스가 이틀이라고 대답하자, 그는 그렇게 늦게 알렸다는 것은 충성심에 문제가 있다는 증거라고 생각했기 때문에 케발리노스를 잡아 묶으라고 명령했다. 그러나 케발리노스는 울부짖으면서 자신은 음모를 듣는 즉시 필로타스에게 뛰어갔으며, 필로타스는 그에게서 자세히 이야기를 들었노라고 했다. 왕은 그에게 필로타스에게 갔는지, 또 그들이 알렉산드로스에게

308) 알렉산드로스의 시중을 들던 귀족층 자제들 중 한 명이다.

가야한다고 말했는지 다시 물어보았다. 케발리노스가 내용을 다시 확인시켜주자, 왕은 눈물을 흘리고 손을 하늘로 뻗치면서 가장 친한 친구들 중의 한 명에게 그런 앙갚음을 받은 것에 대해 애통해했다.

그러는 사이에 왕에게 소환되는 이유를 잘 알고 있던 딤노스는 차고 있던 칼로 자결을 시도했으나 치명상만을 입었을 뿐이었다. 경호대원들은 그에게 달려들어 자결 시도를 제지하고 그를 왕의 군막으로 옮겨 놓았다. 알렉산드로스는 딤노스를 보면서 말했다. "딤노스, 내가 너에게 어떤 잘못을 했기에 나보다 필로타스가 더 왕의 자리에 어울린다고 판단했더란 말이냐?" 하지만 딤노스는 이미 말할 기운도 없었다. 그는 신음하면서 왕과 눈을 마주치지 못하고 얼굴을 돌렸으며, 곧 쓰러져 숨을 거두었다.

왕은 명령을 내려 필로타스를 군막으로 호출하여 말했다. "케발리노스가 내 생명을 노리는 음모를 이틀이나 감추고 말하지 않았다면 극형을 받아 마땅하다. 하지만 그는 자네에게 즉시 정보를 전달했다며 책임을 회피하고 있다. 자네와 나 사이의 밀접한 우정으로 비추어 보건대, 자네가 만약 그 사실을 감추고 말하지 않았다면 그것은 더욱 비난받을 일이다. 내 생각으로는 자네가 그랬을 것 같지 않고 케발리노스가 그랬을 것 같다. 나는 자네에 대해 호의적인 재판관이니, 깨끗하게 해명할 일이 있다면 말해보게."

표정을 보고 감정을 판단할 수 있다면, 필로타스는 전혀 거리낌이 없어 보였다. 그는 "예, 전하. 케발리노스가 저에게 그 소년과의 대화 내용을 말하긴 했습니다. 하지만 근거 없는 이야기라고 생각하여 별로 중요하게 생각하지 않았습니다. 그저 미소년과 그의 애인 사이의 사랑싸움을 보고하여 웃음거리가 되고 싶지는 않았기 때문입니다. 하지만 이제 딤노스가 자결한 이상에는 그저 조용히 묻어두고 넘어갈 일이 아닌 것이 분명해졌습니다." 그리고 그는 무기를 왕의 주변에 던지며, 현재의 실수 - 그것도 무슨 일을 행한 것도 아니고 그저 침묵을 지켰을 뿐인 - 로 판단하지 마시고 예전의 공로를 참작해주시라고 애원했다. 왕이 그를 신뢰했는지, 아니면 마음 속 깊숙이 분노를 묻어두었는지에 대해서는 말하기 힘들다. 왕은 화해의 표시로 오른 손을 필로타스에게 내밀며, "내 생각에도 폭로하기 보다는 별 거 아니라고 웃어넘겼을 것 같네"라고 말했다.

8. 그랬지만 알렉산드로스는 필로타스는 부르지 않고 친구들을 소집한 다음, 니코마코스를 그들 앞으로 데려오게 했다. 니코마코스는 자신의 형이 했던 이야기를 전부 되풀이 했다. 그 당시 왕의 가장 친한 친구 중 한 명인 크라테로스는 자리 경쟁 때문에 필로타스에게 당연히 적대감을 느끼고 있었다. 그리고 필로타스가 종종 왕에게 자신의 용기와 전공을 지나치게 자랑하여 왕의 귀를 피곤하게 했다는 것도 잘 알고 있었다. 그래서 필로타스가 무고하다는 것은 짐작이 갔으나, 지나치게 건방졌다고 생각했다. 호적수를 파멸시키는 데에 이보다 좋은 기회는 없을 것이라고 생각한 크라테로스는 자신의 개인적 악의를 왕에 대한 충성심으로 포장하여 이렇게 말했다 : "전하, 이 문제를 아예 처음부터 저희들과 상의하셨으면 좋았을 텐데요! 전하께서 필로타스를 용서하고 싶어 하셨어도, 그가 전하께 얼마나 감사드려야 할 일에 대해 무지한지 저희가 말씀드렸을 겁니다. 그는 전하께 살해의 위험을 겪게 했음에도 불구하고 전하의 관대하심에 감사하기 보다는 자기에게 가해질 위험에 대해서만 생각하는 자입니다. 전하께서도 아시다시피 그는 항상 전하께 음모를 꾸밀 수 있는 자입니다. 그러니 전하께서 항상 그를 용서하실 수는 없을 것입니다.

그리고 앞뒤 가리지 않고 막무가내인 자가 용서해 준다고 바뀔 리는 없다고 생각하셔야 합니다. 그런 자도 누군가의 자비가 다하면 앞으로는 희망이 없다는 것을 알 것입니다. 심지어 그가 참회하고, 전하의 관대하심에 감화되어 더 이상 그런 행동을 하지 않는다 해도 그의 아버지 파르메니온이 아들의 생명 때문에 전하께 빚을 진 것에 대해 기꺼워하지 않을 것이라고 저 자신은 확신합니다. 파르메니온은 강력한 군을 거느리고 있고, 오랫동안 전하의 부하들에게 영향력을 행사해 왔기 때문에 전하 못지않은 권위를 가진 자리에 있지 않습니까? 사람은 때로 친절한 행동에 원망의 마음을 품기도 합니다. 그런 사람은 처형될 만한 죄를 지었다고 인정하는 것도 부끄러워합니다. 따라서 필로타스는 자신이 목숨을 건졌다고 생각하지 않고 오히려 모욕당했다고 느낄 것입니다. 그러니 전하께서는 전하의 생명을 위해 의심스러운 자들과 싸우셔야만 한다는 것을 명심하십시오. 앞으로 우리가 추적해야만 할 적은 충분히 많이 남아 있습니다. 우리 안에 있는 적에 대해서도 몸조심을 하셔야 합니다. 그런 자들을 제거해 버리신다면, 저는 이민족 따위는 두렵지 않습니다."

크라테로스는 이상과 같이 말을 했고, 다른 이들도 마찬가지로 필로타스가 주범이거나 공범자가 아니라면 음모의 증거를 깔아뭉갰을 리가 없다고 확신하고 있었다. 따라서 그들은 다음과 같은 논의를 했다 : 충성스럽거나 좋은 의도가 있는 사람이라면, 그가 아무리 낮은 신분이거나 왕의 친구가 아니라도 필로타스가 들었던 것 같은 고발의 말을 듣는 즉시 왕에게 달려갔을 것이다. 그런데 파르메니온의 아들은 기병대 지휘관이고 왕이 모든 비밀을 털어놓는 막역한 친구이면서, 케발리노스가 동생의 말을 듣자마자 필로타스에게 달려와 보고한 예를 보면서도 그렇게 하지 않았다. 심지어 그는 제보자가 두 번째 주선자를 찾는 것을 방지하기 위해 왕이 그와 말할 시간이 없다는 척하기도 했다. 니코마코스는 신성한 맹세에 구속되어 있었음에도 불구하고 마음의 짐을 벗기 위해 달려왔다. 하지만 필로타스는 거의 온종일 쓸데없는 놀이를 하며, 길고 필요도 없는 이야기를 장황하게 할 틈은 있으면서 왕의 생명과 관계된 이야기를 한두 마디 할 시간도 없었단 말인가! 게다가 그가 말하는 것처럼 단지 젊은 애들 말이어서 믿지 않았다면, 왜 그 증언을 신뢰하는 듯이 말을 해서 이틀이나 시간을 끌었단 말인가? 만약 케발리노스의 고발을 받아들이지 않았다면 그를 멀리 보냈어야 했다. 한 사람의 안위가 달려있을 때 용감한 척 하는 것은 적절치 못하며, 특히 왕의 생명과 관련된 일이라면 잘못된 정보를 가져오는 사람이라도 일단은 믿고 관심을 기울였어야만 했다.

그리하여 필로타스를 심문할 때 고문을 하면서 범죄에 가담한 자들을 자백하게 하자는 의견이 만장일치로 채택되었다. 알렉산드로스는 그들을 해산시키면서, 이 결정에 대해서는 침묵을 지키라고 말했다. 그리고 지금 내려진 결정이 이루어진 상황에 대한 실마리가 새어 나가지 못하도록 다음 날 진군하겠다는 명령을 내렸다. 필로타스는 그의 마지막이 될 연회에 초대받았다. 왕은 유죄 판결을 내린 사람(즉, 필로타스)과 같이 식사했을 뿐 아니라, 친근한 태도로 이야기했다. 그리고 불빛이 다 꺼진 두 번째 야간 교대시간에 왕은 몇 명의 친한 친구들을 군막으로 불렀다 : 헤파이스티온, 크라테로스, 코이노스, 에리기오스, 그리고 경호대의 페르디카스와 레오나토스. 이들 외에도 경호대는 무장을 하고 왕의 군막을 지키라는 명령이 내려졌다. 그리고 몰래 빠져나가 메디아의 태수이며 강력한 요새들을 지휘하고 있던 파르메니온에게 이 일을 알리려는 시도를 사전에 봉쇄하기 위해 기병대에 명령을 내려 진영의 모든 입구와 도로를 봉쇄하라는 명령을 내렸다.

이 때, 아타리아스(Atarrhias)가 300명의 무장한 병사들을 데리고 왕의 군막으로 들어왔다. 그는 각기 10명의 무장한 병사들을 거느린 10명의 수행원을 배정받았다. 이 수행원들은 각 무리별로 흩어져 음모자들을 체포하기 위해 나갔고, 아타리아스와 300명의 부하들은 필로타스를 체포하러 갔다. 그는 부하들 중에 정예병 50명을 데리고 잠긴 문을 부수기 시작했다. 나머지 병사들은 필로타스가 비밀통로로 도망치는 것을 방지하기 위해 집을 완전히 둘러싸고 경계선을 치게 했다. 필로타스는 경계심을 갖지 않아서였는지, 아니면 다른 일로 피곤에 지쳤는지 깊은 잠에 빠져있어서, 아타리아스가 그를 체포할 때도 잠이 덜 깬 상태였다. 그는 고개를 흔들어 졸음을 쫓아버렸고, 쇠고랑을 차게 되자 이렇게 말했다 : "전하, 제 원수들의 강렬한 증오감이 전하의 관대함을 가려버렸군요!" 그는 이 말만을 남긴 채, 머리가 가려져서 왕의 군막으로 끌려갔다. 다음날, 왕은 명령을 내려 모든 병사들이 무장을 하고 모이도록 했다.

6,000명 정도의 병사들과 부대를 따라다니는 민간인들, 하인들까지 모두 왕의 군막 앞에 모였다. 필로타스는 일단의 무장한 병사들에게 가려져 있어서 왕이 병사들에게 연설할 때까지 군중은 그를 볼 수 없었다. 마케도니아의 오랜 관습에 따라 주요한 국사범인 경우에는 병사들이 배심원이 되고 - 평화 시에는 시민들이 배심원이 된다 - 왕이 재판을 주재하게 되어 있었다. 그리고 재판 전에 미리 영향력을 행사하지 않는 한은 왕도 재판에서 힘을 쓸 수 없었다. 그래서 처음에 딤노스의 시신이 실려 오자, 군중의 대다수는 그가 무슨 음모를 꾸몄는지, 어떻게 죽었는지 알지 못했다.

9. 알렉산드로스는 회합에 입장하였다. 그는 고통스러워하는 표정을 숨기지 못했고, 그의 친구들도 침통해하는 표정을 짓고 있어서 꽤 큰 일이 벌어졌구나 하는 생각을 다들 하게 되었다. 왕은 망연자실하여 오랫동안 땅만 굽어보고 있었다. 마침내 그는 정신을 가다듬고 이렇게 말했다 : "병사들이여, 나는 극악한 음모로 그대들과 작별할 뻔 했다. 내가 아직 살아있는 것은 오직 신들께서 배려해 주시고 자비를 베풀어 주신 덕분이다. 그대들이 이렇게 모여 있는 장대한 광경을 보니 배신자들에 대한 분노가 더욱 끓어오른다. 내 삶의 첫째가는 즐거움 - 유일한 즐거움은 아니지만 - 은 내가 감사를 표할 가치가 있는 용감한 부하들에게 보상을 해주는 것이기 때문이다."

그는 병사들 사이에서 울려 나오는 신음소리에 잠시 말을 끊었다. 그리고 모든 이들의 눈에는 눈물이 어렸다. 그리고 계속해서 말했다. "내가 그런 극악한 반란 음모자들을 공개하면 그대들은 마음이 더욱 동요하게 될 것이다. 나는 그들을 언급하기만 해도 몸서리가 쳐진다. 그리고 그들이 생명을 구할 가능성이 있을 것 같아서 차마 그들의 이름을 꺼내기 힘들 지경이다. 하지만 이제 그들과 교분을 나누었던 기억은 이제 잊어야만 한다. 그리고 그런 불경스러운 시민들이 꾸몄던 음모를 이제 밝힐 것이다. 내가 그런 무도한 짓에 대해 어찌 입을 다물고 있겠는가? 나이도 많으며 나와 부왕으로부터 그렇게도 많은 은혜를 입었고, 내 친지들 중에서 가장 연장자인 파르메니온이 바로 이 극악무도한 범죄의 주모자이다. 그의 공범자가 필로타스이다. 필로타스는 페우콜라우스, 데메트리오스, 그리고 여러분 앞에 시신으로 놓여있는 딤노스 및 나를 암살하려고 하던 다른 불경스런 자들을 매수했다." 모여 있는 병사들 이곳저곳에서 격노의 함성이 터져 나왔다. 이는 군중들이 모였을 때 흔히 보이는 현상인데, 특히 군인들이 모여서 열정 혹은 분노에 사로잡혔을 때 잘 나타난다. [왕은] 니코마코스, 메트론, 케발리노스를 앞으로 나오게 했다. 그들은 각자 자신들이 했던 진술을 군중 앞에서 되풀이했다. 그러나 그들의 진술 중 어디에도 필로타스가 공범이라는 증거는 없었기에 군중 사이에서 처음 분노의 함성이 터져 나온 이래, 목격자들의 진술이 계속되는 동안 침묵이 계속되었다.

그래서 알렉산드로스는 이렇게 말했다 : "그대들은 이 일에 관해 자신이 전해 받은 정보를 뭉개고 있던 자의 의도가 무엇이라고 생각하는가? 딤노스의 죽음이 보여주고 있듯이 그 일에는 실체가 있다. 케발리노스가 고문도 두려워하지 않고 불확실한 일을 알렸을 때, 메트론은 잠시도 지체하지 않고 내게 그 정보를 알렸다. 심지어 내 욕실에까지 들어와서 말이다! 오로지 필로타스 만이 어떤 것도 두려워하지 않고 어떤 것도 믿지 않았다. 그는 정말 얼마나 용감한지! 그런 친구가 왕의 위험에 대해 생각하고 고민이나 하겠는가? 그런 대단한 소식을 가져온 제보자에 귀 기울일 때 그가 안색이나 변했을까? 아니면 걱정이라도 했을까? 그가 침묵을 지킨 데는 어떤 불순한 의도가 있음에 분명하다. 왕권을 향한 욕망어린 기대로 인해 이 비열한 범죄자들이 성공했으면 하는 생각이 들었음에 틀림없다. 그의 아버지는 메디아를 통치하고 있고, 필로타스 자신은 많은 지휘관들에게 큰 영향력을 행사하고 있다. 그 결과 대망이 자신이 가지고 있는 능력 이상이 되어버린 것이다. 내가 후손을 두지 못했기에 그는 내가 자식이 없는 것도 얕잡아 보고 있다. 하지만 그는 틀렸다. 그대들 속에 내 자식이 있고, 부모가 있으며 친척들이 있기에, 그대들이 안전하면 나는 결코 후손이 없을 수 없는 것이다."

그리고 그는 파르메니온이 자식들인 니카노르와 필로타스에게 보냈으나 중간에 가로챈 편지를 꺼내 낭독하였다. 하지만 이 편지에는 실제로 위험한 계획의 증거 같은 것은 없었다. 그 요지는 다음과 같았다 : "무엇보다 너희 자신들, 그리고 네 사람들을 잘 챙기도록 하라. 그게 우리의 목적을 완수하는 방법이다." 왕은 만약 이 편지가 그의 자식들 손에 들어가면 음모에 가담한 사람들이 이해할 수 있지만, 그 음모를 모르는 다른 사람 손에 들어가더라도 빠져나갈 구멍을 찾기 위해 써 놓은 편지라고 덧붙였다.

"물론 딤노스가 필로타스의 이름은 음모자 명단에서 거론하지 않았다고 말할 수도 있다. 하지만 그것은 필로타스가 무고하다는 것을 증명하지 않고 그의 지위를 말해주는 것이다. 음모자들은 그를 두려워해서 자기들의 죄를 고백할 때도 감히 그의 이름을 말하지 못한 것이다. 하지만 필로타스의 지나온 경력을 살펴보면 잘 알 수 있다. 내 사촌 아민타스[309]가 마케도니아에서 나에 대한 위험한 음모를 계획하고 있을 때, 그가 동맹이자 공범으로 삼았던 이가 바로 필로타스였다. 또 내 최대의 적수인 아탈로스에게 누이를 시집보낸 이가 누군가? 바로 필로타스이다. 나는 그와 가깝게 지내고 우정을 나누었기 때문에 그에게 제우스 아문 신의 신탁에 대해서 글을 써 보낸 적이 있었다. 하지만 그는 뻔뻔하게도 신들 사이에 받아들여진 것에 대해서는 축하하지만, 인간 이상의 사람 밑에 살게 될 백성들이 불쌍하다고 답장을 보낸 적도 있었다. 이 모든 것을 보면 그가 내게서

309) 페르디카스(Perdikkas) 3세의 아들 아민타스이다. 기원전 360/359년 페르디카스가 일리리아와의 전투에서 전사하자, 아직 어렸던 아민타스가 정당한 후계자였지만 필로포스 2세가 왕위를 이었다. 이 아민타스는 알렉산드로스의 이복누이 키나와 결혼했고, 기원전 336년 혹은 335년에 알렉산드로스에게 살해되었다.

소원해지고, 내 명성을 질투하게 되었다는 것을 알 수 있다. 병사들이여, 나는 이 모든 일을 지금까지 마음에 담아만 두고 있었다. 만약 내가 그렇게도 친했던 사람들을 내 마음에서 지워버린다면 내 몸의 일부가 뜯겨 나가는 기분일 것이기 때문이었다. 하지만 이제는 더 이상 말로 할 때가 아니고 처벌이 필요한 때이다. 분별없는 말 다음으로는 칼이 오는 법이다. 그대들이 내 말을 믿는다면, 필로타스는 내게 칼을 갈았고, 또 내 말을 믿는다면 그는 내게 칼을 겨누도록 했다. 병사들이여, 내가 누구에게로 몸을 돌려야 하는가? 누구에게 내 생명을 맡겨야 하는가? 나는 필로타스를 우리 군의 최고 정예이자, 젊은 귀족들 중에서 최고만 모아 놓은 기병대의 유일한 책임자로 만들었다. 나는 그의 충성과 경호에 내 생명, 내 희망, 내 승리를 맡겼다. 나는 그대들이 나를 올려놓은 자리와 비등한 자리에 그의 아버지를 앉혔다. 나는 그에게 모든 지역 중에서 가장 부유한 메디아의 통수권과 통치권을 주었고, 그에 더해 수많은 시민과 동맹군을 딸려주었다. 위험이 다가올 때, 나는 누구에게서 도움을 기대해야 하는가? 동료 시민에 의해 희생되기 보다는 차라리 적의 제물이 되어 전장에서 죽었더라면 얼마나 행복했을까! 내가 두려워하는 위험에서 해방되어, 내가 두려워할 필요 없는 사람들만을 대하게 됐으면! 병사들이여, 그대들은 나에게 자신을 돌보라고 수차 말해왔다. 이제 그 충고를 따르게 할 힘이 그대들에게 있다. 나는 그대들의 손과 무기들 사이에서 피난처를 찾으련다. 나는 그대들의 뜻과 어긋나서 살아남고 싶지는 않다. 그러나 그대들과 뜻을 같이 한다고 해도, 그대들이 나를 위해 복수해주지 않는다면 생존은 불가능하다."

알렉산드로스는 손은 뒤로 묶이고 머리에는 낡은 망토를 덮어놓은 필로타스를 끌고 나오도록 했다. 바로 전까지는 선망의 대상이었던 사람이 가련한 몰골로 나타나게 되자, 병사들 사이에서 감정의 동요가 일어났다. 그들은 전날에도 그가 기병대 지휘관이었던 모습을 보았고, 왕의 연회에 참여했던 것도 알았다. 그런데 갑자기 그가 재판에 회부되었을 뿐 아니라 형을 선고받았으며, 쇠고랑을 차고 있는 것을 보게 된 것이다. 그들은 또 파르메니온의 불행에 대해서도 생각이 미치기 시작했다. 위대한 장군이며 유명한 시민인 그가 최근 헥토르와 니카노르라는 두 아들을 잃었다. 그리고 이제 그가 부재중에, 그의 남아있는 유일한 아들이 비참한 운명이 예정된 채로 재판에 회부된 것이다. 따라서 군중 심리가 동정심 쪽으로 흐르기 시작하자, 장군들 중의 한 명인 아민타스가 필로타스를 공격하는 연설을 해서 분위기를 다시 끌어올렸다. 그는 병사들이 이민족에게 배반당하면, 아무도 돌아가 아내와 부모님을 만나지 못할 것이며, 이름 없는 목 잘린 시신이 되어 외국 땅에서 적의 조롱거리가 될 뿐이라고 말했다. 아민타스의 말은 전혀 왕이 기대했던 바가 아니어서 왕의 기분을 좋게 하지 못했다. 병사들에게 아내와 고향에 대해 상기시켜 주었기 때문에 남아있는 일을 처리하는 열정만 한 풀 꺾어 놓았기 때문이었다.

다음으로는 코이노스가 나서서 연설을 했다. 그는 필로타스의 누이와 결혼했음에도 불구하고 그를 왕과 조국, 군대에 대한 배신자라고 소리 높여 성토하면서 누구보다 강력하게 그를 공격했다. 그리고 발아래 놓여있던 돌을 집어 필로타스에게 집어 던졌다. 많은 사람들은 필로타스를 고문에서 해방시키려고 그랬다고 생각했다. 하지만 왕은 그의 손을 제지하고 먼저 피고가 변호할 기회를 주겠으며, 사건을 다른 식으로 진행시키려는 행동은 용납하지 않겠다고 선언했다. 그래서 필로타스는 자신을 변호하라는 지시를 받았다. 하지만 필로타스는 죄책감이 커서였는지, 아니면 두려움이 너무 커서 공황 상태에 빠져들었는지, 눈도 뜨려 하지 않았고, 입도 열려 하지 않았다. 그는 갑자기 눈물을 왈칵 쏟아내고는 그를 붙잡고 있는 사람의 팔에 기대어 실신했다. 그는 차츰 숨이 트이고 목소리가 회복되어, 망토로 눈을 닦아내고는 무언가 말하려는 듯이 보였다. 알렉산드로스는 그에게 시선을 고정시키고 있었다. "마케도니아 인들은 너에 관한 사건을 심판하려 하고 있다. 그들 앞에서 모국어로 무엇이든 말하도록 하라."

"제 생각에는 마케도니아 인들[310] 말고도 이 자리에 많은 사람들이 있으니, 전하께서 사용하신 언어[311]로 말하는 것이 더 잘 이해시켜 줄 수 있을 것입니다. 추측컨대 전하께서 그 언어를 사용하신 이유는 더 많은 이들에게 이해시키려고 하셨을 것입니다."라고 필로타스는 대답했다.

그래서 왕이 말했다 : "그대들은 필로타스가 조국의 언어를 싫어하는 꼴을 보고 있는가? 그는 모국어를 배우는 것조차 싫어하기 때문이다. 하지만 그가 말하고 싶어 하는 대로 말하게 하라. 다만 그가 모국어만큼이나 우리의 생활 방식을 경멸한다는 것만은 기억해 두라." 이렇게 말하고 알렉산드로스는 자리를 떴다.

10. 그래서 필로타스는 이렇게 말했다 : "사람이 결백하면 용어를 고르기가 쉬운 법입니다. 하지만 어려운 지경에 처했을 때, 용어를 제한한다는 것은 어렵습니다. 저는 지금 떳떳한 양심과 비참한 불행 사이에 끼어 있어서 제 감정과 상황을 모두 아우를만한 용어를 어

---

310) 쿠르티우스를 신뢰한다면, 알렉산드로스 시대에도 마케도니아 인들은 그리스 공용어를 이해하지 못했다.

311) 아테나이 등에서 말하는 그리스 공용어인 코이네(*koine*)를 말한다.

떻게 찾아야 할지 모르겠습니다. 제 사건을 가장 잘 판결해 주실 분은 지금 여기 없습니다. 왜 그 분 스스로 제 말을 들으려 하지 않으시려는지 저는 단지 이해할 수 없을 뿐입니다. 그 분이 양쪽의 말을 다 들어본 다음에는 저를 바로 결백하다고 판결해 줄 수 있을 텐데, 양쪽의 말을 다 듣지 않으신다면 그분이 여기 없으므로 저는 결백하다는 판결을 받을 수가 없습니다. 저는 그분이 자리에 있을 때 유죄로 기소되었기 때문입니다.

쇠고랑을 차고 있는 사람이 변호를 해봐도 단지 쓸모없는 정도가 아니라 악감정을 불러일으킵니다. 피고는 배심원에게 정보를 제공하기 위해서가 아니라, 잘못을 찾게 하기 위해 나타나기 때문입니다. 그럼에도 불구하고 어떤 형태로 저를 변호하게 허용된다 해도, 저는 스스로 패소하게 만들거나, 제 목소리로 유죄 판결을 불러일으킬 듯이 보이게 하지는 않을 것입니다. 정말 솔직히 말해서 저는 제가 어떤 범죄로 인해 기소되어 이 자리에 서게 되었는지 이해를 못하겠습니다. 음모를 꾸민 자들 중 누구도 저를 거론하지 않았습니다. 니코마코스는 저에 대해 아무것도 말한 바 없고, 케발리노스는 그가 들은 것 이상으로 알 리가 없습니다. 하지만 전하께서는 제가 이 음모를 주도했다고 믿고 계십니다. 그러면 딤노스가 자신이 가담한 음모의 주동자 이름을 언급하는 것을 빼먹을 리가 있단 말입니까? 비록 말도 안 되지만, 제 이름이 꼭 포함되었어야만 한다면, 니코마코스가 딤노스에게 일당에 대해 물어보았을 때 가담 제안을 받은 니코마코스를 설득하기 위해서라도 포함시켰을 것입니다. 범죄가 폭로되었을 때라면 동료를 보호하기 위해서 제 이름을 불지 않았을 수도 있겠지요. 그런데 딤노스가 자기 자신에 대해서 비밀을 지켜줄 것이라고 믿었던 니코마코스에게 일당을 털어놓을 때, 다른 사람의 이름은 다 포함시키면서 제 이름만 빼 놓았습니다. 동료들이여, 묻겠습니다. 만약 케발리노스가 제게 오지 않았더라면, 그가 음모자들에 대해 저에게 아무런 말도 하지 않았더라면, 제가 오늘 재판을 받았을까요? 누구도 제 이름을 거론하지 않았어도? 딤노스가 살아있고, 또 저를 보호하려 한다고 가정해 봅시다. 그러면 딴 사람들에 대해서는 어떨까요? 물론 그들은 자신들의 죄를 고백할 겁니다. 저에 대해서만 빼고! 불행이란 악의에 찬 것입니다. 일반적으로 말해서, 죄지은 자들은 자기가 고통을 받을 때, 다른 사람도 처벌받아 마땅하다고 생각합니다. 그렇게나 많은 음모자들이 진실을 말하기를 거부했을까요? 그것도 고문대 위에서요? 아닙니다. 누구도 유죄 판결을 받은 자를 보호하지 않는 것처럼, 유죄 판결을 받은 자는 누구도 보호하지 않는다고 저는 믿습니다.

이제 저에 대한 단 하나의 진정한 고발에 대해 말해야겠습니다. 즉, 이렇습니다 : '왜 보고받은 사항에 대해서 입을 다물고 있었는가? 왜 그 말을 들었을 때, 거의 신경을 쓰지 않았는가?' 당신이 어디계시든 간에, 알렉산드로스 전하! 저는 있었던 대로 제 잘못에 대해 고백했고, 당신께서는 저를 용서하셨습니다. 저는 화해의 표시로 내민 당신의 오른 손을 꽉 잡았고, 당신이 베푼 연회에도 참석했습니다. 만약 당신께서 저를 믿으신다면, 제가 결백하다고 공표하셨을 겁니다. 만약 저를 용서하시면, 저는 구제 받을 것입니다. 그저 당신의 결정을 지키십시오. 제가 어젯밤 당신의 식탁을 떠난 이후 무슨 짓을 했단 말입니까? 어떤 새로운 범죄가 보고되었기에 당신의 마음을 바꾸셨나이까? 제가 아직 불행에 사로잡히지 않고 쉬면서 깊은 잠에 빠져 있었을 때, 적들이 와서 저에게 쇠고랑을 채우고 체포해 갔습니다. 살인자, 반역자가 어찌 그리 깊이 그리고 푹 잠들 수 있단 말입니까? 범죄자들은 양심의 가책 때문에 잠들기 어려운 법입니다. 그들은 복수의 여신들에게 범죄를 저지른 후부터 쫓기는 것이 아니라, 범죄를 모의한 이후부터 쫓기게 됩니다. 하지만 저는 우선 제가 결백하기에, 그리고 당신이 내미신 오른 손 때문에 안전하다고 느꼈습니다. 그리고 저는 당신의 자비로운 성품이 다른 사람의 잔인한 성향에 영향을 많이 받을 것이라고는 생각지도 않았습니다.

당신의 저에 대한 믿음에 대해 후회하지 않도록 하기 위해 말한다면, 그 일은 단지 어린 소년이 와서 저에게 말했을 뿐입니다. 그리고 어떤 목격자나 증거도 가져오지 않았습니다. 그리고 아무에게나 말을 하기 시작한다면 모든 사람이 두려움에 차게 될 것이었습니다. 불행하게도 저는 제가 들은 내용이 단지 소년과 그의 연인[312] 사이의 사랑싸움인줄 알았습니다. 그리고 그 소식을 직접 전하지 않고 자기 형을 시켜서 전한 것에도 의구심을 품었던 것입니다. 저는 그 소년이 케발리노스에게 했던 이야기를 부인하고, 제가 전하의 여러 친구들을 위험에 빠뜨리는 책임을 지게 될까 두려웠습니다. 일이 그렇다고는 해도, 저는 누구에게도 해를 끼치지 않았는데, 누군가는 저를 내버려두기보다 죽었으면 하고 바랍니다. 여러분, 제가 결백한 이를 공격한 것도 아닌데 왜 이런 적대감의 대상이 되어야 한단 말입니까? 하지만 '딤노스는 자살하지 않았느냐?' 라고 말하실 지도 모릅니다. 제가 그럴 줄 예상했을까요? 당연히 예상 못했습니다. 따라서 케발리노스가 제

312) 그리스의 소년애(*paiderastia*) – 동성애가 아니다 – 는 대개 소년(수염이 나기 전의 사춘기에 해당)과 성인 남자 사이에서 진행된다. 이 때 소년을 '사랑받는 자'(*eromenos*)라고 하고, 성인 남자를 '사랑하는 자'(*erastes*)라 한다. 이들 사이의 관계는 반드시 성적 관계가 매개되어야 할 필요는 없으며, 성적 관계도 그 정도가 다양하다. 대개 이들의 성적 관계는 소년이 사춘기가 지나면서, 혹은 수염이 나면서 끊기고, 그 다음으로는 그저 가까운 사이로 전환된다.

게 말을 걸었을 때는 이 사건의 유일한 증거가 되는 그의 자살이 제게 전혀 영향을 미치지 못했습니다. 신이시여! 여러분, 제가 만약 그런 끔찍한 범죄에서 딤노스의 공범이었다고 상상해 보십시오. 그랬다면 저는 배신당한 사실을 공범들에게 이틀씩이나 감춰두지도 않았을 것이고, 케발리노스도 어렵지 않게 제거했을 것입니다. 그리고 제가 감추려고 했다는 그 정보를 들은 다음에, 저는 전하의 침실에 혼자 들어갔습니다. 칼을 차고서요. 제가 왜 거사를 미뤘을까요? 딤노스가 없다고 제가 감히 거행을 못했을까요? 그렇다면 이 음모의 주도자는 딤노스이고, 저는 단지 그의 그늘 아래 숨어있는 자로군요. 저, 필로타스, 마케도니아의 왕좌를 노리고 있다는 자가 말입니다! 어떤 장군, 어떤 지휘관에게 제가 과도한 주의를 기울였던가요?

저에게 가해진 또 하나의 공격은 제가 모국어로 의사소통하는 것을 경멸하고, 마케도니아의 관습을 존중하지 않는다는 것입니다. 그렇다면 그 말은 제가 경멸하는 나라를 다스릴 꿈을 꾸고 있다는 말이로군요. 우리 모국어가 외국과의 관계에서 잘 쓰이지 않게 된 것은 이미 오래된 일입니다. 정복자나 정복당한 자나 다 같이 외국어[313]를 배워야 했지요. 사실 그 공격은 페르디카스의 아들 아민타스가 전하에 대해 음모를 꾸몄다는 공격에 비하면 아무것도 아니었습니다. 그와의 우정에 대해서라면 저는 주저하지 않고 그렇다고 대답하겠습니다. 전하의 형제[314]와의 우정이 잘못된 일이 아니라면 말이지요. 그리고 그렇게 높은 지위에 있는 사람에 대해 존경심을 가져야 한다면, 말해주십시오. 제가 미래를 예측하지 못했기 때문에 재판을 받는 것입니까, 아

313) 즉, 그리스 공용어

314) 4촌에 대해서도 형제라고 표현했다.

니면 반역자의 친구라는 죄목으로 결백한 사람들도 모두 죽어야 했습니까? 그리고 그래야만 했다면, 저는 왜 아직까지 살아 있습니까? 그리고 그렇지 않다면 제가 왜 지금 죽음에 직면해야 합니까?

그리고 또 자신이 제우스의 아들이라고 믿는 사람 아래에 있는 백성들은 안됐다고 썼다는 공격이 있었습니다. 아, 우정과 충성이여! 솔직하게 충고하는 것은 정말 위험한 일이로군요! 정직 때문에 저는 이리 되었군요. 정직 때문에 저는 제가 느끼는 바를 감추지 못했습니다. 제가 **전하께** 그렇게 쓴 것은 인정하겠습니다. 하지만 **전하에 관하여** 쓴 것은 아닙니다. 저는 전하께 악의가 있어서 그렇게 쓴 것이 아니고, 단지 걱정이 되어서 그랬을 뿐입니다. 제 생각에는 알렉산드로스 전하께서 제우스의 후손이라는 것을 공공연히 공표하고 퍼뜨리는 것 보다 그저 조용히 인지하고 넘어가시는 편이 더 그 분의 존엄에 어울린다고 같았습니다. 하지만 그 신탁이 확실하다는 것은 의문의 여지가 없기 때문에 신께서 제 사건의 증인이 되어 주셨으면 좋겠습니다. 만약 제가 어둡고 사악한 범죄를 저질러 제우스 아문 신께서 모욕당하셨다면 저를 이대로 쇠고랑에 채워 두십시오. 제우스 아문 신께서 우리의 전하를 당신의 아들로 인정하신 후인데, 그 분의 후손이라는 것을 드러나지 않게 하려는 사람을 고통에 빠뜨리시지는 않을 것입니다. 만약 여러분이 신탁보다 고문이 더 믿을 만하다고 생각하신다면, 저는 진실을 드러내는 그런 방법도 거부하지 않을 것입니다.

국사범으로 고발당한 사람은 통상 자신의 친척들을 여러분 앞에 데려옵니다. 저에 관해서라면, 저는 최근에 두 형제를 잃었고, 제 아버님을 모셔오거나 그 분의 이름을 꺼내지도 못하겠습니다. 그 분도 역시 이 끔찍한 범죄로 고발 당하셨으니 말입니다. 최근까지 여러 자식을 가진 아버지이셨던 그 분은 이제 하나로만 만족하셔야 됩니다. 그런데 이제 하나로도 안 되어 마지막 자식까지 그 분에게서 뺏어가려 하고 있습니다. 아니, 그 정도가 아니라, 그 분은 이제 제 화장용 장작더미 위에 직접 서있는 셈입니다. 그러니 경애하는 아버님, 당신께서는 이제 자식 때문에 자식과 같이 돌아가시게 생겼군요. 당신의 삶을 앗아가고, 당신의 노년(老年)을 끝내게 하는 이가 바로 저로군요. 당신께서는 왜 신들께선 반대하실 때 이런 비참한 삶을 제게 주셨습니까? 제게서 곡식을 수확하려는 이가 당신을 기다리고 있나요? 제 젊음과 당신의 노년 중 어느 것이 더 비참한지 전 모르겠습니다. 당신께서는 자연의 여신께서 이미 부르고 있는 삶 - 운명의 여신께서 기다려 주신다면 - 을 사형집행인에게 빼앗기게 되는 반면, 저는 한창 때에 죽음을 맞이하게 됩니다. 제 아버님을 언급하게 되니, 케발리노스가 제게 이야기한 것들을 제가 밝혀냈어야 하는 일에 얼마나 성의 없이, 그리고 주저하면서 임했는지 떠올리게 됩니다. 제 아버님인 파르메니온께서 전하의 주치의인 필리포스의 독살 음모를 알게 되었을 때, 그분은 의사가 전하께 드리려는 약물을 마시지 못하게 하시려고 편지를 썼습니다. 제 아버님은 신뢰를 받지 못하셨습니다. 그렇지 않습니까? 그 분의 편지는 아무 영향력이 없었지요. 제 자신의 경우에 대해 이야기 해보자면, 저는 얼마나 자주 쉽게 믿은 바를 보고하여 무시당하고, 조롱당했는지 모릅니다. 어떤 일에 대해 보고할 때는 싫어하고, 침묵하고 있으면 혐의를 받게 되니, 도대체 어쩌란 말입니까?" 이때 보고 있던 군중들 중의 하나가 소리 질렀다. "당신의 은인들에 대해 음모를 꾸미지 마시오." 필로타스는 대답했다. "맞소, 당신이 누구이든 말이오. 내가 음모를 꾸몄다면 나는 처벌을 면해 달라고 애원하지도 않소. 그리고 이제 말을 끊으려 하오. 내 마지막 말들이 여러분의 귀를 어지럽힌 것 같으니 말이오." 그리고 필로타스는 감시병들에 의해 끌려 나갔다.

11. 지휘관들 중에 볼론(Bolon)이라는 자가 있었다. 그는 훌륭한 전사이지만 세련되거나 교양 있는 사람은 아니었으며, 일개 병졸에서 시작하여 그 자리까지 승진해 온 인물이었다. 그는 다른 사람들이 모두 침묵을 지킬 때 아주 촌스럽고 거칠게 소리를 지르기 시작했다. "필로타스의 쓰레기 같은 노예들이 동료 병사들을 쫓아내고 자기들이 자리를 잡기 위해 이미 자리 잡아놓은 군영에서 우리를 얼마나 많이 쫓아냈습니까? 금은을 바리바리 실은 필로타스의 마차들은 거리에 가득 세워져 있는데, 우리 동료들은 심지어 그가 머무는 군영 근처에 한 명도 가까이 가지 못했습니다. 거기다가 그가 자는 동안에 그를 경호하는 하인들은 그 멋쟁이가 소음 - 사실 조용히 대화하는 것이라서 거의 침묵이나 마찬가지인 - 에 깨지 않도록 우리 동료들을 멀리 보냈습니다. 필로타스는 또 시골에서 온 동료들을 프리기아 인이니, 파플라고니아 인이니 하면서 놀렸습니다. 자신은 마케도니아 출신이면서도 모국어를 사용하는 사람들의 말을 들을 때, 통역을 대동하는 것을 부끄러워하지도 않으면서도 말입니다. 그리고 어찌 지금 그가 제우스 아문 신께 신탁을 물어보겠다는 건지 모르겠습니다. 알렉산드로스 전하를 자신의 아들로 인정하신 제우스 아문 신께서 거짓말을 했다고 비난한 그가 말입니다. 물론 그는 신들이 주신 그 선물이 사람들의 질투를 불러올까봐 걱정되어서 그랬겠지요! 그가 자신의 왕이자 친구의 목숨을 노리는 음모를 꾸몄을 때는 제우스 아문 신께 협의하지는 않았습니다. 그런데 지금은 신탁을 받으러 사람을 보내고 싶어 합니다. 이는 그의 아버지가 메

디아의 신민을 설득하고, 보관하고 있는 자금을 사용하여 불쌍한 사람들을 고용해 범죄에 가담시킬 시간을 벌려는 수작입니다. 네, 그들은 신탁을 물을 대표단을 보낼 것이라고 했습니다. 그것은 알렉산드로스 전하께 들은 말이 사실이냐고 묻는 것이 아니고, 감사를 표하고 훌륭한 왕을 보호하겠다는 서약을 다시 하기 위해서입니다."

이에 그 자리에 모인 병사들이 모두 크게 흥분하게 되었다. 처음에 경호대가 그 배신자를 찢어 죽이겠다고 소리 질렀다. 필로타스는 더 끔찍한 처벌을 받게 될까봐 두려워했기 때문에 그 정도의 제안을 듣고는 별로 걱정하지 않았다. 알렉산드로스는 회합장에 돌아와 심리를 다음 날까지 휴회하기로 했다. 필로타스를 감옥에 가두고 고문을 가할 생각이었든지, 전체 사건을 보다 철저하게 조사할 작정이었을 것이다. 그리고 날이 저물어서 저녁때가 다 되어감에도 불구하고 친구들을 불러 모았다. 대체적으로는 필로타스를 마케도니아의 관습에 따라 돌로 쳐 죽이자는 의견이었다. 하지만 헤파이스티온, 크라테로스, 코이노스는 진실을 자백시키기 위해 고문이 필요하다고 했고, 다른 처벌을 주장하던 이들도 그들의 의견에 동조했다. 그래서 재판이 연기되었을 때, 헤파이스티온, 크라테로스, 코이노스가 함께 필로타스를 심문하기로 했다. 왕은 크라테로스를 불러 얼마간 이야기 - 그 내용은 알려지지 않았다 - 를 나누었고, 군막 안쪽으로 들어갔다. 참석한 모든 사람들을 해산시킨 그는 군막 안쪽에서 밤늦게까지 심문 결과를 기다렸다.

고문 기술자들은 고통을 주기 위한 도구들을 필로타스의 눈앞에 모두 늘어놓았다. 충격을 받은 필로타스는 이렇게 물었다 : "그대들의 왕의 적이요, 자백한 암살자를 처형하는 데 왜 주저하는가? 고문하면서 심문할 필요가 있겠는가? 내가 그 범죄를 계획했고, 성공하기를 바랐다." 크라테로스는 자백을 받을 때도 고문을 해야 한다고 주장했다. 필로타스는 눈이 가리고 옷이 찢겨진 채 매달렸고, 고문을 받는 내내 마케도니아의 신들과 인간의 법에 호소했으나 별 소용이 없었다. 고문 기술자들은 귀머거리였기 때문이다. 그는 가장 심한 고문을 겪었다. 그가 유죄 판결을 받았을 뿐 아니라, 고문 기술자들이 개인적으로 왕을 즐겁게 하려고 했기 때문이다. 비록 불로 지져지고 매질을 받았지만, 처음에 필로타스는 비명을 지르기는커녕 신음 소리마저도 눌러 참을 수 있었다. 하지만 맞은 자리들이 부어오르고, 뼈를 부러뜨리는 타격이 계속되자 그도 더 이상 견뎌낼 수는 없었다. 그는 고문을 멈추기만 한다면 알고 싶어 하는 것을 다 말하겠노라고 약속했다. 하지만 알렉산드로스의 생명에 걸고 맹세하며 심문을 그치고, 고문 기술자들이 물러가야 말한다는 것이다. 그 조건들을 둘 다 들어주자 필로타스는 이렇게 말했다 : "크라테로스, 내가 말했으면 하고 바라는 것을 말해보게." 필로타스가 자신을 조롱한다고 여겨 불쾌해진 크라테로스는 고문 기술자들을 다시 불러들였다. 필로타스는 숨을 고를 시간이라도 달라고 애걸했고, 그 다음 자신이 아는 모든 것을 말할 준비를 했다. 그러는 사이에 필로타스가 고문을 받는 소리가 주변에 울려 퍼졌다. 그리고 기병대 내에서는 공포가 번져갔다. 이들은 고귀한 귀족 가문 출신들이고 특히 파르메니온과 가까운 친척들이었기 때문이다. 그들은 마케도니아의 법에 따라 왕에 대한 반역죄를 지은 자의 친척들도 처형될까봐 두려워했다. 그래서 몇 명은 자결했으며, 나머지는 멀리 떨어진 산 속이나 황무지로 도망쳤다. 그러는 동안 진영 전체가 공포감에 사로 잡혔다. 결국 진영의 소란을 알게 된 왕이 죄인의 친척에 대한 연좌제 적용을 정지시키겠다고 선언했다.

필로타스가 사실을 자백했는지, 아니면 더 이상 고문을 받지 않으려고 거짓 자백을 했는지에 대해서는 논란의 여지가 있지만, 사실을 고백했건, 거짓을 말했건 더 이상 고통 받지 않게 되었다는 점에서는 같은 결과를 가져왔다. 필로타스는 말했다 : "그대들은 내 아버님과 헤겔로코스(Hegelochos)가 나누었던 진한 우정에 대해서는 잘 알 거요. 나는 전투에서 전사한 그 헤겔로코스[315]를 말하는 것이오. 그가 우리의 모든 문제의 원인이었소. 전하께서 제우스의 아들로 선언되었다고 처음 공표하셨을 때, 헤겔로코스는 분개하며 이렇게 말했소. '그러면, 이 남자를 우리의 왕으로 인정해야 하나? 그는 선왕이신 필리포스가 아버지라는 것을 부인하고 있군. 우리가 그걸 참아낸다면, 우리는 다 끝장이야. 자신을 신으로 믿으라고 하는 사람은 사람 뿐 아니라 신들도 내려다 볼 걸세. 우리는 알렉산드로스를, 우리의 왕을 잃어버린 게야! 그가 자신과 동등하다고 여기는 신들에게도 용납되지 않고, 스스로 그 틀에서 빠져버린 인간들에게도 용납되지 않는 거만한 왕과 직면하게 된 거네. 우리는 피를 흘려서 우리를 경멸하는 신을 만들어낸 걸까? 그저 인간에 불과한 자들과의 만남도 주저하는 신을? 내 말을 듣게. 우리가 진정한 인간이라면 우리도 역시 신들께 받아들여질 걸세! 이 남자의 선조인 아르켈라오스, 그 다음 알렉산드로스, 그리고 페르디카스를 살해한 자에 대한 복수를 누가 했던가?[316] 하지만 이 남자는 자기 아버지를 살해한 자

---

315) 가우가멜라 전투에서 전사했을 것이다.

316) 본문에서는 아르켈라오스와 알렉산드로스의 위치가 뒤바뀌어 표현되고 있다. 쿠르티우스의 실수이거나 필사가의 실수일 것이다. 쿠르티우스는 친그리스인(Philhellene)이라는 별명의 알렉산드로스 1세를 언급한 것으로 보인다. 알렉산드로스 1세는 기원전 5세기 전반(기원전 495-450년 경)의 마케도니아 왕이다. 그의 죽음과 그에 대한 복수에 대해서는 알려진 바 없다. 아르켈라오스(기원전 413-399년)는 크라테로스 라는 인물에게 살해되었다. 알렉산드로스 2세(기원전 369-368년)는 프톨레마이오스에게 살해되었고, 페르디카스는 기원전 359년 일리리아와의 전투 중에 전사했다.

들을 용서했네.'[317]

이상이 헤겔로코스가 저녁 식사 자리에서 한 이야기요. 그리고 다음 날 새벽에 나는 아버님께 불려갔소. 그 분은 괴로워하고 있었고 나도 기분이 언짢아졌소. 우리가 들었던 이야기 때문에 마음에 근심이 생겼기 때문이었소. 술에 취해서 나온 이야기였는지 아니면 어떤 확신을 가지고 한 이야기인지 알아보기 위하여 우리는 헤겔로코스를 부르기로 하였소. 그가 와서 자기 의사대로 똑같은 이야기를 되풀이 한 뒤, 만약 우리가 앞장선다면 자신은 그 뒤를 받쳐줄 것이고, 그럴 용기가 없다면 그 계획에 대해서 침묵을 지키겠다고 덧붙였소. 그런데 당시에는 다레이오스가 살아있었기 때문에 아버님은 그 계획이 시기상조라고 생각했소. 알렉산드로스 전하를 암살하면 우리 자신이 아니라 적을 이롭게 하기 때문이요. 하지만, 다레이오스가 제거된 후라면 전하를 살해하는 보상으로 아시아와 동방 전체를 갖게 될 것이요. 우리는 그 계획을 승인하고, 그 목적을 성취하기 위해 서로 서약을 나누었소. 딤노스에 대해서라면 나는 아는 바 없소. 그러나 이 고백을 하고 났으니, 내가 그의 범죄와 전적으로 상관이 없다 해도 이미 그른 일이요."

다시 한 번 더 고문 도구들이 사용되었고, 이번에는 자신들이 가지고 있던 창으로 필로타스의 얼굴과 눈을 때리며 심문을 하였다. 그들은 그 결과로 이 범죄에도 가담했다는 자백을 받아냈다. 그 다음에는 그들이 꾀한 범죄의 전체 계획을 털어놓으라고 요구했다. 필

---

317) 앞서 언급했듯이, 알렉산드로스 린케스테스는 안티파트로스의 사위이고 알렉산드로스를 왕으로 모시자고 외친 첫 번째 사람이었기에 형집행이 보류되었다. 그의 형제들인 아라바이오스와 헤로메네스는 알렉산드로스의 아버지인 필리포스의 시해범인 파우사니아스의 공범으로 처형되었다.

로타스는 알렉산드로스가 박트리아에 오래 머무를 것같이 보였기 때문에 그 사이에 이미 70세나 되는 부친 파르메니온이 사망할까봐 두려웠다고 대답했다. 파르메니온은 대군의 사령관이고 많은 자금을 관리하고 있어서, 그런 배경이 없어지면 왕을 살해해 봐야 별 의미가 없을 것이기 때문이었다는 것이다. 따라서 그런 추가 보장이 있을 때, 계획을 실행해야 하기 때문에 서둘렀다고 그는 말했다. 그의 아버지가 관련이 없다고 그들이 믿지 않았다면, 더 이상 견뎌낼 수 없다고 해도 추가적인 고문을 거절하지 않았을 것이라는 것이다.

이와 같은 자백이 끝난 다음에, 심문자들은 심문을 충분히 진행했다고 결론을 내렸다. 그들은 왕에게 돌아가 보고했다. 왕은 다음 날 필로타스의 자백을 낭독하고, 필로타스 자신도 회합에 데리고 오라고 명령했다. 필로타스는 자기 발로 걸을 수 없었기 때문이다. 필로타스가 모든 것을 인정했기 때문에 그들은 가장 최근의 음모에서 공범자로 고발되었던 데메트리오스를 들어오게 했다. 그는 자신이 느낀 바를 그대로 확신을 갖고 표현하면서 강력하게 항의했다. 그러면서 자신은 왕에 대한 어떤 음모에도 관련되지 않았다고 부인했다. 심지어 고문을 해도 좋다고 까지 말했다. 그러자 필로타스가 주위를 둘러보더니 결국 가까이 서있는 칼라스에게 눈길이 꽂혔다. 그는 칼라스에게 가까이 오라고 말했다. 칼라스가 주저하면서 가까이 가기를 거절하자 그는 이렇게 말했다. "그대는 데메트리오스가 거짓말을 하게 허용하고, 나까지 다시 고문을 받게 할 셈이오?" 칼라스는 말문이 막히고 안색이 창백해졌다. 마케도니아 인들은 필로타스가 결백한 자에게 죄를 뒤집어씌우고 싶어 한다고 의심하기 시작했다. 이 젊은이의 이름은 니코마코스도, 고문을 받던 필로타스도 언급하지 않았기 때문이다. 하지만, 왕의 지휘관들이 둘러싸자 칼라스는 그와 데메트리오스가 범죄 계획을 세웠다고 자백했다. 그리하여 니코마코스가 거명한 모든 인물들은 마케도니아 전통적인 방식에 따라 신호가 떨어지자 돌에 맞아 죽는 처형을 당했다.

알렉산드로스는 크나큰 위험에서 구해졌다. 이 위험은 목숨뿐만 아니라, 그의 인망에도 위협이 되는 것이었다. 파르메니온과 필로타스는 그와 가장 가까운 사람들이었고, 그래서 그들이 죄가 있다는 것이 명백하게 드러나지 않으면 그들을 유죄 판결했다가 군부 내에서 불만과 분노가 터져 나오는 것을 막는다는 것이 거의 불가능했기 때문이다. 그래서 심문이 진행되는 동안, 군대의 태도는 바뀌어 갔다. 필로타스가 범죄를 부인하는 동안에는 고문을 가한다는 것은 잔인하다고들 생각했지만, 그가 자백하고 난 후에는 그의 친구들조차 더 이상 그를 동정하지 않았다.

## 제 7권

1. 필로타스의 범죄의 증거가 아직도 생생히 남아 있고, 병사들이 그가 처벌받은 것이 정당하다고 생각했음에도 불구하고, 그들이 미워하던 자가 더 이상 살아있지 않자 증오는 동정으로 바뀌었다. 그들은 이 젊은이가 명성이 높았으며, 그 아버지가 고령이고 자식을 잃은 상황에 마음이 움직인 것이다. 파르메니온은 왕을 위해 처음으로 아시아로 향하는 길을 열었으며, 알렉산드로스와 모든 위험을 나누었고, 항상 전투에서는 양익 중의 하나를 맡아 분전해온 인물이었다.[318] 그는 선왕 필리포스[319]의 가장 친한 친구였고, 알렉산드로스에 대한 충성도 지극하여 알렉산드로스도 아탈로스를 죽이는데 다른 이의 힘을 빌리고자 하지 않았다. 군대 내에 이런 이야기들이 떠돌아 다녔고, 그 중에 불온한 말들이 왕의 귀에까지 들어갔다. 알렉산드로스는 그런 이야기를 들어도 별로 동요하지 않았다. 한가하게 있는 군대에서 어떤 일이 일어나는지 잘 알고 있었고, 다시 움직이면 그런 움직임은 곧 사라질 것이라고 생각했기 때문이다. 그래서 명령을 내려 모든 병사들을 왕의 군막 앞으로 모이게 했다. 모든 병사들이 운집하자 그는 병사들 앞에 나섰다.

그러자 아타리아스가 필로타스 보다 훨씬 전에 왕을 암살하려 했던 알렉산드로스 린케스테스를 모두의 앞에 끌고 나오게 해 달라고 요청 - 이는 미리 협의되었던 일에 틀림없다 - 하기 시작했다. 그는

318) 기원전 336년 초봄에 파르메니온, 아탈로스, 아민타스가 아시아로 들어가는 선봉대를 맡았다.

319) 알렉산드로스의 부왕인 필리포스 2세를 말한다.

이미 앞서 언급[320]했듯이 두 명의 제보자에 의해 고발당했고, 지금은 구금 된지 3년째였다. 그는 파우사니아스와 공모하여 필리포스를 암살하려 했던 것이 분명하지만, 알렉산드로스를 왕으로 칭하며 환호한 첫 번째 사람이었기에 석방은 되지 않았지만 형 집행이 정지되었다. 더군다나 린케스테스의 장인인 안티파트로스가 탄원하여 왕의 즉각적인 분노를 피할 수 있었던 것이다. 그러나 현재의 위기에 대한 우려 때문에 과거의 위기에 대한 기억이 되살아나서 곪았던 분노가 다시 새롭게 터져 나왔다. 따라서 구금 상태에서 끌려나온 린케스테스는 자신에 대해 변호하라는 명을 받았다. 하지만 3년 동안이나 연습을 해왔을 터인데도 그는 불안해하며 말을 더듬었고, 마음속에 있던 말을 몇 마디 하지도 못했다. 결국 그는 기억을 더듬는 것 뿐 아니라 사고도 정지되어 버렸다. 모든 사람들은 그가 불안해하는 것은 기억을 잘 못해서라기보다는 죄책감 때문이라고 확신했다. 따라서 그의 옆에 서있던 몇몇 사람들은 그가 기억을 하지 못해서 쩔쩔매고 있을 때 창을 들어 그를 찔러버렸다.

린케스테스의 시신이 치워지고 나서 왕은 아민타스와 시미아스를 데려오게 했다.[321] 이들의 막내 동생인 폴레몬은 필로타스가 고문당한다는 소식을 듣고 이미 도망쳤다. 그들은 필로타스의 친구들 중에서도 가장 가까운 편이었고, 중요한 자리에 올라서고 특권을 가질 수 있었던 것도 필로타스의 후원 덕분이었다. 왕은 필로타스가 그들을 강력히 추천하던 것을 기억하고 있었고, 그의 마지막 음모에 이

320) 산실된 제 2권의 내용 중 하나일 것이다.

321) 이들은 모두 안드로메네스(Andromenes)의 아들이고, 아탈로스와 폴레몬이 이들의 형제이다.

들도 연루되어 있음에 틀림없다고 확신하고 있었다. 또 그는 오래 전부터 그들을 의심했다고 혼잣말을 했다. 자신의 모후께서 예전에 서한을 보내 그들이 생명을 노릴지 모르니 조심하라고 편지를 보냈기 때문이다. 하지만 그는 남에 대해 좋지 않은 말을 하는 것을 믿고 싶어 하지 않았는데, 이제 확고한 증거가 나왔기 때문에 그들을 구금했었다. 필로타스가 범죄 전 날 그들을 몰래 만났다는 것이 분명히 드러났고, 더구나 필로타스를 심문하고 있을 때 그들의 막내 동생이 도주하여서 혐의가 더욱 더 분명해졌다. 최근에 그들은 그럴 만한 이유가 없었음에도 불구하고, 알렉산드로스를 걱정하는 척하면서 다른 사람들을 멀리하게 하고 자신들이 곁을 지키겠다고 했었다. 그들이 당번이 아닌데도 그렇게 하겠다고 해서 알렉산드로스는 놀랐고, 또 그들이 불안해해서 경각심이 들었기에 근접경호를 하는 경호대원들과 함께 재빨리 [안쪽으로] 물러서기도 했다. 게다가 다른 일도 있었다. 필로타스의 음모가 드러나기 전 날, 기병대의 병참 장교인 안티파네스(Antiphanes)가 아민타스에게 평상시처럼 지시를 내리고, 또 아민타스가 가지고 있는 말들 중 몇 마리를 말을 잃어버린 병사들에게 주라고 하였다. 아민타스는 화를 벌컥 내면서 당장 지시를 철회하지 않으면 그가 누구를 상대하고 있는지 알게 해주겠다고 말했다. 그밖에도 허세를 부리면서 아무도 안중에 없는 듯이 왕에 대해 말을 하였기 때문에 이것만 보아도 그들이 범죄 의도가 있는 것이 더 이상 분명할 수 없을 지경이었다. 만약 그들에 대한 기소가 제대로 된 것이라면 그들은 필로타스와 같은 처벌을 받아야 할 것이고, 그렇지 않다면 그들은 이의를 제기해야 할 것이라고 알렉산드로스는 생각했다.

안티파네스가 앞으로 나왔다. 그는 아민타스가 말을 건네주라는 요구에 불응하며 오만방자한 행동을 했다고 증언했다. 그 다음, 발언 기회를 얻은 아민타스가 이렇게 말했다 : "전하께서 괜찮으시다면, 발언하고 있는 동안 쇠고랑을 풀어주시기를 간청 드립니다." 왕이 명령을 내려 두 사람을 풀어주라고 명령하자, 아민타스가 경호대 제복도 입게 해달라고 간청했다. 왕은 다시 명령을 내려 그에게 창을 주라고 했다. 아민타스는 창을 왼 손에 잡고 바로 얼마 전까지 린케스테스의 시신이 놓여있던 자리를 피해 서면서 말했다 : "전하, 말씀드리건대 어떤 결과가 나오건 그 결과가 좋다면 그것은 전하의 은덕이며, 그렇지 않다면 저희가 운이 나쁜 탓입니다. 저희는 몸과 마음이 모두 자유로운 채, 어떤 상해도 입지 않고 저희 사건을 변호할 수 있게 되었습니다. 또 전하께서는 저희가 전하를 모시면서 늘 입었던 제복도 입을 수 있게 허락해 주셨습니다. 저희는 소명함에 있어서 두려움을 느끼고 있지 않으며, 운명에 대해서도 두려워하지 않을 것입니다.

마지막에 하셨던 책망을 먼저 대답할 수 있도록 허락해주소서. 전하, 저희는 전하에 대해서 어떤 말을 했는지 알지 못합니다. 전하께서는 오래 전에 전하에 대한 악감정을 일소하셨다고 말씀드리고 싶습니다. 다른 경우에 악의에 찬 말들을 했던 것을 고치기 위해 제가 입에 발린 말을 했다고 전하께서 믿으셨다면 몰라도 말입니다. 하지만 전하의 병사들 중에 하나가 행군에 지치고 어지러워져서, 아니면 전투에서 위험에 직면하여, 그것도 아니면 상처를 입고 군막에서 상처를 돌보며 불평하던 소리가 들린다 해도 전하께서는 그것이 악의에서가 아니고 긴급 상황 때 어쩔 수 없이 튀어 나왔다고 인정해 주셨기에, 저희는 용감히 싸웠기에 그럴 권리를 얻는구나 하고 생각했습니다. 불행한 일이 일어나면 우리 모두는 범죄자가 될 수 있습니다. 우리는 미워하지 않으면서도 우리 자신의 몸에 적대적인 손길을 가져다 댑니다. 만약 자식과 대립된다 해도 부모 역시 혐오와 증오의 대상이 되고 맙니다. 반면에 우리가 명예로운 선물들을 받았을 때, 전리품을 가득 안고 집에 돌아갔을 때는 누가 우리를 참아줄 수 있겠습니까? 누가 그 우쭐거림을 보아줄 수 있습니까? 군인이란 분노나 기쁨을 절제하지 못합니다. 우리는 모든 감정을 폭력적으로 쏟아 냅니다. 우리는 감정의 포로가 된 것처럼 책망하고, 칭찬하며, 동정하고, 분노합니다. 지금 우리는 인디아와 대양(大洋)[322]으로 향하는 것에 기쁨을 느끼고 있지만, 다른 한편으로는 아내와 자식, 조국에 대한 기억 때문에 돌아가고도 싶습니다. 하지만 그런저런 생각들, 우리가 서로 나누는 대화 같은 것들은 나팔 소리에 사라지고 맙니다. 그러면 우리는 서둘러 대열 속에서 자기 자리를 찾아 뛰어가며, 군막 속에서 품었던 분노를 적의 머리를 향해 뿜어냅니다. 필로타스의 범죄도 말로만 끝났다면 좋았을 텐데요!

이제 저희 둘이 기소당한 문제로 되돌아가 말씀드리겠습니다. 저희가 필로타스와 나누었던 우정에 대해 부정하지는 않겠습니다. 또한 저희들이 그와의 우정을 통해 상당한 이득을 얻은 것도 인정하겠습니다. 전하께서는 정말로 저희가 파르메니온의 아들과 사귀었다고 해서 놀라실 것입니까? 전하의 거의 대부분의 친구들 보다 위명이 드높으며, 바로 전하 다음의 지위를 차지하고 있었던 이였습니다. 진실을 알기 원하신다면 말씀드리겠습니다만, 전하, 저희가 빠져있는 곤경은 전하께 책임이 있습니다. 전하가 아니시라면 누가 전하를 기쁘게 하려 하는 자들을 필로타스에게 달려가게 만들었겠습

---

322) 여기서는 인도양을 말한다.

니까? 그의 추천덕분에 저희는 전하와 우정을 나눌 수 있는 지금의 자리에 까지 올라왔습니다. 그는 전하에게서 존중을 받고 있었기에, 저희는 그의 호의를 구했고, 그가 분노할까봐 두려워했습니다. 저희 병사들은 모두 전하께서 하신 말씀과 전하께서 내리신 명령으로 전하의 적과 친구를 저희의 적과 친구로 삼기로 맹세하였습니다. 이 신성한 복종의 맹세에 속박된 저희들이 어찌 전하께서 다른 누구보다 높은 자리에 앉히신 자에게 등을 돌릴 수 있었겠습니까? 그러므로 이것이 범죄라면 비난받지 않을 자는 거의 없을 것입니다. 아니 하나도 없을 것입니다. 모든 사람이 필로타스의 친구가 되고 싶어 했지만, 실제로 모든 사람이 그리 된 것은 아니었습니다. 그러니, 필로타스의 친구와 그 음모에 관여된 자들 사이에 차별을 두지 않으신다면, 전하께서는 그의 친구와 그의 친구가 되고 싶어 하던 자들 사이에도 차별을 두지 않으셔야 할 것입니다.

그러니 저희가 연루되었다는 증거는 무엇입니까? 제가 추측컨대는 그가 그 일을 하기 전날 다른 사람들이 없을 때 저희와 사이좋게 이야기를 나누었다는 것이 증거일 것입니다. 실상, 바로 '그 날' 저희의 평소의 습관과 다른 일을 행했다면, 저희의 결백을 증명할 수 없을 것입니다. 다시 말해, 저희가 죄가 있다고 말해지는 그 특정한 날에 저희가 다른 날들과 똑같이 행동했다면, 다른 날과 같이 행동했다는 그 점 덕분에 저희에 대한 공격에서 벗어날 수 있을 것입니다.

하지만 저희는 안티파네스가 요구하는 말들을 주지 않았습니다. 그리고 바로 그 날이 필로타스가 발각된 전 날이었습니다. 제가 이 문제에 대해서 안티파네스와 논쟁을 벌여도 될까요? 저희가 바로 그 특정한 날에 말들을 넘겨주지 않았다고 해서 의심을 받아야 한다고 그가 주장한다면, 그 역시도 말을 요구한 그 행위를 정당화 할 수 없을 것입니다. 사실 말들을 가지고 있던 사람과 말들을 요구한 사람 중 누가 유죄인지는 분명치 않습니다. 다른 이의 재산을 요구한 사람보다는 자기 재산을 넘겨주는 것을 거부한 사람이 더 강한 명분을 가지고 있다는 사실을 제외한다면 말입니다. 전하, 사실 저는 10마리의 말을 가지고 있었습니다. 그 중 8마리는 이미 안티파네스가 자기 말을 잃은 자들에게 나누어 주었고, 제게 남은 것은 단지 두 마리 뿐이었습니다. 그가 거만하게 혹은 적어도 불공정하게 그 말들을 징발하려 했을 때, 제가 두 발로 서서 싸울 준비를 하지 않았을 것이라면 저는 고집을 부려 그 말들을 계속 가지고 있어야 했습니다. 다른 사람의 말들을 싸울 준비가 되어 있는 사람에게 나누어주는 군사적인 경험 밖에는 갖고 있지는 못한 터무니없는 겁쟁이에게 제가 자유민으로서 말하고 있다는 사실을 부인하지는 않겠습니다.[323] 일이 이런 상황에 까지 흘러가게 되었으므로, 저는 전하와 안티파네스에게 말을 심하게 한 것에 대해 사과하겠습니다.

하지만, 전하의 모후께서는 저희들이 전하의 적이라고 하는 편지를 전하께 쓰셨습니다. 바라건대 그 분이 아들을 걱정하실 때 더욱 분별력을 가지시고, 지나치게 걱정을 하신 나머지 무익한 미혹에 빠지지 않으시길 빕니다. 어째서 그 분은 왜 그런 걱정의 근거를 밝히시지 않으셨을까요? 저희가 어떻게 행동하고 말했기에 그 분이 전하께 그렇게 걱정하는 편지를 보내셨을까요? 침묵을 지키는 것도 말하는 것만큼이나 위험할 터이니, 제 처지가 어찌 이리 기구한지요! 하지만 저는 결과가 어찌되건 간에 저의 주장이라기보다는 변명

323) 통상 말을 배정하는 일은 노예나 하는 천한 일이었으므로 안티파네스를 모욕하고 있다는 뜻이다.

을 듣고 전하께서 불쾌해 하실 것을 각오하고 입을 열겠습니다. 전하께서도 제가 말하고자 하는 바를 인정하실 것입니다. 제가 전하의 명을 받고 마케도니아에서 신병을 데려오기 위해 파견되었을 때, 많은 수의 건장한 젊은이들이 전하의 모후 궁에 숨어 있다고 직접 말씀하셨던 것을 기억하실 테니까요. 전하께서는 전하를 제외한 누구의 명에도 귀를 기울이지 말고 군복무를 기피하려 하는 자들을 전하 앞으로 데리고 오라고 지시하셨습니다. 저는 제 자신을 위해서는 조심성 있게 굴지 못하고 전하의 말씀을 곧이곧대로 따라 고르기아스(Gorgias), 헤카타이오스(Hekataios), 고르가타스(Gorgatas)[324] 등을 데리고 왔고 그들은 지금 전하께 잘 봉사하고 있습니다. 제가 전하의 명을 따르지 않았다면 처벌 받아 마땅합니다만, 전하의 명에 복종하였다는 이유로 지금 죽어야 한다면 이보다 불공정한 일이 어디 있겠습니까? 전하의 모후께서 저희를 희생시키려는 단 하나의 이유는 저희가 전하의 안위를 한 여성의 편애보다 더 중시했기 때문입니다. 저는 이곳에 마케도니아 보병 6,000명과 기병 600명을 데리고 왔습니다만, 제가 복무를 거부하는 이들을 묵인해주려 했다면 그들 중 일부는 저와 같이 오지 못했을 것입니다.[325] 따라서 그 분이 저희에게 화를 내고 계시기에, 전하께서는 그 분을 달래시려고 저희를 그분의 분노에 대한 희생양으로 내놓으려고 하시는 것입니다."

2. 아민타스가 이와 같이 스스로를 변호하고 있을 때, 병사들이 도망쳤던 아민타스의 동생 폴레몬 - 앞서 언급했던 바 있다 - 을 사

324) 다른 판본에는 고르디아스(Gordias)로 표기되어 있다.

325) 5권 1장 40-42절 참조. 그 600명의 기병은 트라키아 인이었다. 아민타스는 마케도니아 기병 500명을 데리고 왔다.

슬로 묶어 끌고 왔다.[326] 모여 있던 군중은 몹시 격앙되어 있었기 때문에 관례에 따라 폴레몬을 즉각 돌로 쳐 죽이려 하였다. 그러나 폴레몬은 조금도 겁을 먹지 않고 이렇게 말하였다 : "저는 스스로를 위해 자비를 구하지 않겠습니다. 다만 제가 도망쳤던 일로 결백한 제 형제들에 대해 오해를 하지는 말아주십시오. 만약 이 행동이 변호의 여지가 없는 것이라면, 저에 대해서만 책임이 돌아오도록 해주십시오. 제가 도망쳤기 때문에 의심을 받는 것이라면, 제 형제들에 대해서는 그런 의심을 하지 말아주십시오."

그가 이렇게 말하자, 모여 있던 모든 군중은 그의 말에 공감하였다. 이제 군중은 눈물을 흘리기 시작했다. 그들의 감정은 급작스럽고 급격하게 변하여 전에 그의 사건에 악영향을 끼쳤던 바로 그 일 때문에 이제 그를 동정하게 되었다. 그는 이제 막 젊음이 꽃피어나기 시작하는 청년이었으며, 필로타스가 고문을 받았을 때 겁을 집어먹은 기병들 중 하나로서 다른 사람들의 공포감에 전염되어 도망쳤던 것이다. 그리고 동료들에게 버림받아서 돌아가야 하나, 도망쳐야 하나 갈피를 잡지 못하고 있다가 추격자들에게 잡혔다.

폴레몬은 흐느끼기 시작하면서 스스로 얼굴을 후려쳤다. 자기 자신 때문이 아니라, 형제들에게 위험을 가져다주었다고 자책해서였다. 이제 군중뿐 만이 아니라 왕도 마음이 움직이게 되었다. 하지만 그의 형만은 마음에 맺힌 응어리가 풀어지지 않았다. 아민타스는 동생을 무섭게 쏘아보면서 "이 멍청아!"라고 소리를 질렀다. "네가 눈

326) 아리아노스, 『알렉산드로스 대왕 원정기』 3권 27장 2-3절에서는 알렉산드로스가 아민타스에게 폴레몬을 진영으로 데리고 돌아가도록 허락했다고 기록하고 있다.

물을 흘렸어야 할 때는, 형제들을 버리고 도망자들과 함께 말에 박차를 가할 때였다. 이 가엾은 녀석아, 너는 어디로 도망쳤느냐? 무엇으로부터? 나는 목숨이 걸린 재판을 받게 되었고, 내가 너를 고발하도록 만들었구나."

폴레몬은 자신이 아니라 형제들에 대해 큰 죄를 지었다고 고백했다. 이제 병사들은 눈물을 감추지 않았고, 그의 감정에 동정을 표하는 함성 소리가 울려 퍼졌다. 그리고 왕에게 이 결백하고 씩씩한 형제를 사면해 달라는 요구가 한 목소리로 울렸다. 그들의 친구들도 동정을 표할 기회가 주어지자 모두 일어나서 눈물을 글썽거리며 왕에게 호소했다. 장내가 조용해지자, 알렉산드로스가 이렇게 말했다 : "나 역시 아민타스 및 그의 형제들을 무죄 방면하는데 한 표를 던지겠다. 하지만 젊은 친구들, 자네들에게 닥쳤던 위험을 기억하기 보다는 내 호의를 잊는 편이 더 낫겠네. 내가 이제 우정을 다시 돌려주었으니, 나에게 다시 우정과 충성을 보여주게. 내가 보고를 면밀하게 검토하지 않았더라면, 자네들은 내가 은밀하게 의심하고 있다는 것을 느꼈을 걸세. 의심받는 것보다는 용서받는 편이 더 나을 테지. 자신이 무고함을 변명하지 않는다면, 무죄가 될 수 없음을 명심하게나. 아민타스, 그대는 동생을 요서해야 하네. 자네의 감정은 또한 우리가 진정으로 화해했다는 담보물이 될 걸세.[327]"

그 다음, 모임을 해산한 알렉산드로스는 폴리다마스를 부르도록 했다. 그는 파르메니온의 가장 가까운 친구였고, 전장에서는 통상

327) 비록 알렉산드로스에게 용서를 받았지만, 아민타스는 그 뒤 오래지 않아 작은 도시를 공격하다가 전사했다.(아리아노스, 『알렉산드로스 대왕 원정기』 3권 27장 3절 참조)

그의 곁에 서서 싸운 인물이었다.[328] 그는 맑은 정신으로 자신감을 갖고 알렉산드로스의 진영으로 왔으나, 아직 매우 어려서 알렉산드로스에게 알려지지 않은 동생들을 내놓으라는 말을 듣자 그의 자신감은 근심으로 바뀌었다. 그는 공포감에 사로잡히기 시작했고, 동생들이 공격에 적절하게 대응하지 못하고 화를 입을 것으로 생각했다. 경비병들이 명령을 받아 그의 동생들을 데리고 왔다. 알렉산드로스는 두려움에 얼굴이 하얗게 질린 폴리다마스에게 가까이 다가오라고 말하고, 다른 사람들은 모두 물러가도록 했다. 그리고 이렇게 말했다. "우리 모두는 파르메니온의 희생자일세. 그리고 자네와 나는 특히 더하지. 그가 마치 우리의 친구인양 행동하여 우리를 속였지 않나. 그를 쫓아 처벌하기 위해 나는 그대의 조력을 필요로 하네. 그리고 내가 그대의 충성을 믿고 있다는 사실을 기억하게. 그대가 나를 돕고 있는 동안 그대의 동생들은 내 인질이 될 걸세. 이제 그대는 메디아로 가서 내 친서를 그곳의 태수들에게 전하게. 소문이 퍼지는 속도 보다 빨리 가야하니 서둘러야 할 걸세. 나는 그대가 밤중에라도 그 곳에 도착하여 다음 날 바로 내가 써 놓은 지시 사항들을 이행하길 바라네. 또 그대는 파르메니온에게 편지 두 통을 가지고 가게 되네. 하나는 내가 직접 쓴 것이고, 다른 하나는 표면적으로는 필로타스가 쓴 것이네. 필로타스의 인장반지는 내 손에 있네. 만약 그의 아버지인 파르메니온이 아들의 봉인이 되어 있는 편지를 믿는 다면, 그대를 만날 때 어떤 의구심도 품지 않을 걸세."

---

328) 파르메니온은 가우가멜라 전투 시에 폴리다마스를 전령으로 알렉산드로스에게 파견했다. 파르메니온의 죽음과 관련된 그의 역할에 대해서는 아리아노스, 『알렉산드로스 대왕 원정기』 3권 26장 3절 참조.

절망적인 공포심에서 해방된 폴리다마스는 자신이 요구받은 것보다 더 열정적으로 조력할 것을 약속했다. 그는 한 아름의 찬사와 약속을 듣고 나서 입고 있던 옷을 벗고 아라비아 식 옷으로 갈아입었다. 그리고 동반자로 두 명의 아라비아 인이 붙여졌다. 이 두 사람의 아내와 자식들은 충성을 담보하기 위해 왕의 인질로 잡혀 남게 되었다. 그들은 건조한 사막을 횡단하기 위해 낙타를 타고 갔다. 그리고 10일 후에 목적지에 도착했다. 폴리다마스는 자신의 도착 소식이 전해지기 전에 마케도니아 식 옷으로 갈아입고 네 번째 야간 교대 시간에 장군인 클레안드로스[329]의 천막으로 찾아갔다. 그는 편지를 전달했고, 파르메니온의 진영에서 새벽에 만날 것을 약속하였다. 폴리다마스는 다른 이들에게 보내는 왕의 친서들도 가지고 왔기 때문이다.

파르메니온이 폴리다마스가 도착했다는 소식을 들었을 때, 그들은 파르메니온에게 찾아갈 장소에 모여 있었다. 파르메니온은 친구가 도착했다는 소식을 듣고 기뻐했다. 또 오랫동안 왕의 친서를 받지 못했기에 왕의 위업도 무척이나 알고 싶어 했다. 그래서 그는 명령을 내려 폴리다마스를 찾도록 했다. 이 지역의 집들은 넓고 나무들을 많이 심어 매우 보기 좋은 곳으로서 왕들과 태수들이 맘에 들어 했다. 파르메니온은 작은 숲의 산책로를 걷고 있다가 그를 죽이라는 왕의 친서를 받은 장교들에게 둘러싸였다. 그들이 파르메니온을 죽이려고 결정했을 때, 파르메니온은 폴리다마스가 건네준 친서를 읽기 시작한 참이었다. 폴리다마스가 도착했을 때, 파르메니온은 멀리서 그를 보고 기쁜 표정을 지으며 달려가 껴안았다. 인사를 나

---

329) 코이노스의 형제이다. 아리아노스, 『알렉산드로스 대왕 원정기』 3권 26장 3절에서는 시타클레스(Sitakles)와 메니다스(Menidas)의 이름도 거명하고 있다.

누고 나서 폴리다마스는 왕의 친서를 파르메니온에게 건네주었다. 파르메니온은 친서의 봉인을 뜯으면서 왕께서는 어찌 지내시는지 물어보았고, 폴리다마스는 친서를 읽어보시면 아실 것이라고 대답하였다. 파르메니온은 친서를 읽고 한 마디 하였다 : "왕께서는 아라코시아 원정을 계획하고 계시는군. 참 정력적인 분이셔, 쉬지를 않으시네. 대단한 업적을 이루셨으니, 이제 편안하게 쉬실 생각을 하실 만도 한데."

그 다음 그는 필로타스의 이름으로 쓰인 편지를 읽으며 기뻐했다. 아들의 말투를 발견했기 때문이었다. 그 때 클레안드로스가 칼을 뽑아 그의 옆구리를 찌르고, 다시 목을 찔러 죽였다. 나머지 사람들도 그가 이미 죽어 넘어졌음에도 불구하고 그를 향해 달려들었다. 입구에서 경비를 서고 있던 친병들이 암살이 일어난 것을 알고 그 작은 숲으로 달려왔다. 그리고 그 암살의 동기를 알지 못하고서 진영으로 달려가 비상사태가 일어났음을 알려 병사들을 격동시켰다. 병사들은 무장하고 그 사건이 벌어진 작은 숲에 모여들었다. 그리고 폴리다마스 및 이 범죄에 가담한 자들이 항복하지 않으면 그 작은 숲을 둘러싼 담장을 허물어 버리고, 그들 모두가 사령관의 피 값을 치르게 하겠다고 위협했다. 클레안드로스는 병사들의 지휘관들을 들어오게 하고, 알렉산드로스가 친히 쓴 친서를 읽어 주었다. 그 친서에는 파르메니온이 알렉산드로스에게 음모를 꾸몄으며, 자신들이 그에게 앙갚음을 해야 한다는 내용이 들어 있었다. 병사들은 왕의 의중을 알게 되자, 폭동은 진압되었다. 비록 분노는 사라지지 않았지만. 병사들 대부분은 해산했지만, 소수는 남아서 파르메니온의 시신을 매장할 수 있도록 허락해 달라고 애원했다. 클레안드로스는 왕이 불쾌해할 까봐 오랫동안 그 청을 거절했다. 하지만 그들이 끈덕지게 계속 청원하자, 폭동을 예방한다는 차원에서 파르메니온의 머리를 자르고 나서 나머지 시신은 매장하도록 허용했다. 그리고 머리는 알렉산드로스에게 보냈다.

이상이 전시와 평화 시에 모두 탁월했던 인물인 파르메니온의 최후였다. 알렉산드로스는 그 없이 위업을 성취하지 못했지만, 그는 알렉산드로스 없이도 많은 성공을 일구어 낸 인물이었다.[330] 그는 가장 운이 좋은 이들 중 한 명이며, 그 행운에 걸 맞는 모든 것을 원했던 왕을 만족시켜줄 수 있었다. 그는 70세의 나이에도 한창 때의 지휘관에게 요구되는 일들을 해 내었고, 때로는 일반 병사의 의무까지도 수행했다. 그는 빈틈없는 전략가이며 훌륭한 전사였고, 장교들에게 사랑받았으며 무엇보다 병사들에게 인기가 높았다. 그의 이런 자질 때문에 그가 왕권을 탐냈는지, 아니면 그저 그런 의심을 받게 되었는지는 불분명하다. 왜냐하면 그 사건이 비교적 최근의 일이고 제법 분명한 일이라고는 해도 심한 고문을 받은 필로타스가 진실을 털어 놓았는지, 아니면 그저 고문을 면하기 위해 거짓 자백을 했는지 입증할 수 없기 때문이다.

전말을 보고 받은 알렉산드로스는 파르메니온의 죽음에 대해 공개적으로 슬퍼하는 이들을 다른 병사들과 격리해 놓아야겠다고 생각했다. 그래서 그는 그런 자들은 한 부대로 몰아서 전에 파르메니온과 친밀한 관계를 유지했던 레오니다스(Leonidas)가 지휘하도록 했다. 또 그는 이 부대에 다른 이유로 싫어했던 자들도 같이 모아 놓았다. 병사들의 감정을 시험해 볼 마음을 먹은 알렉산드로스는 자신이 직접 전령들을 보낼 테니 마케도니아에 있는 친지들에게 편지

330) 이 표현은 수사학적 과장이다.

를 쓸 자는 모두 써서 그 전령들에게 건네주라고 하였고, 병사들은 그 말을 믿고 편지를 건네주었다. 그 편지에는 친지들에게 보내는 병사들의 감정이 솔직하게 표현되어 있었다. 이에 따르면, 대부분의 병사들은 군복무를 마냥 싫어하지는 않았지만, 일부는 부담스러워했다. 이렇게 해서 알렉산드로스는 만족감과 불만을 표시하고 있는 편지들을 모두 가로채어 원정의 고난에 지쳐 불평을 토로하는 편지를 쓴 자들을 별개의 부대로 편제하였다. 그리고 자신의 비위를 거슬렀다는 표시로 그들을 다른 병사들과 다른 진영에 있게 했다. 그러면서 그는 이 용맹한 이들은 전투에서 자신이 부릴 것이라고 말은 했지만, 사실은 이들이 입을 싸게 놀려서 귀가 얇은 병사들에게 악영향을 미치지 못하게 하려는 것이었다. 그러나 이 일은 아마 무분별한 짓일지는 몰라도 가장 용감한 병사들이 자신들에게 가해진 모욕에 대해 분개하게 함으로써 이제 까지 왕이 행운을 누리게 해왔던 다른 일들처럼 되었다. 이 병사들 역시 전투에 대한 열망은 누구 못지않게 컸다. 이들은 자신들의 불명예를 씻기 위해, 또 자신들의 수효가 적으므로 용감하게 싸우면 바로 눈에 띌 것이라고 생각하여 사기가 불타올랐다.

3. 알렉산드로스는 이 일들을 정리하고 나서 아르사메스를 드랑가이아[331]의 태수로 임명하였다. 그리고 그는 아리마스피(Arimaspi) 인들의 지역으로 진군하도록 명령했다. 아리마스피 인들은 이 당시에

331) 아리아노스, 『알렉산드로스 대왕 원정기』 3권 25장 7-8절에서는 아르사메스가 아닌 아르사케스(Arsakes)라는 사람이 아레이아 태수로 임명된다. 아르사메스의 오기로 보인다. 그리고 드랑가이아가 아니라 자랑가이아(Zarangaia)로 표기하고 있다.

는 에우에르게타이(Euergetai)[332]라고 불렸는데, 키로스 대왕의 군대가 추위에 지치고 굶주렸을 때, 쉴 곳을 제공하고 식량을 원조해준 때부터 그렇게 불렸다. 그 지역에 들어선 지 4일 후, 알렉산드로스는 배신하고 베쏘스에게 갔던 사티바르자네스가 기병대를 이끌고 아리아 지역을 침입했다는 소식을 들었다. 그래서 알렉산드로스는 카라노스(Karanos)와 에리기오스 및 아르타바조스, 안드로니코스(Andronikos)에게 6,000명의 그리스 보병과 600명의 기병을 주어 파견하였다.

알렉산드로스 자신은 60일 이내에 에우에르게타이에 관련된 법령들을 작성하였다. 그 중에는 그들이 키로스 대왕에게 보여주었던 각별한 충성에 대한 보상으로 많은 재정적 보답을 해주는 것도 있었다. 다음으로 그는 다레이오스의 서기였던 아메디네스(Amedines)[333]에게 그들을 다스리도록 위임하고, 아라코시아 지역을 정복하기 위해 떠났다. 아라코시아 지역은 흑해 연안에 까지 뻗어 있다. 그는 그곳에서 파르메니온이 지휘하던 군대 - 6,000명의 마케도니아 군, 200명의 귀족, 5,000명의 그리스 군(600명의 기병과 함께)으로서 확실히 알렉산드로스 군의 정예였다 - 와 합류했다. 그는 메논(Menon)[334]을 아라코시아 태수로 임명하고 4,000명의 보병과 600명의 기병을 수비대로 남겨주었다.

알렉산드로스는 교역을 하지 않기 때문에 인근에도 거의 알려지지 않은 부족의 지역으로 군을 이끌고 진군하였다. 이들은 파라파미

332) '은인(恩人)들'이라는 의미이다.

333) 그 외에는 알려진 바가 없다.

334) 아리아노스, 『알렉산드로스 대왕 원정기』 3권 28장 1절 참조; 한편 그의 죽음에 대해서는 본서 9권 10장 참조.

사다이(Parapamisadai)[335]라고 불리며 후진적인 종족으로서 이민족 사이에서도 극도로 야만적이라고 알려져 있다. 그들이 거주하는 지역의 환경이 매우 열악하여 그런 성격이 만들어진 것이다. 그들의 영토 대부분은 차가운 북쪽의 극지[336]에 면해있지만, 서쪽으로는 박트리아에 접해있으며, 남쪽으로는 인도양에 이른다. 그들은 오두막을 지을 때 굽지 않은 벽돌을 사용하는데, 산마루도 헐벗어 있어서 목재를 거의 발견할 수 없기 때문이다. 그들은 벽돌로 오두막 맨 위까지를 덮어 짓는다. 그들의 주거는 아래쪽이 넓고 위로 갈수록 좁아져서 마치 배의 용골처럼 보인다. 맨 꼭대기에는 빛을 받아 들이기 위해 구멍을 남겨둔다. 차갑게 얼어붙은 땅에서 덩굴 식물과 나무를 이용하려면 사람들이 땅을 깊이 파야 한다. 이 식물들은 겨울에는 표면 아래 들어가 있고, 겨울이 끝나서야 공기와 햇볕을 쪼이기 위해 지표면으로 나온다. 실상 눈이 땅에 두텁게 덮여있고, 얼음과 거의 영구적인 서리로 단단해져 있어서 새나 다른 야생 동물들의 자취도 찾아볼 수 가 없다. 하늘에 그림자가 졌다고 해야 더 어울릴만한 흐린 날에는 마치 밤과 비슷하여 아주 가까운 것도 거의 보이지 않을 정도이다. 인적이 끊긴 이 지역에 들어오게 된 군대는 추위, 물자 부족, 피로, 절망을 견뎌내야 했다. 그들이 겪어본 적이 없는 아연실색할 정도의 차가운 눈보라 때문에 많은 병사들이 죽었다. 그밖에도 많은 병사들이 발에 동상에 걸렸거나, 실명을 하였다. 특히 탈진하여 고생하는 병사들이 많았다. 그들은 탈진한 몸을 얼음바닥에 눕히고 한번 멈춰서면, 추위 때문에 몸이 뻣뻣해져서 다시

---

335) 파라파미소스(Parapamisos 즉 힌두 쿠쉬 산맥)에서 이름을 따온 것이다.

336) 즉 북극성을 말한다.

몸을 일으키려는 노력이 수포가 되어버리곤 했다. 그러면 동료들이 다시 그들의 피로감을 떨치게 도와주었다. 그들에 대한 유일한 치료법은 다시 몸을 움직이게 만들어 생기가 돌게 하여 사지로 힘을 다시 불어넣게 하는 것이었다.

그러나 이민족들의 오두막에 도달하게 되면 빠르게 회복된다. 하지만 어둠이 너무나 짙어서 그 오두막들의 위치는 그곳에서 나오는 연기로만 알아볼 수 있다. 이 지역 주민들은 자기네 땅에서 이방인을 본 적이 없었기 때문에 갑자기 무장한 침입자들을 보게 되자 거의 죽을 정도로 놀랐다. 그들은 마케도니아 병사들에게 목숨만 붙여달라고 애원하며 오두막집에서 어떤 것이든지 다 끌고 나오기 시작했다. 왕은 도보로 병사들 사이에서 있으면서 쓰러진 병사는 부축해 일으키고, 몸을 가누기 힘들어 하는 병사들에게는 자신의 몸을 사용하여 부축해 주었다. 그는 맨 앞에 있었다가, 때로는 대열 중간에, 그리고 어떤 때는 맨 뒤에 위치하면서 이 어려운 행군에서 여러 몫을 해냈다. 그리고 결국 그들은 좀 더 개간이 된 지역에 도달하였고, 마케도니아 군은 풍성한 물자를 공급받아 몸을 추스를 수 있게 되었다. 동시에 더 이상 버티기 힘들어 하는 병사들은 진영을 설치하고 쉬게 하였다.

마케도니아 군은 이 곳에서 코카서스 산맥[337]에 까지 진군하였다. 이 산맥은 아시아를 둘로 나누면서 길게 뻗어 있다. 코카서스 산맥은 한 쪽 방향으로는 킬리키아를 씻어 주는 바다에 면하며, 다른 방향으로는 카스피 해, 아락세스(Araxes) 강, 스키티아의 황무지와 면하고

337) 고대 작가들은 힌두 쿠쉬 산맥을 코카서스 산맥이라고 부르는 경향이 있었다. 그들은 코카서스 산맥이 킬리키아에서 인디아에까지 뻗어 있다고 생각했다.

있다. 코카서스 다음으로 높은 타우로스(Tauros) 산맥은 코카서스 산맥과 연결된다. 타우로스는 카파도키아에서 솟아올라 킬리키아를 지나 아르메니아 산맥과 합쳐진다. 이렇게 서로 연결된 것으로 보이는 이 산맥들은 끊이지 않은 사슬을 형성하며, 실제적으로 아시아 모든 강들의 원천이 된다. 이 강들 중 일부는 홍해로 흘러들어가고, 일부는 카스피 해로 들어가며, 다른 일부는 히르카니아(Hyrcania) 해[338]와 흑해로 들어간다. 마케도니아 군은 코카서스 산맥을 17일 만에 횡단하였다. 오래된 전승에 따르면 이 산맥 중 한 바위산 - 둘레가 2Km 정도이며, 높이는 800m 정도이다 - 에 프로메테우스(Prometheus)[339]가 묶여 있었다고 한다. 이 산자락은 새로운 도시 건설지로 선정되었고, 7,000명의 나이든 마케도니아 병사들과 알렉산드로스가 은퇴시킨 병사들이 이곳에 정착하게 되었다. 이곳도 정착자들에 의해 알렉산드리아라고 불리게 되었다.[340]

4. 베쏘스는 알렉산드로스의 빠른 진군에 두려움을 품었다. 그는 관습에 따라 지역 신들에게 희생제를 올리고 연회를 베풀면서 친구들 및 지휘관들과 더불어 전쟁에 대비하는 회의를 열었다. 그들은 술에 흠뻑 취해서 자신들의 군세를 자랑하고, 자신감이 넘쳐서 적이

338) 퀸투스 쿠르티우스는 6권 4장 18절에서 카스피 해와 히르카니아 해가 같은 바다라고 말했던 바 있다.

339) 티탄 족 프로메테우스는 중요한 예언을 제우스에게 알리지 않았고, 또 불을 훔쳐 인간에게 주었다고 해서 코카서스 산정에 사슬로 결박되어 매일 독수리에게 간을 뜯어 먹히는 형벌을 받았다고 한다.(프로메테우스의 간은 매일 다시 자라나므로 그 형벌은 영원하다.)

340) 알렉산드로스가 원정 도중에 세운 알렉산드리아라는 도시는 대략 30여개 정도 된다.

수가 적다고 깔보는 말을 하였다. 특히 베쏘스는 자기 입으로 자랑을 늘어놓았다. 그는 불충한 찬탈을 감행한 이후에 오만이 하늘을 찌르게 되어 거의 미친 것이나 다름없는 상태였다. 그는 다레이오스가 태만하여 적의 명성을 높여준 것이라고 주장하기 시작했다. 만약 다레이오스가 킬리키아의 좁은 산길에서 적과 맞서 싸우지 않고 퇴각하면서 적이 눈치 채지 못하게 자연적으로 방어하기 좋은 곳으로 유인했다면 달랐을 것이라는 것이다. 그의 말에 따르면 장애물로 사용할만한 강들도 많았고, 산중에는 매복할 곳도 많았으므로 이런 곳에서 적을 맞아 싸우면 적이 저항하지 못하는 것은 물론이요 도망칠 수조차 없었을 것이었다. 그는 이제 자신의 결정은 소그디아 땅으로 퇴각하여 주변에서 강력한 동맹 부족들이 도착할 때까지 옥소스(Oxos) 강[341]을 적에 맞서는 방어벽으로 삼는 것이었다. 그 동맹들은 코라스미이(Chorasmii), 인, 다하이 인, 사카이 인, 타나이스 강[342] 너머에 살고 있는 인디아 인과 스키티아 인들로서, 이들 중 누구도 그 어깨 높이가 마케도니아 병사들의 머리 높이와 맞먹지 않는 자는 없었다. 그의 친구들은 모두 취해서 이보다 더 좋은 생각은 없노라고 소리 질렀다. 그리고 베쏘스는 마치 알렉산드로스를 연회석상에서 정복하기라도 할 것처럼 독한 포도주를 더 좌석에 돌리라고 명했다. 이 연회에 참석한 자 중 코바레스(Cobares)[343]라는 자가 있었다. 그는 메디아 출신으로서 마술사 - 마술이 진실로 존재하고,

341) 오늘날의 아무 다르야(Amu Darya) 강이다.

342) 보통 타나이스 강은 오늘날의 돈 강을 가리키지만, 이 경우는 이악사르테스(Iaxartes) 강을 가르키는 것으로 보인다.

343) 디오도로스 시쿨루스(Diodoros Siculus), 『역사 도서관』 17권 83장 7절에서는 그를 바고다라스(Bagodaras)라고 부르지만, 코바레스가 맞는 이름일 것이다.

미신을 믿는 자들의 어리석은 상상력에서 나온 것이 아니라면 - 로 명성을 떨치고 있는 자였다. 그리고 진정한 학자라기보다는 그런 척 폼을 재는 사람이었다. 하지만 그는 대체로 이성적이고 정직한 인물이었다. 그는 명령을 따르기만 하면 다른 사람들과 같은 대접을 받지만, 스스로 제안을 하게 되면 책임을 지는 위험이 있으니, 종 된 자라면 제안을 하기 보다는 명령을 기다리는 것이 더 득이 된다는 것은 잘 알고 있다고 말을 꺼내기 시작했다. 베쏘스는 …[344] 코바레스에게 자신이 들고 있던 잔을 건네주었다. 그 잔을 받아 든 코바레스는 이렇게 말하였다 : "인간의 본성이란 잘못 인도되기 쉬우며, 그런 이유에서 마음대로 되지 않는 것입니다. 그리하여 인간은 다른 사람을 다룰 때보다 자기 자신의 문제를 다룰 때 예리하지 못하게 마련입니다. 또 자기 스스로 문제를 해결하려고 하는 사람은 잘못된 계획을 세우게 마련입니다. 때로는 두려움 때문에, 때로는 탐욕 때문에 또 때로는 자신의 생각에 대한 집착 때문에 그렇습니다. 전하의 경우에는 억측은 경우에 넣지 않았습니다. 물론 경험에 의해 아실 터이지만, 사람이란 자신이 고안해 낸 계획이 유일한 것이라거나, 최선의 것이라고 생각하기 쉽습니다. 전하께서는 머리에 쓰고 계시는 왕관이 커다란 부담이 되십니다. 전하께서는 그 왕관을 절제하시면서 보관하셔야 합니다. 그렇지 않다면 - 그러지 않기를 기원합니다만 - 이는 전하께 파멸로 다가올 것입니다. 전하께서는 충동적인 행동이 아니라, 신중하게 계획을 세우셔야 합니다." 그리고 코바레스는 이민족들 사이에서 회자되는 금언을 몇 개 들먹였다. 즉, 겁먹은 개는 물기 보다는 맹렬하게 짖는다든가, 가장 깊은 강은 가

344) 문장이 탈문되었다. 아마도 "겁내지 말고 말하라며" 정도의 내용이었을 것이다.

장 소리를 적게 내면서 흐른다든가 하는 등의 말이었다. 필자는 이 민족들 사이에 존재하는 지혜도 기록할 만하다고 생각하여 이를 기록해 둔다.

코바레스는 이런 말과 함께 좌중의 주의를 집중시켰다. 그리고 베쏘스를 기분 좋게 만들었던 것보다 더 득이 되는 계획을 내보였다. "빠르게 움직여 오고 있는 그 왕은 전하의 왕국 경계에 와 있습니다. 그는 전하께서 그 탁자를 움직이기도 전에 병력을 움직일 것입니다. 이제 전하께서는 타나이스 강 지역에서 온 병력을 보내시려고 하고, 강들을 그에 대항하는 장벽으로 삼으려 하십니다. 물론 전하의 적은 전하께서 퇴각하시는 곳마다 따라오지는 못할 것입니다. 도로는 양자에게 다 공통적인 것입니다만, 승리자에게 더 안전한 것이지요. 전하께서는 공포감이 속도를 만들어 준다고 생각하시지만, 희망은 더 빠른 속도를 만들어 냅니다. 전하보다 강한 적에게 항복함으로써 적의 호의를 먼저 얻어내지 못할 이유가 무엇입니까? 어떤 일이 벌어지건 그의 적으로 남아 있는 것 보다는 더 나은 일이 기다리고 있을 것입니다. 전하께서 보유하고 계시는 왕국은 다른 사람의 것이었으므로 그것 없이 지내시기도 더 쉽습니다. 전하께서는 왕위를 수여하거나 폐위시킬 수 있는 힘을 가진 사람에 의해 대관되신다면 아마도 적법한 왕이 되기 시작하실 겁니다. 저는 전하께 정직한 권고를 드립니다. 더 자세한 내용을 말씀드리는 것은 필요없는 짓 일겁니다. 혈통이 좋은 말은 박차를 사용할 필요도 없이 채찍의 그림자만 보아도 통제되는 법입니다."

베쏘스는 술을 많이 마셨기 때문에 흥분하여 더욱 폭력적인 경향을 보였다. 그는 매우 격분하여 친구들이 말리지 않았다면 코바레스를 죽이려고 했고, 실제로 신월도를 뽑아 들기도 했다. 그는 거의 정신이 나갈 정도로 화를 내며 연회장을 박차고 나가 버렸고, 코바레스는 몰래 빠져나와 알렉산드로스에게로 도망쳤다.

베쏘스의 박트리아 인 부대는 8,000명이었다. 그들은 매서운 기후 때문에 마케도니아 군이 인디아로 행할 것이라고 믿고 있는 동안에는 그의 명을 충실히 이행했으나, 알렉산드로스가 다가오고 있다는 것이 알려지자 모두 자신들 출신 마을로 돌아가 베쏘스를 버렸다. 베쏘스는 아직 충성을 다하고 있는 일단의 가신들과 함께 옥소스 강을 건넌 다음, 적이 사용하여 추격하는 것을 막기 위해 도강에 사용한 배들을 불태워 버렸다. 그리고 소그디아에서 신병들을 모집하기 시작했다.

알렉산드로스는 앞서 언급했던 것처럼 이미 코카서스 산맥을 넘었지만, 식량 부족으로 군이 기아선상에서 헤매고 있었다. 병사들은 [올리브]기름 대신에 참깨에서 짠 기름 - 비록 한 항아리에 240데나리우스(*denarius*)[345] 정도 했지만 - 을 몸에 문질렀다. 꿀은 한 항아리에 390데나리우스, 포도주는 300데나리우스였다. 밀은 없거나 아주 약간만 찾을 수 있었다. 이민족들은 그들이 시리(*siri*)라고 부르는 구덩이를 파고 식량을 숨겨두었는데, 얼마나 교묘하게 숨기는지 파묻은 자만이 찾을 수 있었다. 식량이 부족하였기에 병사들은 담수어(淡水魚)와 식용 식물[346]로 연명했는데, 그 마저도 떨어지면 수송용 동물들을 도살하였다. 그들은 그 고기를 먹어가며 박트리아에 겨우 도착할 수 있었다.

---

345) 시대는 좀 다르지만, 서기 60년 경 로마 군단병의 연봉이 225데나리우스였다.

346) 특히 아위(阿魏, ferula)과의 실피움(silphium)을 말하므로, 이 행군이 봄에 이루어졌다는 것을 알 수 있다.

박트리아의 지리적 특색은 다양하며 이질적이다. 한 지역에서는 많은 나무와 덩굴들이 수분이 많은 과일들을 풍성하게 산출한다. 이곳의 비옥한 토양은 많은 샘물들에 의해 관개되었고, 더 비옥한 지역에는 밀이 심어진다. 한편 주민들은 목축을 위해 나머지 지역을 초지로 남겨둔다. 영토에서 그 보다 더 넓은 지역은 모래사막이 덮어 버렸고, 그 황량하고 쓸쓸한 지역에서는 사람이나 어떤 식물도 살 수 없다. 흑해 방면에서 바람이 불어오면,[347] 모래는 바람에 날려 들판을 뒤덮는다. 한 번 모래가 쌓이게 되면, 멀리서 보았을 때 마치 큰 언덕처럼 보이고, 전에 있었던 길의 자취는 사라지고 보이지 않게 된다. 따라서 사람들은 선원들의 방법을 따라 밤에 별을 관찰하고 별의 움직임을 보아 진로를 계획하여 들판을 건넌다. 그런데 밤이 거의 낮처럼 밝다. 이 지역은 낮에 횡단하기가 거의 불가능하다. 우선 따라갈 자취를 찾을 수 없고, 별빛이 어둠에 가려버리기 때문이다. 더군다나 바다에서 해풍이 몰아쳐 오면 사람은 모래 속에 파묻혀 버린다. 하지만 토양이 풍요한 곳은 많은 사람과 말이 먹고 살 수 있다. 그 결과 박트리아 기병대는 도합 3만 명에 달할 수 있었다. 이 지역의 수도인 박트리아[348]는 파라파미소스 산자락에 위치하고 있다. 박트리아라는 이 지역과 수도의 이름은 수도의 성벽을 따라 흐르는 박트루스(Baktrus) 강[349]의 이름에서 나왔다.

알렉산드로스가 이곳에 진영을 설치하고 머물러 있는 동안, 펠로

347) 실제로 바람이 불어오는 곳은 카스피 해 방면이라고 보아야 한다.

348) 자리아스파(Zariaspa)라고도 불렸다.(아리아노스, 『알렉산드로스 대왕 원정기』 4권 1장 5절 참조) 오늘날의 발크(Balkh)이다.

349) 데하스 강 혹은 발크하브 강이다. 오늘날에는 크기가 줄어 거의 사라질 지경이 되었다.

폰네소스와 라코니아(Laconia)[350]에서 반란이 일어났다는 소식이 그리스로부터 전해졌다. 전령들이 이 반란이 시작되었다는 소식을 갖고 출발했을 때까지 반란은 진압되지 않았다. 그리고 아주 가까운 곳의 소식도 전해져 왔다. 즉, 타나이스 강 너머에 살고 있는 스키티아 인이 베쏘스를 돕기 위해 오고 있다는 것이다. 이 때, 카라노스와 에리기오스가 아리아 지역에서의 진행하고 있는 작전 상황 소식도 같이 도달했다. 마케도니아 군과 아리아 인 사이에 전투가 벌어졌다는 것이다. 도망쳤던 사티바르즈자네스가 이민족을 이끌고 있었다. 사티바르즈자네스는 양측이 거의 같은 병력을 가지고 있어서 전투가 정지 상태에 있을 때, 말에 타고 맨 앞으로 나가 투구를 벗고 투척용 무기를 집어던지는 병사들에게 멈추라고 지시하였다. 그리고 누구든 일대일 전투를 원하는 자가 있으면 받아주겠다고 도전하면서, 그는 투구를 벗고 맨 머리로 싸울 것이라고 덧붙였다. 에리기오스는 적 장군이 허장성세를 부리는 것을 참아내지 못했다. 그는 비록 나이가 꽤 들었지만, 용기나 민첩성에서 어떤 젊은이 못지않았다. 그 역시 투구를 벗고 흰 머리를 드러내었다. 그리고 이렇게 말했다. "이제야 말로 내가 승리하던지, 아니면 명예롭게 죽든지 알렉산드로스의 친구이자 전사로서의 가치를 드러낼 때가 왔도다!" 그리고 더 이상 아무 말도 하지 않고, 그의 적수 앞으로 말을 달려 나아갔다. 양측의 병사들은 마치 전투 중지의 명령이라도 들은 것 같았다. 그들은 즉시 모든 일을 멈추고 물러나 공터를 만들어 주고, 추이를 지켜보았다. 이는 단지 둘만의 싸움이 아니라 그들 전체가 관

350) 라코니아는 스파르타가 있는 지역이다. 이 반란에 대해서는 6권 1장 및 그곳의 역주 참조.

련된 일이었고, 그 결과는 다른 무엇보다 중요했기 때문이다. 사티바르자네스가 먼저 창을 던졌다. 그리고 에리기오스는 머리만 살짝 기울여서 그 창을 피했다. 그리고 말에 박차를 가하고는 적의 목덜미를 노리고 창을 겨눈 후 달려 나갔다. 그리하여 창은 적의 목 뒤까지 뚫고 나가게 되었다. 사티바르자네스는 말에서 내동댕이쳐졌으나, 계속해서 싸웠다. 에리기오스는 적의 상처에 찔렀던 창을 빼어 다시 적의 얼굴을 향해 찔렀다. 사티바르자네스는 그 적의 일격으로 자신의 죽음을 빨리 맞고 싶어 하며 그 창을 손으로 감싸 쥐었다. 이민족들은 자신들의 선택에 의해서라기보다는 강제로 따라야만 했던 지도자를 잃게 되자, 알렉산드로스가 지난 날 보여주었던 자비를 떠올리고 에리기오스에게 항복하였다.

알렉산드로스는 비록 이 승리를 기쁘게 받아들였지만, 스파르타에 대한 걱정으로부터는 놓여날 수 없었다. 그러나 스파르타 인들은 그가 인디아의 국경에 도달했다는 소식을 들을 때까지는 감히 자신들의 의도를 드러내지 못할 것이라고 천명하며, 그 반란을 과감하게 받아 들였다. 알렉산드로스는 베쏘스를 추격하기 위해 군을 움직였고, 가는 동안에 에리기오스를 만났다. 에리기오스는 전리품으로 사티바르자네스의 머리를 알렉산드로스의 앞에 바쳤다.

5. 박트리아를 아르타바조스에게 맡긴 알렉산드로스는 짐과 장비를 박트리아에 남겨 지키게 하고서는 경무장 병력만을 이끌고 소그디아의 황무지 지역으로 들어가 야간 행군을 계속하였다. 앞서 말한 대로, 이 지역은 물이 부족하기 때문에 그런 절망적인 상황이 어우러져 자연적으로는 목이 마를 때가 아니어도 타는 것 같은 갈증이 나타나곤 했다. 80Km 정도를 가는 동안에 물이라고는 찾아볼 수 없

었다. 여름날의 태양의 열기가 모래를 달구게 되자, 모래바닥은 뜨거워져서 그 위에 있는 모든 것은 영원한 불에서 구워지는 것 같았다. 그러자 달아오른 지면의 열기로 인해 생긴 아지랑이 때문에 햇빛이 가려져 들판이 마치 깊고 광대한 바다처럼 보였다. 새벽이슬과 이른 아침의 상쾌한 기운 덕분에 몸에 활력이 돌아오므로 밤에 행군을 하는 것이 더 나아보였다.[351] 하지만 해가 뜨면서 열기가 올라오면 건조해져서 모든 자연적인 습기를 빨아들이게 되어 입과 몸속이 바짝 말랐다. 그렇게 되면 먼저 용기가 꺾이고 체력이 떨어지게 되어 그대로 서 있어야할 지, 아니면 나아가야 할지 망설여지게 되었다. 소수의 사람들은 그 지역을 잘 아는 사람들의 충고를 받아 들여 미리 물을 준비해 두었다. 이 물로 한동안은 갈증을 달랠 수 있었으나, 열기가 더해가면서 갈증은 다시 타오르게 되었다. 그 결과 병사들은 가지고 있던 포도주와 기름도 모두 소비하게 되었고, 그것들을 마시고 있는 동안의 쾌락으로 닥쳐올 갈증에 대해서는 두려워하지 않았다. 그리고 났더니 탐욕스럽게 들이킨 액체가 위에 부담을 주어 무기도 제대로 들지 못하고 행군을 계속할 수도 없게 되어 버렸다. 그래서 이들은 절제하지 않고 들이마셨던 것들을 다시 토해야만 했기 때문에, 차라리 마실 것이 없었던 이들이 더 운이 좋은 것 같았다.

이런 당면한 문제들로 알렉산드로스는 걱정을 하게 되었다. 그의 친구들은 그를 둘러싸고 그의 용맹한 정신만이 쇠약해진 군대에 활기를 다시 불어넣어줄 수 있다는 것을 기억하라고 호소했다. 이 때, 숙영지를 찾아보기 위해 먼저 정찰을 내보냈던 병사들 중 두 명이

351) 여름에는 밤에 여행을 하는 것이 투르크스탄(Turkestan)에서는 일반적이다.

돌아와 보고하였다. 그들은 알렉산드로스의 대열에서 같이 있으면서 극심한 갈증으로 고생하는 아들들에게 주려고 물을 가죽부대들에 담아 왔다. 그들 중 하나가 왕을 알현한 자리에서 가죽부대 하나를 열어 가지고 있던 잔에 물을 가득 담아 왕께 바쳤다. 알렉산드로스는 그 물을 받아 마시려고 했다. 그리고 누구를 위해 물을 가져왔는지를 물어보고, 그들이 자식을 위해 물을 가져 왔다는 것을 알게 되었다. 그는 물에 입도 대지 않은 채 그 잔을 돌려주면서 이렇게 말하였다. "나는 혼자 이 물을 마실 수가 없다. 그리고 이 물은 너무 적어서 모든 사람과 나눌 수가 없구나. 어서 가서 너희 자식들에게 그들을 위해 가져온 물을 가져다주어라."[352]

마침내 저물녘이 되자, 알렉산드로스는 옥소스 강에 이르게 되었다.[353] 하지만 대부분의 병력은 그와 보조를 맞출 수 없었다. 그는 산꼭대기에 횃불을 밝혀두게 하여 뒤떨어진 병사들이 진영이 멀지 않은 곳에 있음을 알게 하였다. 알렉산드로스는 대열의 맨 앞에 있어서 재빨리 무언가를 먹거나 마셔 기운을 회복한 병사들로 하여금 가죽부대나 어떤 종류건 물을 담을 수 있는 그릇에 물을 담아 동료들에게 가져다주도록 하였다. 하지만 일부 병사들은 너무 서둘러 물을 들이키는 바람에 기도가 막혀서 죽었다. 그 수는 이제껏 알렉산드로스가 어느 전투에서 잃었던 병사의 수보다 많았다. 왕은 병력이 도착하는 지점에 그대로 서 있었다. 그는 흉갑도 입고 있었으며, 어떤 음식이나 물도 섭취하지 않고 모든 대열이 그를 지나칠 때까지

352) 플루타르코스, 「알렉산드로스 전」 42장 7절에서는 다레이오스를 추격하는 와중에 비슷한 에피소드가 일어났다고 기록한다.

353) 옥소스(아무 다르야) 강은 박트리아와 소그디아의 경계를 이룬다.

쉬기 위해 자리를 뜨지 않았다. 그날 밤 그는 마음이 아파서 한숨도 자지 못했다. 그리고 다음 날에도 불편한 마음이 풀리지 않았다. 도강할 수 있는 배도 없었고, 강 주변이 황량하며 특히 목재가 없어서 다리를 건설할 수도 없었기 때문이다. 따라서 그는 상황이 허락하는 유일한 편법을 사용할 수밖에 없었다. 그래서 그는 병사들에게 짚을 채운 가죽부대들을 가능한 많이 나누어 주었다. 병사들은 이 가죽부대에 기대어 헤엄쳐 강을 건넜고, 가장 먼저 도강한 병사들은 나머지 병사들이 건너오는 것을 지키기 위해 경비를 섰다. 그는 이런 방식으로 5일 만에 전군을 건너편 강둑으로 도강시킬 수 있었다.

그는 베쏘스를 계속 추격하기로 결정한 후에 소그디아의 상황을 알게 되었다. 스피타메네스(Spitamenes)는 베쏘스의 친구들 중에서 가장 존중받던 자였다. 그렇지만, 존중을 받았다고 해서 배신행위가 이루어지지 않는 것은 아니다. 그리고 이 경우에는 그런 배신행위가 혐오스럽다는 소리는 별로 나오지 않을 것이다. 베쏘스는 자신이 모시던 왕을 시해한 자였기 때문이다. 스피타메네스는 반란을 일으키며 다레이오스의 복수라는 그럴듯한 핑계를 대었다. 하지만 그를 부추긴 것은 베쏘스의 범죄가 아니라, 성공이었다. 스피타메네스는 알렉산드로스가 옥소스 강을 건넜다는 소식을 듣고 다타페르네스(Datapheres)와 카타네스(Katanes)를 음모에 끌어 들였다. 이 두 사람도 베쏘스가 가장 신뢰하던 자들이었다. 그들은 가담을 요청받자마자 조력을 약속하였다. 그들은 80명의 건장한 청년들을 데리고 다음과 같은 함정을 준비했다. 스피타메네스는 베쏘스에게 가서 다타페르네스와 카타네스가 베쏘스를 알렉산드로스에게 산 채로 넘기려는 음모를 꾸미는 것을 발견했다고 비밀리에 알렸다. 하지만 자신이 그들의 움직임을 예견하고 지금 그들을 구금하고 있다고 말했다.

베쏘스는 그의 행동에 큰 신세를 졌다고 느끼면서 그에게 감사하고, 음모자들을 서둘러 처벌하고 싶으니 그들을 데리고 오라고 일렀다. 그 두 사람은 자신들의 손을 묶는 것에 동의하고선 같이 음모를 꾸민 자에 의해 끌려갔다. 베쏘스는 그들을 노여움에 불타는 눈으로 노려보고서 자신이 직접 손을 대고 싶은 마음을 억누르지 못해 자리에서 일어났다. 그러자 그들은 연극을 그만두고 그를 포위한 다음, 베쏘스의 헛된 반항 속에서 그를 포박하고 그의 왕관을 벗겼으며, 베쏘스가 죽은 왕(다레이오스)에게서 벗겨 입은 옷을 찢어 버렸다. 베쏘스가 인정했듯이 신들은 그의 범죄에 대해 정확한 복수를 한 것이었다. 그리고 다레이오스에 대해서도 복수를 해 줌으로서 호의를 보여주었다. 하지만 진정으로 신들이 호의를 보여주었던 이는 언제나 적의 도움까지 받아 승리를 얻었던 알렉산드로스였다. 이민족들이 베쏘스를 풀어주어야 했는지에 대해서는 논란의 여지가 있지만, 그를 묶은 자는 자기들이 알렉산드로스의 명령을 받아 행동했노라고 잘못 주장함으로써 아직 동요하고 있는 군중을 위협하였다. 그들은 베쏘스를 말에 태워 알렉산드로스에게 항복하기 위해 끌고 갔다.

그러는 사이에 알렉산드로스는 병사들 중에서 복무 기간이 다 된 900명을 뽑아 그들 중 기병에게는 2탈란톤, 보병에게는 3,000데나리우스씩을 하사하였다. 그리고 그들에게 돌아가거든 자식을 낳아 키우라고 훈시하고 고향으로 돌려보냈다. 그리고 앞으로도 원정 기간 동안 계속 복무하겠다는 약속을 한 나머지 병사들에게 감사를 표했다.

베쏘스를 쫓는 도중에 마케도니아 군은 브란키다이(Branchidae)인이 살고 있는 작은 마을에 도착했다. [예전에] 크세륵세스는 그리스에서 회군할 때 명령을 내려 밀레토스(Miletos)에 살고 있던 이들을 이곳에 정착하도록 이주시켰다. 그들이 디디메온(Didymeon)[354]이라고 불리는 신전을 모독했기 때문에 크세륵세스를 기쁘게 하기 위해 그런 것이다. 비록 그들이 두 개의 언어를 사용하고 외국어 때문에 점차 자신들의 언어가 쇠퇴하기는 했지만, 그들의 선조들의 문화는 아직 다 사라지지 않았다. 따라서 그들은 매우 기뻐하며 알렉산드로스를 환영하고, 도시를 바치며 항복했다. 알렉산드로스는 휘하 병력들 중 밀레토스 출신들을 소집했다. 밀레토스 인은 브란키다이 일족에 대한 오랜 혐오감을 가지고 있기 때문이었다. 밀레토스 인은 브란키다이 일족에 의해 배신당한 전력이 있으므로, 알렉산드로스는 그들에게 예전에 해를 입었던 것을 기억할지, 아니면 그래도 같은 선조를 가졌다는 것을 기억할지 자의대로 판단하여 선택하게 하였다. 하지만 그들 사이에서도 의견 통일이 되지 않았기 때문에 알렉산드로스는 자신이 최선이라고 생각되는 쪽으로 결정하겠다고 공표하였다.

브란키다이 인들이 다음 날 그를 알현하러 왔을 때, 그는 자신을 따라오라고 그들에게 일렀다. 그들의 도시에 도착하자, 그는 몸소 경무장 부대를 거느리고 도시의 정문으로 들어갔다. 그리고 중장보병대에게는 도시의 성벽을 포위하고, 신호가 주어지면 배신자들의 피난처로 주어진 이 도시를 약탈하고 주민들을 한 사람도 남김없이 모두 죽이라고 명령했다. 무장하지 않고 있던 브란키다이 인은 도시 전역에서 학살당하였다. 같은 말을 쓰는 것도, 올리브 가지도, 탄원자들의 애원도 그 잔인한 행동을 비껴가게 하지 못했다. 마침내 마케도니아 군은 그들을 전멸시키고 도시의 흔적도 남기지 않게 하기

354) 밀레토스 근처에 있는 태양신 아폴론의 신전이다.

위해 성벽의 기초를 파들어 갔다. 숲과 성소로 쓰이는 작은 숲도 마찬가지로 모두 베어 넘겨졌을 뿐 아니라, 뿌리 채 뽑혀 버렸다. 그 결과 뿌리들마저 제거된 뒤에는 텅 빈 황무지와 황폐한 토양만이 남아 있게 되었다. 만약 이 처벌이 실제로 배신행위에 책임이 있는 자들에게 내려졌다면, 잔인한 행동이라기보다는 정당한 복수라고도 할 수 있겠다. 하지만 그 죄라는 것은 선조들이 지은 것으로서 그 후손들인 이들은 밀레토스를 본 적도 없고, 따라서 밀레토스를 배신하고 크세륵세스에게 붙을 수도 없었다.[355)]

알렉산드로스는 그곳에서 타나이스 강으로 진군하였다. 타나이스 강에서 베쏘스가 끌려왔다. 그는 무장이 해제 되었을 뿐 아니라, 옷까지 벗겨져 있었다. 스피타메네스는 그의 목에 사슬을 매 놓았는데, 그 광경에 마케도니아 인 뿐 아니라 이민족도 기뻐했다. 스피타메네스는 이렇게 말했다. "저는 두 분 군주이신 다레이오스 전하와 알렉산드로스 전하 모두를 위해 복수했습니다. 저는 자신의 군주를 살해한 자를 잡아 그가 전에 했던 대로 만들어서 전하께 압송해 왔습니다. 다레이오스 전하께서 이 광경을 보셨다면 좋았을텐데요! 그 분은 그렇게 좋지 않은 최후를 맞이하셨으니, 이 광경을 보면 위안을 받으셨을 터이므로, 살아 돌아오셨으면 얼마나 좋을까요!"

알렉산드로스는 스피타메네스를 열정적으로 칭찬해 주고 나서 베쏘스에게로 몸을 돌렸다. "그대는 정말이지 짐승 같은 짓을 하였다. 그대에게 그렇게나 잘해주었던 군주를 감히 구금하고 시해하다니!

355) 헤로도토스, 『역사』 6권 19장에 따르면 페르시아 인이 디디마의 아폴론 신전을 약탈한 것은 다레이오스 1세 때의 일이다. 따라서 현대의 많은 학자들은 쿠르티우스의 이 이야기를 별로 신뢰하지 않는다.

이제 그대는 배신행위와 자신의 것이 아닌 왕의 칭호를 사용한 데 대해 응분의 대가를 치를 것이다." 베쏘스는 감히 자신이 저지른 범죄에 대해 변명하지 못했다. 그는 자신이 왕국을 알렉산드로스에게 바치기 위해 왕의 칭호를 채택했노라고 주장했다. 그러지 않았다면 다른 자가 왕위를 차지했을 것이라고 주장한 것이다.[356)]

알렉산드로스는 자신의 경호대원으로 근무하고 있는 다레이오스의 동생 옥사트레스(Oxsathres)를 그에게 보내 마음대로 처벌하게 하였다. 옥사트레스는 베쏘스를 십자가에 매달고 귀와 코를 벤 다음, 이민족들을 시켜 그를 화살로 관통하게 하는 동시에 썩은 고기를 먹는 새들로부터 그의 몸을 지켜주게 하였다.[357)] 옥사트레스는 나머지는 다 알아서 하겠다고 대답하였다. 덧붙여서 그는 카타네스만이 베쏘스에게 새들이 달려들지 못하게 하도록 했다. 그의 멋진 기술을 과시할 수 있게 해주려는 의도에서였다. 사실 카타네스는 대단히 정교한 궁술을 지니고 있어서 살을 뜯어 먹으려는 새들을 겨냥하여 쏘아 떨어뜨릴 수 있었다. 오늘날은 궁술이 상당히 보편적으로 퍼져서 그의 기술이 그다지 놀라운 것이 아니지만, 당시에는 사람들이 대단히 놀라면서 그의 기술을 보았고, 카타네스를 존경하게 되었다. 알렉산드로스는 베쏘스를 압송해 오는데 관여했던 자들 모두에게 선물을 주어 보상해 주었다. 하지만 베쏘스가 다레이오스를 살해했던 바로 그 장소에서 죽게 하기 위해 처형은 연기하였다.

---

356) 아리아노스, 『알렉산드로스 대왕 원정기』 3권 30장 1-5절에서는 베쏘스를 잡는 비슷한 이야기들(아리스토불로스와 프톨레마이오스가 전하는 이야기들)을 전하고 있다.

357) 이 일화는 다른 곳에서는 전하고 있지 않다. 그리고 이런 행동을 한 이유는 보다 오랫동안 고통받게 하려는 의도였을 것이다,

6. 그러는 사이에 일단의 마케도니아 병사들이 대열을 떠나 식량을 징발하기 위해 나갔다가 근처의 산들에서 한 무리의 이민족들이 달려 내려오는 것을 보고 놀랐다. 그리고 그들에게 죽은 병사들 보다는 사로잡힌 병사들이 더 많았다. 그 이민족들은 포로들을 앞세우고 다시 산으로 올라가 버렸다. 이 도적떼는 2만 명 정도였고, 소형 투석기와 화살을 무기로 사용하였다. 알렉산드로스는 그들을 포위하게 하고 맨 앞에 서서 싸우다가 화살을 한 대 맞았다. 화살촉은 그의 다리에 강하게 꽂혔다. 당황하고 놀란 마케도니아 병사들은 그를 진영으로 후송하였다.

이민족들은 산 위의 고지에 자리 잡고 있어서 전투 과정을 모두 지켜볼 수 있었기 때문에 알렉산드로스가 전장에서 후송되어 간 것도 알고 있었다. 그래서 그들은 다음 날 왕에게 사절을 보냈다. 알렉산드로스는 그 사절을 즉각 들여보내게 했다. 붕대를 풀어버린 알렉산드로스는 상처의 심각성을 감추고 사절들에게 다리를 내보였다. 자리에 좌정하라는 말을 들은 후, 사절단은 자신들은 왕의 상처에 대해 알게 된 후, 마케도니아 인들 보다 더 슬퍼하고 있다고 말했다. 그리고 그 상처를 내게 한 범죄자를 찾아내면 바로 넘겨주겠다고 했다. 신들과 싸우는 신성모독을 행한 자이기 때문이라는 것이다. 그리고 덧붙이기를 그들은 이제 그의 상처로 인해 항복하지 않을 수 없다고 했다. 알렉산드로스는 그들을 사면하고 마케도니아 포로들을 돌려받은 후, 항복을 받아 들였다.[358]

358) 아리아노스, 『알렉산드로스 대왕 원정기』 3권 30장 10-11절에 의하면 그들의 수는 3만 명이었고, 알렉산드로스는 그들 중 8,000명을 제외하고 나머지는 죽였다.

그 이후, 알렉산드로스는 진영을 떠나 군용 들것에 들려 이동하였다. 하지만 기병과 보병 중에서 명성을 떨친 자들만 그 들것을 들도록 허용되었다. 항상 왕과 함께 전장에 나섰던 기병들은 들것을 드는 것이 자신들의 특권이라고 생각했던 반면, 통상 상처 입은 동료를 들것으로 날랐던 보병들은 왕께서 들것에 들려가야 하는 일이 벌어졌을 때, 자신들이 해야 하는 그 일을 [기병들이] 훔치고 있다고 불평하였다. 양측의 다툼이 꽤나 심각해졌으며, 알렉산드로스 자신도 어느 쪽을 선택해야 할지 결정하기 어려웠으며, 선택받지 못한 쪽이 불쾌해 할 것이기 때문에 그는 명령을 내려 양측이 교대로 자신을 떠메고 가게 하였다.

그들은 3일 후, 마라칸다(Maracanda)[359]에 도착했다. 이 도시의 성벽의 둘레는 14Km 정도 되며, 요새는 또 다른 성벽으로 둘러 싸여 있었다. 알렉산드로스는 이 도시에 수비대를 주둔하게 하고 주변 마을들을 약탈하고 불태웠다. 그 때, 스키티아 인 아비이(Abii) 족이 사절단을 보내왔다. 그들은 키로스 대왕 사후에는 자유롭게 살아왔으나, 지금은 그에게 복속할 준비를 하고 있었다. 일반적으로 아비이 족은 가장 정의감이 강한 이민족으로 간주되었다. 그들은 도발을 받지 않는 한 전쟁을 삼가며, 비천한 자들도 지도적인 위치의 시민들과 같은 대우를 유지하게 해주는 절제와 공평무사함으로 자유를 누리고 살았다. 그들의 사절단에게 정중하게 예의를 표한 후, 알렉산드로스는 친구들 중 하나인 데르다스(Derdas)[360]를 유럽에 살고 있는

359) 오늘날의 사마르칸드(Samarcand)이다.

360) 아마도 데르다스는 알렉산드로스의 원정 자금 관리관인 하르팔로스(Harpalos)의 친척일 것이다. 여기서 말하는 타나이스 강은 시르 다르야 강이다.

스키티아 인들에게 보내 왕의 명령이 없으면 타나이스 강을 넘지 말라고 경고하였다. 데르다스는 그들이 살고 있는 지역과 보스포러스(Bosphorus) 해협 너머에 살고 있는 스키티아 인들의 지역도 탐사하라는 지시를 받았다. 알렉산드로스는 타나이스 강변에 도시[361]를 건설하기 위한 장소를 선정하였다. 이 도시는 이미 정복한 종족들과 훗날 침공해 들어가기로 한 지역에 사는 종족들과의 방어벽 역할을 할 것이었다. 그러나 그는 반란이 소그디아에서 일어났고, 박트리아에까지 번졌다는 소식을 듣고 건설 계획을 연기하였다. 7,000명의 기병이 반란을 선도하였고, 다른 자들도 그들에게 합류하였다.

알렉산드로스는 베쏘스를 압송해왔던 스피타메네스와 카타네스를 소환하였다. 그들이 조력해주면 반란을 진압하는 데 도움이 될 것이라고 확신을 해서였다. 실은 반란을 진압하기 위해 소환된 이 두 사람이 반란의 지도자들이었다. 이들은 알렉산드로스가 박트리아 기병대를 모두 소환하여 처형하려고 하며, 자신들이 개인적으로 그런 명령을 받았으나 동포들을 배신하는 그와 같은 행위는 속죄할 수 없다는 생각에 실행에 옮길 수 없었다는 말을 유포시켰다. 그들은 베쏘스의 배신 만큼이나 알렉산드로스의 잔인함도 참을 수 없다고 말했다. 그럼으로써 이들은 이미 처벌받을까 두려워하고 있던 박트리아 사람들을 쉽사리 무장 반란에 참여하게 만들었다.

이들 변절자들이 반란을 일으킨 것을 알게 된 알렉산드로스는 크라테로스에게 명령을 내려 키로폴리스(Kyropolis)를 포위하게 했다. 그리고 자신은 그 지역의 다른 도시 주변에 비상 경계선을 치고 그

361) 알렉산드로스의 원정 도중 건설된 여러 '알렉산드리아'들 중에서 가장 먼 곳에 건설된 곳으로서 오늘날의 코옌드(Chojend)이다.

도시를 점령한 다음, 신호를 보내 모든 성인 남성은 처형하고 나머지 주민은 승리자의 전리품으로 삼았다. 그 도시는 다른 도시들에게 일벌백계의 예가 되도록 하기 위해 파괴되었다. 강력한 부족이었던 메마케니(Memaceni) 족은 포위 공격을 견디어 내기로 결정했다. 그것이 좀 더 영예로울 뿐 아니라, 더 안전한 방책이라고 생각했기 때문이다. 알렉산드로스는 그들의 완강한 저항을 달래기 위해 먼저 50명의 기병을 보내어 자신에게 항복한 자들에게 자비롭게 대해 주었다는 점과 정복된 자들에게는 냉혹하게 대해 주었다는 점을 알렸다. 그들은 알렉산드로스의 명예나 힘에 대해서는 의문을 품고 있지 않다고 답하며, 기병들에게 성벽 바깥에서 숙영하라고 조치했다. 그리고 그들에게 잘 대해 준 다음, 한 밤중에 기병들이 먹고 곯아 떨어져 있을 때 습격하여 모두 죽였다.

당연히 알렉산드로스는 분노했다. 그러나 한 번에 들이쳐서 함락시키기에는 방어가 너무 굳건했으므로 병력을 시켜 도시 주변에 비상 경계선을 쳤다. 그는 공성을 돕도록 하기 위해 멜레아그로스와 페르디카스를 불러들이고, 앞서 언급했던 대로 키로폴리스를 포위 공격하고 있는 ….[362] 그는 키로스가 창건했던 이 도시를 온전히 남겨 두기로 했다. 업적과 위대함 면에서 다른 이들을 능가하는 키로스와 세미라미스를 이민족 중 다른 누구보다 높이 샀기 때문이다. 하지만 이곳의 주민들이 끈질기게 저항했기에 그는 화가 치밀어 올라 이 도시를 함락시킨 다음에는 약탈해버리도록 명령했다. 키로폴리스를 파괴한 후, 알렉산드로스는 당연히 메마케니 족에게 적대감

362) 이 부분은 탈문되었다. 아마도 "크라테로스에게 진군해 갔다."는 내용일 것이다.

을 가지고 멜레아그로스와 페르디카스에게로 돌아갔다. 하지만 다른 어떤 도시도 이곳만큼 맹렬히 저항하지는 않았다. 알렉산드로스의 최고의 전사들도 이곳에서 죽었으며, 그 자신도 극심한 위험에 처했다. 즉, 목에 돌덩이를 강하게 맞아서 눈앞이 캄캄해지고 의식을 잃어버렸던 것이다. 마케도니아 군은 그가 전사한 줄 알고 흐느껴 울었다. 하지만 다른 이들을 두렵게 만들었던 그 상처도 그의 정신을 꺾지 못했다. 그는 상처가 채 다 낫기도 전에 더 강하게 공성전을 전개했다. 분노로 인해 평상시보다 더 빠르게 움직인 것이다. 그는 성벽 아래를 파서 큰 구멍을 내고 그곳을 통해 성안으로 진입했다. 승리가 확정되자, 그는 이 도시를 파괴하도록 명령했다.[363)]

알렉산드로스는 이곳에서 메네데모스(Menedemos)에게 3,000명의 보병과 800명의 기병을 주어 마라칸다 시로 파견하였다. 변절자인 스피타메네스가 마케도니아 수비대를 축출한 다음, 마라칸다 시를 장악하고 있었기 때문이다. 그곳의 주민들은 그의 반란을 지지하지 않았으나, 이를 저지할 힘은 갖고 있지 않았다. 그 동안 알렉산드로스는 타나이스 강으로 돌아가서 진영이 있는 지역 전체를 에워싸는 성벽을 건설하였다. 12Km 정도나 되는 이 성벽은 알렉산드로스가 역시 알렉산드리아라고 불렀던 도시의 성벽이 되었다. 작업은 매우 신속하게 이루어져 도시의 건물들은 성벽이 완공된 지 17일 만에 완성되었다. 작업은 조별로 나누어져 이루어졌기 때문에, 병사들은 서로 자신들의 조가 가장 먼저 맡은 일을 완료했다는 것을 과시하

---

363) 이들의 도시는 모두 7개가 있었고, 키로폴리스가 가장 중요한 도시였다. 아리아노스, 『알렉산드로스 대왕 원정기』 4권 3장 3절에 따르면 알렉산드로스는 키로폴리스 포위전 때 목에 상처를 입었다.

기 위해 치열한 경쟁이 있었다. 알렉산드로스가 돈을 치러 해방시켜 준 포로들이 이 새로운 도시의 주민들이 되었다. 많은 시간이 지난 오늘날에도 이들의 후예들은 알렉산드로스를 기억하며 다른 이들과 다른 자신들의 정체성을 유지하고 있다.

7. 이 당시 스키티아 왕국은 타나이스 강 너머까지 뻗쳐 있었다. 그리고 스키티아 왕은 알렉산드로스가 타나이스 강변에 건설한 도시를 자신의 목에 얹혀있는 멍에로 여겼다. 그래서 그는 카르타시스(Karthasis)라는 이름을 가진 동생에게 대규모 기병대를 주어 이 도시를 부수고, 마케도니아 군을 강에서 상당히 떨어진 곳까지 밀어내도록 하였다. 타나이스 강은 박트리아를 소위 유럽 스키타이 족과 분리시켜 놓고 있었으며, 강줄기는 아시아와 유럽 사이의 자연적인 경계선을 이루고 있었다.[364] 스키티아 인은 북동쪽으로 뻗쳐서 트라키아에 가깝게 살고 있었고, 일부가 믿고 있듯이 사르마티아(Sarmathia) 인의 인근 민족이 아니라 그들의 일부이다. 스키티아 인은 바로 이스트로스(Istros) 강[365] 너머의 또 다른 지역에도 살고 있었고, 그 지역은 박트리아에서 아시아의 끝과 닿아 있다. 그들의 거주 지역은 북쪽으로 많이 뻗어 있고, 그 너머의 땅에는 깊은 숲과 끝없는 황무지가 펼쳐져 있다. 반대로 타나이스 강과 박트리아 쪽의 지역은 사람이 경작할 수 있다는 점에서 다른 곳들과 그다지 다르지 않다. 처음으로 이들 민족과 앞을 내다볼 수 없는 전쟁을 치르게 되어 있는

---

364) 실제 타나이스 강과 혼동을 일으키는 이악사르테스 강은 마이오티스 만(아조프 해)으로 흘러 들어간다.

365) 다뉴브 강이다.

알렉산드로스의 눈앞으로 적이 나타났다. 그는 아직 상처가 다 회복되지 않아서 특히 말하는데 지장이 있었고, 식사도 잘하지 못했으며 목에 통증을 느끼고 있었다. 그럼에도 불구하고 그는 회의를 소집하여 친구들을 불러 모았다. 그가 경각심을 갖고 있던 것은 적이 아니라 시기가 적절치 못하다는 점이었다. 박트리아 인은 반란을 일으켰고, 스키티아 인은 더 먼 곳에서 위협을 하고 있는데, 알렉산드로스 자신은 대열에 설 수도 말을 탈 수도 없었고, 부하들에게 지시를 내리거나 격려할 수도 없는 형편이었기 때문이다. 이 두 가지의 위협에 직면한 알렉산드로스는 신들에게 구시렁거리며 불평을 하고 있었다. 전에는 그리도 빨라서 어느 누구도 그에게서 피해 달아날 수 없었던 능력을 가졌던 그가 지금은 자리를 보전하고 누워있고, 부하들조차 그가 아닌 척해도 나았다는 것을 거의 믿고 있지 않다. 따라서 비록 그가 다레이오스를 패배시킨 다음에는 예언자, 점쟁이들과 상의하는 일이 없어졌지만, 이제는 다시 병사들의 마음을 현혹시키는 미신에 의존할 수밖에 없었다. 그래서 그는 무조건적으로 신뢰하는 예언자 아리스탄드로스에게 희생제를 올려 신의 뜻을 점쳐보게 하였다. 예언자가 왕이 없을 때, [희생동물의] 내장을 검사하고 징조를 왕에게 고하는 것은 관례적인 일이었다. 예언자가 동물의 내장을 검사하여 운명의 비밀을 밝혀내려고 하는 동안, 알렉산드로스는 목소리를 내서 아직 다 낫지 않은 상처를 덧나게 하지 않으려고 친구들을 평상시보다 더 가까이 다가앉게 했다. 헤파이스티온, 크라테로스, 에리기오스는 경호대원들과 함께 그의 천막에 들어오도록 허용되었다.

그는 이렇게 말했다. "적이 더 유리한 시기에 내게 위기가 닥쳤네. 하지만 필요한 때에는 계산 따위를 하고 있을 겨를이 없네. 특히 우리가 마음대로 시기를 선택할 수 없는 전쟁터에서는 더욱 그렇지. 아주 가까이에 있는 박트리아 인이 반란을 일으켰고, 다른 자들과 치르는 전쟁을 통해 우리가 얼마나 용기를 지니고 있는지 시험해 보려고 하는 참일세. 우리 앞에 놓여 있는 일은 분명하다네. 만약 우리가 실제적으로 공세를 취하고 있는 스키티아 인을 못 본 체 한다면, 우리가 돌아갔을 때 반란자들은 우리를 만만하게 볼 걸세. 하지만 우리가 타나이스 강을 넘어 스키타이 인을 파죽지세로 꺾어 버리면 우리가 천하무적임을 과시하게 되네. 그러면 우리가 유럽을 정복할 때, 누가 복종하는 데 주저하겠나? 우리가 가야할 거리로 영광을 재단하는 것은 실수일세. 우리 앞에는 단지 하나의 강만이 흐르고 있네. 이 강을 건너기만 하면 유럽을 무장 침입하는 거지. 우리가 아시아를 정복함으로써 또 다른 세계라고 불리는 곳에 전승 기념비를 건립한 다음 이제껏 자연이 그렇게도 먼 거리로 보이게끔 떼어 놓았던 곳들을 한 번의 승리로 연결시켜 버리면 얼마나 대단하게 여겨지겠는가! 그리고 우리가 잠깐이라도 주저하면 스키티아 인이 우리의 배후에 남아있게 될 것임을 명심하게. 우리가 강을 헤엄쳐 건널 수 있는 유일한 사람들은 아니잖은가. 이제까지 우리가 승리하여 얻어왔던 모든 것들이 이제는 거꾸로 우리에게 짐지워질 걸세. 운명의 여신께서는 승자 뿐 아니라 패자에게도 전쟁의 기술을 알려주신다네. 우리는 최근에 가죽부대를 이용하여 강을 건널 수 있다는 것을 보여주었고, 스키티아 인들이 지금 그 방법을 따라하지 못한 다고 가정한다해도, 얼마 후에는 박트리아 인들에게 그 방법을 배우게 될 것이네. 게다가 이들 민족 중에서 단지 일군 만이 이제까지 도착해 있을 뿐, 나머지는 대기하고 있네. 따라서 전쟁을 피하면 그들을 강하게 만들어주고, 공격을 가하는 대신에 수세에 몰리게 되네. 내 전략은 명쾌하다네. 내가 이 상처 때문에 말을 타거나 걸어서 행군할 수 없기에 병사들이 내 계획을 수행할 지 불분명하네. 하지만 친구들이여, 그대들이 나를 따른 준비가 되어 있기만 하다면, 나는 괜찮네. 나는 그 작전을 수행하기에 적합할 만큼의 힘은 갖고 있네. 그렇지 않고 내가 이미 명재경각(命在頃刻)의 처지에 놓여있다면, 어떤 업적을 이루다가 이보다 더 고귀하게 죽음을 맞이할 수 있겠나?"

이상이 알렉산드로스의 말이었다. 그의 말소리는 떨렸고, 점점 약해져서 심지어 바로 옆의 있던 이들조차 알아듣기 힘들 정도였다. 왕의 친구들은 모두 그 고집을 포기하게끔 뜯어 말리기 시작했다. 특히 자신의 개인적인 영향력이 전혀 먹히지 않자, 에리기오스는 왕이 저항할 수 없는 미신적인 공포를 불러일으키게 하려고 애썼다. 그래서 그는 왕에게 신들께서는 그의 계획을 반대하고 계시며 강을 건너면 닥쳐올 무서운 위험이 전조로 나타난 것이라고 말했다. 그가 알렉산드로스의 군막에 들어설 때, 에리기오스는 내장에서 본 전조가 좋지 않다고 알려주는 아리스탄드로스를 만났기에 이제 그 예언자에게서 들은 소식을 전하는 것이었다.

알렉산드로스는 이제껏 감춰왔던 미신이 드러나서 분노와 당황함을 동시에 느끼며 쩔쩔매게 되었다. 그는 에리기오스를 침묵시키고 아리스탄드로스를 불러들였다. 아리스탄드로스가 도착하자, 알렉산드로스는 그를 응시하고 말했다. "내가 그대에게 희생제를 올리라고 지시했을 때, 나는 그대의 왕이 아니라 한 시민의 자격으로 했던 거요. 그대는 어째서 내가 아닌 다른 이에게 그 징조를 누설한 것이오? 에리기오스는 그대에게서 나의 은밀하고 사적인 일을 들어 알게 되었고, 이제는 자신의 두려움에 따라 그 징조를 해석했음에 틀림없소. 하지만 나는 그대가 내장에서 읽어낸 것들을 내게 말하라고 지시했으니, 나중에라도 그대가 지금 말한 것을 내게만 전했다고 부인하지는 못할 것이오."

아리스탄드로스는 창백하고 질리고 멍해진 채로 그 자리에 서 있었다. 그는 두려움에 질려 말을 잃었고, 결국 그 두려움으로 인해 왕을 기다리게 할 엄두를 내지 못했다. "저는 우리 앞에 기다리고 있는 일들이 힘들고 위험하다는 것을 읽어냈습니다. 하지만 그 일이 성과가 없는 것은 아니며, 저를 지금 불안하게 만드는 것은 저의 전문적인 지식이라기보다는 전하에 대한 애정입니다. 저는 지금 전하께서 건강이 좋지 않으시며, 모든 것이 전하께만 달려있다는 것도 압니다. 저는 전하께서 맞이하셔야 할 상황에 대처하시지 못할까 두렵습니다." 알렉산드로스는 그에게 자신의 행운을 믿으라고 말했다. 이제까지처럼 신들께서 영광을 허락하실 것이라는 것이다. 그 다음에 그가 같은 사람들과 도강 방법들에 대해 논의하고 있을 때, 아리스탄드로스가 다시 나타나서 이제까지 볼 수 없었던 최상의 징조가 나왔다고 알렸다. 이 징조는 이전에 나타난 것과는 확연히 다르다는 것이다. 그는 바로 전에 보았던 징조들은 경고를 하기 위한 것이었지만, 이제 나타난 징조는 아주 좋다고 말했다.

그러나 그 직후에 이제까지의 상승(常勝)의 기록을 망쳐놓는 소식이 도착하였다. 앞서 언급한 대로, 그는 메네데모스에게 박트리아 반란의 주모자인 스피타메네스를 봉쇄하라는 명령을 주어 파견했었다. 적들이 다가오고 있다는 소식을 들은 스피타메네스는 메네데모스가 올법한 길에서 매복하고 있었다. 그는 성내에서 적과 맞붙는 것을 피하고자 하였고, 메네데모스가 기습에 당하게 될 것이라고 확신하고 있었다. 숲 한 가운데로 난 그 길은 매복에 적격이었다. 이곳에 스피타메네스는 다하이 인을 숨겨두었다. 다하이 인들은 두 명의 병사들이 말 한필에 배정하였다. 그들 각자는 매복지에서 차례로 갑자기 튀어 나와 [마케도니아 군의] 기병대 행렬을 혼란에 빠트렸다. 그들은 말의 속도와 맞먹을 정도로 민첩하였다.

스피타메네스는 다하이 인으로 하여금 숲을 포위하게 하고, 자신이 이끄는 부대를 데리고 적의 측면, 정면 및 후면에서 동시에 모습을 드러냈다. 완전히 포위당하고, 수로도 상대가 되지 않은 것을 알게 된 메네데모스는 부하들에게 이제 매복에 걸린 바에는 적을 베어 넘기고 영예로운 죽음을 맞이하여 위안을 찾는 길밖에 남아있지 않노라고 외치며 계속 저항하였다. 아주 힘이 좋은 준마에 타고 있던 메네데모스는 이민족들의 쐐기꼴 모양의 진형을 갖춘 부대에 거듭 전력으로 돌격하여 엄청난 무용을 발휘하면서 적을 흩어 버렸다. 하지만 적군 전체가 그에게만 공격을 집중하자, 여러 곳에 상처를 입고 많은 피를 흘렸다. 그는 친구 중 한명인 히프시데스(Hypsides)[366]에게 자기 말을 주면서 도망쳐 목숨을 건지라고 권유하였다. 그 말과 함께 그는 숨을 거두었고, 말에서 땅바닥으로 굴러 떨어졌다. 히프시데스는 확실히 도망칠 수 있었으나, 친구의 죽음에 자신도 죽기로 결심하였다. 그는 자신의 죽음이 어떤 의미가 있게 되기만을 걱정하였다. 그는 말에 박차를 가해 일직선으로 적에게 달려들었고, 비범한 무용을 보이며 싸우다가 적들의 무기에 의해 죽음을 맞이하였다. 이 광경을 본 나머지 생존자들은 다른 곳보다 약간 높은 작은 언덕을 점거하였고, 스피타메네스는 굶주리게 하여 항복하게 하려는 속셈으로 그들을 포위하였다.

366) 그밖에는 알려진 바 없는 인물이다.

이 전투로 2,000명의 보병과 300명의 기병이 전사하였다. 알렉산드로스는 이 재난을 감춰야겠다고 신중하게 결정하고서, 그 전투에서 살아남은 자들에게 이 일을 발설하면 죽음을 맞게 될 것이라고 위협하였다.

8. 알렉산드로스는 더 이상 속에 있는 감정을 절제하지 못할 정도가 되자, 자신의 군막에 칩거하였다. 그의 군막은 일부러 강둑에 설치되어 있었다. 완전히 격리된 자신의 군막에서 그는 자신이 세운 계획들을 하나씩 신중하게 검토하면서 불면의 밤을 보냈다. 그는 가끔 군막의 가죽 덮개를 열고 적이 피운 화톳불을 보면서 적의 수를 헤아려 보았다. 새벽이 되자, 그는 흉갑을 걸쳐 입고 병사들 앞으로 걸어 나갔다. 최근에 상처를 입은 이래 처음으로 나선 것이었다. 병사들은 그를 우상시하고 있었기 때문에, 그가 나타나자 마음속을 공포로 가득 채웠던 다가올 위험에 대한 생각을 깨끗이 털어버렸다. 그들은 행복에 겨워 기쁨의 눈물을 흘리면서 그에게 환호하였다. 그리고 바로 전만 해도 거부했던 전투 신호를 기다리게 되었다. 알렉산드로스는 기병대와 중장보병대를 도강시키기 위해 뗏목을 사용할 것이라고 공표했다. 그리고 경무장한 병사들은 가죽부대에 의지해 헤엄쳐 건너라고 명했다. 상황 상 더 이상의 말은 필요 없었고, 알렉산드로스의 건강에 대한 말도 할 필요가 없었다.

병사들이 열정을 가지고 달려들어 작업하였으므로 3일 만에 12,000개의 뗏목이 만들어졌다. 마케도니아 군이 도강을 위한 모든 준비를 마쳤을 때, 20명의 스키티아 사절들이 진영으로 와서 - 그들 종족의 관례였다 - 왕에게 개인적으로 전할 전갈이 있으니 전달해 달라고 했다. 알렉산드로스는 그들을 군막 안으로 들이고 좌정하도록 했다. 그들은 왕의 얼굴에 눈길을 고정시켰다. 짐작컨대 그들은 사람의 풍채를 보고 그 사람의 용기를 판단했기에 알렉산드로스의 날씬한 몸이 그의 명성과 완전히 어울리지 않아 이상하다고 생각했던 듯하다. 하지만 스키티아 인은 다른 이민족과 달리 지성적으로 후진적이거나 조야하지 않았고, 심지어 그들 중 일부는 철학적 능력까지도 가졌다고 전해진다. 물론 항상 무장하고 사는 종족들에게 가능한 정도 까지 이기는 했다. 왕 앞에서 그들이 전한 말은 아마도 우리가 생각하는 방식과 우리의 특성 상 야릇하게 느껴질 수 있다. 우리는 좀 더 개화되고 지성적인 시대에 살고 있기 때문이다. 하지만 그들이 한 말을 비평할 수는 있을 터이지만, 필자가 전하는 내용은 정확하다. 필자는 전해져 내려오는 대로 가감 없이 그들의 말을 전하겠다. 필자가 가진 자료에 따르면, 스키티아 사절들 중 가장 연장자가 다음과 같이 말하였다 :

"만약 신들께서 전하의 욕망에 걸 맞는 풍채를 원하셨다면, 세상으로도 감당할 수 없었을 것입니다. 전하께서는 한 손으로 떠오르는 해를, 다른 손으로는 떨어지는 해를 만질 수 있을 것이며, 해가 지는 곳에 도착하여 위대하신 신께서 그 빛을 어디에 숨기는지 아시려고 할 테니까요. 그렇게 전하께서는 손이 닿지 않는 것들을 갈망하십니다. 유럽에서 아시아로 건너오시더니, 이제 아시아에서 유럽으로 넘어가시려고 하시는 군요. 만약 모든 인간 종족을 다 패배시키신다면, 숲, 눈, 강, 야생동물들과 싸우시겠지요. 커다란 나무들은 자라는데 긴 시간이 걸리지만, 뿌리 채 뽑히는 데는 한 시간 밖에 걸리지 않는 다는 것을 모르십니까? 나무의 열매만 보고 그 높이를 재어보지 않는 사람은 어리석습니다. 나무 꼭대기까지 올라가려 할 때는 움켜쥔 가지와 함께 떨어지지 않도록 주의하십시오. 사자도 때로는 작은 새들의 먹이가 될 수 있고, 강철도 녹이 슬어 버립니다. 어떤 것도 위협받지 않을 정도로 강하지는 않습니다. 비록 약자에게라도 위협받을 수는 있는 법이지요. 저희가 전하께 어떻게 행해야 할까요? 저희는 전하의 땅에 발을 들여놓은 적이 없습니다. 저희가 끝없는 삼림에서 전하가 누구인지, 또 어디서 왔는지도 신경 쓰지 않고 살 수는 없는 것인가요? 저희는 누구의 노예가 될 수도 없고, 다른 누군가의 주인이 되고 싶지도 않습니다. 저희 스키티아 인에 대해 알려드리기 위해 황소의 멍에, 쟁기, 화살, 창과 잔을 선물로 준비했습니다. 저희는 이것들을 친구에게 그리고 적에게 사용합니다. 저희는 황소의 노동으로 산출한 곡식을 친구와 더불어 사용하고, 신들께 헌주하기 위해 잔을 함께 사용합니다. 적에게는 먼 거리에서 화살을 사용하고, 가까운 거리에서는 창을 씁니다. 저희는 이런 식으로 시리아[367] 왕, 메디아 왕, 페르시아 왕을 쳐부쉈고, 이집트까지 가는 길이 열려 있을 정도였습니다.

전하에 대해 말씀드리자면, 전하께서는 도적떼를 쫓아 왔다고 자랑스럽게 주장하시지만, 전하께서 방문했던 지역의 모든 주민들에게는 전하가 바로 도적이었습니다. 전하께서는 리디아를 취하셨고, 시리아를 짓밟으셨으며, 페르시아를 통치하고 계십니다. 그리고 박트리아도 손에 넣으셨으며, 인디아로 향하고 계십니다. 이제는 전하의 탐욕스럽고 만족으로 모르는 손길을 저희들에게 뻗고 계십니다. 전하께서는 왜 부(富)가 필요하십니까? 부란 그저 더 많은 부를 얻고 싶어 하는 갈망을 부추길 뿐입니다. 전하께서는 너무 많이 가져서 만들어지는 허기를 가지게 된 첫 번째 사람입니다. 그러니 전하께서 더욱 많이

---

367) 앗시리아를 말한다.

소유할수록 갖지 못한 것에 대한 욕망은 더 커질 것입니다. 전하께서는 박트리아 근처에서 얼마나 오래 지체하고 계시는지 실감하지 못하십니까? 박트리아 인을 진압하시는 동안 소그디아 인이 적대감을 표출하고 있습니다. 전하의 경우, 승리는 그보다 더한 전쟁을 낳고 있습니다. 전하께서 다른 이들 보다 더 많은 권력과 힘을 갖게 될지라도, 누구도 외래의 지배자를 원치 않는다는 사실은 남게 됩니다.

전하께서 타나이스 강을 넘어 가시기만 하면 스키티아 지역으로 들어서실 수 있습니다. 하지만 스키티아 인을 잡지는 못하실 것입니다. 저희는 가진 것이 별로 없으므로 그렇게도 많은 나라들에서 걷어 들인 전리품의 짐을 짊어지고 있는 전하의 군대는 저희를 따라잡지 못합니다. 그래서 저희가 너무나 멀리 떨어져 있다고 전하께서 생각하실 때, 전하께서는 전하의 진영 안에 들어와 있는 저희를 보실 것입니다. 저희는 똑같은 속도로 추격하거나, 퇴각할 수 있습니다. 그리스의 속담에서 스키티아의 황무지를 조롱한다는 말을 들었습니다. 하지만 저희는 도시나 비옥한 경작지보다 황무지와 사람이 살지 못하는 땅을 더 좋아하고 추구합니다. 그러니 전하의 행운을 꼭 잡고 계십시오. 행운이란 미끈거려서 행운 스스로가 원하지 않으면 잡고 있지 못하는 법이지요. 건전한 충고란 현재보다는 미래에 의해 더 잘 드러나게 마련입니다. 전하의 성공을 어느 정도 억제하십시오. 그러면 성공을 더 잘 통제할 것입니다. 저희들 사이에서는 운명의 여신께서는 발이 없고 오로지 손과 날개만이 있다는 속담이 있습니다. 운명의 여신께서 손을 뻗칠 때, 날개까지도 움켜쥐십시오.

마지막으로 말씀드립니다. 만약 전하께서 신이시라면 죽을 운명의 인간들이 가진 것을 훔쳐내는 것이 아니라, 이득을 얻게 해주시는 것이 전하의 의무입니다. 반면에 전하께서 인간이라면, 그 사실을 항상 기억하셔야 합니다. 전하가 갖고 계시는 조건을 잊어버리게 끔 만드는 것에 집착하시는 것은 어리석은 행동입니다. 전하께서는 공격하시지 않은 사람들과 굳은 우의를 나누실 수 있습니다. 우의는 동등한 사람들 사이에 가장 힘이 있습니다. 그리고 동등한 사람들은 서로의 힘을 시험하려 하지 않습니다. 전하께서 정복한 자들과 친구가 될 수 있다고 하는 사람들을 믿지 마십시오. 주인과 노예 사이에는 우의가 존재할 수 없습니다. 그리고 평화 시에도 전쟁의 법칙은 계속됩니다. 저희 스키티아 인이 맹세로 우의를 확증한다고 생각하지 마십시오. 스키티아 인은 신의를 지키는 것으로 맹세를 삼습니다. 협정을 지킬 약속을 하고, 신에게 기원하는 등으로 조심하는 것은 전형적인 그리스 식입니다. 저희는 약속을 지키는 것이 진정한 신앙이라고 믿습니다. 인간을 경시하는 자는 신도 속이려 들지요. 전하께서는 호의가 의심되는 친구를 만드실 필요가 없습니다. 게다가 전하께서는 저희가 아시아와 유럽 모두를 지키게 하실 수도 있습니다. 타나이스 강이 갈라놓고 있는 것만 제외한다면, 저희는 박트리아와 경계를 맞대고 있습니다. 타나이스 강 너머에서 저희는 트라키아까지 이르는 지역에 살고 있고, 마케도니아 인은 트라키아와 경계를 맞대고 있다고들 합니다. 저희는 전하의 제국들 모두의 이웃입니다. 저희를 전하의 적으로 돌리시든지, 친구로 만드시든 알아서 판단해 보소서." 그 이민족은 이와 같이 말하였다.

9. 알렉산드로스는 자신은 스스로의 운명에 의지할 것이며, 충고는 새겨두겠다고 답했다. 즉, 그는 스스로의 운명을 확신하고 있기에 운명의 인도를 따를 것이며, 그 충고를 생각하여 무모하거나 분별없는 짓을 피하도록 하겠다는 것이다. 그는 사절단을 보낸 다음,

휘하 병력에게는 미리 준비해 놓은 뗏목에 타게 했다. 그리고 이물에는 방패를 든 병사들을 배치하고, 적의 화살을 더 잘 방어하기 위하여 무릎을 꿇고 있게 하였다. 그들 뒤에는 소형 투석기를 움직일 병사들을 배치했고, 그들의 측면과 전면에는 무장한 병사들을 배치하여 그들을 보호하게 하였다. 나머지 병사들은 소형 투석기들 뒤에 세우고, 무장한 채 거북 진형을 만들어 방패로 흉갑을 입지 않은 노잡이들을 보호하게 하였다. 기병대를 태운 뗏목도 이런 배열을 취하도록 하였다. 기병들 대부분은 고물에서 말을 고삐로 조종하면서 헤엄쳐서 따라오게 하였다. 짚을 넣은 가죽 부대에 의지하여 강을 건너는 병사들은 뗏목 뒤에서 따라오면서 뗏목으로 방패를 삼았다.

알렉산드로스는 정예병 그룹과 함께 가장 먼저 출발하였다. 그는 뗏목이 맞은 편 강둑으로 향하게 하라고 지시하였다. 스키티아 인들은 그를 저지하기 위하여 기병대로 전열을 형성하고 바로 물가에 자리 잡고 있었기 때문에 뗏목들은 상륙을 할 엄두를 내지 못했다. 이렇게 적의 병력이 강둑을 지키는 것과 별도로 뗏목에 타고 있던 병사들은 다른 요소 때문에 겁을 먹었다. 물살이 옆에서 치받았기 때문에 조타수들은 뗏목을 똑바로 조정할 수 없었고, 균형을 잃고 뗏목이 뒤집힐까 두려워하던 병사들은 선원들이 뗏목을 조종하는 것을 방해하였다. 그리고 비록 애는 썼지만 병사들은 투창을 던져 버리지 않을 수 없었다. 적을 공격하는 것 보다는 균형을 잡는 것에 더 신경 썼기 때문이다. 그들을 구해준 것은 소형 투석기였다. 이것으로 적이 몰려 있으면서 무모하게 공격하는 곳에 효과적으로 공격을 가했기 때문이다. 이번에는 이민족들이 뗏목들에 화살 비를 퍼부었다. 많은 화살에 맞아 관통되지 않은 방패가 거의 없을 지경이었다.

뗏목들이 강변에 닿기 시작하면서 방패를 장비한 병사들이 일어나서 창을 집어 던졌다. 창은 정확하게 날아갔는데, 던질 때 방해를 받지 않았기 때문이다. 스키티아 인들은 곧 경각심을 느끼고 교전에 겁을 먹은 말들을 뒤로 물렸다. 마케도니아 병사들은 상륙하기 시작하여 대열이 흩어진 적을 향해 용감하게 돌격하였다. 그리고 말에 굴레를 씌운 기병대는 적진을 돌파해 들어갔다. 그러는 동안 싸우고 있는 병사들에 의해 엄호된 나머지 병력은 전투 준비를 하였다. 알렉산드로스는 아직 상처가 다 낫지 않아 부족한 힘을 탁월한 용기로 벌충하였다. 비록 아직 상처가 다 치유되지 않은 목 때문에 병사들에게 격려사를 할 수는 없었지만, 모든 병사들은 그가 싸우는 모습을 볼 수 있었다. 그래서 마케도니아 병사들은 각자가 지휘관이 된 것처럼 싸웠다. 그들은 서로를 격려하며, 목숨에 대해서는 추호도 신경쓰지 않고 적을 향해 돌격하기 시작했다. 이민족들은 적의 기백도, 무기도, 함성도 당해내지 못했다. 그래서 그들은 전력으로 말을 달려 도망쳤다. 알렉산드로스는 비록 상처가 다 낫질 않아서 말이 달리는 것을 견뎌내기 힘들었지만, 16Km 정도나 계속 적을 추격하였다. 그는 정신을 잃기 시작했으므로, 병사들에게 해가 지기 전까지는 계속 스키티아 인들을 바짝 추적하라고 명하고 정신을 잃었다. 그는 전투가 진행되는 동안 진영으로 돌아와서 쉬었다.[368]

이 때 추격을 하고 있던 병사들은 '자유의 아버지'의 경계선을 넘어갔고, 짧은 간격마다 돌멩이로 표시하고, 나무줄기에 담쟁이덩굴이 붙은 높은 나무로 표식을 삼았다. 하지만 마케도니아 병사들은 분노로 인해 계속 좇아갔다. 그들은 한 밤중이 되어서야 진영으로

---

368) 아리아노스, 『알렉산드로스 대왕 원정기』 4권 4장 8절에 따르면 알렉산드로스는 물을 잘 못 마셔서 이질로 고생하였다.

돌아왔다. 그들은 많은 스키티아 인을 죽였고, 그보다 더 많은 포로를 잡았으며, 1,800마리의 말을 쫓아버렸다. 마케도니아 군 중에서는 60명의 기병과 100명 정도의 보병이 전사했고, 1,000명 정도가 부상을 입었다.[369)]

이 원정을 때맞춘 승리로 거의 대부분의 지역이 반란을 일으켰던 아시아 지역이 다시 복종하게 되었다. 사람들은 스키티아 인이 무적이라고 믿어왔지만, 이 괴멸적인 패배로 말미암아 마케도니아 군에 맞설 종족은 없다고 인정하게 되었다. 따라서 사카이 인[370)]은 사절단을 보내 항복을 약속하였다. 그들은 왕의 무용 보다는 스키티아 인을 정복한 다음에 보인 그의 자비에 감명을 받았다. 그는 사람들로 하여금 자신이 세상에서 가장 사나운 종족을 친 것은 분노에 의해 촉발된 행동이 아니라 용기를 시험해 보기 위함이었다고 믿게 하기 위해서 포로들을 몸값도 받지 않고 모두 풀어주었기 때문이다. 그는 사절단을 정중하게 대접하고 그들이 돌아가는 길에 에욱세니포스(Euxenippos)를 동반자로 붙여주었다. 에욱세니포스는 아직 매우 젊었고, 알렉산드로스의 아낌을 받는 자였다. 하나 그는 잘생겼다는 점에서는 헤파이스티온과 겨룰 만 하였지만, 좀 유약하였기 때문에 매력적이라는 점에서는 헤파이스티온에 못 미쳤다.

알렉산드로스는 크라테로스에게 병력 대부분을 이끌고 비교적 편

---

369) 아리아노스, 『알렉산드로스 대왕 원정기』 4권 4장 8절에서는 스키티아 인 중에서는 1,000명이 전사했고, 그 중에는 그들의 수장 사트라케스(Satrakes)가 포함되었으며, 150명을 포로로 잡았다고 기록한다. 아리아노스는 마케도니아 사상자 수는 기록하지 않았다.

370) 여기서 사카이 인은 타나이스(이악사르테스) 강 동편에 사는 스키티아 인을 의미한다.

안하게 따라오라고 명한 다음, 자신은 마라칸다 시로 갔다.[371] 스피타메네스는 알렉산드로스가 다가오고 있다는 소식을 듣고 마라칸다에서 박트리아로 도망쳤다. 알렉산드로스는 4일 간의 행군으로 상당한 거리를 달린 후에, 메네데모스 휘하의 2,000병의 보병과 300명의 기병을 잃은 장소에 도달하였다. 그는 언덕에 있는 [마케도니아 병사들의] 뼈를 수습하여 매장한 다음, 그들을 위해 전통적인 장례 의식을 치러 주었다. 이 때, 중장 보병들을 거느리고 따라오라고 명받았던 크라테로스가 왕과 합류하였다. 반란에 참여했던 자들 모두가 그 패배의 재난에 대해 똑같이 책임을 져야 했으므로, 알렉산드로스는 군대를 나누어 그 지역에 불을 지르고 무기를 들 나이가 된 자들을 모두 죽이라고 명령하였다.

10. 소그디아 지역 대부분은 황무지이다. 그 황무지의 너비는 160Km 정도이다. 이 땅은 상당히 긴데, 주민들이 폴리티메토스(Polytimetos)[372]라고 부르는 강이 흐르고 있다. 급류인 폴리티메토스 강의 폭은 좁고, 땅 밑으로 난 동굴로 들어가 흐른다. 강이 땅 밑으로 흐르는 것을 알려주는 증거는 오로지 물소리뿐이다. 아래쪽으로 그렇게나 큰 강이 흘러가는 지역의 땅이 한 점의 습기도 찾을 수 없기 때문이다. 알렉산드로스는 소그디아 포로들 중에서 가장 세력이 크고 신분이 높은 자 30명을 데려오게 했다. 그들이 곧 알렉산드로스의 명령에

---

371) 아리아노스, 『알렉산드로스 대왕 원정기』 4권 6장 3절에서는 알렉산드로스가 스키티아 인과 싸워 이긴 다음에야 스피타메네스의 승리를 알게 되었다고 전한다.

372) 자라프샨(Zarfshan) 강이다. 아리아노스, 『알렉산드로스 대왕 원정기』 4권 6장 6절 참조.

따라 죽음에 직면하게 될 것임을 통역을 통해 알게 되자, 그들은 마치 자신들이 행복한 것처럼 행동했다. 즉, 그들은 노래하고, 스텝과 열정적인 몸짓을 동반하는 춤으로 넘치는 기쁨을 표현하기 시작했다. 알렉산드로스는 죽음을 맞이해야만 할 자들의 기분이 고양된 것을 보고 놀라워했다. 그래서 그들을 다시 불러오게 한 후, 눈앞에서 처형을 당하게 되어 공포를 지녀야 할 자들이 그렇게 온 몸으로 기쁨을 표현하는 이유가 무엇이냐고 물어보았다. 그들은 만약 자신들이 다른 자의 손에 죽음을 당하게 되었으면 낙담했을 터이지만, 세상을 정복한 위대한 대왕의 손에 의해 선조들 곁으로 돌아가게 되니 용맹한 자들이 바라마지 않던 고귀한 죽음을 맞이하는 것을 축하하기 위해 전통적인 노래를 부르고 있다고 답했다. 알렉산드로스는 그들의 고귀한 정신을 칭송하며 이렇게 말했다 : "내 그대들에게 삶을 돌려주려고 하니, 나와 적대하지 않았으면 좋겠노라." 그들은 자신들이 그와 개인적인 적이 되었던 적이 없으며, 자신들은 공격을 받았기에 침략자에 대한 적의를 가지고 싸웠을 뿐이라고 대답했다. 만약 누군가가 도발하지 않고 친절하게 자신들의 성격을 시험했다면, 그들은 우정의 모든 조건을 충족시키기 위해 모든 노력을 다 했을 것이라고도 말했다. 알렉산드로스는 그들에게 약속을 지킬 안전장치로 무엇을 제공할 것이냐고 물었다. 그러자 그들은 알렉산드로스가 준 생명이 안전장치가 될 것이며, 그가 원하면 언제든 그 생명을 내놓겠다고 답했다. 그리고 그들은 그 약속을 지켰다. 집에 돌려보내진 이들은 동포들을 알렉산드로스에게 충실하게 하였고, 알렉산드로스 곁에 경호대원으로 남은 4명은 왕에 대한 헌신이라는 면에서 어떤 마케도니아 인에게도 뒤지지 않았다.

알렉산드로스는 페우콜라오스(Peucolaos)에게 그가 원하는 만큼의 수인 3,000명의 보병을 남겨주어 소그디아에 남겨두고 박트리아로 갔다. 그리고 명령을 내려 그곳에서 베쏘스를 벡바타나로 이송하게 했다. 그는 엑바타나에서 베쏘스에게 다레이오스를 살해한 죄 값을 치르게 하려 했다. 그리고 거의 같은 시기에 프톨레마이오스와 메니다스(Menidas)가 모두 용병들인 4,000명의 보병과 1,000명의 기병을 데리고 왔다. 아산드로스(Asandros)도 리키아로부터 같은 수의 보병과 500명의 기병을 데리고 왔다. 아스클레피오도로스(Asklepiodoros)는 시리아에서 같은 수를 데리고 왔고, 안티파트로스는 600명의 기병을 포함하는 8,000명의 그리스 인을 보냈다. 이렇게 하여 병력을 보충한 알렉산드로스는 반란으로 혼란된 지역들에 질서를 되돌리기 위해 진군하였다. 그는 반란의 주모자들을 처형하고 3일 후에 옥소스 강에 도달했다. 이 강물은 침니(沈泥)로 인해 항상 더럽고, 마시기에는 부적당하였다. 그래서 병사들은 우물을 파야만 했다. 그러나 병사들이 대단히 깊게 파 들어갔어도 물이 나오지 않았다. 마침내 왕의 군막 안에서 샘이 발견되었다. 병사들이 이 사실을 알아차리는데 오래 걸렸기 때문에 샘이 갑자기 나타났다는 소식이 퍼졌고, 알렉산드로스 자신도 이 샘을 [병사들이] 신의 선물로 여기기를 바랐다.

이 일이 있고나서, 알렉산드로스는 오코스(Ochos) 강과 옥소스 강을 건너 마르기아나(Margiana) 시로 갔다. 그리고 그 도시 주변에 6개의 성채를 세울 후보지를 뽑았다. 그 중  두 곳은 남쪽에, 네 곳은 동쪽에 위치하게 했다. 이 성채들은 서로 멀리 떨어져 있지 않아서 멀리 가지 않고도 서로 도울 수 있게 되었고, 모두 높은 언덕위에 세워졌다. 당시 이 성채들은 정복당한 민족들을 억누르는 역할을 했으나, 현재는 그 원래의 용도는 잊혀 졌고, 예전에 그 성채들이 다스리던 민족들에게 속해있다.

11. 알렉산드로스가 모든 곳의 질서를 회복시키고 나서 단 한곳만이 남았다. 소그디아 인 아리마제스(Arimazes)가 3만 명의 병력으로 점령하고 있는 바위산이었다. 아리마제스는 이 바위산에 그 병력이 2년 동안 먹을 수 있는 물자를 비축해 놓았다. 바위산의 높이는 6Km 정도이며 둘레는 30Km 정도였고, 사방이 깎아지른 듯 험준하여 좁은 통로 하나만으로 올라가야 하는 곳이었다. 올라가는 통로 중간에는 동굴이 하나 있는데, 그 입구는 좁고 어두웠다. 이 동굴은 들어갈수록 조금씩 넓어져서 마침내는 깊이 파인 곳이 나타난다. 이 동굴 거의 전체에서 여러 샘이 솟고, 그 물은 합쳐져서 험준한 산 밑의 강으로 흘러간다.

지형이 좋지 않은 것을 안 알렉산드로스는 떠나기로 했다. 하지만 그 후 그는 자연마저도 무릎을 꿇려야겠다는 생각에 사로잡히게 되었다. 그러나 그는 포위 공격이라는 도박을 걸기 전에 아르타바조스의 아들 코페스(Cophes)를 보내어 바위산의 이민족들에게 항복을 종용했다. 자신이 자리 잡은 지형을 굳게 믿은 아리마제스는 매우 거드럭거리면서 답변하였고, 심지어 알렉산드로스에게 하늘을 날 줄 아느냐고 묻기까지 하였다. 알렉산드로스는 그 보고를 듣고 매우 화가 나서 자신이 통상 일을 상의하던 이들을 불러 들였다. 그리고 그가 날개를 가지고 있지 않다고 조롱하는 이 건방진 자의 말[373]을 그들에게 전했다. 다음 날 저녁, 그는 이민족들이 마케도니아 군은 날 수 있다고 믿게 만들자고 말했다.

"여러분 각자는 지휘하고 있는 병사들 중에서 모두 300명을 뽑아

373) 아리아노스, 『알렉산드로스 대왕 원정기』 4권 18장 6절에서는 "알렉산드로스는 날개달린 병사들을 찾아야 할 것이다."라고 전한다.

데려오도록 하오. 가장 민첩하고, 고향에서 산중에서 양을 치고 거의 길도 없는 바위들을 타고 다니던 자들을 뽑으시오." 지휘관들은 즉각 대단히 민첩하고 용기 있는 자들을 그에게 데려왔다. "전우들이여! 자네들과 나는 그동안 난공불락이라고 여겨지던 여러 도시의 성채들을 공략하였다. 그리고 자네들과 나는 일 년 내내 눈 덮인 산맥도 건너 킬리키아의 좁은 길을 들어섰으며, 인디아의 혹독한 추위[374]도 견뎌내고 왔다. 나는 자네들에게 나 자신을 증명했으며, 자네들도 마찬가지이다. 자네들이 보고 있는 바위산은 단 하나의 통로만이 존재하는데, 그 통로는 지금 모든 것을 무시하는 이민족들이 장악하고 있다. 그래서 그들은 우리 진영 쪽을 제외하고는 경비조차 세우고 있지 않다. 자네들이 산꼭대기에 이르는 흔적을 찾아내는 기술을 발휘하기만 한다면, 길을 찾아낼 수 있을 것이다. 자연 속에는 용기를 가지고 올라갈 수 없을 정도로 높은 산은 존재하지 않는다. 다른 이들이 절망 속에 빠질 때 우리는 방법을 찾아내어 아시아를 정복했다. 산정으로 올라가라. 산정에 도달하면 하얀 옷을 하나 흔들어서 신호하도록 하라. 그러면 나는 병력을 전진시켜 자네들에게서 우리에게로 주의를 끌도록 하겠다. 첫 번째로 산정에 올라가는 사람에게는 10탈란톤의 상금을 주겠다. 바로 그 다음에 올라가는 사람에게는 그보다 1탈란톤 적게 줄 것이고, 그런 식으로 10명까지 포상하겠다. 그러나 나는 그대들이 내가 주는 보상보다 나의 소원을 이루어주는 데 더 신경 쓸 것으로 확신한다."

그들은 이미 정상을 밟고 있다고 생각될 정도로 왕의 말에 열정적으로 반응하였다. 그들은 흩어져서 바위 사이에 박을 강철 쐐기와

374) 인디아의 일부인 힌두 쿠쉬 산맥의 동쪽을 말한다.

튼튼한 밧줄을 준비하였다. 알렉산드로스는 바위산의 튀어나온 곳들을 돌아보고, 두 번째 야간 교대시간에 임무의 성공을 비는 기도를 한 다음, 가장 험하지 않고, 가팔라 보이지 않는 곳을 골라 등반을 시작하라고 명령했다. 병사들은 이틀간의 식량과 칼, 창만을 휴대하고 등반을 시작하였다. 그들은 서서 산을 오르기 시작했으나, 곧 깎아지른 것 같은 지점에 도달하였다. 이곳에서 몇몇 병사들은 바위의 튀어나온 부분들을 손힘으로만 잡고 몸을 끌어올렸다. 다른 병사들은 밧줄을 올가미처럼 만들어 앞으로 던져 걸거나, 강철 쐐기를 바위틈에 박아 발받침으로 사용하여 올라갔다. 고생하여 그 어려운 지점을 올라가고 나니, 더 어려운 상황이 그들을 기다리고 있었다. 그곳에 있는 바위는 마치 그곳에서 자라난 것 같았다. 발 디딜 곳이 부실한 것을 모르고 발을 잘못 디딘 병사들이 거꾸로 떨어져 내리는 광경은 처참하였다. 그런 참극을 보는 다른 병사들은 자신들도 자칫하면 저 꼴이 된다는 두려움을 갖게 되었다. 그러나 그런 어려움들에도 불구하고 병사들은 산꼭대기에 도달하였다. 하지만 그들 모두는 계속 고투하며 등반하느라고 완전히 탈진하였고, 일부 병사들은 크게 다쳤다. 밤이었기에 그들은 곯아 떨어져 버렸다. 그들은 상황이 위험하다는 것은 염두에 둘 겨를도 없이, 거칠고 험한 바위들 위에서 여기 저기 뻗어 새벽까지 잠이 들었다.

마침내 그들은 마치 깊은 잠을 잔 것처럼 깨어 일어났다. 그리고 이 바위산에 그렇게 많은 적군이 어디에 숨어 있는지를 알지 못했기에 이제는 아래쪽에 위치하고 있는 격리된 계곡들을 조사하였다. 그러자 그들보다 아래에 있는 한 동굴에서 연기가 새어 나오는 것을 목격하였다. 그로써 그들은 이 동굴이 적의 은신처라는 것을 짐작하였다. 그래서 그들은 창에 약속한 신호를 매달았다. 한편 이제야 그들은 처음 출발했던 인원에서 등반 도중에 32명이 죽었다는 것을 알게 되었다. 알렉산드로스는 산 정상을 장악해야겠다는 마음만큼이나 위험한 사지로 부하들을 보낸 것 때문에 그들의 생사가 마음에 걸려 하루 종일 선 채로 산꼭대기를 응시하고 있었다. 마침내 밤이 되고 더 이상 시야에 들어오지 않자, 그는 쉬기 위해 군막으로 돌아갔다.

다음 날, 날이 채 다 밝기도 전에 알렉산드로스가 제일 먼저 산정에 약속한 표시의 천 조각이 있는 것을 보았다. 하지만 햇살이 구름을 뚫고 나타났다가, 다음 순간에는 구름에 가려지는 등 기상 조건이 계속 변하는 바람에 자신이 잘못 본 것은 아닌지 의구심이 들었다. 하지만 날이 점차 밝아짐에 따라 그런 의구심은 사라졌다. 그는 이민족들의 마음을 시험해 보는 사자로 썼던 코페스를 불러 그들에게 파견하고 이제는 그들이 좀 더 나은 선택을 하라고 경고하였다. 그러나 만약 그들이 자신들이 자리 잡은 위치에 자신을 갖고 완고하게 계속 버티면, 정상에 도달해 있는 부하들에게 그들을 치라고 명령할 것이었다.

명을 받은 코페스는 보다 중요한 과업을 수행하고 있는 알렉산드로스가 한 바위산에서 시간을 허비하지 않도록 항복한다면 알렉산드로스에게서 좋은 대접을 받을 것이라고 아리마제스에게 항복을 권유했다. 아리마제스의 대답은 전보다 더 도전적이고 무례했다. 그리고 그는 코페스에게 떠나라고 명했다. 코페스는 아리마제스의 손을 잡고 자신과 함께 동굴 밖으로 나가 보자고 권했다. 아리마제스가 동의하자 그는 정상에 있는 젊은 병사들을 가리키고, 그의 거만한 행동을 비웃으며 알렉산드로스의 부하들은 날개가 달렸노라고 말했다. 이 때, 마케도니아 진영에서 나팔 소리와 함께 전군이 큰 소리를 내는 소리가 들려왔다. 전쟁에서 흔히 그렇듯이 비록 별 일도 아닌 일이었지만 이 일로 이민족들은 항복하기로 했다. 그들은 공포감에 젖어 있어서 실제로 배후를 점한 병사들이 소수라는 것을 알아차리지 못했기 때문이다. 따라서 그들이 당황하도록 내버려 두고 떠나가는 코페스를 황급히 다시 불렀고, 30명의 지도자들이 그와 함께 알렉산드로스에게 가서 바위산을 바치며 항복하고 피해를 보지 않을 협상 조건을 논의하기로 했다.

알렉산드로스는 적들이 [산정을 장악한] 젊은 병사들이 수가 작은 것을 알아차리고, 그들을 제거할까 걱정하였다. 하지만 그는 자신이 운이 좋다는 것을 믿었고, 아리마제스가 거만하게 굴었던 것에 화가 나 있기도 해서 어떤 항복 조건도 받아들이지 않겠다고 대답하였다. 실제로는 희망이 없지도 않았지만, 현 상황에 절망하게 된 아리마제스는 친척들 및 그네들 종족에서 가장 지위가 높은 자들과 함께 마케도니아 진영으로 내려왔다. 알렉산드로스는 이들 모두를 채찍질하고 바위산 바로 아래에서 십자가형에 처하라고 명령하였다.[375] 항복한 자들 중에 많은 수의 사람들은 새로 건설한 도시의 주민들에게서 약탈했던 돈과 함께 선물을 바쳤다. 알렉산드로스는 아르타바조스에게 바위산과 그 인근 지역을 맡기고 남겨두었다.

---

375) 아리아노스, 『알렉산드로스 대왕 원정기』 4권 19장 4절에서는 그들이 항복하였다고 적고 있지만, 알렉산드로스가 그들을 처형했다는 말은 하고 있지 않다.

## 제 8권

1. 알렉산드로스는 그 바위산을 정복하여 영광을 얻었다기보다는 악명을 떨치게 되었다. 다음으로 그는 적이 분산되어 있어서 병력을 나누어야만 했기에, 병사들을 셋으로 나눈 다음 헤파이스티온과 코이노스에게 각각 한 부대씩을 지휘하게 하고 자신은 남은 병사들을 인솔하였다.[376] 이민족들은 모두 같은 마음을 품고 있지 않았다. 비록 대부분은 군사적 위력의 과시를 하지 않아도 알렉산드로스의 권위를 받아들였지만, 일부는 진압을 해야만 했다. 그는 명령을 내려 계속 반란 중인 자들에게 속한 도시와 땅을 권위를 바로 받아들인 자들에게 주도록 했다. 마사게타이 인 기병대 800명과 합류한 일부 박트리아 유민들이 인근 마을들을 파괴하였다. 지역 사령관인 아티나스(Attinas)는 이들을 300명의 기병을 이끌고 들판으로 가다가 그를 노린 매복을 눈치 채지 못했다. 적은 들판에 인접한 숲에 무장한 일단의 무리를 보내어 매복하고, 예측하지 못하고 있던 아티나스를 덫에 걸리게 하기 위한 미끼로 소수의 사람들이 가축 떼를 앞에 몰고 가도록 하였기 때문이다. 대열도 유지하지 않고 흩어져 가고 있는 병력을 인솔하던 아티나스는 약탈할 목적으로 그들을 따라갔다. 그리고 적이 매복해 있던 숲을 지나던 그는 습격을 받아 부하들 전체와 같이 살해되었다.

이 소식을 들은 크라테로스는 모든 기병을 데리고 재빠르게 그 장소에 도착했으나, 마사게타이 인들은 이미 도망친 뒤였다. 그러나

---

376) 기원전 328년의 일이다. 아리아노스, 『알렉산드로스 대왕 원정기』 4권 16장 2절에 따르면 그는 병력을 다섯으로 나누었으며, 라고스의 아들 프톨레마이오스와 페르디카스로 하여금 나머지 두 개 부대를 이끌게 했다.

1,000명 정도의 다하이 인은 죽였고, 그로써 이 지역의 반란은 끝나게 되었다. 알렉산드로스는 다시 한 번 더 소그디아를 진압하고 마라칸다로 돌아왔다. 마라칸다에서 그는 보스포러스 해협 너머의 스키티아 인에게 사자로 파견했던 데르다스를 만났다. 데르다스는 스키티아 인의 사절단을 대동하고 왔다. 마사게타이 인및 다하이 인과 경계를 맞대고 살고 있는 코라스미이 인의 수장인 프라타페르네스(Phrataphernes)도 충성을 약속하는 전령들을 보내왔다. 스키티아 인들은 알렉산드로스가 자신들의 공주와 결혼하기를 요청했다. 그리고 만약 이 결혼 동맹이 마음에 차지 않는다면 마케도니아 지휘관들을 자신들의 귀족 집안과 결혼하는 것을 허용해 달라고 했다. 또 자신들의 왕이 직접 알렉산드로스를 방문할 것이라고 확실하게 말했다. 그는 두 사절단을 정중하게 맞이하고, 그들의 말을 경청한 다음 진영에 머무르면서 헤파이스티온과 아르타바조스를 기다렸다. 그들이 합류하자, 그는 바자이라(Bazaira)[377]라고 불리는 지역으로 들어갔다.

이 지역 사람들은 다른 곳과는 달리 나무가 많고 초지가 있는 특정한 지역 내에 가두어 놓은 좋은 짐승들 떼를 재산의 가장 큰 기준으로 치고 있다. 그들은 이를 위해 연중 물이 솟아나는 여러 샘물로 물을 풍족하게 댈 수 있는 넓은 숲을 선택한다. 그 숲은 벽으로 둘러싸여 있고, 숲 속에는 사냥꾼들의 쉼터가 되는 오두막들이 있다. 알렉산드로스는 전군을 거느리고 그런 숲 중의 하나로 들어갔다. 이 숲은 계속해서 4대 동안이나 아무도 손을 대지 않고 남겨두었다고 알려졌다. 알렉산드로스는 숲 전체에 걸쳐 야생 동물들을 잡으라고 명령했다. 이 짐승들 중에서 대단히 큰 사자가 한 마리 바로 왕을 습격

377) 바자이라의 위치는 분명치 않다. 사마르칸드 주변일 것이다.

하기 위해 달려들었다. 후에 왕이 되는 리시마코스(Lysimachos)[378]가 마침 알렉산드로스 옆에 서 있다가 사냥용 창을 겨누기 시작했다. 왕은 그를 옆으로 밀치며 비켜나라고 얘기하고, 자신도 리시마코스처럼 사자를 한 손으로 잡을 능력이 있다고 덧 붙였다. 실제로 전에 그들이 시리아에서 사냥했을 때, 왼쪽 어깨를 공격당해 뼈에 닿을 정도로 찢어져서 목숨이 위태롭기는 했지만 리시마코스가 혼자서 대단히 큰 사자를 잡았던 적이 있었다. 왕은 이 때 말로만 리시마코스를 힐책한 것이 아니라 행동으로 자신의 무용을 보여주었다. 실제로 그는 사자를 잡았고, 그것도 단 일격으로 해치웠던 것이다. 필자는 왕이 의도적으로 리시마코스를 사자 앞에 모습을 드러내게 했다고 하는 근거 없는 이야기가 널리 퍼진 데는 바로 위에 언급한 사건 때문이 아니가 하고 생각한다. 비록 알렉산드로스가 이 사건을 성공적으로 마무리했지만, 마케도니아 인들은 여전히 그가 서서 사냥했거나 정예 지휘관들과 친구들과 같이 사냥하지 않았을 리 없다고 생각하고 투표 - 이는 그들의 민족적 관행이며 권리였다 - 했다. 알렉산드로스는 4,000마리의 짐승들이 잡혀와 쌓이자, 그 숲에서 전군과 더불어 축제를 벌였다.

그들은 이곳에서 마라칸다로 돌아갔다. 알렉산드로스는 아르타바조스가 노령을 이유로 사직하자, 그 청을 받아들이고 그가 다스리던 지역[379]을 클레이토스에게 맡겼다. 클레이토스는 그라니코스 강 전투에서 알렉산드로스가 맨머리로[380] 싸웠을 때, 그를 방패로 보호하

---

378) 10권 10장 4절 참조. 리시마코스(기원전 360-281년)는 알렉산드로스의 후계자들(디아도코이 *diadochoi*) 중 한 명으로서 알렉산드로스 사후인 기원전 306년 트라키아, 소아시아, 마케도니아의 왕이 되었다.

379) 아르타바조스는 박트리아의 태수였다.

곤 했으며, 로사케스(Rhosakes)가 왕의 생명을 위협할 때 칼로 그의 손을 자른 인물이다. 그는 수많은 전투에서 빛나는 전공을 세웠고 필리포스와 함께 싸웠던 노장이었다. 그리고 그의 누이인 헬라니케(Hellanike)[381]는 알렉산드로스의 유모로서 왕에게서 어머니처럼 사랑을 받았다. 이상이 알렉산드로스가 제국에서 가장 강한 지역을 클레이토스의 충실한 보호 아래 맡긴 이유이다.

클레이토스는 다음 날의 행군을 준비할 것을 명받고 나서, 통상 있던 초저녁부터의 연회에 초대받았다. 이 자리에서 포도주에 얼근하게 취하여 자기 자신에 대한 자신감이 넘쳤던 알렉산드로스는 그가 말하는 것이 사실이라는 것을 알고 있는 사람들의 귀에도 거슬릴 정도로 자기의 위업에 대한 자랑을 늘어놓기 시작했다. 그러나 나이든 참석자들은 알렉산드로스가 [부왕인] 필리포스의 업적을 깎아 내리고 자기 자신이야말로 저 유명한 카이로네아(Chaironea)[382] 전투의 승리의 주역이라고 자랑할 때 까지는 침묵을 지키고 있었다. 그의 말에 따르면 부왕이 악의를 가지고 질시하여 자신에게서 그 공적을 훔쳐갔다는 것이다. 그의 설명에 따르면 마케도니아 군과 그리스 용병대 사이에 전투가 벌어졌을 때, 필리포스는 혼전 중에 입은 상처로 움직일 수 없었고, 그래서 땅바닥에 누워 시체를 가장하는 것 이외에는 다른 방법이 없었다. 그리고 알렉산드로스가 자신의

---

380) 알렉산드로스는 투구를 쓰지 않고 전투에 나간 적은 없다. 이때는 그의 투구가 적에 의해 쪼개졌다.

381) 아리아노스, 『알렉산드로스 대왕 원정기』 4권 9장 3절에서는 그녀를 라니케(Lanike)라고 부르고 있다. 아마도 헬라니케의 축약형 혹은 애칭일 것이다.

382) 기원전 338년에 일어났던 이 전투의 승리로 필리포스는 그리스를 장악할 수 있었다.

방패로 부왕을 보호하고 덤벼드는 자들을 직접 베어 버렸다는 것이다. 그리고 부왕은 자식에게 목숨을 빚졌다는 사실에 분개하여 결코 그 사실을 인정하지 않았다고 말했다. 그 후, 필리포스가 참여하지 않고 알렉산드로스가 일리리아 인과의 전투[383]를 지휘한 적이 있었는데, 그 전투가 끝난 후에 그는 필리포스에게 편지를 써서 적을 패배시키고 패주시켰다고 했다. 그리고 필리포스는 그 전투에 참여하지 않았다. 알렉산드로스는 계속해서 아시아를 불태우고 약탈했어야 할 시기에 사모트라케(Samothrake)에서 신비 의식[384]에 참여했던 자들은 위업을 이룰 수 없다고 했다. 오히려 위업은 믿음을 능가하는 위대한 성취를 달성한 자의 것이라고 말했다.

젊은 축에 들어가는 자들은 이 말을 듣고 흥분하여 비슷한 이야기들을 쏟아냈다. 하지만 생의 대부분을 필리포스 휘하에서 지냈던 이들은 불쾌해 했다. 그 때, 조금 취해있던 클레이토스는 자신의 발 아래쪽에 기대있는 사람들을 향해 에우리피데스(Euripides)가 쓴 연극의 한 구절[385]을 읊었다. 그래서 왕은 그가 무슨 말을 하는지 확실히 알지 못했지만, 그 어조는 들을 수 있었다. 그 구절의 요지는 그리스 인들은 전승 기념비에 왕의 이름만을 새기는 좋지 않은 관행을 가지고 있는데, 왕들이 그럼으로써 다른 이들이 피로 얻어낸 영광을 훔치기 때문이라는 것이다. 알렉산드로스는 클레이토스가 빈

---

383) 기원전 337년 봄일 것이다.

384) 이 종교 의식에서 필리포스는 알렉산드로스의 모후 올림피아스를 만났다.(플루타르코스, 「알렉산드로스 전」 2장 2절 참조)

385) 에우리피데스는 고대 그리스의 유명한 극작가 중 한 명으로서, 여기서 인용하는 구절은 그의 극들 중 「안드로마케」(Andromache) 693의 구절이다. "오호라, 그리스에는 좋지 않은 관습이 유행하는구나!"

정대는 기분으로 그 구절을 읊은 것인지 의심하고, 클레이토스 바로 옆에 자들에게 무슨 말을 들었는지 물어보기 시작했다. 그들이 완강히 침묵을 지키고 있는 사이에 점점 목소리가 커진 클레이토스는 이제 필리포스의 업적과 필리포스가 그리스에서 싸웠던 전쟁들을 다시 말하면서 그것들이 지금 현재 치르고 있는 전쟁들보다 더 위대하다고 말했다. 그의 말로 인해 젊은 사람들과 나이든 사람들이 언쟁을 벌이게 되었다. 클레이토스가 그의 업적을 폄하하는 말을 하는 것을 들었을 때, 알렉산드로스는 냉정한 듯 보였지만, 실제로는 대단히 분노했다. 클레이토스가 거드럭거리는 말을 멈추었다면, 그도 감정을 통제할 수 있었을 것처럼 보였지만, 어찌되었건 클레이토스는 자제하려 하지 않았고 그의 분노는 커져갔다.

이 때, 클레이토스는 심지어 파르메니온을 변호하여 알렉산드로스의 심경을 건드렸고, 게다가 테바이의 파괴와 비교하여 아테나이를 상대로 한 필리포스의 승리를 높이 평가하기까지 하였다.[386] 그는 술이 취했을 뿐만 아니라, 싸움을 걸겠다는 비뚤어진 욕망에 사로잡혀 있었기 때문이다. 그리고 결국 이렇게 말했다 : "만약 누군가 전하를 위해 죽어야 한다면, 제일 먼저일 사람은 저 클레이토스일 것입니다. 하지만 전하께서 승리의 전리품에 대한 판단을 하실 때에 가장 큰 몫은 전하의 부왕에 대해 가장 모욕적인 언사를 내뱉는 자들에게 가는군요. 전하께서는 제게 소그디아 지역[387]을 배정해 주셨습니다. 이제껏 종종 반란을 일으켜 왔고, 평화로워 지려면 멀었으며, 종속시킬

386) 필리포스는 카이로네아 승리 이후 아테나이와 협상을 하여 좋게 끝냈지만, 알렉산드로스는 기원전 335년에 테바이를 무너뜨려 버렸다.

387) 박트리아와 소그디아 지역은 같이 묶여 취급되었다.

수도 없는 그 땅을요. 저는 피에 굶주린 천성을 가진 야생 짐승들이 있는 땅으로 보내집니다. 하지만 제 상황에 대해서는 넘어가기로 하지요. 전하께서는 필리포스 전하의 부하들에 대한 경멸을 표현하고 계시지만, 여기 있는 늙은 아타리아스가 전투를 두려워하던 젊은 친구들을 다시 대열로 데리고 오지 않았다면 우리는 아직도 할리카르나소스 근처에서 머뭇거리고 있을 것이라는 점을 잊고 계십니다.[388] 그런 젊은 친구들만을 데리고 어찌 아시아 전체를 정복하셨겠습니까? 제 생각에는 전하의 외삼촌[389]께서 이탈리아에서 하셨다고 전해지는 그 말 즉, 그분은 전투에서 남자들을 상대했지만, 전하께서는 여자들을 상대했다는 말이 진실인 듯합니다."

그가 했던 부적절하고 충동적인 말들 중에서 파르메니온에 대한 언급 때문에 왕은 가장 화가 났으나, 그는 분노를 눌러 참으면서 클레이토스에게 연회석에서 물러가라고 명령하는 것으로 만족했다. 그리고 만약 클레이토스가 계속 이야기를 하면 그가 전에 왕의 목숨을 구했다고 자랑할 것이라는 말을 덧붙였을 뿐이었다. 클레이토스가 종종 자랑을 했기 때문이다. 클레이토스가 머뭇거리며 일어나려 하지 않자, 그의 옆에 기대고 앉아있던 사람들이 그를 데리고 나가려고 애쓰며 그에게 꾸짖고 경고하며 손을 대었다. 그는 끌려 나가면서 취기로 인해 화가 끓어올랐다. 그래서 그는 예전에 자신이 가슴으로 왕의 등을 지켜주었는데, 그렇게도 봉사했건만 이제 시간이 지나니 그 기억조차 불쾌하냐고 소리를 질렀다. 그리고 아탈로스를

388) 5권 2장 5절 참조.

389) 알렉산드로스의 외삼촌인 에피로스의 왕 알렉산드로스(동명이인이다)는 기원전 334-330년 동안 이탈리아에서 싸웠다.

살해한 것[390]에 대해 왕을 비난하고, 알렉산드로스가 자신의 아버지라고 주장했던 제우스 신의 신탁도 조롱했다. 그러면서 자신이 그 '아버지'보다 왕에게 더 직언을 하고 있다고 말했다.

알렉산드로스는 이미 화가 머리끝까지 치밀어 올라서 설사 취하지 않은 정신이었다고 해도 참을 수 없는 지경에 이르렀다. 그리고 이미 포도주에 취한 지는 한참 되었기 때문에 그는 갑자기 장의자에서 벌떡 일어났다. 이에 왕의 친구들이 깜짝 놀랐다. 그들은 들고 있던 잔을 내려놓을 겨를도 없이 옆으로 던져버리고 한꺼번에 일어섰다. 그들 모두는 알렉산드로스가 이렇게 충동적으로 벌이기 시작한 일을 어찌 마무리 지으려 하는지 궁금했다. 그리고 클레이토스가 아직도 거친 말들을 쏟아 내며 화를 내고 있는 사이에 알렉산드로스는 경비병의 손에서 창을 낚아채고 클레이토스를 죽이려 달려들었다. 그러나 프톨레마이오스와 페르디카스가 그를 제지하였다. 그들은 계속 몸부림치는 알렉산드로스의 허리를 붙잡고 뒤로 잡아끌었다. 리시마코스와 레오나토스는 그의 손에서 창을 빼앗았다. 알렉산드로스는 자신이 지금 가까운 친구들에게 최근에 다레이오스에게 일어났던 일을 당하고 있다고 소리치며 병사들의 충성심에 호소하였다. 그리고 나팔 신호를 울려서 병사들이 왕의 군막으로 무장하고 오게 하라고 명령했다.

그러자 프톨레마이오스와 페르디카스는 무릎을 꿇고 성급하게 화만 내시지 말고 잠시만 판단할 시간을 가져보시라고 애원하였다. 그러면서 이 문제는 다음 날 더 공정하게 처리하실 수 있다고 말했다. 하지만 이미 분노에 가득 찬 알렉산드로스의 귀에는 아무 소리도

---

390) 7권 1장 3절 참조.

들리지 않았다. 그는 걷잡을 수 없을 정도로 분노하며 왕의 군막이 있는 구역의 진입로로 뛰어 갔다. 그곳에서 그는 연회 참석자들이 나가는 길에 서서 경비하고 있던 경비병에게서 창을 빼앗아 들었다. 다른 사람들은 자리에 남아 있었고, 클레이토스는 맨 마지막에 등불도 들지 않고 밖으로 나왔다. 그 때 왕이 클레이토스에게 누구냐고 물었다. 그 말소리의 어조는 그가 생각하고 있던 범죄의 잔인성을 여실히 보여주었다. 클레이토스는 더 이상 이제 자신이 화를 내었다는 것을 잊어버리고, 왕의 분노에 대해서만 생각하였다. 그리고 자신은 클레이토스이고 연회석을 떠나는 중이라고 답했다. 그가 이렇게 말하자 알렉산드로스는 그의 옆구리를 창으로 찔렀고, 클레이토스가 피를 흘리며 죽어가고 있을 때, "이제 가서 필리포스, 파르메니온, 그리고 아탈로스와 함께 하라!"라고 소리쳤다.

2. 인간의 천성은 그다지 효율이 좋지 않게 만들어졌다. 즉, 우리는 일이 터지기 전이 아니라 터진 후에 문제를 심사숙고 하는 경향이 있다. 알렉산드로스는 분노가 가라앉고 취기가 가시고 난 뒤, 돌이켜 보고 나서 자신이 저지른 일이 큰 죄였음을 알았다. 그러나 이미 모든 일이 지나고 난 뒤였다. 그는 바로 그 특정한 순간에 말을 함부로 했다고는 해도 훌륭한 전사를 죽였으며, 그것도 부끄러워하면서 인정해야겠지만 바로 자신의 생명을 구해준 사람을 살해한 것이다. 비록 왕이었지만, 그는 혐오스러운 처형인의 일을 행하였고, 술 취한 탓에 폭언을 한 것을 부정한 살인으로 처벌한 것이다. 진입로는 바로 전에는 그의 연회의 손님이었던 이의 피로 흠뻑 젖어 있었다. 놀라고 얼떨떨한 표정으로 경비병들은 알렉산드로스와 조금 거리를 두고 서 있었다. 혼자 떨어져 서 있으면서 알렉산드로스는

양심의 가책이 더 심하게 밀려오는 것을 느꼈다. 그는 시신에게서 창을 뽑아 자신을 향해 돌렸다. 그가 창을 자신의 가슴에 대었을 때, 경비병들이 달려들어 그가 저항했어도 그의 손에서 무기를 빼앗고, 그를 군막으로 모셔갔다. 알렉산드로스는 바닥에 몸을 던졌고, 군막 전체에 그의 슬픈 흐느낌과 울부짖음 소리가 울려 퍼졌다. 그리고 그는 손톱으로 자신의 얼굴을 할퀴면서 주변에 서 있는 사람들에게 이런 불명예스러운 일을 행했으니 자신을 죽게 내버려 두라고 호소했다.

그는 밤새워 이처럼 탄원하며 지냈다. 그리고 예정된 시기에 '자유의 아버지'께 연례 희생제를 지내지 못했기 때문에 신의 분노를 받아 이런 극악한 범죄를 저지른 것은 아닌가 하는 생각을 하였다. 따라서 이는 신의 분노가 그에게 내린 것이었다. 왜냐하면 그 범죄는 음주와 연회를 벌이는 와중에 발생했기 때문이다. 거기다가 그를 더 비탄에 잠기게 만드는 것은 모든 친구들이 그에게 두려움을 느끼고 있었기 때문이다. 그는 이제 누구도 자신과 대화를 나누려 하지 않을 것이라고 느꼈다. 이제 그는 다른 짐승들을 두렵게 만들고, 동시에 다른 짐승들을 두려워하는 야생 동물 같은 고독한 삶을 살아야만 할 것이었다.

그는 새벽에 아직 피로 덮여있는 클레이토스의 시신을 군막 안으로 들이라고 명하고, 시신이 자신 앞에 놓이자 눈물을 글썽이며 이렇게 말했다 : "두 아들을 나의 영광을 위해 밀레토스 전투에서 잃어버린 유모가 나를 돌보아 주었던 보답을 나는 이렇게 하였구나. 여기 누워있는 이는 아들들을 잃고 난 그녀의 유일한 위안이 되는 남자 형제였는데, 나는 그를 연회 석상에서 살해하고 말았구나! 이제 그 불쌍한 여인은 누구를 쳐다보고 살겠는가? 그녀의 친척 중에 살아남은 이는 나뿐인데, 그녀는 이제 나를 볼 때마다 고통을 느끼겠구나. 나는 나를 구해주었던 이를 살해하였다. 이제 고향에 돌아가 유모에게 오른 손을 내밀 때, 어찌 그녀가 이 비극을 떠올리지 않을 수 있다는 말인가?" 그리고 끝없이 눈물을 흘리며 탄식하였기 때문에, 그의 친구들은 시신을 옮기라는 지시를 내렸다.

알렉산드로스는 3일간 두문불출하였다. 수행원들과 경호대원들은 그가 죽을 결심을 했다는 것을 알아차리고, 한 덩어리가 되어 군막을 부수고 들어갔다. 그리고 그가 간청을 계속 거부했음에도 불구하고 결국 몸을 돌보도록 설득할 수 있었다. 마케도니아 인들은 왕이 그 살인을 부끄러워하지 않도록 클레이토스의 살해는 정당하다고 공식적으로 공표하고, 왕의 명령이 없으면 클레이토스의 시신을 매장하지 않기로 했다.

10일간 마라칸다에서 지내면서 알렉산드로스는 주로 자신감을 회복하는 데 시간을 보냈다. 그 후, 헤파이스티온에게 군의 일부를 맡겨 박트리아 지역으로 보내면서 겨울을 지낼 식량을 준비하게 하였다. 클레이토스에게 맡기려고 했던 지역은 아민타스에게 맡겼다. 그리고 그는 스키티아 경계에 연한 지역인 크세니파(Xenippa)[391]로 갔다. 이 지역은 인구가 밀집한 마을들이 대단히 많았다. 원래 살던 주민도 많았지만, 토양이 비옥해서 이주민이 많은 곳이었다. 박트리아에서 알렉산드로스를 피해 도망쳤던 이들은 크세니파에 머물러 있었으나, 알렉산드로스가 다가온다는 소식에 주민들이 그들을 내쫓았다. 이에 그들은 한 데 뭉쳤고, 그 수는 2,500명가량 되었다. 그들 모두는 기병으로서 평화 시에도 약탈을 업으로 삼던 자들이었다.

391) 사마르칸드 서쪽에 있는 보카라(Bokhara)부근이다.

이 때 그들이 원래 갖고 있던 야성적 기질은 전쟁 뿐 아니라, 사면을 받을 길이 없다는 절망감에 더욱 난폭하게 되었다. 그래서 그들은 알렉산드로스의 장군인 아민타스를 습격하였다. 그들은 오랫동안 치열하게 싸웠으나, 결국 700명 정도가 전사하고 300명은 포로로 잡혔으며 나머지는 도망쳤다. 그럼에도 불구하고 마케도니아 군도 제법 피해를 입었는데, 80명 정도가 전사했고, 350명 이상이 부상했다. 그렇지만 박트리아 인은 두 번째 반란 이후에도 사면을 받았다.

알렉산드로스는 그들의 항복을 받아들인 후, 전군을 거느리고 나우타카(Nautaka)라 불리는 지역으로 들어갔다. 나우타카의 태수인 시시미트레스(Sisimithres)는 자신의 어머니와의 사이에서 두 아들을 낳았는데, 이들의 사회에서는 부모가 자식과 성관계를 맺는 것이 허용되어 있었다. 시시미트레스는 주민들을 무장시키고 그 지역으로 들어오는 통로의 가장 좁은 부분을 봉쇄하였다. 그곳 바로 옆에는 급류가 흐르고 있으며, 뒤쪽은 험한 바위산으로 막혀있는데 주민들은 그 산을 뚫고 나가는 샛길을 만들어 놓았다. 그 동굴의 입구는 빛이 들어오지만, 내부는 매우 어두워서 불을 가지고 들어가야만 했다. 원주민들만 알고 있는 이어지는 통로를 통해서만 평야에 접근할 수 있다.

비록 통로의 지형이 험하고, 강력한 이민족 부대에 의해 방어되고 있었지만, 알렉산드로스는 공성추를 가져와서 인공적으로 추가된 방어시설을 부숴버리고 방어병들 대부분에게 투석기와 궁수를 이용한 사격을 가하였다. 그는 적을 흩어져서 도망치게 만들고 나서, 무너진 방어시설을 통과하여 험한 바위산을 향해 병력을 이동시켰다. 그러나 그들 위에 있는 산꼭대기에서 내려와 한데 모여 계곡 쪽으로 흘러들어가는 여러 물줄기들로 이루어진 강이 길을 막았다. 이 큰 협곡을 채우는 일은 보통 큰 일이 아닌 듯 보였다. 그렇지만 알렉산드로스는 명령을 내려 나무를 자르고 바위를 쌓도록 했다. 이민족들은 눈앞에서 댐이 쌓아지는 것을 보고 이런 종류의 작업에 전혀 익숙하지 않았기 때문에 충격을 받고 공포감을 느꼈다. 알렉산드로스는 그들이 놀라서 항복할 것이라고 생각하고, 그들과 같은 종족이지만 자신에게 귀순한 옥사르테스(Oxartes)[392]를 보내어 그들의 지도자에게 바위산을 내놓고 항복하라고 권유하게 하였다. 그러는 동안 그는 적의 두려움을 키우기 위해 공성탑들을 앞으로 이동시키고 투석기로 일제 사격을 퍼붓게 했다. 모든 면에서 방어에 대한 자신감을 잃어버린 이민족들은 바위산의 정상으로 행했다. 한편 옥사르테스는 자신감이 결여되어 두려움에 싸여있는 시시미트레스를 설득하기 시작했다. 옥사르테스는 마케도니아 군의 능력을 시험하느니 보다는 그들의 명예를 시험하는 편이 나을 것이며, 빠르게 인디아로 향하고 있는 정복자들을 방해하지 말라고 권유했다. 그들에게 저항하게 되면 다른 이들에게 갈 커다란 재앙을 불러들이게 된다는 것이다.

시시미트레스는 실제로 항복하기로 동의했으나, 그의 아내이자 어머니는 다른 사람의 지배 아래 들어가느니 차라리 죽어버리겠다고 선언했다. 그리하여 그녀는 안전보다 명예가 더 중요하다고 이민족들의 마음을 돌려놓았으며, 시시미트레스도 여자들이 남자들보다 자유를 더 높이 산다는 점에 대해 부끄러움을 느끼게 되었다. 따라서 그는 평화를 중재하러 온 이(옥사르테스)를 돌려보내고 공성전을 견디어내기로 결심했다. 하지만 거듭해서 적의 힘과 자신들의 힘을

---

392) 아리아노스, 『알렉산드로스 대왕 원정기』 4권 21장 6절에서는 옥시아르테스(Oxsyartes)라고 기록되어 있다.

재어본 그는 긴요하다기보다는 성급하게 보이는 여성의 권고를 따르는 것을 후회하기 시작했다. 그는 급히 옥사르테스를 다시 불러들이고 알렉산드로스에게 항복하겠다고 말했다. 다만 하나의 조건이 있는데, 자신의 어머니의 소원과 권고에 대해서는 함구해달라는 것이었다. 그리하여 그는 어머니도 보다 쉽게 설득하였다. 그는 옥사르테스를 먼저 보내고 나서 옥사르테스가 약속했던 바, 알렉산드로스의 안전 보장도 채 기다리지 않고 어머니와 자식들 및 모든 친척들과 함께 그 뒤를 따랐다.

알렉산드로스는 기병을 한 명 앞으로 보내어 그들에게 돌아가 그가 도착하는 것을 기다리라고 전하게 했다. 그곳에 도착한 알렉산드로스는 승리의 아테나[393] 여신께 희생제를 올리고 시시미트레스의 통치권을 돌려주었다. 그리고 그가 계속 알렉산드로스와 친분을 유지하면서 충성을 다한다면 더 큰 영토를 기대할 수도 있을 것이라고 희망을 주었다. 시시미트레스는 두 아들을 알렉산드로스에게 맡기면서 아들들에게는 앞으로의 전쟁에 따라 나가라고 말했다.

이 일을 마친 후, 알렉산드로스는 보병들은 뒤에 남겨두고 기병들만을 데리고 반란들을 진압하기 위해 진격하였다. 처음에 병사들은 거칠고 바위투성이어서 방해가 되는 길에 그럭저럭 대처해 갔으나, 말들의 발굽이 헤어졌을 뿐 아니라 기력이 고갈되었다. 대부분의 병사들은 보조를 맞추어 따라 오지 못해 대열이 엷고 길게 늘어지게 되었고, 통상 그렇듯이 지나치게 힘이 들어서 체면도 돌보지

393) 원문에는 미네르와 빅토리아(Minerva Victoria)라고 되어 있다. 승리의 여신 미네르와라는 의미이다. 그러나 미네르와는 로마의 여신이므로 아테나 여신으로 번역하였다.

않게 되었다. 하지만 알렉산드로스는 말을 빈번하게 바꿔가면서 퇴각하는 적을 가차 없이 압박하였다. 그의 수행원들인 젊은 귀족 자제들은 리시마코스의 동생 필리포스만 빼고는 모두 낙오해 버렸다. 필리포스는 이제 막 어른이 되었고, 겉으로 보기에도 아주 뛰어난 인물이었다. 믿을 수 없게도 필리포스는 알렉산드로스가 100Km 정도나 말을 달려왔음에도 불구하고 도보로 뒤처지지 않고 왕을 따라왔다. 리시마코스가 여러 번 자신의 말을 타라고 권유했으나, 필리포스는 흉갑을 입고 무기를 들고 있었음에도 불구하고 왕의 곁을 떠나려 하지 않았다. 이민족들이 매복해 있는 숲에 이르렀을 때, 이 젊은이는 훌륭한 무용을 보여주었고, 적과의 혼전이 벌어졌을 때 왕을 지켰다. 하지만 이민족들이 흩어져 도망치면서 숲을 떠나버렸을 때, 전투의 열기 속에서 그를 지탱해주었던 생명의 불꽃이 그에게서 떠나가 버렸다. 그는 갑자기 팔다리에서 식은땀을 쏟아내면서 가까운 나무에 기대었으나, 그로써도 견디지 못하게 되었다. 알렉산드로스는 그를 품에 안았고, 필리포스는 왕의 품에서 쓰러져서 숨을 거두었다. 슬픔에 잠겨있던 알렉산드로스에게 또 다른 심한 슬픔이 덮쳐온 것이다. 진영으로 돌아가기 직전에 그는 가장 훌륭한 장군들 중 하나인 에리기오스가 전사했다는 소식을 들었다.[394] 이 두 사람의 장례는 온갖 의식과 예우를 다 갖추어 진행되었다.

3. 알렉산드로스는 스피타메네스가 다하이 인들과 있는 것을 알고 나서 다음으로는 다하이 인에게로 진군하기로 결정했다. 항상 그에게 좋은 결과를 가져다주었던 운명은 다른 업적들을 이루게 해주

---

394) 에리기오스의 전사 소식은 다른 자료에서는 나타나지 않는다.

었던 것처럼 이번 원정에서도 비록 그가 없는 상태에서도 미소를 보여주었다. 스피타메네스는 일상적인 범주를 넘어설 정도로 아내를 끔찍이 사랑하였는데, 그의 아내는 남편이 계속 위험한 곳으로 끌고 다녔기에 도주에도, 계속되는 망명자의 삶에도 신물이 났다. 강행군에 지친 그녀는 계속해서 남편에게 애교를 부리며, 더 이상 도망치지 말고 이미 승리자의 자비를 보여준 적이 있고 그가 결코 완전히 피해 도망치지도 못했던 이에게 양보하자고 했다. 그녀는 스피타메네스와의 사이에 이미 성장한 세 명을 아들을 두고 있었는데, 그들을 데려다 아버지 품에 안기게 하면서 적어도 아들들을 불쌍히 여기고 자신의 애원을 들어달라고 하면서 알렉산드로스가 멀지 않은 곳까지 와 있다고 하였다. 스피타메네스는 이는 권고가 아니라 배신이며, 그녀가 자신의 미모를 믿고 알렉산드로스에게 빨리 항복하지는 것이라고 생각하게 되었다. 그는 신월도를 뽑아 들었고, 아내를 죽이려 들었지만 처남들이 달려들어 겨우 말렸다. 그는 다시 내 눈에 띄면 죽여 버리겠다고 위협하며 아내에게 눈앞에서 사라지라고 명했고, 그녀를 안고 싶은 열정을 가라앉히기 위해 첩들과 잠자리를 같이하기 시작했다. 하지만 그녀를 가슴깊이 사랑했기에 지금 같이 잠자리를 하는 여성들에 대한 불만을 갖게 되었다. 그래서 결국 다시 그녀에게만 열정을 갖게 되었지만, 끊임없이 그녀에게 이제는 전에 했던 권고를 그만두고, 운명이 예정해 준 것을 수용하라고 타일렀다. 그는 항복하는 것이 죽기보다 더 고통스러웠기 때문이다. 그녀는 유용한 충고라고 생각해서 말했을 뿐이고, 자신의 견해가 비록 전형적으로 여자들이 생각할 법한 것이기는 하지만 그에게 충실하기 위해서 말한 것이라고 변명하였다. 그리고 앞으로는 남편의 의지에 따르겠노라고 말했다.

스피타메네스는 이 헌신의 표시를 받아들였다. 그는 낮부터 연회를 열었고, 방으로 부축을 받아 간 다음에는 지나친 음주와 포식으로 축 늘어져서 반쯤 잠이 들었다. 그의 아내는 그가 깊은 잠에 빠진 것을 보자마자 옷 속에 감추었던 칼을 꺼내 그의 목을 자르고 피가 솟아나고 있는 머리를 자신의 공범 노릇을 하는 노예에게 건네주었다. 그녀는 같이 있던 노예와 함께 옷에 피가 흠뻑 묻은 채로 마케도니아 진영으로 갔다. 그리고 알렉산드로스에게 직접 말씀드릴 것이 있으니 전갈해 달라고 하였다. 알렉산드로스는 즉시 그녀를 들게 했다. 그는 그녀가 피에 젖어 있는 것을 보고서, 어떤 무도한 행위를 당해 호소하러 왔다고 생각하고 원하는 것을 말해보라고 일렀다. 그녀는 복도에 서 있게 했던 노예를 들어오게 해 달라고 요청했다. 이 노예는 스피타메네스의 머리를 옷 속에 감춰 가지고 있었기에 수상해 보였다. 그래서 경비병들이 그를 수색하자, 그는 감추고 있던 것을 내보였다. 잘린 머리에서는 피가 다 빠져나갔기 때문에 모습이 창백하고 이상하게 보여서 누구인지는 명확하게 구분하기 힘들었다. 왕은 그 노예가 가지고 온 것인 사람의 머리라는 보고를 듣고, 군막 밖으로 나가 사정을 묻고 그 노예로부터 자초지종을 들었다.

알렉산드로스는 그 사건의 이모저모를 따져보느라 생각이 복잡해졌다. 그는 장대한 자신의 계획에 계속 방해가 되는 존재였던 자가 배신한 아내에 의해 살해된 것은 크게 이익이라고 믿었다. 하지만, 잘 보살핌을 받았던 아내가 자식들의 아버지를 배신하여 살해했으니 그 극악무도함에는 반감이 들었다. 그리하여 그는 자신에 대한 호의에 감사하는 마음이 들기 보다는 이는 대단히 야만적인 행위라는 생각을 하게 되었다. 그는 그녀를 진영에서 물러나게 하였다. 그녀가 이민족들의 무도한 실례를 보여주어 그리스 인의 성품과 문명

화된 기질이 오염되지나 않을까 우려했기 때문이다.[395]

스피타메네스가 살해된 사실이 다하이 인들에게 알려지자, 그들은 스피타메네스와 같이 반란을 일으켰던 다타페르네스를 구금하고 알렉산드로스에게 항복하였다. 이렇게 해서 가장 급한 문제를 해결한 알렉산드로스는 자신이 임명한 태수들의 폭정에 시달리는 이들에게 가해지는 부정을 바로 잡는 일에 전념할 수 있게 되었다. 그래서 그는 프라타페르네스에게 히르카니아, 마르디아, 타푸리를 통치하도록 위임하고, 그의 전임자인 프라다테스[396]를 잡아 넣기 위해 자신에게 보내라고 지시하였다. 그리고 드랑가이아의 태수로는 아르사메스를 대신하여 스타사노르(Stasanor)를 임명하고, 옥시다테스를 소환하기 위해 메디아로 아르사케스[397]를 파견하였다. 마자이오스가 죽었기 때문에 바빌로니아는 디타메네스(Ditamenes)[398]에게 맡겼다.

4. 태수령들을 재조직하고 겨울 숙영지에서 두 달을 보낸 후, 알렉산드로스는 가자바(Gazaba)[399]라고 불리는 지역을 공격하기 위해 병력을 전진시켰다. 행군 첫 날에는 별 문제가 없었다. 둘 째 날도 폭풍우가 몰아치거나 춥지는 않았지만, 첫 날 보다는 날씨가 흐렸고 앞으로 고생할 조짐들이 보였다. 그리고 세 째 날에는 하늘 전체에

395) 아리아노스, 『알렉산드로스 대왕 원정기』 4권 17장 7절에서는 마사게타이 인들이 스피타메네스를 살해하고 그 머리를 보내왔다고 적고 있다.

396) 아우토프라다테스(Autophradates)라고도 한다.

397) 메디아의 태수로는 아트로파테스(Atropates)가 임명되었다.(아리아노스, 『알렉산드로스 대왕 원정기』 4권 18장 3절 참조)

398) 아리아노스, 『알렉산드로스 대왕 원정기』 4권 18장 3절에서는 스타메네스(Stamenes)로 칭하고 있다.

399) 가자베(Gazabe)라고도 한다. 현재의 위치가 어디인지는 불분명하다.

번개가 치기 시작하였고, 번개가 계속 번쩍거림에 따라 병사들의 눈과 마음에는 두려움이 일었다. 하늘에서는 거의 끊임없이 천둥이 울려 퍼졌고, 여기저기에 번개가 내리쳤다. 병사들은 귀가 멍멍하고 정신이 없어져서 감히 앞으로 나아가지도 머물러 있지도 못했다. 갑자기 억수 같은 호우가 쏟아지면서 우박이 함께 떨어져 내렸다.

처음에 병사들은 방패를 들어 우박을 견디어냈으나, 손이 얼어서 미끈거리는 무기를 잡고 있을 수 없게 되었다. 그들은 사방에서 매우 강한 폭풍우가 몰아쳐서 어느 쪽으로 몸을 돌려야 할지 알 수 없었다. 그래서 대열이 무너지게 되었고, 병사들은 숲속 여기저기를 방황하고 다녔다. 많은 병사들이 피로보다는 공포로 탈진하여, 차가운 날씨로 인해 비가 얼음으로 변하고 있음에도 불구하고 땅바닥에 쓰러져 버렸다. 다른 병사들은 나무둥치에 몸을 기대었다. 나무둥치 덕분에 그들은 몸을 기댈 수 있고 쉴 수 있게 되었다. 하지만 그들은 움직임을 멈추면 몸에 온기가 사라져서 자신들이 기댄 자리에서 죽는다는 것도 잘 알고 있었다. 그들은 너무나 지친 나머지 쉴 기회와 죽음을 맞바꾸는 것도 받아들이면서 움직이지 않는 것을 택했다. 이 재앙에 가까운 폭풍우는 격렬했을 뿐 아니라 끊이지 않고 지속되었으며, 게다가 숲의 나무 그늘과 폭풍 때문에 밤처럼 어두워져서 자연이 주는 위안이라고 할 빛마저도 희미하였다.

오로지 알렉산드로스만이 이 대재난을 견디어낼 수 있었다. 그는 병사들 주위를 돌면서 낙오자를 재편성하고, 쓰러진 자들을 부축하며 멀리 떨어진 이민족의 오두막들에서 피어나는 연기를 가리키면서 주변에서 몸을 기댈 만 한 것이 있으면 잡으라고 병사들을 격려하였다. 병사들은 왕이 두 배의 노력을 기울이면서 자신들을 정복한 어려움에 대처해 나가는 것을 보고 부끄러움에 힘을 내어 살아남기 시작했다. 역경에 처했을 때는 필요가 이성보다 더 강한 법이어서 추위에 대처하는 방법을 찾아냈다. 병사들은 도끼로 숲의 나무들을 찍어내어 여기저기에 쌓아 올리고 불을 피우기 시작했다. 만약 누가 있었다면 숲 여기저기에 불길이 피어오르고, 병사들이 그 불에 바짝 붙어 있어 거의 틈이 없는 것을 보았을 것이다. 불을 쬐자 병사들의 곱은 사지에 다시 활기가 돌기 시작했고, 병사들은 추위가 사라져감에 따라 점차 숨도 제대로 쉴 수 있게 되었다. 일부 병사들은 이민족의 오두막집들을 피난처로 찾아 내었다. 사실 곤경에 처했기에 찾아낸 것이지, 이 오두막집들은 숲의 가장 깊숙한 곳에 숨겨져 있었다. 다른 병사들은 땅이 젖어 있었지만 진영을 설치하였다. 하지만 이미 혹독한 기후는 수그러든 상황이었다. 이 재난으로 종군 상인들과 하인들은 차치하고서라도 병사들 2,000명이 사망하였다. 어떤 이들은 나무 둥치에 얼어붙어 있는 것이 목격되었다고 기록되어 있다. 그들은 죽음이 닥쳐왔을 때 취하고 있던 자세 그대로를 유지하고 있어서 마치 살아있는 것처럼 보일 뿐 아니라 서로 대화하고 있는 것 같았다.

한 마케도니아 병사가 몸도 거의 가누지 못하고 무기도 제대로 들지 못한 상태로 진영에 도착한 일이 있었다. 알렉산드로스는 그를 보자, 자신도 불가에서 몸을 말리고 있었음에도 불구하고 자리에서 벌떡 일어났다. 그는 거의 실신하여 몽롱한 상태에 있는 병사를 팔로 감싸 안아 안도하게 하고 자기 자리에 앉으라고 말해주었다. 그 병사는 한동안 자신이 어디서 쉬고 있는지, 누가 자신을 구완해 주는지 알지 못하고 있다가 마침내 몸이 따뜻해져서 기운을 차리게 되자 왕좌와 왕을 발견하게 되어 공포에 떨며 자리에서 일어났다. 알렉산드로스는 그에게 이렇게 말했다 : "병사여, 우리 마케도니아 인이 페르시아 인보다 얼마나 더 많은 것을 왕의 치하에서 즐기고 있는지 실감하겠나? 페르시아 인이라면 왕좌에 앉는 것이 곧 죽음이겠지만, 그대에게는 삶이라네."

다음 날, 그는 친구들과 지휘관들이 모인 자리에서 그가 개인적으로 모든 손실을 보상해주겠노라고 선언했다. 그리고 자신의 약속을 지켰다. 시시미트레스가 많은 수송용 동물들과 2,000마리의 낙타 및 양과 소떼를 몰고 왔기에, 알렉산드로스는 이 짐승들을 일반 병사들에게까지 공평하게 분배하는 동시에 잃어버린 것들에 대해 벌충해주고 배고픔을 달래게 해주었다. 그는 시시미트레스를 공개적으로 칭찬함으로써 그에게 감사를 표시하고, 병사들에게는 조리한 음식을 6일 분씩 챙기라고 지시한 다음 사카이를 향해 나갔다. 그는 사카이 전역을 약탈한 다음, 전리품 중에서 3만 마리의 소를 시시미트레스에게 선물로 주었다.

그 후, 알렉산드로스는 저명한 태수인 옥시아르테스(Oxyartes)가 다스리는 지역으로 들어섰다. 옥시아르테스는 그의 권위를 인정하고 보호받기로 하였고, 알렉산드로스는 그의 지위를 인정해주면서 세 아들 중에서 두 아들이 앞으로의 전투에 종군할 것만을 요구했다. 옥시아르테스는 남은 아들마저도 종군시켰다.

옥시아르테스는 전형적인 이민족의 방식대로 호화롭게 연회를 베풀고 왕을 접대했다. 그가 다정한 표정으로 연회를 즐기고 있을 때, 옥시아르테스는 30명의 젊은 귀족 처녀들을 데리고 들어왔다. 그 중에 록사네(Roxane)라는 처녀가 있었다. 그녀는 옥시아르테스의 딸로서 대단히 아름답고 이민족 사이에서 아주 드문 고귀한 태도를 지니고 있었다. 그 자리에 온 처녀들이 다 아름다워서 뽑혀 온 것이긴 하지만, 그럼에도 불구하고 록사네는 모든 사람의 관심을 받았다.

특히 행운의 여신의 은혜를 받아온 알렉산드로스는 그녀에게 관심을 쏟느라고 식욕을 잃을 정도였다. 사람이라면 그녀의 아름다움에 저항할 수 없을 지경이었다. 그리하여 다레이오스의 왕비와 두 딸 - 이들은 록사네만 제외하면 어느 누구도 견주지 못할 만큼 아름다웠다 - 에게 조차 아버지 같은 감정만을 가졌던 그 역시도 왕가에 비교하면 천한 가문 출신인 이 어린 처녀와 사랑에 빠지게 되었다. 그래서 그는 페르시아인과 마케도니아 인의 혼인을 통하여 자신의 제국을 건설하는 것은 중요한 일이라고 발언하였다. 그럼으로써 정복당한 자는 수치를 잊게 되고, 정복자는 자만심을 버리게 된다는 것이다. 또 그의 선조가 되는 아킬레우스도 포로와 잠자리를 같이 했다고도 말했다.[400] 정복당한 이들이 잘못된 일을 당할까 생각하지 않도록, 그는 록사네와 법적인 결혼을 하겠노라고 공표했다.[401]

록사네의 아버지 옥시아르테스는 알렉산드로스의 말을 듣고 뜻하지 않은 기쁨에 기분이 좋아졌다. 마음이 들뜬 알렉산드로스는 고래의 관행에 따라 빵을 들여오라고 명했다. 마케도니아에서 빵은 약혼의 가장 성스러운 상징이기 때문이었다. 칼로 반을 나눈 빵을 두 남자가 맛보았다. 필자의 추측으로는 마케도니아 인의 이 관행을 처음 만든 사람은 자원을 탐하는 사람들에게 얼마나 작은 양으로도 만족할 수 있는지를 알려주고 싶어서 이 수수하고 평범한 음식을 사용

400) 아킬레스와 브리세이스(Briseis)의 이야기는 고대의 시와 웅변에서 자주 인용되었다.

401) 아리아노스, 『알렉산드로스 대왕 원정기』 4권 18-20장에서는 옥시아르테스의 아내와 딸들은 소그디아의 바위산에서 포로가 되었으며, 그 후에 옥시아르테스도 항복했다고 기록한다.

하게 한 것인 듯싶다. 따라서 아시아와 유럽을 지배자가 연회의 여흥을 돋우기 위해 나온 여성과 결혼한 것이다. 즉 포로로부터 그녀의 정복자들을 다스릴 아들을 낳기 위해서 말이다. 그의 친구들은 그가 장인을 연회석상에서, 그것도 자신들이 정복한 민족 중에서 고른 것이 부끄러웠으나, 클레이토스가 말을 함부로 하다가 죽음을 당한지 얼마 안 된 참이어서 가장 쉽게 굴종할 수 있는 얼굴 표정으로 만족해하는 척 했다.

5. 이제 알렉산드로스는 인디아로 향한 후에 대양으로 가고 싶어 했다. 그는 자신의 계획을 훼방 놓을 만한 어려움들을 미연에 방지하기 위해서 각지에서 복무 연령이 된 자들 3만 명을 뽑아 볼모 겸 병사로 쓰기 위해 무장하여 자신에게 오게 하라고 명했다. 그는 도망자들을 잡기 위해 크라테로스[402]를 파견하였다. 그들 중 카타네스는 전투 중 죽었고, 하우스타네스(Haustanes)는 포로로 잡았다. 폴리페르콘도 부바케네(Bubakene)라고 부르는 지역을 항복시키기 위해 파견하였다.[403]

이렇게 하여 모든 정리가 끝나자, 알렉산드로스는 인디아 원정에 전념하였다. 인디아는 장려하다기보다는 사치스럽게 화려한 쪽에 가까우며, 금 뿐 아니라 보석과 진주가 풍부한 곳이라고 알려졌다. 그곳에 대해 아는 사람들은 그곳의 전사들이 금과 상아로 장식하여 번쩍번쩍 빛난다고 주장한다. 그래서 어떤 다른 사람보다 뛰어나므

---

402) 아리아노스, 『알렉산드로스 대왕 원정기』 4권 22장 1-2절에 따르면 크라테로스와 함께 아탈로스, 알케타스, 폴리페르콘을 파견하였다.

403) 폴리페르콘은 크라테로스가 이끌고 가는 주공에서 갈라져 나왔을 것이다. 부바케네의 현재 위치가 정확히 어디인지는 알려지지 않았다.

로 어떤 것에서건 다른 이들에게 지고 싶지 않던 알렉산드로스는 부하 병사들의 방패에 은판을 덧대게 하고, 말에는 금 조각들을 달게 하고, 흉갑에는 금이나 은으로 장식하게 하였다. 이 원정에서 왕을 따라가는 병사들의 수는 12만 명이었다.

알렉산드로스는 모든 준비가 완료되자 얼마 전부터 생각해 왔던 불경한 생각을 실현시킬 때가 되었다고 보았다. 그리고 신에 대한 경의를 자신에게 돌리는 방법에 대해 숙고하기 시작했다. 그는 마치 병사들의 입처럼 마음도 통제할 수 있는 것처럼, 자신이 제우스의 아들이라고 불리기만 하는 것이 아니라 실제로 그렇게 믿어지길 원했다. 그리고 마케도니아 인들도 페르시아 인들이 하는 것처럼 바닥에 엎드려 그에게 경의를 표시하는 관행을 따라하라고 명령했다. 그의 소망을 만족시켜줄 아첨꾼은 부족하지 않았다. 아첨이란 언제나 왕의 적으로서, 적보다 아첨에 의해 무너진 권력이 더 많은 법이다. 하지만 이는 마케도니아 인으로서는 할 수 없었다. 그들 누구도 전통에서 조금이라도 벗어나는 것을 감내하지 못했기 때문이다. 오히려 부정한 방법으로 자유로운 예술을 타락시킨 그리스 인들이 그런 일(아첨)을 했다. 그런 이들로 우선 아르고스 인 아기스(Agis)가 있었는데, 그는 코이릴로스(Choilos)[404] 다음으로 지겨운 시를 지었던 자이며, 시실리 출신의 클레온(Kleon)도 있었다. 클레온은 대단한 아첨꾼이었는데, 개인적인 천성도 있지만 출신 도시 탓이기도 했다. 그 밖에 여러 도시 출신의 다른 떨거지들도 있었다. 이들은 왕의 가장

404) 이아소스(Iasos)의 코이릴로스는 알렉산드로스를 아킬레우스로 등장시키는 서사시를 썼다. 그에 대하여 누군가가 "당신의 서사시에 나오는 아킬레우스가 되기보다는 일리아스에 등장하는 테르시테스(Thersites)가 되고 싶소."라고 평했다고 한다. 테르시테스는 추악한 용모와 욕설로 유명한 그리스 병사이다.

가까운 친구들 및 이 위대한 군대의 장군들과 섞여서 왕 옆에 있었다. 이들은 심지어 헤라클레스와 '자유의 아버지', 카스토르(Kastor)와 폴리데우케스(Polydeukes)[405]가 그에게 신성을 부여하는 길을 열어 줄 것이라고 공개적으로 선언하며 하늘로 가는 길을 개척하기도 했다!

따라서 어떤 축제일에 알렉산드로스는 장대한 연회를 열고 마케도니아 인과 그리스 인중에서 주요한 친구들 및 적측의 귀족들도 초대하였다. 왕은 그들과 함께 자리 잡았지만, 잠깐 저녁 식사만 하고는 연회에서 물러갔다. 미리 준비해둔 계획에 따라 클레온이 알렉산드로스의 대단한 업적을 찬양하는 연설을 하기 시작했다. 또한 왕이 그들에게 해주었던 일들을 하나하나 거명했다. 그러면서 왕의 은혜를 갚은 유일한 길은 그의 신성 - 그들 모두가 잘 알고 있는 사실인 - 을 공개적으로 인정하고, 비용도 많이 들지 않으니 향을 피워 큰 은혜를 갚을 준비를 하자고 말했다. 그의 말에 따르면 페르시아 인은 충성스러울 뿐 아니라 현명하여 왕을 신으로 모시니, 제국의 주권을 쥔 이는 제국의 안전을 보장해주기 때문이라는 것이다. 그는 또 헤라클레스와 '자유의 아버지'마저도 동시대인들의 질시를 극복할 때까지는 신으로 인정받지 못했으니, 후대의 사람들은 당 시대의 사람들이 인정한 것만을 믿게 마련이라고도 했다. 하지만 만약 다른 사람들이 미적거린다면 왕께서 연회장에 드실 때 자기 자신이

---

405) 이 둘을 합하여 디오스쿠로이(Dioskuroi)라고 부른다. 이는 '신의 아들들'이라는 뜻이다. 이들은 제우스의 아들들로서 폴리데우케스는 라틴어로는 폴룩스(Polux)라고 한다. 디오스쿠로이는 로마에서도 매우 인기 있는 신이었다. 틴다레오스(Tindareos)의 아내 레다(Leda)는 백조로 변신한 제우스와 관계를 맺어 그들을 낳았다. 그리스와 로마에서는 그들을 전투의 신, 항해의 수호신으로 섬겼다. 제우스는 그들을 하늘로 불러 올려 쌍둥이별인 제미니(Gemini)가 되게 했다고 한다.

땅에 엎드릴 것인데, 나머지 사람들도 그래야 한다고 말했다. 특히 지혜로운 이들은 그래야만 하는데, 그들로 인해 왕을 숭배하는 실례가 세워지기 때문이라는 것이다.

이 언급은 특히 칼리스테네스(Kallisthenes)를 지칭하는 것이 분명했다. 그는 성품이 진지하고 직언을 하는 성품이어서 알렉산드로스가 그를 마치 마케도니아 인들이 아부하는 행동을 쉽게 받아들이는데 있어서 유일한 걸림돌이나 되는 것처럼 불쾌해 했기 때문이었다. 갑자기 좌중이 조용해자면서 모두의 눈길이 칼리스테네스를 향했다. 칼리스테네스는 이렇게 말했다 : "만약 그대가 이야기 할 때에 왕께서 이 자리에 계셨다면, 대답도 할 필요도 없었을 것이요. 왜냐하면 그 분 자신께서 직접 이렇게 외국인들과 동맹들을 엉뚱한 길로 인도하고, 아첨을 하여 당신의 빛나는 공훈을 사람들이 악평의 대상으로 삼지 않게 하라고 말씀하셨을 것이기 때문이요. 하지만 그 분이 안계시니 내가 그대에게 이렇게 말하겠소. 과일이란 오래 가면서도 동시에 일찍 익을 수 없는 법이요. 그대는 왕으로부터 신성을 박탈하면서 동시에 신성을 부여해 드릴 수는 없소. 한 사람이 신으로 숭배되기 위해서는 시간이 필요하고, 언제나 후손들이 그런 방식으로 위인에게 감사를 표시하오. 내 빌건대, 왕께서 불멸성을 늦게 취득하시기를! 그럼으로써만 그 분이 오래 사시고 그 분의 통치가 영원할 터이니 말이요. 때로 사람은 사후에 신이 되기도 하지만, 생전에 그런 법은 없소.

방금 그대는 헤라클레스와 '자유의 아버지'를 신성한 지위를 부여받은 예로 언급하였소. 그대는 한 번의 연회에서 이루어진 결정으로 그분들이 신이 되셨다고 믿고 있소? 그들의 명성이 하늘에 닿기 이전에 이미 그들의 인간으로서의 천성은 사람들의 시야에서 사라졌소. 물론, 클레온, 그대와 내가 신을 만들어 낼 수는 있을 거요. 그리고 우리가 왕께 신성함을 완벽하게 보증해 드릴 수도 있소. 나는 우선 당신의 능력을 시험해 보고 싶소. 만약 그대가 신을 만들 수 있으면, 먼저 누군가를 왕으로 만들어 보시오. 누군가에게 제국을 선사하는 것 보다 하늘을 선사하는 것이 더 쉽소? 빌건대 자비로우신 신들께서 클레온이 말한 것을 듣고 위해를 가하시지 않으시며, 그저 지금까지처럼 일이 진행되게 해주시길! 신들께서 우리가 관행에 만족하도록 해주시길! 나는 조국을 부끄러워하지도 않고, 우리가 정복한 민족이 우리의 왕께 존경을 표하는 방법을 가르쳐주길 원하지도 않소. 만약 우리가 살아가는 법을 그들로부터 받아들여야 한다면, 그들이 승리자라는 것을 인정할 준비가 나는 되어 있소."

칼리스테네스는 모두의 자유를 지키는 대표자로 인정되어 갈채를 받았다.[406] 사람들은 그에게 침묵 속에 동의를 표했을 뿐 아니라, 말로도 지지를 보냈는데 그 중에서 특히 자신들의 오랜 전통을 외국의 관습과 바꾸는 것에 대해 적대적인 나이 먹은 축들이 더욱 그랬다. 알렉산드로스 역시 두 사람의 설전에 대해 모르지는 않았다. 그는 장의자들 주변에 장막으로 쳐 놓은 커튼 뒤에 서 있었기 때문이다. 그래서 그는 아기스와 클레온에게 전갈을 보내 더 이상 논의를 진전시키지 말라고 이르고, 방에 들어갔을 때 이민족들이 자신들의 방식대로 바닥에 엎드려 부복했던 것에만 만족하였다. 그 직후에 그는 특별히 중요한 업무를 보고 온 것처럼 연회장에 다시 돌아갔다.

---

406) 아리아노스, 『알렉산드로스 대왕 원정기』 4권 12장 5절 및 플루타르코스, 「알렉산드로스 전」 54장 4-6절에 따르면 칼리스테네스는 알렉산드로스가 있는 자리에서 부복을 거부했다.

이제 페르시아 인들은 그 앞에서 극도의 경의를 표했고, 그 중에 한 명이 바닥에 그의 턱 끝을 대었을 때, 왕에게 몸을 기대고 있던 폴리페르콘은 턱으로 좀 더 강하게 땅을 찍어보라고 놀리기 시작했다. 이에 노기를 감추기 힘들었던 알렉산드로스는 화가 나서 응대했다. "그대는 내게 경의를 표하지 않을 작정인가? 우리가 조롱을 당해야 한다고 생각하는 자는 그대뿐인가?" 폴리페르콘은 왕은 조롱당하셔서는 안 되지만, 자신도 모욕당해서는 안 된다고 대답했다. 왕은 그를 장의자에서 끌어내어 바닥에 밀쳐버렸다. 그러자 폴리페르콘은 앞으로 넘어져 바닥에 얼굴을 찧게 되었다. "이제 조금 전에 다른 사람을 하는 것을 비웃던 그대가 바로 그 행동을 하고 있구먼." 그 다음 그는 폴리페르콘을 구금하라고 명령하고, 연회를 끝냈다.[407)]

6. 이후, 그가 폴리페르콘을 꽤 오래 처벌하였지만, 결국 그를 용서하였다. 하지만 칼리스테네스의 경우는 그가 말을 너무 직설적으로 하였기에 오래 전부터 못마땅해 하던 차여서 분노가 더 계속되었다. 그 분노를 풀 기회가 곧 생겼다. 앞서 언급했던 것처럼, 마케도니아의 귀족들은 나이가 차면 아들들을 왕에게 맡겨 노예가 하는 일이나 별반 다를 바 없는 일들을 의무적으로 하도록 시키는 관행이 있었다. 그들은 밤에 왕이 잘 때 문 앞에 바짝 붙어 돌아가며 번을 섰다. 그리고 이들이 무장 경비병들이 지키는 다른 입구를 통해 왕이 같이 밤을 보내는 여성들을 데리고 들어갔다. 그들은 또 말구종들로부터 말을 넘겨받아 왕이 타도록 데리고 가기도 했다. 그밖에

407) 이는 레오나토스(Leonnatos)를 잘못 기록한 것이다.(아리아노스, 『알렉산드로스 대왕 원정기』 4권 12장 5절 참조), 쿠르티우스 자신도 폴리페르콘이 그 자리에 없었다고 쓰고 있다.(8권 5장 2절 참조)

그들은 왕이 사냥하고 전투에 나갈 때 호종했으며, 모든 종류의 학문을 심도 있게 익히기도 했다. 한편 그들이 왕과 함께 앉고, 먹는 것이 특별한 영예로 여겨지기도 했다. 왕 이외에는 누구도 그들을 매질하는 권한이 없었다. 이들의 모임은 마케도니아 인들에게 장교와 장군들을 키워내는 일종의 양성소 역할을 하기도 했다. 후에 이들 중에서 왕들 - 여러 세대 후에 로마 인들이 그들의 후예들에게서 권력을 빼앗았다 - 이 나왔다.

헤르몰라오스(Hermolaos)는 왕의 시중을 드는 이들에 속한 젊은 귀족이었다. 그는 왕이 사냥하려고 했던 멧돼지를 왕보다 먼저 창으로 공격하는 바람에 왕의 명에 의해 채찍질을 당했다. 그는 이 모욕에 분개하여 동료이며 연인인 소스트라토스(Sostratos)에게 불평하기 시작했다.[408] 소스트라토스는 사랑하는 연인의 상처를 보았고, 왕에 대한 예전의 원한들도 떠올렸다. 두 사람은 서로 맹세를 나누고, 소스트라토스는 이미 그럴 마음이 들었던 헤르몰라오스와 함께 왕을 암살할 음모를 꾸미기 시작했다. 그들은 이 일을 그저 젊은이의 충동으로 끝내지 않고, 실행에 옮기기 시작하여 신중하게 음모에 가담할 사람들을 선별하였다. 그들은 니코스트라토스(Nikostratos), 안티파트로스, 아스클레피오도로스와 필로타스(Philotas)를 끌어들이고, 이들을 통해 안티클레스(Antikles), 엘라프토니오스(Elaptonios), 에피메네스(Epimenes)도 가담시켰다.[409] 그러나 그 계획을 실현에 옮기는 것은 쉽지 않았

---

408) 아리아노스, 『알렉산드로스 대왕 원정기』 4권 13장 2절에 따르면 그는 칼리스테네스의 제자였다. 앞서도 설명한 바 있었지만, 동성들 사이의 사랑은 그리스, 로마 인에게 이상한 일이 아니었다.

409) 아리아노스, 『알렉산드로스 대왕 원정기』 4권 13장 4절에 의하면 아스클레피오도로스는 안티파트로스의 아버지였다. 따라서 쿠르티우스는 아마도 '아

다. 음모에 가담하지 않는 자들이 방해하지 않도록 모든 음모자들이 같은 날에 야간 경비를 서는 것이 필요했다. 하지만 그들이 같은 날에 경비를 서는 것이 쉽지는 않았다. 따라서 경비 순서를 바꾸고, 계획을 실행에 옮길 다른 준비들을 하느라 32일이 걸렸다.

음모자들로만 경비를 서는 밤이 되었다. 그들은 그 목적을 위해 일치단결하여 계획을 진행하는 것에 대해 기뻐하였다. 그렇게 많은 날이 지났는데 아무도 두려움이나 희망으로 흔들리지 않을 정도라는 것이 드러났기 때문이다. 그만큼 그들이 공통으로 알렉산드로스를 원망하거나 서로 간에 충실한 감정이 강했던 것이다. 그들은 알렉산드로스가 연회석을 떠날 때, 침실로 호위해 가기 위해 왕이 식사를 하고 있는 방의 문가에 서있었다. 하지만 알렉산드로스는 같이 저녁을 먹는 이들과 마음이 맞아서, 또 자신의 운이 좋아서 다 같이 포도주를 많이 마시게 되었다. 연회석상의 놀이도 길어졌다. 한편 음모자들은 알렉산드로스가 취했을 때 습격할 수 있을 것이라고 기뻐하였다가, 이제는 연회가 날이 밝을 때까지 계속될까봐 걱정하였다. 문제는 새벽이 되면 다른 이들과 교대를 해야 하며, 다시 그들 차례가 되려면 7일 후에나 가능했다. 그리고 그들 모두가 그 때까지 신의를 지키고 있을지 기대할 수 없을 것이기 때문이기도 했다.

그러나 새벽이 다 되어 갈 때, 연회는 끝났다. 음모자 일당은 범죄를 실행할 기회가 온 것을 기뻐하며 왕을 맞이하였다. 그 때 정신

---

스클레피오도로스의 아들 안티파트로스'를 '아스클레피오도로스와 안티파트로스'로 잘못 썼을 것이다. 한편 아리아노스는 4권 13장 3-4절에서는 음모에 가담한 자들의 명단을 다음과 같이 거명한다 : 헤르몰라오스, 소스트라토스, 에피메네스, 안티파트로스, 안티클레스, 필로타스. 쿠르티우스가 썼던 니코스트라토스는 아마도 소스트라토스의 오기일 것이다. 그리고 고전학자 헤디케(Hedicke)는 엘라프트로니오스를 아프토니오스로 교정하여 번역하였다.

이 나간[410] 것으로 생각되는 한 여성이 나타났다. 그녀는 신들려서 미래를 예언할 수 있는 것으로 여겨져서 왕의 군막이 있는 곳에 종종 방문하던 여성이었다. 그녀는 왕이 떠나려 할 때 그를 만났을 뿐만 아니라, 직접 길을 가로 막았다. 얼굴 표정이나 눈동자로 보아 흥분해 있는 것이 분명한 이 여성은 알렉산드로스에게 다시 연회석상으로 돌아가시는 것이 좋다고 경고했다. 알렉산드로스는 신들께서 좋은 충고를 해주셨다고 농담하며 친구들을 다시 불러 모으고 거의 해가 중천에 뜰 때까지 계속 연회를 즐겼다.

이 때 왕의 시중을 드는 종자 무리 중에서 다른 이들이 교대하기 위해 와서 알렉산드로스의 침실 문 앞에서 경비를 설 준비를 했다. 하지만 음모자들은 자기들의 경비 시간이 지나갔음에도 불구하고 여전히 주변에 둘러 서 있었다. 그렇게 사람의 마음은 한 번 희망을 갖게 되면 오래 그것을 붙잡으려 하는 법이다. 왕은 밤을 새워 발치에서 대기했으니 가서 쉬라고 하며 다른 때 보다 더 부드럽게 말했다. 그는 자기 차례가 끝났음에도 계속 경비를 서고 있다니 장하다고 칭찬하며 그들 각자에게 50세스테르티우스(sestertius)[411]를 하사하였다. 그들은 희망이 무너지는 것을 느끼며 숙소로 돌아갔다. 그들은 모두는 이제 다음번에 야간 경비를 설 차례를 기다렸지만, 에피메네스는 갑자기 심경에 변화가 오는 것을 느꼈다. 이는 왕이 그와 다른 음모자들에게 친절하게 인사를 해주었기 때문일지도 모르고, 신들께서 자신들의 계획에 반대하고 계신다고 믿어서였는지도 모른다. 그래서 그는 자신의 형인 에우리로코스(Eurylochos)에게 사건의

410) 즉, '신들린' 것으로 해석할 수 있다.

411) 로마의 화폐단위로서 1/4데나리우스에 해당한다.

전모를 밝혔다. 전부터 그는 형은 자신이 연루된 계획에 대해 몰랐으면 하고 있었다.

필로타스가 처벌받았던 일이 아직 모두의 기억 속에 생생했으므로, 에우리로코스는 즉시 동생을 붙잡고 왕의 군막이 있는 구역으로 갔다. 그는 경비병들에게 주의하라는 경고를 한 다음, 왕의 안전에 관한 정보를 가져왔다고 밝혔다. 그들이 도착한 시간, 확실히 마음이 복잡하다는 것을 보여주는 얼굴 표정들 및 둘 중에 한 사람이 실의에 빠진 모습 등을 종합해 본 프톨레마이오스와 레오나토스 - 이들이 침실 문 앞에서 경비하고 있었다 - 는 경각심을 느꼈다.[412] 그들은 문을 열고 손에 등을 들고, 술에 취해 깊이 잠든 알렉산드로스를 깨웠다. 차츰 정신이 든 왕은 무슨 일이 일어났느냐고 물었다. 에우리로코스는 지체하지 않고 신들께서 자신의 가문을 완전히 저버리지는 않으셔서 비록 동생이 불경한 범죄에 가담했지만, 이제는 자신의 행동을 후회하면서 직접 왕에 대한 음모에 대한 정보를 가져오기를 원했노라고 주장했다. 그는 바로 어제 밤에 쿠데타가 계획되었으며, 이 극악한 음모에 가담한 자들은 왕이 가장 의심하지 않고 있는 자들이라고 밝혔다.

곧 이어 에피메네스가 음모에 가담한 자들의 이름을 포함하여 자세한 이야기를 조목조목 늘어놓았다. 칼리스테네스는 확실히 음모에 가담한 자들 중 하나로 거명되지 않았지만, 왕의 시중을 드는 소년들이 왕의 행동에 대해 험담할 때마다 귀 기울여 듣는 습관이 있다는 말을 했다. 어떤 자들은 헤르몰라오스가 칼리스테네스에게 자신

412) 아리아노스, 『알렉산드로스 대왕 원정기』 4권 13장 7절에서는 라고스의 아들 프톨레마이오스 만이 언급되고 있다.

이 알렉산드로스에게 채찍질 당했다고 불평했을 때, 칼리스테네스가 그에게 "너희는 남자라는 것을 잊어서는 안 된다"고 말했다고 주장했다. 하지만 그들은 칼리스테네스의 말이 헤르몰라오스가 맞은 후에 그를 달래려는 의도인지, 소년들의 분노를 자극하려 한 것인지는 불분명하다고 덧붙였다.

알렉산드로스는 몸과 마음에서 잠기운을 떨쳐버리고, 그가 겨우 큰 위험에서 빠져나올 수 있었다는 사실을 파악했다. 그는 즉시 에우리로코스에게 50탈란톤과 티리다테스(Tyridates)라고 하는 사람의 재산을 하사하고, 에우리로코스가 동생의 구명을 청하기도 전에 그를 데리고 갈 수 있도록 조치했다. 그리고 칼리스테네스를 포함하여 음모에 가담한 자들을 사슬로 묶어 구금하도록 했다. 그들은 왕의 군막이 있는 구역으로 끌려왔으나, 알렉산드로스는 아직 술도 안 깨고, 잠을 못 잤기 때문에 피곤하여 잠자리로 돌아갔다. 왕은 그날 낮과 밤 내내 잠이 들었다. 그러나 그 다음날, 그는 모든 사람들이 모이도록 하였다. 이 모임에는 고발된 자들의 아버지와 친척들도 참석하였다. 그들 역시 마케도니아 관행에서는 죽음을 면하기 힘들었는데, 유죄가 인정된 자들과 혈연으로 연결된 자들도 책임이 부과되기 때문이었다. 알렉산드로스는 칼리스테네스를 제외한 음모자들을 들어오게 하였고, 그들은 머뭇거리지 않고 계획을 자백하였다. 모인 자들은 그들을 향해 야유를 퍼부었고, 알렉산드로스는 내가 무엇을 했기에 나를 겨냥하여 이런 사악한 음모를 꾸몄느냐고 물었다.

7. 그들 모두는 입을 다물고 있었지만, 헤르몰라오스만은 입을 열었다. "전하께서는 마치 아무 것도 모른다는 듯이 물어보시는 군요. 우리는 전하께서 자유롭게 태어난 신민들에 대하여 왕으로서 행동

하시지 않고, 노예를 대하는 주인처럼 행동하시기 시작하셨기에 우리는 전하를 시해하려 계획을 세웠습니다." 그 자리에 모인 사람들 중에서 가장 처음 반응한 이는 헤르몰라오스의 아버지 소폴리스(Sopolis)였다.[413] 소폴리스는 벌떡 일어나서 "네가 애비마저도 죽일 셈이냐"라고 소리 지르며 손으로 아들의 입을 덮었다. 그러면서 그의 범죄와 불운에 미쳐버릴 것 같기에 더 이상은 못 듣겠다고 하였다. 알렉산드로스는 소폴리스를 자제시키면서, 헤르몰라오스에게 그의 스승인 칼리스테네스에게서 배운 것을 말하라고 지시하였다.

"그러면 전하의 자비에 의지하여 제가 우리의 불운으로부터 배운 것을 말씀드리겠습니다. 전하의 잔인한 행동에서 살아난 마케도니아인이 몇이나 됩니까? 그리고 그 중에 고귀한 집안의 자손이 아닌 이들은 또 몇이나 됩니까?. 아탈로스와 필로타스, 파르메니온과 알렉산드로스 린케스테스, 클레이토스를 생각해 보십시오. 적이 문제였다면 이들은 아직도 살아서 전선에 서서 방패로 전하를 보호하고, 전하의 영광과 승리를 위하여 상처를 입고 있을 것입니다. 전하께서 그들에게 행하신 일에 대해 정말 **감사를 드려야겠지요?** 암요! 그들 중 한 사람은 전하의 식탁에 피를 뿌렸고, 또 다른 사람은 쉽게 죽지도 못했습니다. 전하의 군대를 지휘했던 이들은 그들이 정복한 페르시아 인들의 구경거리가 되어 험한 꼴을 당해야 했습니다. 전하께서 아탈로스를 죽이기 위해 이용했던 파르메니온은 재판도 받지 못하고 사형에 처해졌습니다. 그렇습니다. 전하께서는 암살 사건을 빌미로 먼저 그 불행한 사람들을 이용하시고, 그 다음에는 갑자기 전

413) 소폴리스는 헤르모도로스(Hermodoros)의 아들로서 종사단 기병대의 부대장 중 한 명이었다.(아리아노스, 『알렉산드로스 대왕 원정기』 3권 11장 8절 참조)

하에 대한 암살범들을 죽이기 위해 바로 전에 이용했던 이들을 다른 사람을 시켜 살해해 버리시지요."

여기에 이르자, 헤르몰라오스에 대한 야유가 그곳에 모인 모든 사람들의 입에서 터져 나왔다. 그의 아버지는 자식을 죽이기 위해 칼을 뽑아 들었고, 왕이 제지하지 않았더라면 그를 쪼개 버렸을 것이 분명했다. 알렉산드로스는 헤르몰라오스에게 계속 말하라고 하면서, 그가 자신이 처벌당하는 이유를 계속 더해가고 있는 동안 다른 사람들은 참을성 있게 듣고 있으라고 권했다. 그곳에 모인 사람들은 어렵게나마 질서를 되찾았고, 헤르몰라오스는 말을 이어갔다. "연설의 경험도 없는 소년들에게 무대를 마련해주시니 전하는 정말 **자비로우시군요**! 하지만 칼리스테네스의 목소리는 감옥에서 차단되어 있네요. 그 혼자만이 연설할 수 있을 터이니까요. 죄를 자백한 사람들의 소리도 들으시면서 왜 그는 이 자리에 끌고 나오지 않으셨나요? 전하께서는 결백한 사람이 자유롭게 말하는 것을 차마 듣지 못하고, 그의 얼굴을 보는 것도 차마 견딜 수 없으셔서가 틀림없겠지요? 그리고 저는 그가 죄가 없다고 단언합니다. 이 자리에는 저와 함께 고귀한 행동들을 계획했던 이들이 있습니다. 이들 중 누구도 칼리스테네스가 저희와 동료였다고는 말하지 못할 것입니다. 비록 그 분이 아주 **공정하시고, 관용이 많으신** 군주에 의해 오래전부터 처형이 예정되어 있다고 해도! 그런 것이 바로 우리 마케도니아 인들이 전하께서 탕진해 버린 피 값으로 받을 수 있는 것이겠지요. 그 피가 마치 넘쳐나거나, 싸구려인 것처럼 말입니다. 전하께서는 전리품으로 획득한 금을 3만 마리나 되는 노새에 싣고 나르고 계십니다. 전하의 병사들은 아무런 보상도 받지 못한 채 그저 흉터만을 지니고 고향으로 돌아갈 텐데 말이지요.

그렇다고는 해도, 전하께서 저희를 이민족들에게 넘겨주고, **고상하신** 방법으로 승리자에게 멍에를 안겨주시지만 않았다면 그 모든 것을 다 참아내었을 것입니다. 하지만 전하께서는 페르시아 식 옷과 예법에 푹 빠져 계십니다. 그리고 전하의 조국의 관습을 멸시하고 계시지요. 따라서 전하께서는 마케도니아의 군주가 아니라, 페르시아의 군주이십니다. 그러니 우리가 전하를 죽이고 싶어 하고, 전쟁의 관례에 따라 배신자로 규정하고 추적하는 것이지요. 전하께서는 마케도니아 인들이 전하의 앞에 무릎을 꿇고 신처럼 숭배하기를 원하십니다. 전하께서는 선왕이신 필리포스 전하를 부인하셨는데, 만약 다른 신이 제우스보다 더 위에 있다고 생각되어지면 제우스 신조차도 경멸하시겠지요. 우리는 자유민입니다. 만약 우리가 전하의 허영심을 용납할 수 없다면 놀라시렵니까? 만약 결백한 사람조차 죽음을 맞이해야 하거나, 죽음보다 못한 운명인 노예의 삶을 맞이해야 한다면 우리가 전하께 무엇을 기대해야 합니까? 만약 전하의 방식을 고치신다면, 실제로 제게 크게 빚을 지신 셈이 됩니다. 제가 전하께 자유롭게 태어난 인간이 무엇을 견딜 수 없어 하는지 알려드렸으니까요. 다른 사람들에 대해서는 자비를 베풀어 주십시오. 그리고 자식들을 잃은 나이든 분들께 더 처벌을 가하지 말아 주십시오. 그저 저희가 전하께 구했던 것을 저희의 죽음으로 얻을 수 있도록 처형의 명령을 내려 주십시오." 이상이 헤르몰라오스의 말이었다.

8. 알렉산드로스는 다음과 같이 대답했다 : "이 불쌍한 친구가 자기 선생에게서 배운 것을 말하도록 다 들어준 것이 내 참을성을 보여주고 있다. 비록 그가 자신의 극악한 범죄를 인정했지만, 나는 그의 말에 귀를 기울여 주었고 이제 내 말도 들려주려 한다. 왜냐하면

내가 이 암살범에게 말할 기회를 주었을 때, 나는 그가 나를 - 아버지처럼 존경해야할 나를 - 살해하려고 마음먹은 그 광기를 드러내리라 확신했기 때문이다. 최근 그는 사냥할 때, 상당히 파렴치하게 행동했다. 그리하여 나는 우리 마케도니아 초기 왕들부터의 관행에 따라 그에게 채찍질을 가하도록 명령했다. 그렇게 버릇을 고쳐주는 것은 필요한 일이었다. 제자는 스승으로부터 그런 매질을 당하는 것을 받아들이고, 아내도 남편에게 그러하다. 게다가 우리는 심지어 이 나이또래의 소년들을 노예를 시켜 매질하고 있지 않은가. 그것이 이 녀석이 음모를 꾸며 나를 살해함으로써 복수하려 했던 나의 '잔인함'이다. 다른 시동들은 모두 나의 성향을 잘 따르고 있고, 그대들도 내가 얼마나 시동들을 부드럽게 다루는지 알고 있을 것이다. 사실 이를 상기시켜주는 것도 불필요할 정도이다.

반역자들을 처단한 일에 대해서 헤르몰라오스가 동의하지 않는 것에 대해서는 별로 놀라운 일도 아니다. 그 자신이 바로 그 처벌을 자초하지 있지 않은가. 실상 그는 자신의 변명을 더 그럴듯하게 만들기 위해 파르메니온과 필로타스를 칭찬했을 뿐이다. 알렉산드로스 린케스테스의 경우, 그는 두 번이나 내 목숨을 노리는 음모를 꾸몄고, 두 명의 제보자가 증언했음에도 불구하고 나는 여전히 그를 자유롭게 놓아 주었던 바 있다.[414] 그가 죄를 졌음이 또 한 번 발각되었을 때에도 나는 그에 대한 처벌을 3년이나 늦추었다. 바로 **그대들, 여러 장병들이** 그의 범죄에 적합한 처벌을 받아야 한다고 요구할 때까지는 말이다. 그대들도 기억하겠지만, 아탈로스는 내가 즉위하기 전에도 내 목숨을 위협한 바 있었다. 그리고 클레이토스! 내가

414) 7권 1장 참조.

그리도 분노하도록 그가 나를 몰아가지 않았더라면 좋았을 것을! 하지만 나는 그대들과 내게 가한 그의 무례한 말을 내가 그런 식으로 그에게 했다면 그가 참았을 시간보다 더 오래 참아주었다. 군주와 지도자의 자비란 스스로의 성품에도 기인하지만, 신민들의 성품에도 역시 기인하는 법이다. 복종하면 권력은 보다 부드럽게 [신민을] 대하게 된다. 반면에 사람들이 존경심을 보이지 않게 되면, 가장 높은 자와 가장 낮은 자 사이에 구별이 없어지게 되고, 그렇게 되면 폭력을 몰아내기 위해 폭력이 필요하게 된다.

하지만 허욕(虛慾)을 가지고 감히 나를 죽이겠다고 하는 녀석이 나를 잔인하다고 비난하는 것에 내가 놀랄 필요가 있겠는가? 나는 그대들 하나하나를 다 들춰내어 언급하고 싶지 않다. 내가 그대들의 자존심을 건드린다면, 나는 스스로의 아량을 분개해야 하니 말이다. 우리 군을 전체적으로 바라보도록 하자. 얼마 전까지는 무기 밖에 갖고 있지 않던 병사가 이제는 은으로 만든 장의자에 몸을 기대고 있지 않은가! 병사들은 탁자에 금을 쌓아 올리고, 노예 무리를 이끌며, 적에게서 탈취한 전리품을 다 가져가지도 못하지 않은가!

그러나 헤르몰라오스는 우리가 패배시킨 페르시아 인을 내가 존중하고 있다고 말한다. 그것이야말로 내가 자제하고 있다는 가장 명백한 증거이다. 나는 정복한 민족도 전제적으로 지배하지 않는다! 나는 이민족들을 모두 쓸어 없애거나, 세상의 절반을 황무지로 바꾸려고 아시아에 온 것이 아니다. 오히려 내가 정복한 민족들이 나의 승리에 대해 유감을 갖지 않도록 하기 위해 온 것이다. 오만하게 다루었다면 반란을 일으켰겠지만, 이제는 제국을 위해 같이 싸우고, 같이 피 흘리는 동료를 그대들은 그 결과로 얻게 되었다. 칼로 얻은 것은 오래 가지 못한다. 하지만 친절을 보여 얻은 감사는 영원하다.

우리가 아시아를 단순히 통과하는 것이 아니라 장악하고 있기를 원한다면, 이민족들에게 자비를 베풀어야 한다. 우리의 제국을 안정적으로 오래 가게 하기 위해서는 저들의 충성이 필요하기 때문이다. 그리고 솔직히 말해서 우리는 쓸 수 있는 것보다 더 많이 지니고 있다. 이미 넘치도록 가지고 있는데 여기에 무언가를 더 채우려 한다는 것은 만족하지 못하는 탐욕인 것이다. 헤르몰라오스는 내가 페르시아의 관습을 마케도니아 인에게 몰래 주입하려 한다고 주장한다. 이는 사실이다. 나는 여러 민족에게서 우리가 베껴 와도 부끄럽지 않을 것들을 보았기 때문이다. 그리고 이 위대한 제국을 만족스럽게 통치하려면 우리가 가진 중요한 것들을 토착민들에게 전해주고, 또 다른 것들을 우리가 배워 오는 것이 유일한 방법이다.

그리고 헤르몰라오스가 신탁으로 아들로 인정해주신 제우스를 내가 부인해야 한다고 주장했을 때, 나는 웃음이 터져 나올 뻔 했다. 그는 내가 신들의 신탁에 대해 답변하는 권능이 있다고 생각한단 말인가? 제우스께서는 내게 신의 아들이라는 호칭을 내려 주셨다. 그리고 이를 받아들이는 것은 우리가 진행하고 있는 원정에 도움이 된다. 나는 오로지 인디아 인들도 나를 신으로 믿기를 바랄 뿐이다! 명성은 군사적인 성공을 결정짓기 때문이다. 또 때로는 잘못된 믿음은 진실만큼이나 많은 일을 성취하게 해 주기도 한다. 내가 그대들의 무기를 금과 은으로 꾸며준 것도 내가 사치스러운 성향을 지녀 그런 것인가? 결단코 아니다! 인디아 인들은 이 귀금속들을 가장 흔하게 보기 때문이고, 나는 어느 누구보다도 나은 우리 마케도니아 인이 금에 대해서도 그들 보다 윗길에 있다는 것을 가르쳐 주고 싶을 따름이다. 그러나 나는 처음부터 그들을 현혹시킬 것이다. 그들은 아주 비천하고 지저분한 군대가 올 것이라고 예측하고 있기 때문이다. 나는 그들에게 우리는 금이나 은에 대한 욕망 때문에 온 것이 아니라, 전 세계를 정복하기 위해 왔다는 점을 가르쳐 줄 것이다. 너, 반역자야! 너는 이 영광스러운 원정이 좌절되고, 왕이 암살되어 마케도니아인들이 정복한 자들에게 넘겨지는 것을 원하였구나.

너는 네 친척들을 용서해 달라고 하였다. 만약 네가 가까운 친척들을 생각하거나 관심을 가지고 있다면, 죽을 때 더 큰 슬픔을 느낄 터이니 그들에 관해서 내가 어떤 결정을 내릴지에 대해서는 신경 쓰지 말아야 할 것이다. 허나 실제로 나는 이미 오래 전에 죄인과 함께 결백한 친척이나 친족을 처형하는 좋지 않은 관습을 중지시킨 적이 있었다. 그리고 공개적으로 선포하거니와 그들 모두는 이전의 지위를 유지하게 될 것이다. 그리고 암살자인 네가 좋게 생각하는 유일한 사람인 칼리스테네스의 경우[415], 네가 왜 그가 앞에 나왔으면 하는지 그 이유를 알고 있다. 이 모임이 있기 전에 네가 종종 나에 관해 말했고, 또 그가 말해 네가 들었던 그 모욕들 때문이겠지. 그가 마케도니아 인이었으면 나는 그를 너와 함께 제자와 진실로 잘 어울리는 스승이라고 같이 소개했을 것이다. 그렇지만 그는 올린티아(Olynthia)인이고, 우리 마케도니아 인과 같은 권리를 가지고 있지 않다."

알렉산드로스는 이렇게 말하며 회합을 종료시키고, 유죄 판결을 받은 자들을 자기가 속한 부대원들에게 넘겼다. 각 부대원들은 잔인하게 대하여 왕의 신임을 얻기 위해 그들을 고문하여 죽였다. 칼리스테네스도 고문을 받고 죽었다.[416] 그는 알렉산드로스 암살 음모와

---

415) 아마도 칼리스테네스가 아테나이의 참주(일종의 전제군주)인 히파르코스(Hiparchos)를 기원전 514년 살해한 하르모디오스(Harmodios)와 아리스토게이톤(Aristogeiton)을 칭찬한 것을 언급한 듯 하다.

416) 칼리스테네스의 죽음에 대해서는 여러 설이 있다. 고문을 받고 십자가 형을 당

는 관련이 없었지만 천성적으로 궁정 생활의 아첨과는 맞지 않았다. 그의 죽음보다 더 그리스 인들 사이에 알렉산드로스에 대한 반감을 불러일으킨 일은 없었다. 칼리스테네스는 성품이 매우 고결하였고, 알렉산드로스가 클레이토스를 죽이고 나서 자결하기로 마음먹었을 때 알렉산드로스가 다시 삶을 선택하도록 설득한 공도 있었다.[417] 그러나 알렉산드로스는 그를 단순히 처형한 것이 아니라, 고문하기조차 했다. 그것도 재판도 없이. 이 야만적인 행위로 인해 양심의 가책을 받기는 했지만 이미 너무 늦었다.

9. 당연히 추문들을 많이 만들어내는 할 일 없는 상태를 타파하기 위해 알렉산드로스는 이제 인디아로 향해 나아갔다. 그의 명성은 언제나 승리한 후 보다는 전투 중에 더 빛나기 때문이다. 인디아는 거의 대부분 동쪽으로 면해있고, 넓기 보다는 오히려 긴 지역이다. 남풍이 불어오는 지역은 다소 지대가 높지만, 이 땅의 나머지 지역은 평탄하다. 그리고 코카서스 산맥에서 발원하는 많은 유명한 강들이 평원을 가로지르며 유유히 흐른다. 인더스 강은 다른 강들보다 조금 더 차갑고, 물색은 바다와 약간 다르다. 동방의 강들 중에서 가장 큰 갠지스 강은 남쪽으로 흐르고, 큰 산맥 주변을 둘러 흐르다

해 죽었다는 설(프톨레마이오스, 『그리스 역사가들의 단편 모음』(*F. Gr. Hist.*, 138 F17), 구금되었다가 질병으로 죽었다는 설(아리스토불로스, 139 F33), 비만과 기생충으로 인한 질병으로 죽었다는 설(카레스, 125 F15), 한편 로마의 역사가 유스티누스(Justinus)는 알렉산드로스가 그를 짐승처럼 우리에 가두어 학대했으므로 리시마코스가 이를 불쌍히 여겨 그에게 독약을 건네주었다고 전한다.(15권 3장 3절 이하)

417) 아리아노스, 『알렉산드로스 대왕 원정기』 4권 9장 7절에서는 칼리스테네스가 아니라 아낙사르코스(Anaxarchos)가 위로했다고 전한다.

가 중도에 그 물길을 가로 막는 바위산들 때문에 동쪽으로 방향을 바꾸어 흐른다. 이 두 강들은 모두 홍해[418]로 흘러 들어간다. 인더스 강은 많은 양의 나무와 흙을 제방에 옮겨 놓는다. 강의 바닥에는 둥근 돌들이 있어서 흐름이 방해를 받아 여러 지점에서 격렬하게 그 돌들을 비껴 흐른다. 하지만 좀 더 바닥이 부드러운 지형에 이르게 되면 강물은 좀 더 완만하게 흐르고, 강 중간에 여러 섬이 만들어진다. 그 수량은 바다에 닿기 전에 갠지스 강과 만나는[419] 아케시네스(Akesines) 강[420]으로 인해 더 늘어난다. 두 강들은 격렬하게 부딪힌다. 갠지스 강은 지류의 입구에 흘러 들어갈 때 반발하지는 않지만 저항을 받기 때문이다. 디아르디네스(Diardines) 강[421]은 인디아에서 가장 먼 곳을 흐르고 있기에 별로 많이 알려져 있지 않다. 하지만 이 강은 나일 강처럼 많은 악어가 살 뿐 아니라, 돌고래 및 다른 민족들에게는 알려져 있지 않은 생물들이 살고 있다. 여기저기 굽어져 흐르는 에티만투스(Ethymantus) 강은 주변에 사는 주민들이 농업용수를 대는데 이용한다. 그래서 바다로 들어갈 때 쯤 되면 거의 말라붙어 이름도 없어지게 되는 것이다. 인디아 전역에는 이외에도 매우 많은 강들이 흐르는데, 아직까지도 우리가 가보지 않은 지역들을 흐르기 때문에 그 이름이 알려져 있지 않다.

바다에 가까운 지역들은 무엇보다 북풍 때문에 바짝 말라있다. 그

418) 인도양을 말한다.

419) 고전학자 헤디케는 Iomanem을 넣어 고쳐 읽어야 한다고 보았다. 그렇게 되면 “그 수량은 아케시네스 강으로 인해 더 늘어난다. 갠지스 강은 바다에 이르기 전에 이오마네스 강과 만나 …”로 번역된다.

420) 케납(Chenab) 강을 말한다.

421) 브라마푸트라(Brahmaputra) 강이다.

러나 북풍은 산맥에 막혀 그 안까지는 뚫고 들어가지 못하기 때문에, 안쪽 지역은 과일 나무를 기르기에 적합하다. 이 지역은 정상적인 계절적 변화가 뒤집혀 있어서 다른 지역에 무더위가 지속될 때, 인디아는 눈에 덮여 있다. 또 반대로 다른 지역들이 얼어붙어 있을 때, 이곳의 열기는 견디기 힘들 정도이다. 이렇게 자연이 정도를 벗어난 이유에 대해서는 알 길이 없다. 인디아 주변의 바다는 다른 바다와 전혀 다를 바가 없고, 물의 색깔도 그러하다. 바다의 이름은 에리트로스(Erythros) 왕에게서 따 왔는데, 그 때문에 무지한 자들은 물의 색깔이 붉은 색이라고 믿는다.[422] 이 땅에서는 아마(亞麻)가 풍부하게 산출되는데, 주민들 대부분은 아마로 옷을 해 입는다. 이곳의 나무껍질은 부드러워서 파피루스처럼 글씨를 그 위에 쓸 수 있다. 새를 훈련시켜서 사람 목소리를 흉내 내게 할 수 있으며, 인디아 토착 생물은 아니지만 코뿔소 무리도 살고 있다. 인디아 코끼리는 아프리카에서 훈련된 것보다 힘이 훨씬 더 세며, 그 크기는 힘에 비례한다. 물이 완만하고 잔잔하게 흘러가는 강들에서는 금이 산출된다. 바다에서는 보석이 산출되고, 해변에서는 진주가 나오는데 인디아의 부에 가장 큰 기여를 하고 있다. 밀물 때 밀려나오는 이 쓰레기 같은 것들의 가치는 그것에 대한 욕망에 의해 결정되기에 그런 것들을 사용하는 좋지 않은 행위를 다른 나라들에 전파했기 때문이다.

다른 곳들과 마찬가지로 이곳도 지리적 환경도 사람들의 성격에 영향을 미친다. 주민들은 발끝까지 몸을 덮는 아마포 옷을 입는다. 발에는 샌들을 신고, 머리에는 아마포 터번을 두르며 귀에는 보석들을 매단다. 팔뚝과 상박에 금팔찌들을 차는데, 그것으로 사회적 지위가 높

422) 그리스 어로 에리트로스는 '붉은' 이라는 의미이다.

거나 부유함을 알 수 있다. 머리는 가끔 빗기는 하지만, 자르지 않으며 턱수염은 깎지 않고 항상 그대로 내버려 둔다. 하지만 얼굴의 나머지 부분은 살갗이 아주 부드럽게 드러날 때 까지 면도한다. 그리고 자신들은 위엄이라고 부르지만, 그들의 왕들의 사치스러운 면은 다른 어느 나라의 악덕도 따라갈 수 없다. 왕이 대중에게 얼굴을 드러내 보여줄 때는 하인들이 은으로 만든 향로에 향을 채워 그가 가기로 한 모든 길을 따라다닌다. 왕은 진주로 술의 장식이 된 금제 침상 가마에 앉아 돌아다니며, 금빛과 자주 빛으로 수가 놓인 아마포 옷을 입는다. 무장 병력과 친위병들이 침상 가마를 호종하는데, 따라오는 사람들 중에는 왕이 어려운 문제로 고민하는 것을 막기 위해 노래하는 것을 훈련시킨 새들을 나뭇가지 횃대에 앉혀 데려 오는 자들도 있다. 왕궁에는 금도금이 된 기둥들이 세워져 있고, 각각의 기둥에는 금으로 만든 부조로 된 덩굴들이 기둥 전체를 감고 있다. 그리고 은으로 만들어진 새들 - 그 새들을 보는 것은 큰 쾌락을 준다 - 이 여기저기 놓여 있다. 왕의 머리를 빗기고 정돈하는 시간에는 왕궁이 모든 방문객에게 개방되는데, 이 시간에 왕은 외국 사절을 접견하고 사법 행정을 돌본다. 왕이 신발을 벗으면, 시종들이 발에 향료를 바른다.

사냥을 할 때, 왕이 하는 가장 힘든 일은 미리 잡아 준비해둔 동물을 활로 쏘는 일이다. 비빈들은 계속 왕을 위해 기도하고 노래해야 한다. 왕이 사용하는 화살은 1m 정도인데 보기와는 달리 그것을 쏘는 데는 꽤나 많은 힘이 든다. 그런 무기를 효과적으로 다루려면 가벼워야 하는 것이 관건인데, 이 화살들은 다루기 힘들 정도로 무겁기 때문이다. 왕은 가까운 거리를 갈 때는 말에 타지만, 장거리를 이동할 때는 코끼리가 끄는 마차를 탄다. 이 거대한 짐승은 완전히 금으로 덮여 있게 된다. 왕의 퇴폐적인 생활방식의 정점이라 할 수 있는 것은 그가 행차할 때 금으로 만든 의자 가마에 앉은 비빈들이 길게 늘어서 수행하는 것이다. 이 행렬은 왕비의 행렬과는 완전히 별도인데, 왕비의 행렬도 사치스러운 점에서는 왕의 행렬과 맞먹을 만하다. 여성들은 왕의 음식을 준비하고, 포도주를 공급하는데, 그 양이 많아서 모든 인디아 인들이 다 마시고 취할 만큼이다. 왕이 거나하게 취하면 비빈들이 그를 침실로 모시고 가면서 밤을 관장하는 신들께 바치는 전통적인 송가를 읊조린다.

이런 악덕들 속에서 철학에 대한 관심을 찾아볼 수 있다는 것을 누가 믿을 수 있을까? 덥수룩하고 지저분한 행색을 하고 다니는 '현자'라 불리는 사람들이 있다. 이들에 따르면 정해진 날에 죽음을 맞이하는 것은 고귀한 행위이다. 그들은 나이가 들어서 혹은 건강이 나빠져서 몸이 힘들어지면 자신들을 산채로 불태워달라고 지시한다. 그들은 자연사(自然死)를 기다리는 것을 수치로 간주하고 나이 들어서 죽는 나머지 사람들을 존중하지 않는다. 그들은 산 채로 불태워지는 것을 받아들이는 사람들이 없으면 불이 오염된다고 믿기 때문이다. 도시에서 전통적으로 살아가는 사람들 중에 별의 움직임을 잘 관찰하고 미래를 예언하는 사람들도 있다고들 한다. 그러나 두려움 없이 기다릴 수 있는 사람들은 죽는 날이 빨리 다가오지 않는다고 그들은 믿는다. 그들은 자신들이 돌보기 시작한 것들을 신으로 간주하는데, 특히 나무를 그렇게 여긴다. 이를 모독하는 것은 그들에게 최대의 금기이다. 그들은 한 달을 15일로 잡는데, 그래도 1년의 길이는 같다. 그들은 시간을 나누기 위해 달의 주기를 사용하는데, 끝나는 시점을 대부분의 사람들이 그렇듯이 만월로 잡는 것이 아니라, 초승달이 형성되는 시점으로 잡고 있다. 그리고 그 때문에 그들이 정한 달의 길이가 더 짧다. 그들은 달의 길이를 달의 모양으로 결정하기 때문이다.

그밖에도 인디아에 관한 다른 정보들도 많이 전해지고 있지만, 이 책에서 그것들을 더 기록하는 것은 별 의미가 없어 보인다.

10. 인디아의 경계 내로 들어간 알렉산드로스는 그 지역의 지방 왕들을 만났다. 그들은 자신의 주권을 바칠 준비를 하고 있었다. 그러면서 그들은 제우스의 셋째 아드님께서 행차하셨다고 말했다. 또 '자유의 아버지'와 헤라클레스의 명성은 들은 적이 있으나, 이제 알렉산드로스가 현신하여 알현할 수 있게 되었다고도 말했다. 알렉산드로스는 그들을 정중하게 맞이하고서 앞으로 길잡이로 쓰려는 의도로 자신을 따르라고 명했다. 그리고 더 이상 그를 만나러 오는 이가 없자, 그는 헤파이스티온과 페르디카스에게 일부 병력을 주어 선발대로 내보내면서 자신에게 복종하지 않는 자들을 쳐부수고, 인더스 강에까지 진군하여 전군이 도강할 수 있는 배들을 조립하라고 지시하였다. 많은 강들을 건너야만 하기 때문에 그들은 배들을 분해할 수 있게 만들어 마차에 싣고 가서 재조립하였기 때문이다.

알렉산드로스는 크라테로스에게 중장보병들을 맡아 따라오라고 이르고, 자신은 기병과 경장보병들을 데리고 앞서 나갔다. 그는 앞길을 막아서는 일부 인디아 인들을 슬쩍 정찰한 다음, 그들을 가장 가까운 도시 안으로 몰아넣어 버렸다. 이 때 크라테로스가 도착하였다. 알렉산드로스는 아직껏 마케도니아의 무기를 겪어 보지 못한 자들에게 처음부터 바로 공포감을 심어 주기 위하여, 포위 공격을 당하는 도시의 성벽이 파괴된 다음 자비를 베풀어주지 말라고 크라테로스에게 말하였다. 그러나 성벽 가까이 말을 타고 다가갔을 때, 알렉산드로스는 화살을 한 대 얻어맞았다. 그럼에도 불구하고 그는 그 도시를 함락시켰고, 주민들을 한 사람도 남김없이 학살한 다음, 그래도 분이 안 풀려서 건물들도 파괴하였다.

그 후, 그는 별로 알려지지 않은 종족들을 정복하고 니사에 도달하였다. 그가 니사 시의 성벽 바로 앞에 있는 숲속에 진영을 설치하게 한 다음, 밤이 되자 예측 불가능할 정도로 기온이 떨어져서 병사들은 추위에 떨었다. 불을 피우면 바로 도움이 될 것이었다. 병사들은 나무를 몇 그루 찍어 내어 불을 피우기 시작했다. 하지만 계속 연료를 공급해야 했기에 도시 주민들의 매장소를 태우기 시작했다. 매장소는 삼목으로 만들어져서 한 번 불이 붙으면 넓은 지역까지 불꽃을 뿜어댔고, 바닥까지 다 타야 꺼졌다. 처음에 도시로부터 개 짖는 소리가 들렸고, 그 다음에는 사람들이 웅성거리는 소리가 들렸다. 이 때 쯤 되어서야 도시 주민들은 적이 자기네 도시에 다다랐고, 마케도니아 인들이 왔다는 사실을 알아차리게 되었다.

알렉산드로스가 군을 이끌고 성을 포위 공격하기 시작하자, 일단의 적이 출격하였으나 일제 사격을 얻어맞고 죽을 뿐이었다. 따라서 주민들 중 일부는 항복을 주장하였으며, 다른 일부는 결사항전을 주장하였다. 알렉산드로스는 적이 망설이고 있다는 것을 알고 봉쇄는 하였지만 희생자를 내게 하지는 않았다. 포위당하여 기세가 꺾인 적은 결국 항복했다.

니사의 주민들은 '자유의 아버지'가 자기네 도시를 창건했다고 주장했으며, 실제로 그가 자신들의 선조라고 했다. 이 도시는 토착민들이 메로스(Meros)[423]라고 부르는 산자락에 자리 잡고 있는데, 바로 그 이름 때문에 그리스 인들은 '자유의 아버지'가 제우스 신의 허벅지에 숨겨졌다고 하는 이야기를 만들어 낸 듯하다. 알렉산드로스는

423) 그리스 어로 '허벅지'라는 뜻이다.

지역 주민들에게서 그 산에 도착하는 길을 알아내고, 먼저 식량을 보낸 다음 전군을 이끌고 그 산의 정상에 올랐다. 담쟁이와 덩굴 식물들이 산 전체에 엄청나게 자라있었고, 연중 솟아나는 물줄기들이 여러 곳에서 흐르고 있었다. 여러 다양한 과실들이 자라고 있었는데, 그 즙은 건강에 매우 좋았다. 그리고 그 토양은 경작하지 않아도 씨앗이 땅에 떨어지기만 하면 곡식을 추수할 수 있게 해 줄 정도였다. 산의 절벽들에는 월계수와 딸기가 자라는 우거진 숲이 있다. 개인적으로 필자는 이것이 신의 힘이 미친 결과라는 것을 믿지 않는다. 하지만 병사들은 그저 기분이 좋아져서 여기저기서 담쟁이와 덩굴 식물들의 잎을 줍기 시작했고, 디오니소스 신의 사제들처럼 화관을 쓰고 숲 여기저기를 배회하였다. 그리고 통상 그렇지만 처음에는 몇몇이 장난삼아 시작했으나 곧 모두가 따라 하는 바람에 그 산의 산정과 언덕들에는 숲의 수호신을 예배하는 수많은 목소리가 메아리치게 되었다. 병사들은 그 주변의 평화로움을 만끽하면서 풀밭 위에서 뒹굴거나 나뭇잎들이 쌓인 곳 위에 드러누웠다. 한편 재미있게 놀 기회가 생기면 결코 싫어하지 않는 왕은 축제에 필요한 물품들을 풍성하게 공급하게 하고, 10일간 병사들이 '자유의 아버지'를 경배하게 했다. 공적보다 행운의 여신께서 주시는 선물이 더 대단한 영예가 된다는 사실을 누가 부인하겠는가? 적들은 마케도니아 병사들이 축제를 벌이거나, 심지어 술에 취해 자고 있어도 감히 공격을 하지 못했다. 그들은 술 마시고 떠들거나 울부짖는 소리를 전투의 함성인양 듣고 있어서 두려워했기 때문이다. 훗날 이와 같은 행운이 다시 작용하여 마케도니아 군이 대양으로부터 돌아올 때 적의 눈앞에서 술에 취해 떠들고 있을 때도 공격받지 않았다.

그들은 이곳으로부터 다이달라(Daedala)라고 부르는 지역으로 갔다. 그곳의 주민들은 집을 버리고 제법 떨어진 나무가 덮인 산으로 피난처를 찾아 도망쳤다. 그래서 알렉산드로스는 아카디라(Acadira)로 옮겨 갔는데, 그곳 주민들도 집을 버리고 불을 지른 후 도망쳤다. 따라서 그는 전쟁 계획을 바꾸어야 했다. 그는 군을 쪼개어 여러 곳에서 동시에 위력 과시를 하였다. 적이 나타나리라 전혀 예상치 못한 곳들에서 압박을 받은 인디아 인들은 완전히 압도되어 패배했다. 프톨레마이오스는 가장 많은 도시들을, 알렉산드로스는 가장 큰 도시들을 점령했다. 이제 알렉산드로스는 나누었던 병력을 다시 합쳤다.

다음으로 그는 코아스페스(Choaspes) 강[424]을 건넜고, 그 지역 주민들이 베이라(Beira) 라고 부르는 대도시를 포위공격 하도록 코이노스를 남겨두었다. 그리고 그 자신은 마자가이(Mazagae)[425] 라고 불리는 지역으로 갔다. 이곳에 있는 왕국의 왕인 아사케노스(Assakenos)는 최근에 죽었고, 그 왕국과 수도는 지금 그의 어머니 클레오피스(Kleophis)가 다스리고 있었다. 수도는 38,000명의 보병이 주둔하고 있었고, 지형도 험하고 성벽으로 방어되어 있었다. 동쪽으로는 물살이 빠른 강이 도시를 에워싸고 흐르고 있었는데, 그 양쪽 강둑은 매우 가팔라서 도시로 접근할 수 없었다. 서쪽과 남쪽으로는 마치 일부러 그런 것처럼 울퉁불퉁한 바위가 쑥 나와 있어서 장애가 되어 있고, 그 아래쪽으로는 동굴과 갈라진 틈이 오랜 시간에 걸쳐 우묵한 지대를 만들어 놓았다. 이 지대가 끝나는 곳에는 넓게 파인 도랑이 장애물을 형성하고 있었다. 7Km 정도 되는 긴 성벽이 도시를 감

---

424) 쿠나르(Kunar) 강이다.

425) 마사가(Massaga) 라고도 한다.(아리아노스, 『알렉산드로스 대왕 원정기』 4권 26장 1절 참조)

싸고 있었는데, 아래쪽은 석재로 만들어졌고, 위쪽은 굽지 않은 벽돌로 되어 있었다. 그 벽돌들은 사이사이에 자갈들 - 더 약한 물질이 더 강한 기반에 의지하게 되므로 - 과 진흙으로 채워져 접합되었다. 전체적인 구조물이 내려앉는 것을 방지하기 위하여 성벽을 보호하고, 또 통로 역할도 하는 판자들이 세워진 곳에 단단한 들보 역할을 하는 것들이 박혀 있었다.

알렉산드로스는 성을 살펴보았으나, 어떻게 공략해야 할지 확신이 서지 않았다. 움푹 파인 곳을 흙으로 메워야만 하고, 그래야 공성병기들을 성벽까지 끌고 갈 수 있을 것이기 때문이었다. 이 때, 성벽 위에 서있던 한 사람이 활을 쏘아서 알렉산드로스의 다리를 맞혔다. 알렉산드로스는 화살촉을 뽑아내고, 말을 가져오게 해서 상처도 싸매지 않은 채로 성벽 주위를 여전히 씩씩하게 다 둘러보았다. 하지만 상처가 난 다리를 늘어뜨리고 있어서 피가 말라붙은 다음 고통이 심해졌다. 그는 자신이 비록 제우스의 아들로 불리기는 해도 육체에 상처를 입으면 여전히 고통을 느낀다고 말했다고 한다. 그렇지만 그는 철저하게 조사를 하고, 자신이 원하는 대로 일이 진행되도록 지시를 한 후에야 진영에 돌아왔다. 그 다음, 그의 지시에 따라 일부 병사들은 성 밖의 집들을 부숴버렸고, 다른 일부 병사들은 땅을 메울 목재를 엄청나게 많이 가지고 돌아왔다. 그리고 다른 병사들은 큰 나무의 둥치들과 가지들, 그리고 바위들을 그 우묵 파인 지대에 들이 부었다. 땅이 메워져 평지와 같은 높이가 되자, 공성탑을 세우기 시작했다. 병사들이 이 작업에 대단히 열정적으로 매달렸기 때문에 이 모든 작업을 완료하는데 9일밖에 걸리지 않았다.

알렉산드로스는 상처에 딱지가 앉기도 전에 작업을 감독하기 위해 밖으로 나왔다. 그는 병사들을 칭찬하고, 투석기들을 옮겨오도록 했다.

병사들은 투석기로 성을 지키는 적에게 엄청난 사격을 퍼부었다. 움직이는 탑 같은 그런 장치들을 전에 본적이 없는 주민들은 특히 더 겁을 먹게 되었다. 그 거대한 구조물들을 움직이게 하는 구동력을 찾아볼 수 없었기 때문에 주민들은 그것들이 신의 힘으로 움직인다고 믿게 되었다. 그들은 또 투석기로 날리는 공성용 창과 무거운 창들은 인간이 사용할만한 것이 아니라고 생각했다. 그래서 그들은 도시를 방어하겠다는 희망을 모두 버리고 요새로 퇴각했다. 조위당한 도시 주민들은 이제 항복 외에 다른 길이 없기 때문에 대표단을 보내 왕에게 자비를 청하였다. 왕은 그 청을 받아들였다. 그래서 여왕은 황금 주발로 헌주(獻酒)하는 귀족 여성들 일단을 거느리고 직접 나타났다. 자신의 어린 아들을 알렉산드로스의 무릎에 앉힌 여왕은 알렉산드로스의 항복 허락을 받았을 뿐 아니라, 여전히 여왕의 칭호를 유지하면서 자신의 지위를 유지하게 되었다. 어떤 이들은 알렉산드로스가 동정심을 가져서가 아니라 그녀가 미인이어서 그렇게 되었다고 믿기도 했다. 그리고 이후에 그녀가 아들을 낳았는데, 그 아들의 아버지가 누구든 간에 아이의 이름이 알렉산드로스로 지어졌다는 것은 명확한 일이다.[426)]

11. 이곳에서 오라(Ora) 시[427)]로 병력을 이끌고 가도록 파견된 폴

---

426) 유스티누스(12권 7장 10절)는 이 아이가 알렉산드로스의 아들이라고 단언한다. 하지만 학자들 중에는 이 일화가 카이사르(Caesar)와 클레오파트라(Cleophatra) 7세 사이의 일화에 자극받아 로마 시대에 삽입된 이야기라고 주장하는 이도 있다.

427) 오라는 오늘날의 우데그람(Ude-gram)이다.(오렐 스타인 경 Sir Aurel Stein, 『인더스 강까지의 알렉산드로스의 여정을 따라서』 *On Alexander's track to the Indus*, London, 1929, pp. 43, 59 이하 참조.) 한편 아리아노스, 『알렉산드로스 대왕 원정기』 4권 27장 5절에서는 오라에 파견된 이는 폴리페르콘이 아니라, 아탈로스, 알케타스, 데메트리오스라고 기록하고 있다.

리페르콘은 전투를 벌여 진형이 흐트러진 그곳 주민들을 패퇴시키고, 성내로 몰아넣은 다음 계속 압박을 가해 항복을 받아 내었다. 알렉산드로스는 주민들이 도망쳤던 여러 작은 도시들을 점령하였다. 도망친 주민들은 무장하고 아오르노스(Aornos)라 불리는 바위산에 틀어 박혔다.[428] 잘 알려진 전승에 따르면 헤라클레스도 이 산의 공략에는 실패했는데, 그는 지진 때문에 이 산을 정복할 것을 포기했다고 한다. 이 바위산은 사방이 아주 깎아지른 듯 험준했기에 알렉산드로스도 난감한 상황에 처하게 되었다. 그래서 그는 이 지역을 잘 아는 한 노인을 불렀다. 그 노인은 두 아들을 데리고 알렉산드로스에게 와서 대가를 주면 올라갈 길을 가르쳐 주겠다고 했다. 알렉산드로스는 그에게 8탈란톤을 주기로 약속하고, 아들 중 한 명을 인질로 남겨놓으라고 한 다음, 약속을 지키라며 그 노인을 보냈다. 왕의 서기인 밀리나스(Myllinas)[429]가 경보병 부대를 이끌고 출발하였다. 알렉산드로스가 적에게 발각되지 않기 위해 멀리 돌아서 정상에 오르는 길로 가기를 원했기 때문이다.

대부분의 바위산들과는 달리 이 산은 점진적이고 완만한 등성이를 통해 높은 지역에 다다르지 못한다. 이 산은 원뿔형에 흡사하게 생겨서 아래쪽은 상대적으로 넓지만, 위쪽은 점점 가늘어져서 정상에서는 아주 뾰족하게 된다. 산자락에서는 인더스 강이 휘돌아 흐르

---

428) 앞의 역주에 나오는 오렐 스타인 경의 책(p.129 이하 참조.)에 따르면, 아오르노스 산은 오늘날의 피르 사르(Pir-Sar) 산으로서 평평한 정상은 해발 7,000피트 이상에 위치하며, 아톡 북쪽으로 120Km 정도에 있어서 인더스 강을 내려다 볼 수 있다.

429) 혹은 물리누스(Mullinus) 로서 어느 쪽이 정확한 지는 해독자에 따라 약간 다르다. 한편 아리아노스, 『알렉산드로스 대왕 원정기』 4권 29장 1절에서는 라고스의 아들 프톨레마이오스가 대신 언급된다.

는데, 수심이 대단히 깊으며 양쪽 제방은 매우 가파르다. 바위산의 저쪽 편은 가파른 협곡과 틈새들이 있고, 이를 공격하여 정복하는 유일한 방법은 그 협곡과 틈새들을 메우는 것이다. 알렉산드로스는 명령을 내려 인근 숲에서 나무들을 베어 다듬은 통나무 - 가지와 잎사귀들은 운반하는데 장애가 되기에 - 를 그 협곡들에 던지도록 했다. 알렉산드로스 자신이 직접 맨 처음에 나무를 베어 던져 넣었다. 그 뒤를 따르는 병사들의 열정은 그들이 지르는 함성 소리로 증명이 되었다. 어느 누구도 왕이 직접 그들 앞에서 하는 일을 거부하지 않았기 때문이다. 7일 만에 그 파인 곳들을 메워지자, 왕은 명령을 내려 궁수들과 아그리아네스 인 부대로 하여금 고지대로 올라가도록 했다. 또 그는 직할대에서 가장 용감한 젊은 병사 30명을 뽑고 그들의 지휘관으로 카로스(Charos)와 알렉산드로스를 임명했다. 그리고 그 알렉산드로스에게 자신과 같은 이름을 갖고 있다는 것을 잊지 말라고 타일렀다. 확실히 위험하다는 것을 본 왕은 처음에 이렇게 위험한 상황에 뛰어 들지 말아야겠다고 결심했다. 하지만 나팔 신호가 울려 퍼지자 불굴의 행동력을 이 남자는 경호대원들에게 몸을 돌려 자기를 따르라고 말하고서 제일 먼저 바위산을 기어오르기 시작했다. 그 뒤로는 어떤 마케도니아 병사도 머뭇거리지 않았다. 병사들은 자신들이 맡은 자리를 버리고, 자발적으로 왕의 뒤를 따랐다. 많은 병사들이 안타까운 운명을 맞았다. 가파른 절벽에서 떨어진 병사들은 산 옆을 흐르는 강에 빠졌다. 이는 직접 위험에 빠지지 않았지만 지켜보는 사람들에게도 고통스러운 광경이었다. 하지만 다른 사람의 죽음을 보고 자신들이 두려워해야 할 것이 무엇인지를 알게 되자, 그들의 동정은 공포로 바뀌었고, 탄식은 더 이상 죽은 자들을 향한 것이 아니라 자기 자신을 위한 것이 되었다.

이제 그들은 승리하지 않으면 죽기 전에는 돌아갈 수 없는 지점에까지 이르게 되었다. 그들이 기어 올라갈 때, 이민족들은 커다란 둥근 바위들을 그들을 향해 굴렸고, 그 돌에 맞은 병사들은 불안정하고 미끄러운 발판에서부터 거꾸로 곤두박질쳐 떨어져 내려갔다. 그러나 알렉산드로스와 카로스는 절벽을 기어 올라가서 이미 적과 일대일 전투를 벌이기 시작했다. 하지만 이민족들이 높은 지대에서 그들에게 무기를 퍼부었기 때문에 그들이 적에게 가한 상처보다 자신들이 입은 상처가 더 많았다. 자신의 이름과 약속을 마음에 새겼던 알렉산드로스는 겁내지 않고 대담하게 싸우다가 사방에서 날아오는 무기들에 찔려 전사했다. 카로스는 바닥에 누워 있는 그를 보았다. 그는 온통 친구의 죽음에 복수해야겠다는 생각만 가득차서 적에게 돌격을 감행했다. 그는 상당수의 적을 창으로 해치우고 일부는 칼로 죽였다. 하지만 그는 혼자였고, 상대해야할 적은 많았다. 그는 숨이 끊어져서, 친구의 시신 옆에 누웠다. 당연히 자신이 아끼는 젊은 전사들과 다른 병사들이 죽은 것을 보고 마음이 아파진 알렉산드로스는 퇴각 신호를 보내게 했다. 그들은 천천히 그리고 자신 있게 퇴각했기에 퇴각하면서 피해를 보지 않을 수 있었다. 이민족들은 적을 격퇴한 것에 만족하고 퇴각하는 적을 압박하는 것을 자제했다. 알렉산드로스는 공략을 포기했다. 확실히 이 바위산을 점령하는 것은 희망이 없어 보였다. 그럼에도 불구하고 그는 공략을 계속 진행하는 것으로 보이게끔 했다. 즉, 도로를 봉쇄하고 공성탑들을 끌고 오며, 지친 부대를 다른 부대와 교대하도록 했다.

인디아 인들은 그가 버티고 있는 것을 보았지만, 이틀 밤낮 동안 축제를 벌이고 통상 그렇듯이 북을 치면서 여봐란듯이 자신들이 자신이 넘친다는 것과 이겼다는 사실을 과시했다. 그러나 세 번째 날 밤에는 북소리가 더 이상 들리지 않았다. 이민족들이 한밤중에 길도 없는 협곡을 통해 도망치면서 길을 안전하게 가기 위해 밝힌 횃불로 바위산 전체가 밝아졌다. 알렉산드로스는 발라크로스(Blalakros)를 앞으로 보내 정찰하도록 했고, 그 결과 이민족들이 바위산을 버리고 도망친 것을 알게 되었다. 그는 병사들에게 신호를 보내 한 목소리로 함성을 지르도록 하여 무질서하게 도주하고 있는 인디아 인들에게 공포감을 안겨주었다. 많은 인디아 인들은 적이 덮쳐온다고 생각하여 미끄러운 협곡과 건너가기 힘든 바위에서 아래로 몸을 던졌다. 몸이 불편한 많은 자들은 멀쩡한 동료들에게 버림을 받았다.

비록 적에 대해서라기보다는 지형에 대해서 승리한 것이기는 하지만, 알렉산드로스는 신들께 희생제를 올리고 경배하여 결정적인 승리를 얻었다는 믿음을 가졌다. 그는 바위산 정상에 승리의 여신 아테나를 기념하는 제단을 세웠다. 그리고 비록 계약한 만큼의 성과를 얻지는 못했지만, 경장보병들이 올라갈 수 있는 통로를 알려주었던 길잡이들에게도 소정의 사례를 하였다. 그리고 그 바위산과 그 인근 지역을 시소코스토스(Sisokostos)[430]가 맡도록 하였다.

12. 알렉산드로스는 그곳에서 엑볼리마(Ecbolima)로 진군하였다. 가는 길에 있는 좁은 통로를 에리케스(Erices)[431]라고 하는 자가 2만 명의 병력을 거느리고 점거하고 있다는 소식을 들은 그는 중무장을 한 병력은 코이노스에게 맡겨 천천히 따라오도록 했다. 그 자신은

---

430) 아리아노스, 『알렉산드로스 대왕 원정기』 4권 30장 4절에 따르면 시시코스토스(Sisicosttos)이다.

431) 디오도로스 시쿨루스, 『역사 도서관』 17권 86장 2절에서는 아프리케스(Aphrices)라는 이름으로 그를 지칭한다. 그리고 15마리의 코끼리를 거느리고 있다고 썼다.

투석전사들과 궁수들을 거느리고 선두에 서서 진군하여, 통로를 막고 있는 적들을 격퇴하고 따라오고 있는 병력을 위해 앞길을 열었다. 자신들의 지도자에 대한 증오 때문이었는지, 아니면 정복자에게 잘 보이려고 했는지는 몰라도, 인디아 인들은 도망치는 에리케스를 습격하여 죽이고 그의 머리와 갑옷을 알렉산드로스에게 가지고 왔다. 왕은 그들의 행위에 대해서는 사면해 주었으나, 그런 전례를 만드는 것에는 동의하지 않았다.

그는 16일 만에 인더스 강에 이르렀다. 먼저 파견했던 헤파이스티온은 이미 도강을 위한 모든 준비를 완료하였다. 이 지역의 지배자는 옴피스(Omphis)였다. 그는 자신의 부왕을 설득하여 알렉산드로스에게 항복하도록 했었고, 부왕이 죽은 뒤에는 사절단을 보내어 그가 도착할 때까지 임시 왕으로 있을지 아니면 일반 시민이 되어 기다릴 지를 문의했던 인물이었다. 그는 섭정으로 행동해도 좋다는 인가를 받았으나, 그럼에도 자신의 권위를 함부로 남용하지 않았다. 옴피스는 헤파이스티온을 정중하게 맞아 그가 이끌고 온 병력들에게 군량을 원하는 대로 베풀어 주었지만, 그를 만나러 나가지 않으면서 왕 이외에는 다른 누구의 보호에도 자신을 맡기지 않으며 조심하는 태도를 보여주었다. 그리하여 알렉산드로스가 도착하자, 그는 도시 밖으로 나가 그를 영접하였다. 그가 데리고 간 무장 병력들의 대열 사이사이에는 멀리서 보면 성채처럼 보이는 코끼리들을 짧은 간격을 두고 집어넣었다.

처음에 알렉산드로스는 다가오는 병력이 동맹군이 아니라 적인 줄 알았다. 그래서 그는 교전을 대비하여 보병들은 무기를 잡도록 하고, 기병은 양익으로 벌려 세웠다. 그렇지만 옴피스는 마케도니아군이 상황을 잘못 판단하고 있다는 것을 파악하고, 전군을 정지시킨 다음 직접 타고 있던 말에 박차를 가해 달려갔다. 알렉산드로스도 똑같이 앞으로 달려 나갔다. 다가오는 자가 적이든 친구든, 그는 스스로의 용맹 혹은 상대편의 명예로 인해 안전할 것을 믿었기 때문이다. 두 사람의 몸짓으로 추론해 보건대 이 만남은 우호적이었다. 그러나 통역 없이는 대화할 수 없었기 때문에, 통역할 수 있는 사람이 불려왔다. 옴피스는 자기 왕국의 모든 병력을 한 번에 넘기며 항복하고, 또 중개자를 사이에 두고 안전의 확약을 받도록 기다릴 수 없었노라며, 군을 이끌고 알렉산드로스를 맞이하러 나온 이유를 설명했다. 그는 자기 자신과 왕국을 알렉산드로스의 처분에 맡긴다고 하였다. 알렉산드로스가 영광을 얻기 위해 싸우며 믿을 수 없다는 오명을 얻는 것을 가장 두려워하는 사람이라는 것을 알기 때문이라는 것이다. 그의 진심에 기분이 좋아진 알렉산드로스는 호의의 표시로 오른 손을 그에게 내밀며 왕국을 그에게 다시 맡겼다. 옴피스는 알렉산드로스에게 56마리의 코끼리와 대단히 덩치가 큰 많은 양들, 3,000마리의 황소를 바쳤다. 이 짐승들은 이 지역에서는 매우 귀중한 재산으로서 왕들이 아끼는 것들이었다.

알렉산드로스는 옴피스에게 영역 내에 농부가 많은지, 병사가 많은지 물어보았다. 옴피스는 자신이 지금 두 명의 왕과 전쟁을 하고 있으므로 농부보다는 더 많은 수의 병사들이 필요하다고 답하였다. 그 두 명의 왕은 아비사레스(Abisares)와 포로스(Poros)라고 하며, 포로스가 더 큰 권력을 갖고 있다고 했다.[432] 이 두 왕은 히다스페스 강 너

432) 아비사레스는 카쉬미르의 왕이었다. 디오도로스 시쿨루스는 『역사 도서관』에서 그의 이름을 어느 때는 엠비사로스(Embisaros, 17권 87장 2절), 다른 때는 사시바사레스(Sasibasares, 17권 90장 4절)라고 잘못 표기하고 있다. 포로스는 히다스페스 강과 아케시네스 강 사이의 지역을 다스렸다.

머의 왕국들을 가지고 있는 이들이며, 침입해 오는 자와는 누구라도 전쟁을 불사한다는 것이었다. 옴피스는 알렉산드로스의 허락을 받아 왕관을 착용했고, 자기네 종족의 관례에 따라 부왕의 이름을 계승하였다. 그는 이제 신민들로부터 탁실레스(Taxiles)라고 불리게 되었는데, 이는 누가 왕위를 계승하게 되든지 가지게 되는 이름이었다.

옴피스는 3일간 알렉산드로스를 후하게 대접하였다. 4일째 되는 날, 그는 자신이 헤파이스티온이 거느린 군대에 공급한 식량의 양을 밝히고, 알렉산드로스와 그의 모든 친구들에게 금관을 선물로 주었으며, 그밖에도 은화 80탈란톤을 바쳤다. 그가 이리도 넉넉하게 선물을 바쳐서 알렉산드로스는 매우 흡족했다. 그래서 그는 옴피스에게서 받은 선물을 돌려주고, 그에 더하여 수송하고 있던 전리품 중에서 1,000탈란톤을 준 다음, 또 연회비용으로 많은 금과 은을 주었다. 그밖에도 많은 페르시아 의복과 자신이 보유하고 있는 30마리의 말, 그 자신이 타고 갈 때 하는 말의 장식들 까지 같이 주었다.

그가 자신 밑에 들어온 이민족 왕에게 이리도 후하게 대접해주자, 알렉산드로스의 친구들은 마음이 상했다. 그 중에 한 명인 멜레아그로스는 저녁 식사자리에서 술이 많이 취하자 인디아에서 1,000탈란톤 값어치나 하는 사람을 찾으셨으니 축하드린다고 말했다. 왕은 클레이토스가 성급하게 말했기 때문에 그를 죽이게 된데 대해서 얼마나 후회했는지 아직 잊지 않고 있었기 때문에, 솟아오르는 분노를 누르고 그저 "사람이 질투를 하게 되면 스스로 괴로워질 뿐이다" 라고만 말하였다.

13. 다음 날, 아비사레스의 사절들이 알렉산드로스를 찾아 왔다. 그들은 지시받은 대로 알렉산드로스에게 완전히 항복한다고 하고,

서로 서약을 나눈 뒤 자신들의 왕에게 돌아갔다. 그의 퍼져가는 명성을 들어보았을 터이므로 포로스도 항복을 생각하고 있을 것이라고 믿은 알렉산드로스는 클레오카레스(Kleochares)를 보내 앞으로 조공을 바치고, 다스리는 영토로 들어가는 지점에 나와서 자신을 맞으라고 지시하였다. 이 요구들 중에서 포로스는 나와서 만나는 것에 대해 동의했다. 그리고 알렉산드로스가 그의 영토로 들어가자 만나러 나왔다. 하지만 그는 무장을 하고 있었다.

이제 알렉산드로스는 아라코시아 반란의 주동자인 바르자엔테스가 같이 잡힌 코끼리 30마리와 같이 사슬에 묶여 압송되어 오면 히다스페스 강을 건너기로 결정했다. 30마리의 코끼리는 인디아 인들과의 전쟁이 곧 벌어질 적절한 시기에 이루어진 전력 보강이었다. 정규군보다 이 코끼리들이 군사적으로 더 큰 힘이 될 것이라고 믿고 있었기 때문이다. 사마락소스(Samaraxos)[433]도 같이 묶여 압송되어 왔다. 그는 바르자엔테스와 연합한 인디아의 한 작은 지역 통치자였다. 알렉산드로스는 바르자엔테스와 사마락소스를 구금해두고, 코끼리는 탁실레스에게 주었다. 그리고 그는 히다스페스 강으로 갔다. 그곳에서 포로스는 적이 도강을 할 때 저지할 목적으로 건너편 강둑에 이미 자리 잡고 있었다.

포로스는 마케도니아 군에 대항하여 85마리의 대단히 강력한 코끼리들을 도열시켜 놓았고, 그 뒤에는 300대의 전차, 궁수를 포함하는 3만 명 정도의 보병을 세워 두었다.[434] 이 궁수들은 앞서 설명했듯이

433) 고전학자 헤디케는 다마락소스(Damraxos)로 고쳐 해독했다. 헤디케가 교정한 본문은 Damaraxus quoque이다.

434) 아리아노스, 『알렉산드로스 대왕 원정기』 5권 15장 4절에서는 포로스의 군세를 기병이 4,000명, 보병이 3만 명, 전차가 300대, 코끼리 200마리라고 서

너무 무거워서 효율적으로 쏠 수 없는 화살들을 장비하고 있었다. 포로스는 다른 코끼리들보다 더 우뚝 솟아있는 코끼리에 타고 있었다. 금과 은으로 상감된 갑옷을 입고 있어서 남보다 체격이 더 큰 그가 돋보였다. 그는 덩치만큼이나 용맹도 뛰어난 인물이었고, 야만족들 사이에서 흔치 않을 정도로 통찰력도 대단하였다. 마케도니아군은 적군의 출현뿐만 아니라, 건너야할 강이 커서 두려움을 느꼈다. 강폭은 800m 정도이고, 어느 곳도 얕게 보이는 지역이 없을 만큼 하상이 깊어서 마치 넓은 바다처럼 보였다. 거기다가 강폭이 넓음에도 불구하고 물살은 거세어 마치 제방들 때문에 물길이 좁아져서 급류가 된 것처럼 보일 정도였다. 또 물결이 여러 장소에서 되튀는 것을 보면 보이지 않는 바위들이 물속에 있음에 틀림없었다.

강둑의 광경은 더 겁을 집어먹게 만들었다. 강둑은 말과 사람들로 덮여있었고, 그들 사이에는 엄청난 부피를 자랑하는 저 거대한 짐승들이 있었다. 몰이용 막대기로 잘 조절하며 부추기자, 이 짐승들은 귀가 먹을 정도로 무서운 나팔 같은 소리를 울려내었다. 전체적으로 자신감에 가득 차 있고, 이제껏 전투에서 그 자신감을 입증해왔던 그 병사들도 강과 적을 보자 갑자기 겁을 먹게 되었다. 마케도니아 병사들은 불안정한 작은 배들로 건너 강둑에 도달하기도 힘들 것이고, 아니면 안전하게 상륙할 수 없을 것이라 믿었기 때문이다.

강의 중간쯤에는 섬들이 여럿 있었다. 인디아 병사들과 마케도니아 병사들은 머리 위로 무기를 쳐들고 이 섬들에 헤엄을 쳐 건너갔

---

술한다. 한편 디오도로스 시쿨루스, 『역사 도서관』 17권 87장 2절에서는 보병이 5만 명, 기병이 3,000명, 전차가 1,000대, 코끼리 130마리라고 서술하며, 플루타르코스, 「알렉산드로스 전」 62장 2절에서는 보병이 2만 명, 기병이 2,000명이라고 쓰고 있다.

다. 그리고 거기서 전초전이 벌어졌다. 양측의 왕들은 이 소규모 조우로 전체 교전의 결과를 어림해 보려고 했다. 이때, 마케도니아 군중에서 헤게시마코스(Hegesimachos)와 니카노르는 대담하고 겁이 없기로 평판이 자자했다. 이 두 사람은 젊은 귀족들로서 위험을 무릅쓰고 싸우는 동포들의 거듭된 승리에 고무되어 있던 참이었다. 젊은 마케도니아 병사들 중에서 가장 용맹한 이들이 두 사람을 대장으로 하여, 창만을 꼬나 쥐고 많은 적이 점거하고 있는 한 섬에 헤엄쳐 갔다. 그리고 대담함만을 갑옷으로 삼아 싸우며 많은 인디아인들을 베어 넘겼다. 만약 이 대담한 이들이 성공했을 때, 절제를 알고 그만두었다면, 영공 속에서 귀환할 수 있었을 것이다! 하지만 그들은 오만하게 다가오는 적군들을 기다렸고, 보이지 않는 곳으로 헤엄쳐 온 적들에게 포위당해 원거리 일제 사격에 당하여 전사했다. 적을 겨우 피해 도망친 이들도 물살에 휩쓸려가거나, 소용돌이에 휘말려 익사하였다. 반대 편 강둑에서 이 모든 전투의 경과를 지켜보던 포로스는 자신감이 배가되었다.

난감해진 알렉산드로스는 결국 적을 속이기 위해 다음과 같은 계획을 짜내었다. 강 가운데에는 다른 섬들보다 더 큰 섬이 하나 있었다. 이 섬에는 나무가 많아서 무엇보다 매복에 적합하였다. 알렉산드로스는 이 섬에서 강둑에 가까운 곳에 있는 골짜기를 가리켰다. 이곳은 보병뿐만 아니라, 기병이 말을 타고 있어도 몸을 숨길만 하였다. 그는 이 예정된 장소에 적이 이목을 집중하는 것을 흩트리기를 원했다. 그리하여 프톨레마이오스에게 명해 그가 이끄는 기병대를 데리고 이 섬에서 멀리 떨어진 곳에서 마치 강을 헤엄쳐 건너가려는 것처럼 정기적으로 함성을 질러 적에게 충격을 안겨주게 했다. 프톨레마이오스는 지시받은 대로 며칠간 그 행동을 되풀이 했고, 이

술책에 넘어간 포로스는 프톨레마이오스가 공격하는 척하는 지역으로 병력을 집중시켰다.

이제 그 섬은 적의 관심에서 멀어졌다. 알렉산드로스는 자신의 군막을 강둑의 다른 곳에 치게 하고, 항상 그와 함께 있는 소부대가 그 앞에서 경비를 서게 하였다. 그리고 왕이 하는 모든 사치스러운 장식들을 적의 눈에 띄도록 나부끼게 하였다. 알렉산드로스와 동갑이고 멀리서 보면 얼굴과 몸매가 비슷한 아탈로스[435]를 시켜, 왕의 복장을 차려 입고 마치 왕 자신이 강둑의 그 지점을 지키고 있으며 도강할 계획은 없다는 듯이 보이게 하였다.

이 계획의 실행은 처음에 폭풍우로 연기되었다가, 곧 그대로 진행되었는데, 운명의 여신께서 불리한 조건조차 성공적인 결과로 바꾸어 놓아 주셨기 때문이다. 알렉산드로스는 앞서 언급한 섬 방향에 주둔시켜 놓은 나머지 병력들만을 데리고 도강을 준비하고 있었다. 적은 현재 프톨레마이오스가 하류 쪽 강둑에 데리고 있는 병력에만 주의를 집중하고 있었다. 이 때, 폭풍우가 휘몰아쳐서 군막 안에 들어가 있어도 견디기 어려울 정도로 비가 거세게 쏟아져 졌다. 병사들은 배와 뗏목을 버리고 강변에서 피신했다. 그러나 거센 바람 소리 때문에 이 혼란을 적이 눈치 채지 못했다. 그리고 비가 잠시 멈추었지만, 구름이 짙게 끼어 날이 어두워 서로 대화하고 있는 사람들도 상대방의 얼굴을 알아보기 힘들 정도였다. 하늘을 뒤덮은 어둠의 장막 때문에 누구라도 겁을 먹었을 것이다. 왜냐하면 그들은 낯선 강을 건너야 하고, 그들이 무작정 그리고 무모하게 건너가려고

---

435) 안드로메네스의 아들 아탈로스는 아니다. 다른 자료에 따르면 안드로메네스의 아들 아탈로스는 다른 지점에 배치되어 있었다.

하는 지점의 바로 건너편 강둑에 적이 기다리고 있을지도 몰랐기 때문이다. 하지만 위험한 상황 속에서 영광을 얻어내 왔던 왕은 다른 모든 사람들이 무서워하고 있는 어둠 속에서 기회가 왔다는 것을 파악하였다. 그는 모든 병사들에게 조용히 뗏목에 올라타라고 신호를 보내게 했고, 자신이 타고 있는 작은 배를 제일 먼저 강물 속으로 밀어 넣으라고 명령했다. 그들이 건너가려고 목적하고 있는 건너편 강둑은 적이 이미 떠나 있었다. 포로스는 프톨레마이오스에게만 신경을 쓰고 있었기 때문이다. 물살에 휘말려 바위에 좌초된 배 한 척에 타고 있던 이들 외에는 모두 다 상륙할 수 있었다. 알렉산드로스는 명령을 내려 무기를 들고 대오를 형성하도록 했다.

14. 알렉산드로스는 이제는 양익으로 나누어진 군의 선두에 서서 나아갔다. 그리고 무장 병력이 강둑을 점령했고, 이제 결정적인 순간이 임박했다는 소식이 포로스에게 전해졌다. 그는 처음에 원하는 대로 생각하는 인간의 약한 천성에 따라 반응했다. 즉, 그는 미리 약속했던 동맹군 아비사레스가 오고 있다고 믿었다. 날이 밝아져 적이 전투 대열을 형성한 것이 보이자, 포로스는 100대의 전차와 4,000명의 기병을 진군해 오고 있는 적의 대열을 향해 급파하였다. 그가 선봉으로 내보낸 이 병력은 그의 동생 스피타케스(Spitaces)[436]가 지휘하고 있었다. 이 병력의 주력은 전차였는데, 각 전차 마다 6명이 탔다. 그 중 두 명은 방패를 들고 있었고, 두 명의 궁수가 전차의 양옆에 자리

436) 아리아노스, 『알렉산드로스 대왕 원정기』 5권 14장 6절에서는 아리스토불로스의 말을 인용하며 도강 직전에 포로스의 아들이 전차 60대를 가지고 왔다고 전한다. 그리고 같은 책 5권 18장 2절에서는 스피타케스가 이 지역의 다른 지배자라고 전하고 있다.

잡고 있었으며, 마지막으로 두 명의 전차병은 실제로 잘 무장하고 있었다. 근접 전투를 벌이게 되면 이 두 전차병은 고삐를 놓고 적에게 창을 집어던져야 하기 때문이다. 그러나 바로 이 날은 전차의 효용성이 감소되었다. 앞서 언급한 대로 보기 드물 정도로 비가 많이 와서 땅이 질퍽거려 전차를 타고 다니기 어려웠기 때문이다. 무겁고 거의 움직일 수 없는 전차는 진구렁에 빠져 거의 옴죽 달싹 할 수 없었다. 반면 알렉산드로스는 가볍게 기동할 수 있는 경무장 병력을 거느리고 활발하게 공격을 가했다. 인디아 인들에게 먼저 공격을 감행한 병력은 스키티아 인과 다하이 인들이었다. 알렉산드로스는 그 뒤를 이어 페르디카스가 기병대를 이끌고 적의 우익을 공격하도록 했다.

모든 곳에서 전투가 진행되고 있을 때, 전차병들은 자신들이 이길 수 있는 마지막 기회라고 생각하며 전투가 가장 치열하게 벌어지는 곳으로 전력을 다해 전차를 몰고 가기 시작했다. 그러나 이 행동은 양측에 다 같이 피해를 주었다. 첫 번째 돌격으로 마케도니아 보병들도 피해를 본 반면에 질퍽거리는 땅에 들어간 전차들도 통과가 불가능하게 되어 전차병들이 땅에 떨어지게 되었기 때문이다. 또 다른 전차들의 경우도 깜짝 놀라 펄쩍 뛰게 된 말들이 전차를 진구렁이나 물웅덩이로, 심지어 강으로 끌고 들어갔다. 심지어 몇몇 말들은 적의 창에 놀라 활발하게 전투를 지휘하고 있는 포로스가 있는 대열에까지 뛰어 들어가기도 했다.

포로스는 전차들이 흩어지고 전장 곳곳을 전차병도 없이 헤매고 있는 것을 보고, 가까운 친구들에게 코끼리를 분배한 다음 보병 및 궁수와 고수(鼓手)들 - 인디아 인들은 나팔 신호 대신에 북을 쳐 신호를 하였다. 코끼리는 오래 전부터 익숙한 북소리에 두려워하지 않았기 때문이다 - 앞에 코끼리들을 배치하였다. 보병 앞에는 헤라클레스 상이 운반되어 왔는데, 이 상은 전사들에게 가장 큰 자극을 주었다. 헤라클레스 상을 나르는 자를 버리고 도망치는 것은 병사로서 가장 큰 수치라고 간주되었기 때문이다. 심지어 인디아 인들은 전투에서 이 상을 가지고 후퇴하지 못한 자들을 처형하는 것도 당연시하였다. 이 특별한 적(헤라클레스)에게 한 때 느꼈던 공포심이 종교적 숭배로까지 변모된 것이다.

마케도니아 군은 코끼리들과 인디아 왕 자신의 참전으로 일시적으로 진격이 저지되었다. 적군 사이사이에 배치된 코끼리들은 멀리서 보면 마치 탑 같았고, 포로스도 거의 인간이 아닌 것처럼 키가 컸다. 그가 타고 있는 코끼리 때문에 키가 더 커보였는데, 포로스가 다른 인디아 인들에 비해 더 큰 만큼 그가 타고 있는 코끼리도 덩치가 컸다.

알렉산드로스는 인디아 군과 인디아 왕을 살펴보았다. 그리고 이렇게 선언했다 : "드디어 내 용기에 어울릴만한 위험이 나타났구나! 나는 한 번에 저 짐승들과 훌륭한 전사들을 처리하리라." 그리고 그는 코이노스를 바라보며 이렇게 말했다 : "나는 프톨레마이오스, 페르디카스, 헤파이스티온을 데리고 좌익을 공격하겠다. 그대는 내가 전장에서 전투가 가장 치열하게 벌어지는 곳에 있는 것이 보이거든 우익의 병력을 움직여 혼란에 빠져있는 적을 공격하라. 그리고 안티게네스(Antigenes), 레오나토스, 타우론! 그대들 셋은 정면으로 공격해 들어가서 적의 전열에 압박을 가하라. 우리의 창은 길고 튼튼하다. 저 코끼리들과 코끼리를 부리는 자들에게도 이보다 더 효과가 좋은 무기는 없을 것이다. 코끼리에 타고 있는 자들을 떨어뜨리고, 코끼리는 창으로 찔러라. 이 코끼리들은 사실 전투에 사용하기에는 불안한 전력이다. 그리고 그 광포한 행동은 자기네 편에게 더 큰 피해를 줄 것이다. 이 짐승들은 명령에 따라 적을 향해 몰아지지만,

공포에 질리게 되면 자기네 편으로 날뛸 것이기 때문이다."

알렉산드로스는 이렇게 말하면서 가장 먼저 말에 박차를 가하였다. 그가 계획에 따라 적의 대열에 공격을 개시하자, 코이노스도 적의 좌익에 강력한 공격을 가했다. 중장보병 밀집방진 부대는 단 한 번의 돌격으로 적의 중앙부를 돌파하는데 성공했다. 그 동안 포로스는 적이 기병 돌격을 가하는 곳들로 코끼리를 몰아가라고 지시하였다. 하지만 몸이 무겁고 실제로 잘 움직이지 않는 동물인 코끼리는 날렵한 마케도니아 군마와 상대가 되지 않았다. 이민족 병사들은 길이와 무게 때문에 화살을 잘 다루지도 못했다. 먼저 화살을 땅에 놓은 다음 활에 조정하여 맞추지 않으면 안 되기 때문에 어려웠고, 다음으로는 땅이 질퍽하여 활과 화살을 다루기 곤란했다. 그래서 그들이 사격하려고 애쓰는 동안에 날렵하게 움직이는 적에게 짓밟혀 버렸다. 그리하여 그들은 왕의 명령조차 무시하였다. 이는 전장에서 혼란에 빠져있고, 지도자의 권위보다 공포가 더 큰 경우 종종 일어나는 현상이다. 그리고 이리저리 방황하는 부대들만큼이나 지휘관들도 많았다. 한 지휘관이 한 데 모여 대오를 형성하라고 명령을 내리면 다른 지휘관이 작은 부대들로 병력을 나누기도 했다. 그리고 어떤 지휘관들은 그대로 서서 버티라고 명령했고, 다른 이들은 적의 후미를 포위하라고 지시하기도 했다. 그래서 전반적으로 지휘 체계가 통일되지 않았다. 그러나 수치심으로 공포를 이겨낸 몇몇이 호종한 포로스는 흩어진 군을 재편성하기 시작하였고, 코끼리들을 앞세우라는 지시를 내리며 적을 향해 공격해 들어갔다. 이 짐승들은 커다란 공포감을 가져다주었다. 그들의 이상한 나팔 소리 같은 울부짖음은 말들을 놀라게 했을 뿐만 아니라, - 동물들은 항상 쉽게 놀란다 - 대열 속에 있는 병사들마저도 놀라게 했다.

방금 전까지만 해도 승리자였던 마케도니아 병사들은 이제 도망칠 곳을 찾아 두리번거리게 되었다. 그래서 알렉산드로스는 아그리아네스 인 부대와 트라키아 경무장 보병 부대를 내보내 코끼리들을 상대하게 했다. 이들은 육박전보다 급습에 더 능한 부대였기 때문이다. 이들은 코끼리 및 그것들을 모는 자들에게 일제 사격을 가했고, 밀집방진 부대도 천천히 겁을 집어 먹은 코끼리들을 압박해 들어가기 시작했다. 그러나 일부 병사들은 코끼리들을 너무 열정적으로 뒤쫓았다. 그래서 상처 때문에 화가 난 그 짐승들이 몸을 돌려 그들을 덮치기도 했다. 코끼리 발에 짓밟힌 그들을 보고 다른 병사들은 코끼리를 쫓을 때 보다 더 주의하게 되었다. 특히 끔찍한 광경은 코끼리가 코로 갑옷을 입은 병사를 낚아 채 올려 머리 위로 올려 자신을 모는 자에게 넘겨주는 것이었다. 그래서 마케도니아 병사들이 코끼리를 쫓거나, 혹은 코끼리에 쫓겨 도망침에 따라 전장의 운명은 계속 변했다. 그래서 싸움은 그 날 늦게까지 결판이 나지 않은 채 질질 끌었다. 그 다음 마케도니아 병사들은 도끼를 사용 - 그들은 진군할 때 사용하기 위해 그 도구를 가지고 다녔다 - 하여 코끼리의 다리를 찍기 시작했다. 그리고 코피데스(*copides*)라고 불리는 낫처럼 생긴 부드럽게 휘어진 칼로 코끼리의 코를 찍었다. 그들은 그저 죽는 것이 두려운 것이 아니라, 죽을 때 이상한 방법으로 고통을 받으며 죽기 싫어서 할 수 있는 모든 방법을 다 동원하였다.

코끼리들은 결국 상처를 입고 완전히 지쳐버리게 되었다. 그래서 자기네 편을 쓰러뜨리며 뒤로 돌아 뛰어가 버렸다. 그 결과 코끼리를 모는 자들은 굴러 떨어져 코끼리 발에 밟히게 되었다. 코끼리들은 이제 적을 겁주기보다 스스로 겁을 집어 먹고는 마치 가축처럼 전장에서 몰아내져 버렸다. 그 때, 부하들 대부분이 도망쳐 버린 포로스는 자기 코끼리에 올라타서는 진격하면서 옆에 쌓아둔 여러 자루의 투창을 적을 향해 던지기 시작했다. 그는 이 원거리 사격으로 마케도니아 병사 여러 명에게 부상을 입혔으나, 그 자신도 사방에서 쏟아지는 무기의 표적이 되었다. 그는 이미 등과 가슴에 모두 아홉 군데의 상처를 입었고, 많은 피를 흘렸다. 그래서 창을 집어 던지려고 해도 이미 약해진 손에서 창이 미끄러져 떨어지기 일쑤였다. 아직 상처를 입지 않은 그의 코끼리는 격노하여 여전히 강하게 적을 공격하였으나, 코끼리를 모는 자가 자신이 모시는 왕이 이미 거의 의식을 잃은 채로 무기도 떨어뜨리고 팔이 흔들거리고 있는 것을 알게 되자 공격을 그쳤다. 그리고 그 짐승을 몰아 도망쳤다. 알렉산드로스는 그 뒤를 추격했으나, 그의 말은 많은 부상을 입어 앞으로 쓰러졌다. 그러나 그를 앞으로 내동댕이치지 않고, 바닥에 내려놓았다. 그는 말을 갈아타느라고 추격의 속도가 늦어졌다.

그러는 사이에 알렉산드로스가 먼저 앞에 보낸 인디아 왕 탁실레스의 동생이 포로스를 설득하기 시작했다. 그는 포로스에게 최후를 맞지 말고 승자에게 항복하라고 조언하였다. 포로스는 기운을 다 소진하였고, 출혈도 상당했으나 그의 목소리를 알아듣고 이렇게 말하였다. "네 놈은 조국과 왕위를 버린 탁실레스의 동생이로구나." 그리고 그 때까지 손에서 놓지 않았던 투창을 그에게 집어 던졌다. 이 투창은 바로 탁실레스의 동생의 가슴에 맞고 등 뒤까지 관통하였다. 포로스는 이렇게 마지막으로 용맹을 보이고, 더 급하게 도망치기 시작했다. 하지만 그가 타고 있는 코끼리는 많은 부상을 입어 비틀거리기 시작했다. 그래서 그는 달리기를 멈추고 보병들을 적이 추격해 오는 길목에 투입하였다.

이 때, 알렉산드로스는 포로스를 거의 따라 잡았다. 그는 포로스가 고집을 부리는 것을 보고 병사들에게 저항하는 자에게는 자비를 보이지 말라고 명령하였다. 사방에서 인디아 보병들과 포로스에게 일제 사격이 쏟아졌다. 포로스는 마지막 타격에 치명상을 입고 코끼리에서 미끄러져 떨어지기 시작했다. 코끼리를 모는 자는 포로스가 내리려고 하는 줄 알고, 항상 하던 대로 코끼리를 무릎 꿇게 하였다. 왕의 코끼리가 웅크리고 앉자, 다른 코끼리들도 역시 훈련받은 대로 자리에 앉았다. 그로 인해 포로스와 다른 인디아 인들은 승자의 손에 넘어가게 되었다. 포로스가 죽었다고 믿은 알렉산드로스는 그의 의복을 벗기도록 지시하였다. 재빠르게 모인 병사들은 그의 흉갑을 제거하고 옷을 벗기려 하였으나, 그 때 포로스가 타던 코끼리가 주인을 방어하고 옷을 벗기려 드는 자들을 공격하면서 주인의 몸을 들어 다시 한 번 자기 등에 올려놓았다. 그리하여 그 짐승은 일제 사격을 받아야 했고, 결국 죽어 넘어지자 포로스의 몸은 전차에 누여졌다.

알렉산드로스는 눈을 들어 포로스를 보았다. 그는 증오감이 아니라 동정심이 솟아올라 이렇게 말했다 : "내가 이룬 업적과 명성을 들어 알 터인데, 전쟁으로 운을 시험하려 하다니 어리석었구려. 당신과 가까운 거리에 있어 실례로 삼을 수 있었던 탁실레스가 항복한 자에게 내가 얼마나 자애롭게 대해주는지 보여주지 않았소?" 포로스는 이렇게 대답했다 : "그대가 물어 보시니, 그 질문에 솔직하게 대답하겠소. 나는 나보다 강한 자가 있다고는 생각하지 않았소. 나는 비록 스스로의 힘은 알았지만, 그대의 힘을 알지 못하였소. 이제 전쟁의 결과가 나보다 그대가 강하였음을 보여주는구려. 그렇다고는 해도 나는 그대에게만 졌을 뿐이니, 그 사실은 적지 않은 위안이 되오."

알렉산드로스는 승자로서 그를 어떻게 대우해주기를 바라느냐며 계속 질문하였다. 포로스는 이렇게 말하였다 : "오늘 배우신 교훈대로 행동하시지요. 오늘 그대는 행운이란 얼마나 변덕스러운지 보셨으니 말이오." 포로스의 충고는 변명보다 더 좋은 결과를 가져왔다. 포로스의 강인한 정신은 역경에 처해서도 겁먹거나 망가지지 않았고, 알렉산드로스는 자비심 뿐만 아니라 존경심까지 가지고 그를 대하게 되었다. 그는 포로스가 같은 편이기라도 한 것처럼 그의 상처를 돌봐주게 하였다. 그리고 그가 완쾌되자, 모든 사람의 예상을 뒤엎고[437] 그는 포로스를 친구로 받아들여 주었을 뿐만 아니라, 얼마 안가 그에게 전에 가졌던 것보다 더 큰 영토를 주었다. 실제로 알렉산드로스의 천성 중에서 가장 분명한 것은 그가 진정으로 뛰어난 인물, 위대한 업적을 이룬 인물을 존중한다는 점이다. 하지만 그는 동료 시민보다는 적의 명성을 더 솔직하게 평가했다. 그는 동포들은 자신의 위대함을 손상할 수 있지만, 정복한 자들은 자신의 위대함을 더 빛내준다고 믿었기 때문이다.

437) 이 부분의 원문은 애매하기에 "모든 사람의 예상을 뒤엎고 그가 완쾌하자"라고 해석할 수도 있다.

## 제 9권

1. 이제 동방의 경계선을 열어 젖혔다고 믿은 알렉산드로스는 기념할 만한 승리로 매우 고무되었다. 그는 태양신께 동물들로 희생제를 올렸다.[438] 그리고 부하들에게 남은 원정을 감당할 열정을 고취해주기 위해 모든 병사들을 한데 모이도록 했다. 그 자리에서 그는 인디아 인들이 가진 힘은 최근의 전투에서 다 깨트려졌다고 선언하였다. 그리고 계속해서 앞으로 그들은 더욱 부유한 전리품들을 가지게 될 것이라고 말했다. 즉, 이제부터 갈 지역은 부유하기로 유명한 곳이라는 것이다. 그러면서 페르시아에서 빼앗은 전리품들은 이제부터 얻을 것들에 비교하면 실제로 싸구려이고, 시시한 것들로서, 병사들이 그저 자신들의 집이 아니라 마케도니아와 그리스 전체를 진주와 보석, 금과 상아로 뒤덮을 수도 있을 것이라고 말했다. 알렉산드로스가 이제껏 말했던 것이 틀린 적이 없었기 때문에, 부와 영광에 취한 병사들은 열광하며 충성을 다할 것을 다짐했다.

병사들이 확신에 차서 해산하고 난 뒤, 알렉산드로스는 아시아를 가로 지르는 원정을 마무리하고 나서 세상의 끝을 바닷길로 방문할 수 있는 배들을 건조하도록 명령했다. 근처의 산들에는 배를 건조할 목재가 풍부하였다. 나무를 자르고 있을 때, 병사들은 대단히 큰 뱀들을 발견하였다. 그리고 산에는 코뿔소들과 다른 곳에서는 거의 찾아보기 힘든 동물들이 많았다. 사실 코뿔소라는 이름은 그리스 인들이 붙인 이름이고, 그리스 어를 모르는 지역 주민들은 자신들만의

438) 디오도로스 시쿨루스, 『역사 도서관』 17권 89장 3절에 의하면 태양신 헬리오스가 그에게 동방을 정복하도록 했다.

다른 용어로 이 짐승을 불렀다.[439)]

알렉산드로스는 자신이 건넌 강의 양안에 하나씩, 두 개의 도시[440)]를 창건하였다. 그 다음 그는 장군들에게 금관 및 1,000개의 금편(金片)을 주고, 나머지 병사들에게는 자신과의 친분의 정도에 따라 혹은 전공에 따라 보상을 해주었다.

포로스와의 전투 이전에 사절단을 보냈던 아비사레스는 왕의 모든 명령을 따르겠다고 약속하며 두 번째 사절단을 보냈다. 하지만 그는 자신이 직접 항복하지는 않겠다는 한 가지 조건을 달았다. 왜냐하면 왕권을 갖지 않고 살거나, 포로의 자격으로 통치하고 싶지는 않았기 때문이다. 알렉산드로스는 아비사레스에게 만약 머뭇거리면서 당장 달려오지 않는다면 자신이 직접 그에게 갈 것이라는 말을 전하게 했다. 그 후, 알렉산드로스는 강을 건너 인디아 땅 안으로 들어갔다. 이곳에는 거의 잴 수도 없을 만큼의 넓이에 대단히 큰 나무들이 그늘을 짙게 드리우고 있는 숲이 있었다. 그 나무들의 가지는 거의 다른 큰 나무의 줄기만큼 이나 컸다. 그 가지들은 땅바닥으로 구부러졌다가 다시 위로 솟아올라서, 가지가 다시 위로 솟구친 것이 아니라 다른 뿌리에서 새로운 나무가 돋아난 것처럼 보였다.[441)]

---

439) "이 지역 언어를 모르는 그리스 인들은 이 짐승을 코뿔소라고 불렀다. 지역 주민들은 다른 용어를 사용하였다."로 번역할 수도 있다.

440) 아리아노스, 『알렉산드로스 대왕 원정기』 5권 19장 4절 참조.("하나는 그의 승리(니케, *nike*)를 기념하기 위해 니카이아(Nikaia)라고 이름 지었고, 다른 하나는 그곳에서 죽은 애마인 부케팔라스를 기념하기 위해 부케팔라(Bukephala)라고 지었다.")

441) 벵골보리스 나무이다. 디오도로스 시쿨루스, 『역사 도서관』 17권 90장 5절에서는 한 그루 그늘 아래서 1,000명이 쉴 수 있다고 했고, 스트라본의 『지리지』 15권 1장 21절에서는 그 그늘에 400명의 기병이 쉴 수 있다고 적고 있다.

기후는 좋았다. 강렬한 태양 빛도 그늘 때문에 누그러졌고, 샘에서는 물도 풍부하게 솟아났다. 하지만 여기저기 뱀들이 매우 많았다. 이 뱀들은 금빛으로 번쩍이는 비늘을 갖고 있었으며, 대단히 독성이 강했다. 마케도니아 인들이 지역 주민들에게서 해독제를 얻기 전에는 한 번 물리기만 하면 곧 죽었다.

알렉산드로스는 이곳에서 황무지를 거쳐 히아로티스(Hiarotis) 강[442]으로 갔다. 이 강에 인접한 숲은 다른 곳에서는 볼 수 없는 나무들이 그늘을 만들어 주고 있었고, 야생 공작이 많이 살았다. 그곳에서 진영을 옮긴 알렉산드로스는 인근 도시를 포위하고, 볼모들을 잡은 다음 조공을 부과하였다. 그 다음 그는 계속 진군하여 그 지역에서 상당히 큰 도시[443]로 갔다. 이 도시는 성벽 뿐 아니라, 늪지가 접해 있어서 방어가 용이했다. 이민족들은 한데 묶인 전차들을 타고 이 도시에서 출격해 나왔다. 그들은 창으로 무장하였지만, 일부는 도끼를 들고 있었다. 그리고 동료가 어려움에 처했다싶으면 전차에서 전차로 펄쩍 펄쩍 뛰면서 도우러 가곤 했다. 처음에는 이런 괴상한 싸움 방식에 겁을 먹은 마케도니아 인들이 원거리에서 상처를 입었으나, 그들이 마구잡이로 전투를 치렀기에, 그 마음은 곧 경멸로 바뀌어 양쪽에서 전차들을 에워싸고는 저항하는 자들을 죽여 버리기 시작했다. 전차들이 분리되면 훨씬 더 상대하기 쉬워지기 때문에 알렉산드로스는 전차들을 서로 묶어 놓은 줄들을 끊어버리도록 했다. 그리고 8,000명 정도의 인명 피해를 입은 적은 성안으로 퇴각하였다.

---

442) 아리아노스, 『알렉산드로스 대왕 원정기』 5권 21장 4절에서는 히드라오테스(Hydraores) 강이라고 되어 있다. 오늘날의 라비(Ravi) 강이다.

443) 상갈라(Sangala) 시로서 오늘날에는 아마도 라호레(Lahore) 혹은 암리차르(Amritsar) 일 것이다.

다음 날, 공성용 사다리들이 성벽 여기저기에 걸렸고, 도시는 함락되었다. 재빠르게 행동한 몇 명만이 목숨을 건질 수 있었다. 그들은 도시가 함락되는 것을 깨닫자마자, 늪지대를 가로 질러 헤엄쳐 도망하였다. 그리고 무적의 군대가 도착하였는데, 그 군대는 신들로 구성되었음에 틀림없다고 이야기를 전하여 인근 도시 주민들을 공포로 몰아넣었다.

이제 알렉산드로스는 페르디카스에게 경무장 보병 일개 부대를 주어 주변 지역을 약탈해 오도록 하였다. 그리고 군의 일부를 에우메네스(Eumenes)[444]에게 넘겨주어 이민족들을 복속시키는 데 도움이 되도록 했다. 알렉산드로스 자신은 남은 병력을 이끌고 다른 도시의 주민들이 피난처로 찾아갔던 한 강력하게 요새화 된 도시로 향했다. 이 도시의 주민들은 알렉산드로스에게 사절단을 보내 평화 요청을 하는 동시에 전쟁을 치를 준비도 하였다. 주민들이 두 파벌로 나뉘어 논쟁을 하고 있었기 때문이다. 일부는 항복하는 것보다는 나은 길이 있을 것이라고 생각했고, 다른 일부는 효과적으로 저항할 수 없을 것이라고 생각하였다. 그들이 합의를 보지 못하고 무익하게 논쟁을 거듭할 동안 항복하자는 편의 사람들이 정문을 열고 적을 맞아 들였다. 비록 주전파는 화를 삭이지 못했지만, 알렉산드로스는 모두에게 사면을 베풀어주었다. 그리고 볼모들을 받아들이고 다음 도시로 이동하였다. 볼모들은 마케도니아 군 보다 앞서 나갔고, 도시 주민들은 같은 종족에 속하는 그들을 알아보고 회담장에 초대하

444) 카르디아(Cardia) 출신의 에우메네스는 필리포스 2세와 알렉산드로스 모두에게 서기로 봉사한 인물로서, 알렉산드로스의 후계자들이 각축을 벌이고 있을 때 중요한 역할을 하였다. 그는 기원전 316년 사망할 때까지 페르디카스를 도와 '외눈' 안티고노스(Antigonos)와 대적하였다.

였다. 볼모들은 왕의 힘과 자비를 강조하여 그들을 항복하게 하였다. 다른 도시들도 비슷한 경로로 항복하였고, 왕은 그들을 보호해 주겠노라고 확약하였다.

마케도니아 군은 이곳에서 소피테스(Sophites)의 왕국으로 갔다.[445] 이민족 사이에서 이 나라는 지혜롭기로 유명한데, 높은 도덕적 기준으로 다스려 진다고들 믿었다. 아이들이 태어나면 이 아이들을 받아들여야 하는지, 또 어떻게 키워야 하는지는 부모가 결정하는 것이 아니라 유아의 건강 상태를 검사하는 책임을 지닌 일단의 사람들이 결정한다고 한다. 그들은 유아가 기형이거나, 육체적으로 장애가 있는 경우는 죽이라고 명령한다.[446] 결혼은 부족이나 계급에 의거하여 결정되지 않고, 육체적 매력으로 결정된다. 육체적 매력이 아이를 판단하는 기준이 되기 때문이다.

알렉산드로스가 병사들을 이끌고 진군해 가고 있는 이 종족의 도시는 소피테스 자신이 지키고 있었다. 성문들은 닫혀 있었지만, 성벽이나 흉벽 위에는 무장한 병력이 보이지 않아서 마케도니아 군은 주민들이 도시를 버리고 떠난 것인지, 아니면 매복하고 있는 것인지 판단할 수 없었다. 갑자기 성문 중에 하나가 열리며 인디아 왕이 장성한 두 아들을 데리고 나왔다. 그는 다른 이민족들 보다 훨씬 더 잘생긴 인물이었다. 다리까지 덮은 그의 겉옷에는 금색과 자주색으로 수가 놓여 있었고, 금으로 만들어진 샌들에는 보석이 장식으로 박혀 있었다. 상박과 하박은 모두 진주들이 장식되어 있었으며, 귀

445) 아리아노스, 『알렉산드로스 대왕 원정기』 6권 2장 2절과 디오도로스 시쿨루스, 『역사 도서관』 17권 91장 4절에서는 소페이테스(Sopheites)라고 적고 있다.

446) 일족의 장로들이 유아를 검사하여 키울 것인지, 죽일 것인지를 결정했다는 고대 스파르타의 풍습을 연상케 한다.

에는 대단히 빛나고 큰 보석들이 달려있었다. 금으로 만들어진 그의 홀에는 에메랄드가 달려 있었다. 그는 홀을 알렉산드로스에게 바치면서 행운이 함께 하시기를 기원한다고 말했다. 그리고 자식들 및 신민들과 함께 항복하였다.

이 지역의 사냥개들은 유명하다. 이 사냥개들은 야생 동물을 보면 물러서지 않으며, 특히 사자를 사냥물로 삼는다고 한다. 소피테스는 이 개들의 힘을 알렉산드로스에게 보여주기 위해 거대한 사자를 끌어내게 하고 단지 네 마리의 개와 싸움을 붙였다. 그 개들은 빠르게 사자를 덮쳤다. 그러자 이런 일을 전담하던 자들 중 하나가 동료들이 사자를 꽉 붙잡고 있는 동안에 개 한 마리의 다리를 잡아 끌기 시작했다. 그래도 그 개가 끌려가려 하지 않자, 그는 칼로 그 개의 다리를 하나 잘라버렸다. 그럼에도 그 개의 투지를 꺾을 수 없자, 다른 부분을 칼로 잘라버렸지만, 개는 여전히 버티고 있었다. 그는 칼로 계속해서 개를 난도질하였지만, 개는 죽어가면서도 이빨을 사자에 상처에 박고 있었다. 자연에 의해 주입된 사냥 본능이 짐승들에게서 그렇게나 강하게 나타난 것이다! 필자는 개인적으로 다 믿지 않는 일이라도 이 책에 적고 있다. 내가 확신할 수도 없는 일들을 사실이라고 적을 수도 없지만, 내가 들은 것들을 빠트릴 수도 없기 때문이다. 알렉산드로스는 소피테스를 자신의 왕국에 남겨 두고 히파시스(Hypasis) 강[447]으로 진군했다. 이 때, 다른 지역을 복속시킨 헤파이스티온이 합류하였다. 다음으로 갈 나라의 왕은 페게우스(Phegeus) 라는 자였다. 그는 신민들에게 평소처럼 농사를 계속 지으라고 일러두고, 자신은 선물을 들고 알렉산드로스를 만나러 갔

447) 오늘날의 베아스(Beas) 강이다.

다. 그는 알렉산드로스의 모든 명령에 복종할 준비가 되어있었다.

2. 알렉산드로스는 페게우스와 이틀을 보내고, 사흘째에 강을 건너기로 마음을 먹었다. 이 강은 넓을 뿐 아니라, 강바닥에 바위들이 있어서 도강이 어려웠다.[448] 따라서 그는 페게우스에게 필요한 정보를 다 알려달라고 청했다. 페게우스는 그에게 강을 건너 황무지를 통과해 25일간 더 간다면 인디아에서 가장 큰 강인 갠지스 강에 이를 것이라고 말해 주었다. 그리고 갠지스 강의 저편 강둑 쪽에는 강가리다이(Gangaridae) 족과 프라시이(Prasii) 라는 두 부족이 살고 있으며, 그들의 통치자는 아그라메스(Aggrammes) 라는 인물이라고 하였다. 이그라메스는 지금 2만 명의 기병, 20만 명의 보병을 데리고 길목을 막고 있으며, 그밖에 그는 2,000대의 전차와, 그가 가진 가장 두려운 무기인 코끼리를 3,000마리나 지니고 있다고 페게우스는 전했다.[449]

알렉산드로스는 그의 말을 다 믿을 수가 없었다. 따라서 그는 같이 자리하고 있던 포로스에게 페게우스의 정보가 정확하냐고 물어보았다. 포로스는 이 부족과 그들 왕국의 힘에 대해서는 전혀 과장이 없었다고 대답했다. 하지만 그들의 통치자는 평민일 뿐만 아니라 가장 하층 계급 출신이라고 덧붙였다. 그러면서 다음의 이야기를 하

---

448) 디오도로스 시쿨루스, 『역사 도서관』 17권 93장 1절에 의하면 히파시스 강의 너비는 1.4Km 정도이고, 깊이는 여섯 길이며 물살이 거세다고 한다.

449) 디오도로스 시쿨루스, 『역사 도서관』 17권 93장 2절에서는 그를 강그리다이 크산드라멘스(Gangridai Xandrames)라고 부른다. 디오도로스는 이 크산드라메스의 군세를 2만 명의 기병, 20만 명의 보병, 2,000대의 전차, 4,000마리의 코끼리라고 서술한다. 한편 플루타르코스, 「알렉산드로스 전」 62장 3절에서는 8만 명의 기병, 20만 명의 보병, 8,000대의 전차, 6,000마리의 코끼리라고 설명한다.

였다. 아그라메스의 아버지는 이발사로서 원래 그의 직업으로는 거의 입에 풀칠이나 하고 살 정도로 곤경에 빠져 있었는데, 얼굴이 잘 생겨서 왕비의 호감을 샀다. 그리고 왕비를 통해 그는 당시 왕의 밀접한 관계를 갖게 되었는데, 음모를 꾸며 왕을 살해하고는 왕의 자식들의 보호자로 자처하며 왕권을 장악했다. 그는 다음으로 전왕의 자식들을 살해하고, 지금의 통치자를 낳았다. 지금의 통치자인 아그라메스는 지금 현재의 지위보다는 아버지의 예전 지위를 더 신경쓰고 있으며, 신민들에게서 증오와 경멸을 받고 있다는 것이다.

포로스의 진술로 인해 알렉산드로스는 여러 가지 걱정을 하게 되었다. 그가 상대해야 할 적과 코끼리들은 경멸하고 있을 뿐이지만, 지형과 거센 강의 물살 때문에 걱정하게 된 것이다. 또 거의 인간이 거주할 수 있는 한계선까지 이동한 사람들을 추적하고 또 찾아내는 것은 대단히 난감한 일로 보였기 때문이다. 하지만 그는 영광에 대한 갈망과 만족할 줄 모르는 명성에 대한 욕망으로 접근 불가능하거나 너무 멀리 떨어진 곳은 없다고 생각하게 되었다. 또 그는 때때로 마케도니아 인들에게 의심을 품고 있었다. 과연 이리도 넓은 땅을 가로지르고, 전쟁과 전투를 치르며 나이 들어간 이들이, 갈 길을 막고 있는 강을 건너고, 그들 앞을 가로막는 온갖 자연의 장애물들을 극복하며 자신을 따라올 수 있을까? 그는 이미 풍부한 전리품을 짊어지고 있는 이들이 더 많은 것을 얻으려고 몸을 혹사하기 보다는 현재 가진 것에 만족할 것을 택할 것이라고 생각했다. 그와 병사들이 보는 관점은 서로 달랐다. 그는 세계 제국을 완성할 것을 생각하고 있어서 그의 계획은 이제 초입에 들어섰다고 보고 있는 반면에, 전쟁으로 고생하며 기진맥진해진 병사들은 그저 손에 쥔 것에만 만족하며 이제 위험이 완전히 지나갔다고 믿고 싶어 했다.

알렉산드로스의 야망은 이성보다 더 강했다. 그는 병사들을 모두 소집하고 다음과 같이 연설하였다 :

"병사들이여! 나는 인디아 인들이 최근에 의도를 가지고 퍼뜨린 소문들이 나돌고 있다는 것을 알고 있다. 그러나 거짓된, 그리고 잘못된 소문들을 여러분이 처음 겪어보는 것은 아니지 않은가? 페르시아 인들은 킬리키아의 통로에 대해, 그리고 메소포타미아의 평원에 대해 공포감을 자아내게 하려고 했었고, 티그리스 강과 유프라테스 강에 대해서도 그런 말들이 있었다. 하지만 어떤가? 그 강들 중 하나는 걸어서 건넜고, 다른 하나는 다리를 놓아 건너지 않았던가! 소문이란 정확한 법이 없다. 소문은 지나치는 모든 것을 과장하는 버릇이 있다. 우리의 영광조차도 - 이 경우는 확고한 근거가 있는 것이지만 - 실제보다는 더 크게 소문이 나있다. 바로 최근까지도 누가 성벽처럼 보이는 코끼리를 들을 우리가 맞아 싸울 수 있다고 믿었겠는가? 아니면 저 히다스페스 강과 실제보다 더 부풀려진 모든 것들을 우리가 견뎌낼 수 있다고 생각했겠는가? 그렇다! 우리가 이야기만 듣고 꼬리를 말았다면, 우리는 이미 오래 전에 아시아에서 도망쳤어야 했다.

제군은 그들의 코끼리 떼가 다른 곳의 가축 떼보다 더 많다고 믿는가? 코끼리는 드문 짐승이고, 잡기도 쉽지 않을뿐더러 길들이는 것도 만만치 않다. 저들의 보병과 기병의 수도 이와 같이 그릇된 설명인 것이다. 한편 강의 너비가 넓을수록 강물은 잔잔히 흐른다. 양쪽의 강둑이 가까이 붙어 있으면 수로가 좁아져서 물살이 거칠게 흘러가게 되지만, 반대로 수로가 넓으면 강물은 더 천천히 흘러갈 수밖에 없기 때문이다. 그밖에 우리가 배에서 내리기를 기다리는 적이 자리 잡고 있는 제방 위가 가장 위험하다. 그러니 그들과 우리

사이에 있는 강이 아무리 넓다 해도, 우리가 상륙할 때 마주치는 위험은 똑같은 것이다.

하지만 우리가 들었던 소문들이 다 정확한 것이라고 상상해보자. 우리를 두렵게 하는 것이 무엇인가? 코끼리의 수인가, 아니면 적의 수인가? 코끼리가 문제라면 우리는 바로 얼마 전에 판단할 수 있는 실례를 겪어 보았다. 그 코끼리들은 우리가 아니라 자기네 편으로 더 광포하게 돌격해 갔고, 그 몸집이 크다 해도 도끼와 낫에 찍혀 조각나지 않았던가? 그 수가 포로스가 가지고 있던 코끼리들의 수와 같거나, 3,000마리라 해도 무슨 차이가 있는가? 그들 중 한두 마리가 상처를 입었을 때 그들 모두가 다 돌아서 도망치지 않았던가? 다음으로 인디아 인들은 몇 마리 되지 않는 코끼리들 가지고도 통제하지 못하던 것을 우리는 알고 있다. 그런데 수 천 마리가 같이 몰려있으면, 그들끼리 서로 부딪힐 것이고, 커다란 덩치들이 서로 장애가 되어 같이 서 있거나 달리는 것은 불가능할 것이다. 실제로 나는 저 짐승들에 대해서 낮게 평가하고 있기에, 내가 몇 마리를 갖고 있기는 해도 적에 대하여 사용하지는 않을 것이다. 적보다 주인에게 더 많은 피해를 끼치는 것을 잘 알고 있기 때문이다.

하지만 그대들은 적의 기병과 보병의 수로 인해 걱정이 된다고 답할 것이다. 그러면 묻겠다. 그대들은 지금껏 적은 수의 적들과만 싸워왔고, 오합지중의 대군과 싸우는 것이 이번이 처음인가? 마케도니아 군이 더 많은 적들과 싸워 이긴 무적의 군대라는 것을 그라니코스 강이, 페르시아 인들의 따뜻한 피로 멱을 감는 저 킬리키아가, 우리가 패배시킨 적의 뼈가 흩뿌려져 있는 아르벨라와 그 평원이 증명하고 있다. 그대들이 이미 아시아를 정복하여 황무지로 만들어 버린 뒤에 적의 군단의 수를 세기 시작하는 것은 너무 늦은 감이 있다. 우리가 적에 비해 소수라고 생각할 시간은 헬레스폰트 해협을 건너왔을 때에 이미 있었다. 이제 우리의 기치 뒤로는 스키티아 인들이 따라오고 있으며, 박트리아 인들은 보조군으로 우리를 돕고 있고, 다하이 인들과 소그디아 인들은 우리가 함께 서서 싸우고 있다. 하지만 나는 이들 무리를 신뢰하고 있지 않다. 내가 지원을 바라는 것은 그대들의 손이며, 앞으로 내가 거둘 성공을 보증하고 확인해 준다고 생각하는 것은 그대들의 용기이다. 그대들이 나와 함께 전투에 임하는 한, 나는 우리 군의 수가 얼마인지, 적은 얼마나 되는지 따지지 않으련다. 그저 내게 열정과 자신감으로 가득 찬 마음만을 제공해다오. 우리는 지금 노력과 고난의 길의 초입에 있지 않고, 그 마지막에 서있다. 우리는 태양이 떠오르는 곳, 대양으로 가고 있다. 우리가 겁을 먹지만 않는다면, 우리는 세상의 끝까지를 다 정복한 다음, 그곳에서 승리의 노래를 부르며 고향으로 돌아가게 될 것이다.

게으른 농부들처럼 굴지 말고, 다 익은 낱알들이 속수무책으로 손아귀에서 빠져나가게 하지 말라! 우리를 기다리는 보상은 위험보다 크다. 이 나라는 부유하며, 호전적이지도 않다. 그러니 나는 그대들을 이끌고 영광을 탐하기 보다는 전리품을 얻도록 할 것이다. 그대들은 바다가 해안에 부려 놓는 그 부를 고향으로 가져갈 만하다. 그대들은 무엇이든 다 시도해 볼 수 있고, 어떤 것도 두려워할 필요가 없다. 내 그대들에게 간구하고 탄원하노니, 이는 그대들을 위한 것이요, 그대들이 이룩해 놓은 인간의 경지를 넘어서는 영광스러운 업적을 위해서이다. 그리고 그대들이 내게 보여준 봉사와 내가 그대들에게 했던 봉사를 생각해보라. 우리는 서로 그런 점에서 맞수여서 누가 더 봉사했는지 따져볼 수 없다. 나는 그대들의 왕이 아니라 그대들의 양자(養子)이자 동료이건만, 내가 인간이 사는 세상의 끝으로 가고 있을 때, 나를 버려둘 것인가? 이제까지 나는 그대들에게 모든 것을 명령으로 처리해 왔다. 이 점에 있어서 나는 그대들에게 빚을 지고 있다. 그리고 지금 여러분에게 호소하고 있는 나는 스스로 위험에 뛰어들지 않고 명령만 내린 적은 한 번도 없다. 내가 방패로 그대들의 대열을 얼마나 자주 방어해 주었던가! 만약 복수의 여신께서 질시하시지만 않는다면, 헤라클레스, 그리고 '자유의 아버지'와도 겨룰만한 내 손바닥을 찢어놓지 말아다오. 간절한 내 부탁을 들어주어, 그대들의 완고한 침묵을 깨트려주게나. 그대들의 열정을 보여주는 외침소리는 다 어디로 갔나? 우리 마케도니아 인다운 표정은 어디로 갔는가? 병사들이여, 나는 그대들을 알아볼 수가 없고, 그대들도 나를 알아보지 못하는 듯하다. 오래 전부터 나는 사이가 멀어지고 사기가 떨어진 그대들의 마음을 추슬러 보려 했지만, 내 귀에는 아무 소리도 들려오지 않고 있군."

병사들은 고개를 떨구고, 계속 입을 다물고 있었다. 알렉산드로스는 말을 이었다 : "내가 알지 못하는 새, 뭔가 그대들에게 잘못한 일이 있나 보군. 나를 쳐다보려고도 하지 않으니 말일세. 나는 지금 극심한 외로움을 느끼네. 누구도 내게 대답하려 하지 않고, 심지어 안 된다는 소리조차 없으니 말이야. 내가 지금 누구에게 말을 하고 있는 건가? 나는 무엇을 위해 호소하고 있는가? 바로 **그대들의 영광**일세. 내가 지키려 하는 것은 누구도 아닌 **그대들이** 이룩한 위대한 업적인 것이야. 얼마 전까지 상처 입은 왕을 서로 옮기겠노라고 다투는 것을 내가 보았던 그 병사들은 어디로 갔는가? 나는 버려지고, 포기 당했으며, 적 앞에 던져졌구나! 하지만 혼자라도 나는 여정을 계속할 것이다. 나를 강들, 야생 동물들, 그리고 그대들이 이름만들어도 떠는 부족들 앞에 맞서게 하게. 나는 비록 그대들에게 버림받았을지라도, 나를 따를 부하들을 찾을 것일세. 스키티아 인들과 박트리아 인들은 나를 따를 테지. 최근까지 적이었던 그 친구들이 이제 내 병사가 될 것이야. 다른 사람들의 변덕에 전적으로 의존하느니 차라리 죽는 편이 더 낫네. 고향으로 돌아들 가게! 그대들의 왕을 버리고, 승리했다며 돌아가게! 나는 그대들이 절망을 느낀 이곳에서 승리를 얻는 길을 찾아볼 것이네. 아니면 차라리 명예롭게 죽음을 맞이할 것이네."

3. 이런 말까지 나왔어도 병사들 중 누구도 응답하지 않았다. 그들은 그저 자신들의 장군이나 지휘관들이 왕께 말씀을 대신 드려서 자신들은 상처를 입고, 전쟁의 혹독한 고난으로 인해 지쳤을 뿐이며, 의무를 회피하려는 것이 아니라, 의무를 다 할 수 없을 뿐이라고 해주기를 기다리고 있었다. 그러나 장군들도 겁을 먹고 그저 땅만 하릴없이 굽어보고 있었다. 그래서 처음에는 병사들 사이에서 동시에 웅얼거리는 소리가 터져 나왔다가, 곧 이어 신음소리들이 나기 시작했다. 그리고 조금씩 그 슬픈 감정이 점차 격하게 표현되다가, 울음이 터져 나오기 시작했다. 그렇게 되자 왕의 분노는 동정으로 바뀌어, 천하의 알렉산드로스도 눈물을 참기 힘들게 되었다. 결국 장중에 모인 모든 사람들은 격하게 흐느끼게 되었다. 그 때, 다른 사람들이 모두 머뭇거리고 있자, 코이노스는 용기를 내어 연단으로 다가가 발언을 하고 싶은 의사를 표시하였다. 그는 왕에게 발언할 때의 관례에 따라 알렉산드로스를 바라보며 투구를 벗고, 병사들을 변호하는 말을 하기 시작했다.

"신들께서 저희가 불충한 생각을 하지 않게 해주시기를! 그리고 신들께서는 정말로 그러하십니다. 전하의 병사들은 여전히 전하의 명령에 따라 나아가고, 싸우고, 위험을 무릅쓰며, 전하의 성함을 후대에 전하기 위해 피를 흘릴 의지를 갖고 있습니다. 그러니, 전하께서 어디로 가시건 저희는 전하를 따르거나, 원하시는 곳 어디나 앞장서서 나갈 것입니다. 심지어 저희가 무장하지 않았거나, 벌거벗어도, 그리고 기진맥진해 있어도요. 하지만 전하께서 극단적으로 궁핍한 상황에서 우러나온 병사들의 진심을 듣고 싶어 하신다면, 이제껏 명령을 잘 수행해왔고, 전하의 지도력을 따라왔으며, 앞으로도 가시는 곳이면 어디나 따라갈 병사들에게 동정하는 마음으로 귀를 열어 주시기를 간청합니다.

전하, 전하께서는 놀라운 업적을 통해 적들만 정복하신 것이 아니라, 전하의 병사들까지도 정복하셨습니다. 인간이 할 수 있는 일이라면 저희는 무엇이든지 성취했습니다. 저희는 여러 땅과 바다를 건너왔으며, 그곳 모두를 이제 그 지역 주민들보다 더 잘 알고 있습니다. 저희는 지금 거의 세상의 끝에 서 있습니다. 전하께서는 또 다른 세상으로 들어갈 준비를 하고 계시고, 인디아 인들도 알지 못하는 인디아를 탐색하고 계십니다. 전하께서는 야생 동물 및 뱀들과 살고 있는 자들을 은신처와 잠자리에서 끌어내고 싶어 하십니다. 그리 함으로써 태양이 지켜보는 것보다 더 많은 땅을 승리하면서 지나가시겠지요. 그 계획은 전하의 성정에는 들어맞는 것이겠습니다만, 저희에게는 분수를 넘는 일입니다. 전하의 용맹은 앞으로도 계속 늘어 가실 것이지만, 저희의 기력은 이미 소진되고 있습니다. 저희의 몸을 봐주십시오. 쇠약해졌고, 여러 상처들이 입을 벌리고 있으며, 흉터들이 썩어가고 있습니다. 무기는 이미 무디어졌고, 갑옷은 헤어지고 있습니다. 저희는 옷을 가져올 수 없었기에 지금은 페르시아 옷을 입고 있습니다. 저희는 외국인의 옷을 입기 위해 몸을 구부정하게 숙여야 합니다. 저희 중에 몇 명이나 지금 흉갑을 입고 있습니까? 누가 말을 가지고 있습니까? 청컨대 몇 명이나 노예에게 시중을 받고 있으며, 누가 자신의 전리품을 남기고 왔는지 한번 조사해 보시기 바랍니다. 모든 곳을 정복한 저희는 지금 모든 것이 부족합니다! 저희가 사치를 해서 그런 문제가 생겨난 것은 아닙니다. 아니고말고요. 저희는 전쟁을 치르면서 전쟁에 필요한 군수품을 사용했을 뿐입니다. 전하께서는 이 훌륭한 군대를 벌거벗겨서 야생 짐승들 앞에 노출 시키시렵니까? 비록 이민족들이 머리를 써서 자신들이 가지고 있는 야생 짐승들의 수를 과장했겠지만, 그렇다고는 해도 저는 그 잘못된 보고에서나마 그 수량이 만만치 않다는 것을 알아차렸습니다.

만약 전하께서 인디아 깊숙이 밀고 들어가시겠다고 결정하셨다면, 남쪽 지역은 그렇게까지 광대하지는 않습니다. 그곳을 정복하고 나시면 자연이 인간이 살 수 있는 한계라고 전해놓은 바다에 빠르게 가실 수 있을 것입니다. 그것이 손에 잡힐 듯 가까운 이때에 왜 굳이 돌아가는 길로 영광을 추구하시는지요? 여기서도 대양에 접하실 수 있습니다. 전하께서 목적 없이 떠돌아다니시는 것을 선호하시지만 않는다면, 저희는 전하의 운명이 인도하는 그 지점까지 도달할 수 있습니다. 저는 전하께서 안 계실 때 이런 일들을 토론하기 보다는 계시는 앞에서 말씀드리는 쪽을 선택했습니다. 이는 주변에 둘러서 있는 병사들에게서 호감을 얻고자 함이 아닙니다. 오히려 투덜거리며 끙끙대는 자들 보다는 입 밖에 내어 말하는 자들의 목소리를 제 입을 빌어 전하께 알려드리려 함입니다."

코이노스가 연설을 마치자, 사방에서 외침과 흐느낌이 동시에 터져 나왔다. 그 속에는 알렉산드로스를 '왕'으로, '아버지'로, 또 자신들의 '주인'으로 칭하는 외침들이 섞여 있었다. 이제 다른 지휘관들도 비슷한 탄원을 하기 시작했다. 특히 나이든 이들의 경우는 그들이 나이가 지긋하기 때문에 더 권위도 있었고, 좀 더 그 탄원을 불명예스럽지 않게 만들기도 했다. 알렉산드로스는 그들을 강퍅하게 비판할 수도 없었지만, 그렇다고 해서 분노가 가라앉지도 않았다. 어찌할 바를 모르게 된 알렉산드로스는 연단에서 뛰어내렸다. 그리고 왕의 군막이 있는 구역을 폐쇄하게 한 다음, 일상적인 시중을 드는 자들을 제외하고는 아무도 들여보내지 말라고 명령하였다. 그는 이틀 동안 화를 삭인 다음, 사흘 째 되는 날 군막에서 모습을 드러내고 원정을 기념하기 위해 사각형 돌로 만든 제단[450]을 열두 개 세우라는 지시를 내렸다. 그는 또 진영의 범위를 더 넓게 세우고, 침상들을 원래 크기 보다 더 크게 만들어서 남겨둘 것을 준비하게 했다. 후손들을 속여서 경탄하게 만들겠다는 것이 그의 속셈이었다.

발걸음을 되짚어 간 알렉산드로스는 아케시네스 강변에서 진영을 설치하였다. 이곳에서 코이노스가 병이 들어 사망하였다.[451] 알렉산드로스는 그의 죽음을 슬퍼하였다. 하지만 그는 코이노스의 죽음은 며칠 전에 긴 연설을 하면서 마치 자신만이 마케도니아를 다시 볼

---

450) 디오도로스 시쿨루스, 『역사 도서관』 17권 95장 1절에 의하면 그 제단들의 높이는 50큐빗, 즉 25m 정도였다.

451) 알렉산드로스가 아케시네스 강으로 되돌아 갔는 지에 대해서는 의문의 여지가 있다. 히다스페스 강은 아케시네스 강으로 흘러 들어가므로 그렇게 부르기도 한다. 아리아노스(『알렉산드로스 대왕 원정기』 6권 2장 1절에서는 코이노스가 히다스페스 강에서 죽었다고 전한다. 현대의 학자인 베이디안(E. Badian)은 1961년에 발표한 한 논문에서 코이노스가 알렉산드로스에게 공개적으로 저항을 표시한 후 갑작스럽게 병사한 것에 대해 의문을 표시하고 있다.

것처럼 이야기한 탓이라고 덧붙였다.

이때쯤, 알렉산드로스가 건조하라고 명령했던 함대가 진수되었다. 그동안 병력을 충원하기 위해서 멤논[452]이 트라키아에서 5,000명의 기병을 데려 왔고, 하르팔로스(Harpalos)도 7,000명의 보병을 보내왔다. 그는 또 금과 은으로 화려하게 꾸민 갑옷을 넉넉히 25,000명분을 보냈다. 알렉산드로스는 이 갑옷을 나누어주고, 예전 갑옷들은 태워버리도록 했다. 그는 이제 1,000척의 함선에 타고 대양으로 가고자 했다. 인디아 왕들인 포로스와 탁실레스는 서로 불화하게 되어 예전의 증오감을 드러냈으나, 알렉산드로스는 결혼 동맹을 성사시켜 그들의 유대 관계를 돈독하게 해주고 각자 왕국으로 돌아가도록 했다. 이 두 왕이 함대를 건조하는데 엄청난 지원을 해주어 고마움을 느꼈기 때문이다. 그는 또 두 개의 도시를 세워 하나는 니카이아(Nikaia), 다른 하나는 부케팔라(Bukephala)라고 이름 지었다. 후자는 그가 잃은 애마인 부케팔라스의 이름을 딴 것이다.[453] 그는 코끼리들과 짐은 육로로 따라오게 하고, 강의 하류로 따라 함대를 이동시켰다. 하루에 8Km 정도만 가도록 했으므로 병사들은 때때로 편리한 장소에서 상륙할 수도 있었다.

4. 그들은 이제 히다스페스 강이 아케시네스(Acesines) 강과 합류해서 시비(Sibi) 지방으로 흐르는 지역에 도착하였다. 시비 족은 자신들의 선조가 헤라클레스가 이끄는 군대의 일원이었다가 병이 들

452) 본문에는 멤논으로 되어 있지만, 아마도 메논(Menon)일 것이다.

453) 부케팔라는 히다스페스 강의 서쪽에, 니카이아는 동쪽에 세워졌다. 대부분의 자료에 따르면 부케팔라스는 히다스페스 전투에서 죽었다.

어 지금 자신들이 사는 곳에 정착한 자들의 후손이라고 주장한다. 그들은 짐승 가죽으로 옷을 해 입고 곤봉을 무기로 사용한다.[454] 비록 그들은 그리스의 풍습을 잃어버렸지만, 선조들의 흔적을 여럿 찾아볼 수는 있다.

알렉산드로스는 상륙하여 50Km 정도 진군하였다. 그는 이곳에서 주변 지역을 약탈하고, 그 지역의 가장 큰 도시 주변을 포위하여 점령하였다. 또 다른 부족이 그를 대적하기 위해 4 만 명의 보병을 제방에 포진했으나, 도강한 다음 알렉산드로스는 그들을 성내로 도망치게 만들고 성을 봉쇄하였다. 그리고 기습 공격을 가하여 성을 함락시켰다. 그리고 성인 남성은 모두 죽이고 나머지 주민들은 노예로 팔아 버렸다.

알렉산드로스는 그 다음 도시를 공격했으나, 격렬한 저항에 부딪혀 많은 피해를 입고 퇴각하였다. 그러나 포위 공격을 계속하자, 성내의 주민들은 살아날 가망이 없다고 생각하여 건물들에 불을 지르고 처자식과 함께 스스로 불길에 뛰어들어 자살하였다. 도시의 주민들은 불을 더 번지게 하려고 애쓰고, 적은 진화하려 하는 이상한 전투가 벌어졌다. 주민들이 도시를 파괴하려 하고, 적이 지키려고 했으니 말이다! 이 전쟁은 자연의 법칙마저도 반대로 적용되었다.[455] 도시의 요새는 피해를 보지 않았기에 알렉산드로스는 그곳에 수비대를 주둔시켰다. 그는 직접 인디아에서 가장 큰 세 강 - 갠지스 강을 제외하면 - 이 방어하고 있는 이 요새 주변을 배를 타고 둘러보

454) 헤라클레스의 복장(사자 가죽으로 옷을 해 입었다)과 무기를 연상케 한다.

455) 디오도로스 시쿨루스, 『역사 도서관』 17권 96장 4-5절에 의하면 알렉산드로스가 주민들의 저항과 부하들의 희생에 격분하여 도시에 방화하고 주민들을 태워 죽였다고 한다.

았다. 이 요새 북쪽으로는 인더스 강이 밀려오고 있으며, 남쪽으로는 히다스페스 강과 아케시네스 강이 둘러싸고 있었다. 두 강이 합류하면서 바다 같은 바다가 몰아치고 있으며, 강물들이 서로 부딪히며 계속 들끓어 올라 두텁게 쌓인 침니(沈泥) 때문에 배로는 좁은 수로밖에 항해할 수 없었다. 파도가 계속 빠르게 몰아치면서 뱃머리뿐 아니라 여러 방향에서 배를 후려 쳤기에 선원들은 돛을 감아 접기 시작했다. 하지만 그 작업은 출렁거리고, 대단히 빠른 강물 때문에 성공하지 못했다. 모든 사람이 지켜보는 가운데 큰 배 두 척이 가라앉았다. 좀 더 가벼운 배들은 제대로 조종하지는 못했지만 그럭저럭 피해 없이 강변에 도달할 수 있었다. 왕이 탄 배는 가장 격렬한 소용돌이에 휘말렸고, 키도 소용이 없이 배가 옆으로 돌기 시작했다. 알렉산드로스는 이미 옷을 벗어 붙이고 물에 뛰어들어 수영할 준비를 마쳤고, 그의 친구들도 그의 곁에서 수영하면서 그를 건져 올릴 준비를 했다. 그리고 수영하는 것과 배에 남아 있는 것 둘 다 위험해 보였다. 그래서 사람들은 경쟁적으로 노를 잡고, 덮쳐들면서 채찍질하는 것 같은 파도와 있는 힘껏 싸우기 시작했다. 그러자 파도가 갈라지고, 격노한 강물이 스스로 물러나는 듯 했다. 그리하여 비록 소용돌이에서는 빠져나왔지만, 강변에 도달하지는 못하였고, 배는 가장 가까운 모래톱에 좌초하였다. 그들은 마치 강과 전쟁을 벌였던 것 같았다.[456] 그래서 알렉산드로스는 강의 수만큼 제단을 세우고 희생제를 올린 다음, 6Km 정도 계속 진군했다.

이제 그들은 수드라카이(Sudracae)[457] 족과 말리아(Mallia) 족이 사

456) 디오도로스 시쿨루스, 『역사 도서관』 17권 97장 2-3절에 따르면 알렉산드로스는 강에 뛰어들어 무사히 헤엄쳐 나왔다.

는 지역에 도착하였다. 다른 때는 이들은 항상 서로 전쟁을 하지만, 이제 공통의 위험이 닥쳐왔으므로 서로 동맹을 맺었다. 그들은 9만 명의 젊은이들을 보병으로 무장시키고, 1만 명의 기병과 900대의 전차도 준비했다.[458] 더 이상 아무 위험도 없을 것이라고 생각했던 마케도니아 병사들은 이제 인디아에서 가장 호전적인 종족들과 새로운 전쟁을 벌여야 한다는 것을 실감하고, 다시 선동하는 말들을 나누면서 왕을 비난하기 시작했다. "알렉산드로스가 갠지스 강을 건너는 일과 그 너머 지역으로 가는 일을 그만두기로 했지만, 장소만 바꾸었을 뿐 전쟁을 끝낼 의사가 없다. 이제 사나운 종족들 앞에 끌려와 던져졌으니, 왕을 위해 피로써 대양으로 가는 길을 열어야만 하게 되었다. 앞으로는 태양과 별들이 있는 그 너머까지 끌려가 인간이 볼 수 없는 지역들까지 가게 될 것이다. 무기를 새것으로 바꾸면 언제나 새로운 적이 눈앞에 나타나게 된다. 이들을 패주시키고 도망치게 만들고 나면 또 어떤 보상이 기다리겠는가? 깊이를 알 수 없는 바다 위에 드리워진 영원한 어둠과 수많은 바다 괴물들의 무리, 자연도 힘을 잃고 죽어가는 고인 물들이 우리의 보상이 될 것이다."

알렉산드로스는 마음의 평정을 잃지는 않았으나, 병사들의 걱정이 신경 쓰여서 회합을 열었다. 지금 두려워하고 있는 적들은 전사들도 아니며, 이들을 지나고 나면 넓은 땅을 지날 때까지 어떤 종족도 없고, 땅 끝까지 어떤 어려움도 없이 갈수 있다고 말했다. 그는

457) 아리아노스, 『알렉산드로스 대왕 원정기』 6권 4장 3절에서는 이들을 옥시드라카이(Oxydrakai)라고부른다.

458) 디오도로스 시쿨루스(17권 98장 1절)는 8만 명의 보병과 1만 명의 기병, 700대의 전차라고 기술했고, 유스티누스(12권 9장 3절)는 8만 명의 보병과 6만 명의 기병이라고 기술했다.

병사들이 갠지스 강과 그 너머에 있는 종족들에 두려움을 품고 있는 것에 양보하여, 영광은 마찬가지이나 위험은 덜한 곳으로 방향을 바꾸었다고 했다. 그러면서 이제 곧 그들은 대양을 볼 수 있을 것이며, 바다 바람도 불어오고 있지 않느냐고 말했다. 그리고 자신이 추구하는 명성 때문에 자신을 질시하지는 말아달라고 했다. 또 덧붙이기를 그들은 헤라클레스와 '자유의 아버지'께서 가셨던 경계를 넘어설 것이고 별로 힘들이지 않고도 왕에게 불멸의 명성을 안겨줄 것이며, 왕으로 하여금 인디아에서 도망치는 것이 아니라 귀환하게 만들어 줄 것이라고 하였다.

그 자리에 모인 모든 사람들, 특히 병사들은 감정이 흔들리고 쉽게 동요되어 반란까지 불사하겠다는 감정이 처음 시작될 때처럼 별것 아닌 일이 되어버렸다. 군중 속에서 그런 열광적인 함성이 터져나온 적은 아직껏 한 번도 없었다. 병사들은 그에게 신들의 가호를 받으사 자기들을 이끌어 주시고, 그가 따라 잡으려고 하는 그 분들의 영광과 겨루게 해달라고 부탁하였다. 병사들의 지지 선언에 기분이 좋아진 알렉산드로스는 즉각 적을 향해 이동하였다. 그들이 상대할 자들은 인디아에서 가장 강력한 부족들이었고, 전쟁 준비도 충실히 한 상태였다. 그들은 수드라카이 족에서 용맹을 인정받은 자를 총사령관으로 선출하였다. 이 자는 산자락에 진영을 설치하게 하고, 자신들의 수를 과시하기 위해 멀리서도 불빛을 볼 수 있게 하였다. 그리고 이민족들 방식대로 적에게 겁을 주기 위해 마케도니아 인들이 휴식할 때 거듭해서 고함을 지르게 하였으나, 그 의도는 실패로 돌아갔다. 새벽이 다가오고 있을 때, 자신감이 넘치고 희망에 부푼 알렉산드로스는 사기가 충천한 병사들에게 무기를 잡고 전투 진형으로 서라고 명령하였다. 그러나 이민족들은 갑자기 도망쳤다. 그들이 겁을 먹었는지, 아니면 그들 사이에 해묵은 원한이 터져 나온 것인지는 기록이 없어서 알 수 없다. 하지만 어찌되었건 간에 그들은 좀 떨어진 곳에 있는 접근이 어려운 언덕을 점거하고 있었다. 알렉산드로스가 그들을 추격했으나 별 다른 전과는 없었고, 다만 그들이 남긴 짐들을 얻을 수는 있었다.

그 뒤, 마케도니아 군은 수드라카이 족의 가장 주요한 도시로 갔다. 적 대부분은 이곳으로 도망쳐 와 있었다. 그들은 비록 성내에 있어도 전보다 더 자신감을 가지지는 못하였다. 알렉산드로스가 이곳으로 이동하고 있을 때, 한 예언자가 포위 공격은 위험하다고 경고하였다. 그에 따르면 왕의 생명이 위험하다는 예언이 나왔기에 적어도 포위 공격을 연기라도 해야 한다는 것이다. 알렉산드로스는 그 예언자 데모폰(Demophon)을 바라보며 말했다. "만약 누군가 자네가 일에 몰두하고 있고, 내장을 관찰[459]하고 있을 때, 이런 식으로 간섭해 온다면, 자네도 성가시고 기분 나빠할 것임에 틀림없겠지." 데모폰이 그럴 경우는 확실히 그렇겠다고 대답하자, 알렉산드로스는 말을 이었다. "내가 동물의 내장이 아니라 중대한 일에 전념하고 있을 때, 미신에 빠진 예언자가 방해하는 것보다 더 귀찮은 일이 있겠나?"

그는 이 말에 대한 대답을 더 이상 기다리지 않고, 공성용 사다리를 앞으로 가져오게 해서 성벽에 걸라고 명령했지만 다른 이들이 머뭇거리자 직접 사다리를 타고 올라갔다.[460] 성벽의 꼭대기는 들쭉

---

459) 희생 동물의 내장을 보며 점을 치는 일은 고대에 흔했다.

460) 아리아노스, 『알렉산드로스 대왕 원정기』 6권 9장 2-3절에서는 알렉산드로스가 성문을 통해 시내로 들어갔고, 사다리를 타고 요새에 올라갔다고 적고 있다.

날쭉한 성가퀴가 있는 대신에 연속된 흉장(胸墻)으로 막혀 있었다. 그리하여 알렉산드로스는 사방에서 그를 향해 쏟아지는 무기들을 방패로 막으면서 그 흉장에 서있기 보다는 거의 매달려 있었다. 그는 주변에 있는 모든 탑들[461]에서 쏘아 대는 장거리 무기들의 과녁이 되어 버렸기 때문이다. 알렉산드로스의 부하들은 위에서 쏘아져 내려오는 사격에 압도되어 그에게 가까이 갈 수 없었기 때문이다. 하지만 곧 부끄러움에 위험도 잊어버리게 되었다. 뒤에 물러나 있으면 왕을 적의 손에 넘겨주는 꼴이 되어버릴 뿐이라는 것을 알아차렸기 때문이다. 그러나 조급하게 굴어서 실제로는 도움만 늦어지게 되었다. 즉, 그들 모두가 사다리를 걸고 동료들 보다 먼저 성벽에 올라가려고 애쓰는 바람에 사다리에 과부하가 걸려 그들을 모두 다 지탱해주지 못하고 땅에 떨어져 버리고 말았기 때문이다. 따라서 왕은 유일한 희망을 잃어버리게 되었다. 이제 그는 대군 앞에 완전히 혼자 서있게 되었다.

5. 적의 사격을 막아내기 위해 방패를 휘둘러 대느라, 이제 그의 왼팔은 완전히 힘이 빠져 있었다. 그의 친구들은 자신들에게 뛰어내리라고 소리를 치면서 그를 붙잡을 준비를 하고 서 있었다. 이때, 알렉산드로스는 믿을 수 없고 놀라운 움직임을 보여주었다. 이 움직임으로 인해 그는 영광스러운 업적 보다는 무모하다는 그의 평판을 한 층 더하여 갖게 되었다. 그는 무모하게 뛰어서 적이 가득 차 있는 성내로 들어간 것이다. 비록 그가 희망이 거의 없어지자, 복수라도 하고 죽을 때 까지 싸우기 위해서 라고는 하지만 이는 정

461) 성안 요새의 탑을 말한다.

말로 무모한 짓이었다. 그가 자기 발로 서기도 전에 적에게 둘러 싸여 포로가 되어 버릴 것 같았기 때문이다. 그러나 운 좋게도 그는 균형을 잡고 설 수 있었고, 그 결과 선 자리에서 전투를 시작했다. 또 운이 좋았던 것은 둘러싸이지 않고 싸울 수 있었다는 것이다. 성벽에서 멀지 않은 곳에 한 늙은 나무가 있었는데 그 두꺼운 가지들은 마치 존재 목적이 알렉산드로스를 보호하는 것 이기라도 한 것처럼 어느 정도 그를 보호해 주고 있었다. 알렉산드로스는 몸을 그 나무줄기에 붙이고 싸워서 둘러싸이지 않았다. 그리고 방패를 사용해서 전방에서 그에게 쏟아지는 무기들을 받아 넘겼다. 비록 그가 혼자 싸우고 있었어도, 원거리 공격은 받을지언정 감히 가까이 다가와서 그를 공격하려는 자들은 없었다. 그리고 그의 방패에 쏟아지는 공격보다 나무에 박히는 무기들이 더 많았다.

전투에서 알렉산드로스는 무엇보다 널리 알려진 명성의 덕을 보았다. 다음으로는 명예롭게 죽을 장소를 얻기 위해 필사적으로 노력했던 덕도 있었다. 하지만 적은 계속 그에게 공격을 퍼부어댔고, 이제 방패에는 날아온 무기들이 가득 박혀 있었다. 투구는 바위에 부서졌으며, 무릎은 지속적이고 강한 압력을 받아 비틀렸다. 따라서 그에게 가장 가까운 곳에 서있었던 인디아 인들은 주의하거나 조심하지 않고 그에게 달려들었다. 알렉산드로스는 칼로 그들 중 두 명을 처리했고, 그들은 그의 발치에 죽어 넘어졌다. 그 후로는 누구도 감히 그와 육박전을 벌이는 용기를 가진 자는 없었다. 그들은 멀리서 창을 던지고 활을 쏘아댈 뿐이었다. 비록 이 모든 적의 무기들에 노출되었지만, 알렉산드로스는 무릎을 꿇은 채로도 어렵지 않게 공격들을 막아내고 있었다. 그러나 마침내 한 인디아 인이 1m 정도 되는 화살 - 필자가 앞서 설명했듯이 인디아 인들은 이정도 길이의 화살을 쓴

다 - 을 쏘아 흉갑을 관통하여 그의 오른 쪽 옆구리 바로 위에 박히게 하였다. 그가 상처를 입자마자, 핏 줄기가 앞으로 뿜어져 나왔다. 그는 무기를 떨어뜨렸고, 죽어가는 것처럼 보였다. 그는 매우 약해져 있어서, 심지어 오른 손으로 화살을 잡아 뽑을 힘도 없었다. 이 상황을 보고 그에게 상처를 입힌 자가 기쁨에 넘쳐 그의 갑옷을 벗기려고 앞으로 달려 왔다. 알렉산드로스는 그 자가 자기 몸에 손을 대자마자, 꺼져가는 정신을 다 잡고는 그 자의 비어있는 옆구리를 칼로 찔러 올렸다. 필자의 생각이지만 분노해서라기보다는 극도의 모욕에 수치를 당할까봐 정신을 차렸을 것이다. 알렉산드로스 주변에는 시신이 세 구 나뒹굴고 있었고, 공격하던 나머지 적들은 멀찌감치 떨어져서 망연하게 서 있었다. 그는 마지막 숨을 몰아 쉴 때 까지는 죽기를 각오하고 싸우기 위해 방패를 들고 일어나려 했으나, 남아있는 힘이 충분치 않았다. 그래서 그는 오른 손으로 밑으로 늘어진 나뭇가지를 잡고 일어나려 애를 썼다. 하지만 그러고도 몸을 잘 가눌 수 없어서 그는 다시 무릎을 꿇고 말았다. 그러나 동시에 원하는 자가 있다면 일대일 대결을 펼치겠노라고 적에게 도전의 뜻으로 손을 흔들어 보였다. 드디어 도시의 다른 쪽 성벽 위에 있던 수비병들을 해치운 페우케스테스(Peukestes)가 왕의 행적을 따라 그에게로 왔다. 이제 살 희망이 없고 쓸쓸하게 죽음을 맞이하겠다고 생각하고 있던 알렉산드로스는 그를 보고 지친 몸이 방패 위로 무너졌다. 그 다음으로는 티마이오스(Timaios)[462]가, 그리고 조금 뒤에 레오나토스가, 그 뒤를 이어 아리스토노스(Aristonos)[463]가 나타났다. 알렉산드로스가

462) 플루타르코스, 「알렉산드로스 전」 63장 5절에 나오는 림나이오스(Limnaios)와 동일한 인물일 것이다.

성내에 들어와 있다는 것을 알게 된 인디아 인들도 다른 자들은 버려두고 이곳으로 달려왔고, 그를 보호하고 있는 자들을 공격하였다. 정면에서 명예롭게 싸우던 티마이오스는 많은 상처를 입고 전사하였다. 페우케테스 역시 세 자루나 되는 투창에 관통되었지만, 그럼에도 불구하고 방패로 자신이 아니라 왕을 보호하고 있었다. 그악스럽게 달려드는 이민족들의 공격을 맹렬하게 받아 치고 있던 레오나토스도 목에 치명상을 입고 왕의 발밑에 쓰러져 기식이 엄엄하였다. 이제 페우케테스 역시 상처로 인해 힘이 빠져 방패를 늘어뜨렸고, 남은 희망은 아리스토노스 밖에 없었다. 그 역시도 큰 상처를 입었고, 많은 적을 상대로 더 이상 버텨낼 수 없었다.

그러는 사이에 마케도니아 병사들은 왕이 살해되었다는 소식을 들었다. 다른 이들 같으면 두려워했을 일이지만, 그들은 오히려 기운을 내었다. 그들은 위험 따위는 신경 쓰지 않고 곡괭이를 들어 성벽을 부수고, 틈이 생기자 도시 안으로 밀고 들어가면서 인디아 인들을 베어 넘겼다. 인디아 인들은 감히 전투를 벌이지 못하고 대부분이 도주를 택했다. 마케도니아 병사들은 노인이나, 여자, 아이들도 목숨을 살려주지 않았다. 그들은 만나는 사람 모두가 자신들의 왕을 부상 입힌 자들로 간주했다. 그리고 마침내 적을 도살하고 난 후에야 그들은 분노를 진정시켰다. 클레이타르코스(Kleitarchos)[464]와

---

463) 이 책에서만 아리스토노스가 언급된다. 아마도 그는 레오나토스와 같이 알렉산드로스의 경호대원이었을 것이다. 아리아노스, 『알렉산드로스 대왕 원정기』 6권 10장 1절에서는 싸우다가 전사한 아브레아스(Abreas)라는 인물을 언급하고 있다.

464) 알렉산드로스에 대한 1차 사료를 남긴 대부분의 역사가들과는 달리 원정에 참여하지는 않았다. 저명한 역사가 디논(Dinon)의 아들인 그는 기원전 310년 이후 알렉산드리아에서 그리스어로 글을 썼다. 그는 알렉산드로스의 원정을

티마게네스(Timagenes)[465]는 후에 왕이 되는 프톨레마이오스도 그 전투에 참가했다고 기록하였지만, 스스로의 영광을 낮추는 경향은 없던 프톨레마이오스 자신은 파견 나가 있었기에 그 전투에 참여하지 않았다고 적고 있다. 옛 기록을 편집한 사람들이 무책임하게 일을 했거나, 똑같이 멍청하게 실수를 저지른 실례이다.

알렉산드로스는 군막으로 떠 메여 갔다. 그리고 의사들은 상처를 건드리지 않으려고 조심하면서 몸에 단단히 박혀 있는 화살대를 잘라냈다. 그리고 옷을 제거해내자, 화살촉이 미늘 모양이어서 칼로 헤집어내고 상처를 벌린 다음에야 화살촉을 빼낼 수 있다는 것이 밝혀졌다. 하지만 의사들은 수술을 한 다음 지혈을 하지 못할까 걱정을 하였다. 화살이 매우 길고 주요한 부위를 관통하고 있는 듯이 보이기 때문이었다. 대단히 기술이 훌륭한 의사였던 크리토불로스(Kritobulos)도 위험 부담 때문에 겁을 먹고 손을 대는 것을 두려워하였다. 수술 결과가 좋지 않으면 자기 머리가 날아가기 때문이었다. 알렉산드로스는 크리토불로스가 흐느껴 울면서 공포와 걱정으로 거의 기절할 지경인 것을 보고 이렇게 말했다 : "도대체 무엇을 기다리고 있나? 가능한 빨리 나를 이 고통에서 해방시켜 주거나, 적어도 죽게라도 해주면 안 되겠나? 내가 고칠 수 없는 상처를 입었다고 해서 자네가 비난을 받을까봐 두려워하고 있는 건 아닌가?" 그러자 크리토불로스는 마침내 두려움을 거두고, 혹은 감추고 화살촉을 뽑는 동안 몸을 고정시키고 계시라고 조언했다. 그 사이에 몸을 약간이라도 움직이면 위험하기 때문이었다. 왕은 몸을 고정시킬 사람은 필요치 않다고 확언하고,

---

직접 목격한 사람들과 동시대인으로서 많은 자료를 듣거나 섭렵했을 것이다.

465) 기원전 55년에 알렉산드리아에서 로마에 온 역사가로서 알려진 바는 거의 없다.

그가 지시한대로 미동도 하지 않았다. 그래서 상처를 벌리고 화살촉을 뽑자, 피가 분수처럼 쏟아져 나와 왕은 눈앞이 캄캄해지면서 기절했다. 그리고 마치 죽은 것처럼 사지를 쭉 뻗었다. 그의 친구들은 그가 숨이 끊어졌다고 믿고서 흐느끼고 통곡했다. 마침내 피가 멎고 왕은 천천히 의식을 회복하였다. 그리고 의식이 돌아오면서 누가 자기를 둘러싸고 서 있는지 알기 시작했다. 그날 내내, 그리고 다음 날 저녁까지 모든 병력은 무장하고 그가 살아있는 덕분에 자기들 모두가 살아있다고 말하며 왕의 군막 앞에 도열해 있었다. 그리고 왕이 한동안 평화롭게 잠들었다는 소식을 듣고서야 해산하였다. 그들은 왕이 회복할 것이라는 희망을 가득 갖고 진영으로 돌아갔다.

6. 왕의 상처는 7일간 치료했음에도 다 아물지 않았다. 하지만 그는 그가 죽었다는 소문이 이민족들 사이에 돌고 있다는 소식을 듣고 두 척의 배를 한 데 묶게 한 뒤, 그 가운데에 군막을 세웠다. 그는 자신이 죽었다고 믿는 사람들에게 자신의 모습을 보여주기 위해 모든 사람들의 눈에 똑똑히 잘 보이는 곳에 자리 잡은 것이다. 그렇게 해서 그가 주민들의 눈에 띄게 되어 잘못된 소문에 속았던 적들은 희망이 스러지게 되었다. 그런 다음 그는 함대의 다른 배들과는 어느 정도 거리를 두고 강을 따라 내려갔다. 그의 몸 상태가 아직 매우 좋지 않아 노 젓는 소리를 듣지 않고 조용히 정양을 해야 할 필요가 있었기 때문이다.

항해를 시작하고 나흘 째 되는 날, 그는 주민들이 모두 피난을 갔으나 곡식과 가축은 풍성하게 남아 있는 지역으로 들어가게 되었다. 이곳은 그와 병사들이 모두가 휴식을 취하기에 적합했다. 왕이 몸이 아플 때면 왕의 친구들 중에서 주요한 인물들과 경호대원들이 왕의 군막 앞에서 경비를 하는 것이 관례였다. 이때도 그 관행은 지켜지고 있었다. 그리고 갑자기 그들 모두가 알렉산드로스의 침실로 들어섰다. 그들 모두가 한꺼번에 들어서자, 알렉산드로스는 그들이 심각한 소식을 가져 왔는지 염려가 되어 적이 가까운 곳에서 다가오고 있다는 보고라도 들어왔느냐고 물었다. 친구들의 부탁을 그에게 전달하도록 위임받은 크라테로스가 입을 열었다 : "지금 일어나는 일이 보여주듯이 전하는 별로 가치도 두지 않는 전하의 건강 문제가 아니면 저희가 이리도 신경을 쓸 일이 있겠습니까? 적이 쳐들어 와서 저희가 쳐놓은 방어벽 위에 지금 서 있다고 해도 말이지요. 모든 나라의 병력이 한데 뭉쳐 저희를 적대해도, 그래서 온 세상을 병사들과 무기로 가득 채운다 해도, 바다를 모두 그들의 함대로 채운다 해도, 이제껏 본적도 없는 짐승들을 데리고 온다 해도, 전하만 있으면 저희는 무적입니다. 하지만 전하께서 수많은 시민들의 삶을 재난 속으로 끌고 간다는 사실을 잊어버리시고, 그리도 적극적으로 확실한 위험 속에 스스로 뛰어드시니 어떤 신이시라도 이 마케도니아의 버팀목이자 별이 계속될 것이라고 약속해 주실 수 있겠습니까? 누가 전하의 구원자가 되기를 원합니까? 누가 그럴 능력이 있습니까? 저희는 이제껏 전하의 보호와 지시를 받아 이곳까지 왔으며, 이제는 전하의 지도편달이 없으면 가정으로 돌아갈 길조차 잡지 못할 만큼 멀리 왔습니다.

만약 지금 전하께서 페르시아의 지배권을 놓고 다레이오스와 경쟁하는 처지라면, 비록 누구도 원치는 않아도 전하께서 모든 위험에 감연하게 맞설 준비가 되어 있는 것에 누구라도 그다지 몰라지는 않을 겁니다. 위험과 보상은 같이 오는 법이고, 그래야만 성공했을 경우 보상도 더 짭짤하고, 최소한 지더라도 위안이 더 될 테니까요. 하지만 이런 궁벽한 시골 마을이 전하의 목숨 값을 지불할 수나 있을까요? 우리 병사들은 말할 것도 없거니와, 전하의 위대함을 아는 이민족 시민 하나의 목숨 값도 안 될 텐데요. 얼마 전에 저희가 목격한 광경을 떠올리기만 해도 제 영혼은 진저리가 쳐집니다. 만약 운명의 여신께서 저희를 불쌍히 여기셔서 개입하여 전하를 구하지 않으셨다면, 저 천한 자들의 손에 전하의 무적의 몸에서 흘러나온 피가 얼마나 묻었지 모를 터이니, 생각하기도 참람해 집니다.

이제껏 우리 중에 많은 배신자, 반란자들이 있었지만, 그들은 모두 전하를 여기까지 따라오지 못했습니다. 비록 전하께서 부하 장병들에게 치욕스러운 낙인을 찍으셨습니다만, 그렇더라도 그런 불명예를 씻을 방도가 있다면 그것을 피할 자는 없을 것입니다. 제발이지 저희를 경멸하시더라도 다른 방법으로 표현해 주십시오. 저희는 전하의 명령에 따라 어디라도 가겠습니다. 저희는 명성을 얻지 못하는 위험도 받아들일 수 있고, 영광이 따르지 않는 전투도 치를 수 있습니다. 하지만 전하께서는 위대함에 걸맞게 자신을 아끼셨으면 합니다. 대단치 않은 적을 상대로 승리를 얻어 보아야 그 영광은 곧 스러질 뿐이며, 명성을 얻을 수 없는 전투를 치르는 것 같은 그런 낭비도 없습니다."

프톨레마이오스도 비슷한 취지의 말을 하였고, 그 자리에 모인 다른 자들도 비슷한 이야기를 했다. 이제 그들 모두는 흐느껴 울면서, 이제 그만하면 충분하고 넘치니 더 이상 영광을 추구하는 것을 멈추시고, 국가의 안전이기도 한 왕의 안전을 생각하시라고 한 목소리로 호소하였다.

알렉산드로스는 친구들이 자기에게 헌신하는 것에 만족하였다.[466)]

466) 아리아노스, 『알렉산드로스 대왕 원정기』 6권 13장 4절에서는 알렉산드로스가 친구들이 자신의 무모함을 지적하는 것에 화를 냈다고 네아르코스의 말을

그래서 그는 전에 없이 따뜻하게 친구들을 하나씩 안아주고 나서 자리에 앉으라고 권한 뒤, 자신의 속내를 털어놓을 적당한 말을 찾느라 고민하며 말했다: "진정 충실하고 충성스러운 동료 시민이자 친구들이여! 나는 진정으로 그대들에게 감사를 느끼고 또 그렇게 표현하오. 이는 지금 그대들이 자신의 안전보다 내 안전을 더 중요하게 생각하고 있기 때문만이 아니오. 이 전쟁이 시작된 이후 그대들은 처음부터 나를 향한 사랑을 분명하고 확실하게 보여주었기 때문이오. 그러니 이제 그대들의 우정을 오랫동안 향유하기 위해서라도 내 생명을 앞으로는 소중히 여기겠다고 고백하겠소. 하지만 나를 위해 죽겠다는 이의 생각은 나와는 다르오. 내 생각에 나는 용기로 그대들의 호의를 얻었다고 생각해왔기 때문이오. 아마도 그대들은 나와 오래 살면서 인생을 즐기고 싶겠지만, 나는 삶보다는 영광을 더 중요하게 여기고 있소. 내가 부왕에게서 물려받은 왕국에 만족하였으면, 마케도니아 경계선 안에서 게으르게 살면서 별 볼일 없이 이름도 날리지 못하고 노년을 맞았을 거요. 나태한 인간은 자신의 운명을 통제하지 못하지만, 오래 사는 것은 그저 축복일 뿐이라고만 생각하는 사람은 요절하는 경우도 종종 있소. 하지만 나이가 아니라 승리로 나를 판단해 본다면 나는 운명의 여신의 가호를 받아 이미 충분히 오래 살았소.

나는 마케도니아에서 시작하여 그리스를 정복하였고, 트라키아와 일리리아를 굴복시켰소. 트리발리이 인과 마이디(Maedi) 인을 다스리며, 헬레스폰트 해협에서 홍해에 이르기까지의 아시아 전역을 손에 넣었소. 지금은 세상 끝에서 멀지 않은 곳까지 와 있소, 그러니 이제 나는 세상 끝을 넘어 자연의 새로운 영역, 신천지를 열 것이

---

전하고 있다.

오. 나는 아시아에서 유럽의 경계선을 단번에 넘어 왔소. 나는 지금 통치한지 9년째, 나이 스물여덟에 두 대륙의 정복자가 되었소.[467] 내가 전 생애를 바쳐 영광을 추구해 왔던 그 과업을 이제 멈추어야 한단 말이오? 아니오. 나는 내 의무를 실패로 돌아가게 할 수 없소. 그리고 내가 세상이라는 극장에서 연기를 계속할 수 있다고 믿는 동안에는 그곳이 어디든 싸울 것이요. 나는 알려지지 않았던 곳들에 명성을 안겨줄 것이오. 나는 자연이 멀리 잡아 놓았던 땅들마저도 세상 모든 민족들에게 열어 줄 것이요. 만약 운명의 여신의 뜻대로 내가 그런 과업을 성취하다 죽는다면 이는 고귀한 운명이요. 나는 오래 살기보다는 충족하게 살고 싶어 하는 핏줄을 타고 태어났소.

그대들에게 부탁하노니, 우리는 지금 용기를 가진 한 여인의 이름이 명성을 떨치고 있는 곳에 와 있음을 기억해 주오. 세미라미스[468]가 세운 도시들이 과연 무엇들이요? 그녀가 어떤 나라들을 정복하였소? 그녀가 이룬 위업은 또 어떠하오? 우리는 영광이라는 측면에서 한 여성하고도 견줄 수 없거늘, 지금 얻은 명성에 만족한단 말이오? 신들께서 우리를 가호하신다면, 아직도 더 대단한 일들이 우리를 기다리고 있소. 우리 앞에 놓여 걸어가야 하는 길은 위대한 영광을 얻을 기회를 제공해 줄 것이오. 결코 별 것 아닌 것으로 간주할 수 없소. 그대들은 그저 나를 내부의 배신과 국내의 음모로부터 보호해주오. 그러면 나는 두려움 없이 전쟁과 군신(軍神) 아레스(Ares)를 마주 대할 것이요.

---

467) 이때는 기원전 326년 말이다. 실제로는 알렉산드로스가 통치를 시작한 지 11년 차이고, 나이는 30세였다.

468) 아시리아의 여왕으로서 역주 217번 참조.

부왕이신 필리포스 전하는 극장[469]보다는 전장에서 더 안전하셨소. 그분은 적의 손아귀는 종종 피하셨지만, 동포의 손길에서는 벗어나지 못했지요. 다른 왕들의 죽음에 대해서도 생각해본다면, 적보다는 동포들에게 살해된 적이 더 많다는 것을 아실 것이오. 어쨌거나 내가 오랫동안 마음에 담아 왔으나 표현할 기회를 잡지 못했던 말을 한 마디 하겠소. 만약 모후이신 올림피아스가 세상을 뜨게 될 때, 신으로 추대된다면, 내 노력과 수고에 대해 가장 큰 보상이 될 것이요. 만약 허용된다면 내가 직접 그 일을 보겠지만, 운명에 의해 그렇지 않게 된다면 내가 그대들에게 그 일을 맡겼다는 사실을 기억해주오." 그는 이상의 말을 하고 친구들을 돌려보냈다. 하지만 그는 진영을 설치한 장소에서 여러 날 머물렀다.

7. 인디아에서 이런 일들이 일어나고 있는 동안, 알렉산드로스가 최근에 박트리아 인근에 정착시킨 그리스 병사들 사이에서 소요가 발생했다. 그들은 왕을 증오해서 라기보다는 처벌을 두려워하여 반란을 일으켰다. 그들 중 더 강한 무리들이 동포들 일부를 죽이고 나서 무장 반란을 기도했기 때문이었다. 그들은 상당히 무방비한 상태에 있던 박트리아의 요새를 점거하고, 이민족들을 반란에 끌어들여야만 했다. 그들의 수장은 아테노도로스(Athenodoros)라는 자로 왕이라고 참칭하긴 했지만, 권력 보다는 자신을 따르는 자들과 함께 고향에 돌아가고 싶어 했다. 그와 동향이긴 하지만, 경쟁 관계였기 때문에 그를 질시하던 비톤(Biton)이라는 자가 음모를 꾸민 다음, 복

469) 필리포스 2세는 기원전 336년 아이가이(Aigai)에서 극장에 들어가다가 살해되었다. 그의 암살범인 오레스티스(Orestis) 출신 파우사니아스는 경호대원 중 한 명이었다.

소스(Boxos)라고 하는 박트리아 인을 내세워 그를 연회에 초대하고는 그 자리에서 죽이게 했다. 그리고 다음 날, 회합을 열어 아테노도로스가 자신을 죽이려는 음모를 꾸몄다고 대다수의 사람을 설득하였다. 하지만 일부는 비톤이 음모를 꾸몄을 것이라고 의심하였고, 점차 더 많은 사람들도 의심하기 시작했다. 따라서 그리스 병사들은 무장하고 기회가 되면 비톤을 죽여 버리기로 했다. 그러나 그들의 지도자들은 군중을 달랬다.

바로 죽을 위험에서는 벗어나게 된 비톤은 그 직후에 자신을 구해준 사람들을 상대로 음모를 꾸몄다. 하지만 그 음모가 발각나자, 그리스 인들은 그와 복소스를 구금하였다. 그들은 복소스는 즉각 처형하되, 비톤은 고문하고 죽여야 한다고 결정했다. 그가 고문을 받기 시작했을 때, 그리스 인들이 어떤 이유에선지는 모르지만 미친 사람들처럼 무기를 잡으려고 달려갔다. 비톤을 고문하라는 명령을 받았던 자들은 그 고함소리를 듣고, 자신들이 하고 있는 고문을 멈추게 하려는 의도로 반란자들이 소리를 질렀다고 생각하고는 두려워서 하던 일을 팽개치고 도망쳤다. 비톤은 벌거벗은 채로 그리스 인들 앞에 가게 되었고, 그를 불쌍하게 여기게 된 그리스 인들은 사형을 결의했던 마음을 갑자기 바꾸어 그를 풀어주었다. 이런 식으로 두 번씩이나 목숨을 연명하게 된 비톤은 알렉산드로스가 그들에게 식민지로 배당해준 땅을 버리려고 하는 자들과 함께 고향으로 돌아갔다.[470] 이상이 박트리아와 스키티아 변경 지역에서 일어난 일들의 전모였다.

470) 비톤과 함께 고향에 돌아간 자들은 3,000명 정도였고, 2만 3천명 정도 되는 나머지 사람들은 기원전 323년 페르디카스의 명을 받은 페이톤(Peithon)에게 살해되었다. (디오도로스 시쿨루스, 『역사 도서관』 17권 99장 6절 및 18권 7장 1-9절 참조.)

그 동안 앞서 언급했던 두 부족[471]이 보낸 100명의 사절들이 알렉산드로스에게 왔다. 그들 모두는 전차를 타고 있었는데, 다들 풍채가 좋은데다가 위엄이 있었으며 금색과 자주색으로 수놓인 아마포 옷을 입고 있었다. 그들은 자신들의 도시와 땅, 사람들을 바치고 항복하겠노라고 말했다. 그리고 오랜 세월동안 독립해 왔던 자신들이 이제 주권을 바치고 알렉산드로스의 보호 아래 들어가겠다고 하였다. 그들의 말에 따르면, 자신들이 알렉산드로스의 지배를 받아들이게 된 것은 두려움 때문이 아니라, 신들의 의지를 따르는 것으로서 아직 자신들의 힘은 소진되지 않고 남아 있다는 것이다. 알렉산드로스는 회의를 거쳐 그들의 항복을 받아들이고, 그들 두 부족에게 연공을 부과하여 아라코시아 인들에게 바치도록 했다. 그밖에도 그는 2,500명의 기병을 제공하라고 했다. 이민족들은 그의 명령을 성실하게 수행하였다.

알렉산드로스는 사절단과 두 부족의 왕들을 연회에 초대하고, 그들을 위해 성대한 향연을 준비하게 했다. 그는 서로 가까운 자리에 100개의 금으로 만든 장의자를 준비하게 하고, 그 주위에 금색과 자주색으로 번쩍이는 태피스트리들을 걸어놓았다. 그는 연회석상에 사치스럽게 사는 페르시아 인들이 오랫동안 행해왔던 모든 것들 혹은 최근에 마케도니아 인들이 하기 시작한 사치스러운 것들을 준비시켰고, 그럼으로써 두 민족의 모든 사치가 다 선보여지게 되었다.

연회에 참석한 자 중에 아테나이 출신의 디옥시포스(Dioxippos)라는 사람은 전직 권투선수로서 힘으로 당할 자가 없다고 소문이 나 있고, 알렉산드로스가 아꼈다. 그를 질시하고 미워하던 자들 몇이서

471) 말리아 족과 수드라카이 족을 말한다.

반쯤은 질투하여, 또 반쯤은 진심으로, 그들은 뚱뚱하고 사나운 짐승과 같이 지내고 있는데, 자신들이 전투를 하는 동안에 그 짐승은 기름방울이나 떨어뜨리고[472], 연회석상에서 먹을 준비나 하고 있다고 말했다. 이 때, 연회석상에서 이미 취해 있던 마케도니아 인 코라타스(Koratas)[473]가 비슷한 식으로 그를 모욕하는 말을 하기 시작했고, 남자라면 다음 날에 칼로 결투하자고 도전하였다. 그렇게 하면 알렉산드로스만이 그가 분별이 없는지 아니면 상대방이 겁쟁이인지 판단해 주실 것이라고 말했다. 디옥시포스는 허세를 부리면서 그 도전을 받아 들였다. 그리고 다음 날, 그들은 더욱 진지하게 겨루기를 원했고, 왕도 그들을 설득하여 단념시킬 수 없었으므로, 왕은 그들이 원하는 대로 하라고 허락을 해 주었다. 그리스 인들을 포함해서 많은 병사들이 디옥시포스를 응원하였다. 마케도니아 인 코라타스는 왼 손에 청동 방패와 사리사(*sarissa*)라고 불리는 창을 들고, 오른 손에도 창을 들고 옆구리에는 칼을 차서 마치 여러 사람과 동시에 싸우려는 듯이 평상시의 무장을 갖추었다. 디옥시포스는 벗은 몸에 기름을 바르고, 머리에는 화관을 썼으며, 왼 손에는 자주색 천을 늘어뜨렸으며 오른 손에는 단단한 옹이가 있는 몽둥이를 들었다. 이 때문에 사람들 모두는 그 결과를 매우 궁금해 하게 되었다. 벌거벗고 완전 무장을 한 사람과 싸우는 것은 무모한 정도가 아니라 미친 것처럼 보였기 때문이다.

코라타스는 상대를 원거리에서 죽일 수 있다고 확신하며 창을 던

---

472) 고대 그리스에서 운동선수들이 기름을 몸에 바르는 것을 비꼰 것이다.

473) 디오도로스 시쿨루스, 『역사 도서관』 17권 100장 2절에서는 그를 코라고스(Koragos)라고 부른다. 그러나 아마도 정확한 이름은 코라고스(Korrhagos)일 것이다.

졌다. 디옥시포스는 몸을 슬쩍 움직여서 그 투창을 피하고, 상대방이 왼손에 있는 창을 오른 손으로 옮기기 전에 펄쩍 뛰며 달려들어 몽둥이로 창을 두 조각 내놓았다. 던지는 무기를 모두 잃어버리게 된 코라타스는 칼을 뽑기 시작했다. 디옥시포스는 팔로 상대를 꽉 끌어안고는 아래에서 상대의 발을 차고, 몸을 바닥에 팽개쳤다. 그리고 상대의 칼을 낚아챈 다음, 상대가 엎어져있을 때 발로 목을 밟고 몽둥이로 가격하려는 동작을 취했다. 왕이 그를 제지하지 않았더라면 아마 그는 패배한 적을 몽둥이로 부숴 놓았을 것이다.[474)]

이 경기의 결과에 대해 마케도니아 인들은 물론이고, 특히 이민족들이 관전하고 있었기 때문에 왕도 기분이 좋지 않았다. 그는 마케도니아 인의 용맹이 웃음거리가 된 것에 대해 후회했다. 이런 이유 때문에 왕은 질시에 찬 경쟁자들의 중상에 쉽게 넘어가게 되었다. 며칠 뒤, 연회석상에서 의도적으로 금잔이 감추어졌고, 시중을 드는 자들이 왕에게 와서 실제로는 자신들이 숨겨놓은 금잔을 잃어버렸다고 고했다. 사람들은 정말로 잘못했을 때 보다 황당한 상황에서 더 정신을 못 차리는 경우가 많다. 디옥시포스는 사람들이 자신을 도둑으로 낙인찍고 쳐다보는 것을 견디어 낼 수 없었다. 그는 연회장을 물러 나가 왕에게 보내는 편지를 쓰고 칼로 자결하였다. 알렉산드로스는 그가 자결한 것이 회개의 뜻 이라기보다는 분개해서라고 믿었기에 매우 마음이 아팠다. 특히 그가 고발된 것이 잘못되었다는 것이 밝혀졌을 때, 그의 경쟁자들이 지나치게 환호작약하는 모양을 보아서 더욱 그러했다.

---

474) 디오도로스 시쿨루스, 『역사 도서관』 17권 100장 5절에서는 이 싸움을 신들의 전투에 견주었다. 마케도니아 인 코라타스는 군신 아레스, 그리스 인 디옥시포스는 헤라클레스에 비유했다.

8. 인디아 인들의 사절들이 돌아가고 며칠 뒤, 그들은 선물을 보내왔다. 이 선물은 300명의 기병, 각기 네 마리의 말들이 나란히 끄는 1,030대의 전차, 상당한 양의 아마포, 1,000개의 인디아 방패, 100탈란톤의 하얀 금속, 보기 드물게 큰 사자와 호랑이들, - 이 두 종류의 짐승은 잘 조련되었다 - 큰 도마뱀의 가죽들, 거북 껍질들이었다. 알렉산드로스는 크라테로스에게 자신이 항해해 가려고 하는 강 하류에서 많이 떨어지지 말고 병력을 데리고 떠나라고 지시했다. 스스로는 평상시에 자신과 함께 행동하던 자들을 데리고 배들에 올라 하류로 항해하여 말리아 인의 땅[475]으로 향했다.

그는 그곳에서 인디아의 강력한 부족인 삼바그라이(Sambagrae)[476]족의 땅으로 갔다. 이들은 왕이 다스리지 않고 백성들의 의지에 의해 통치된다. 그들의 병력은 보병이 6만 명, 기병이 6,000명이며 전차 500대도 같이 하고 있었다. 그들은 전쟁에서 무용이 뛰어난 자들 세 명을 자신들의 지도자로 뽑았다. 강 인근 평야에 사는 이들 - 이들은 특히 강둑에 많은 마을이 있다 - 은 시야에 들어오는 강 전체에 배들이 가득 차 있고, 많은 병사들의 무기가 번쩍이는 것을 보고 그 놀라운 광경에 간담이 서늘해져 신들의 군대와 '자유의 아버지' - 이들 부족들 사이에 잘 알려져 있었다 - 가 같이 오고 있다고 믿게 되었다. 그래서 병사들의 고함 소리, 노 젓는 소리, 노잡이들이 서로를 격려하며 지르는 중구난방의 외침 소리가 귀를 멍하게 하자 두려움에 휩싸였다. 그들은 떼를 지어 무기를 가지고 있는 병사들에

475) 아마도 오늘날의 물탄(Multan)일 것이다.

476) 디오도로스 시쿨루스, 『역사 도서관』 17권 102장 1절에서는 삼바스타이(Sambastai)라고 부른다.

게 달려가 자신들이 미친 것 같고, 이제 신들과 싸워야 하며, 무적의 전사들을 싣고 오는 배들이 수도 없이 많다고 소리 질렀다. 그들이 자기네 병사들에게 이런 큰 두려움을 퍼뜨린 바람에 병사들은 항복하기 위한 사절단을 보냈다.

알렉산드로스는 이들의 항복을 받아들이고, 4일 째 되는 날, 또 다른 부족의 땅에 도착하였다. 이들은 다른 부족들 보다 용기가 더 부족하였다. 따라서 알렉산드로스는 그곳에 도시를 하나 건설하고 그곳에 알렉산드리아라는 이름을 붙인 후, 무시카니(Musicani)[477]라고 불리는 부족의 땅으로 들어갔다. 이곳에서 그는 파라파미사다이 인의 태수로 임명했던 테리올테스(Terioltes)[478]를 재판하였다. 파라파미사다이 인들이 그를 알렉산드로스에게 고발했던 것이다. 알렉산드로스는 그가 탐욕스럽고 전제적인 행동들을 많이 저질렀다는 것을 밝혀내고 그를 처형하였다. 박트리아 태수인 옥시아르테스는 무죄였을 뿐 아니라, 알렉산드로스가 그를 아꼈으므로[479] 더 넓은 땅을 다스리게 하였다.

알렉산드로스는 무시카니 족을 항복시키고, 그들의 도시에 수비대를 주둔시킨 다음 또 다른 인디아 부족인 프라이스티(Praesti) 족의 영토로 갔다. 그들의 왕 포르티카누스(Porticanus)[480]는 많은 병사

---

477) 그들의 왕인 무시카노스(Musikanos)의 이름을 딴 것이다.(디오도로스 시쿨루스, 『역사 도서관』 17권 102장 5절 및 아리아노스, 『알렉산드로스 대왕 원정기』 6권 15장 5절 참조)

478) 아리아노스, 『알렉산드로스 대왕 원정기』 4권 22장 5절 및 6권 15장 3절에서는 그를 티리에스피스(Tyriespis)라고 부른다.

479) 그는 알렉산드로스의 비인 록사네의 아버지였다.

480) 아리아노스, 『알렉산드로스 대왕 원정기』 6권 16장 1절에서는 옥시카노스(Oxykanos)라고 기록한다.

들과 함께 잘 방어된 도시 안에서 농성했으나, 알렉산드로스는 공성을 시작한 지 이틀 만에 함락시켜 버렸다. 포르티카누스는 요새로 도망쳐서 대변인들을 보내 항복 조건을 논의하게 하려 했다. 하지만 그들이 알렉산드로스에게 가기도 전에 두 개의 탑이 커다란 소리를 내며 무너져 내렸고, 마케도니아 병사들은 그 잔해 사이로 요새로 들어갈 수 있었다. 요새가 함락된 후, 포르티카누스는 몇 명의 측근과 함께 저항하다가 죽었다.

알렉산드로스는 그 요새를 무너뜨리고 포로들을 모두 노예로 팔아 버린 다음, 삼보스(Sambos)[481] 왕이 다스리는 땅으로 들어섰다. 그는 그 부족의 여러 도시들의 항복을 받아내었고, 땅굴을 파서 들어가는 방법으로 가장 강력한 도시를 함락시켰다. 군사 작전에 대한 경험이 전혀 없었던 이민족들은 [적이] 통로를 파고 있다는 전조도 없었는데, 갑자기 도시 가운데의 땅에서 무장한 병사들이 쏟아져 나오자, 이를 거의 기적처럼 받아들였다. 클레이타르코스에 따르면 이 지역에서만 8만 명의 인디아 인들이 학살되었고, 많은 포로들이 노예로 팔려갔다. 무시카니 족이 다시 반란을 일으켰기에 피톤(Pithon)이 그들을 쳐부수기 위해 파견되었다. 그는 반란의 지도자이기도 했던 그 부족의 족장을 사로잡고 알렉산드로스 앞에 압송하였다. 알렉산드로스는 그를 십자가에 매달아 처형하고, 지시해두었던 함대가 기다리고 있는 강으로 돌아갔다.

그리고 3일 후, 그는 강을 타고 내려가 삼보스가 다스리는 영역의

481) 디오도로스 시쿨루스, 『역사 도서관』 17권 102장 6절, 아리아노스, 『알렉산드로스 대왕 원정기』 6권 16장 3절 참조. 한편 플루타르코스, 「알렉산드로스 전」 64장 1절에서는 그를 사바스(Sabbas)라고 부른다.

끝에 있는 도시로 갔다. 삼보스는 최근에 항복했으나, 그 도시의 주민들은 그의 권위를 받아들이기를 거부하고 도시의 성문을 닫아걸었다. 그들이 수가 적어서 경멸하게 된 알렉산드로스는 아그리아네스인 부대 500명에게 성벽 앞까지 진격했다가 서서히 후퇴하면서 적을 성 밖으로 유인하라고 일렀다. 만약 그들이 아그리아네스 부대가 도망친다고 판단하면 반드시 쫓아올 것이기 때문이었다. 아그리아네스인 부대는 지시받은 대로 적을 공격하다가 갑자기 등을 보이고 도망쳤다. 그들을 바짝 쫓아온 이민족들은 알렉산드로스 왕도 포함되어 있는 다른 부대의 매복에 걸렸다. 전투가 재개되자, 3,000명의 이민족 중에서 600명이 전사했고, 1,000명이 포로가 되었으며 나머지는 도시 안으로 도망쳐 들어갔다. 하지만 이 승리는 결과를 놓고 보았을 때, 처음 생각했던 것처럼 기분 좋은 것은 아니었다. 이민족들이 칼에 독을 묻혀 놓았기 때문이다. 마케도니아 부상병들은 빠르게 연이어 죽어갔다. 약간의 상처만을 입은 자들도 치료되지 않았기 때문에, 의사들조차 그 빠른 죽음에 손을 쓸 수가 없었다.

이민족들은 무모하고 주의하지 않고 싸우는 알렉산드로스가 그 희생자 중 하나가 될 것이라는 희망을 가졌다. 하지만 그는 격전의 한복판에 있었음에도 불구하고 운 좋게도 생채기 하나 나지 않았다. 왕은 프톨레마이오스 때문에 특히 걱정을 하였다. 프톨레마이오스는 어깨에 상처를 입었기 때문이다. 비록 그 상처는 가벼운 것이었지만, 상처를 입었다는 것만으로 대단히 위험했다. 그는 왕의 친척이었고, 어떤 사람들은 그가 필리포스 왕의 아들이라고 믿기도 했다. 어쨌거나 그가 필리포스의 애첩 중 한 명에게서 태어났다는 것은 분명하다.[482] 알렉산드로스의 경호대원 중 하나이며 제 일급의 전사인 프톨레마이오스는 군사적 기술보다 행정면에서 더 유명하고 재능도 더 있었다. 그의 태도는 온화하고 겸손하였으며, 비할 데 없이 관대하고 사교적이어서 왕족의 자만심은 하나도 찾아볼 수 없었다. 그의 이런 특징들을 왕이 더 사랑하는지, 아니면 동료 시민들이 더 사랑하는지 말하기 힘들 정도였다. 여하튼 간에 이 때 그는 처음으로 동포들의 사랑을 실감하였다. 그가 위험에 처해 있을 때, 보여주었던 동포들의 사랑은 대단히 커서, 마케도니아 인들이 그가 훗날 오르게 될 지위[483]를 예견하고 있었던 듯 했다.

사실 프톨레마이오스에 대한 그들의 염려는 왕의 염려에 못지않았다. 그 때, 알렉산드로스는 전투로 인해 피곤했지만 또 그를 염려하여서 자신의 잠자리를 프톨레마이오스 옆에 가져다 놓도록 명령하였다. 알렉산드로스는 자리에 눕자마자 깊은 잠에 빠져들었다. 그는 잠에서 깨어 자신이 꾼 꿈 이야기를 하였다. 꿈에서 큰 뱀이 입에 약초를 물고 그에게 나타났는데, 이 약초가 독에 대한 해독제라는 것이다. 알렉산드로스는 누군가가 발견하기만 하면 자신은 알아볼 수 있다며 그 약초의 색깔도 묘사를 하였다. 그 결과 그 약초가 찾아졌고 - 많은 사람들이 대규모로 수색하였다 - 알렉산드로스는 그 약초를 프톨레마이오스의 상처에 붙였다. 그러자 즉시 고통이 사라졌고, 얼마 안가 상처는 아물었다. 이민족들은 그들이 가졌던 희망이 사라지자, 항복하였다.

마케도니아 군은 이곳에서 인근 부족의 도시인 파탈리아(Patalia)로 갔다. 그들의 왕 모이리스(Moeris)[484]는 도시를 버리고 산지로 도

482) 그의 아버지는 라고스이지만, 어머니 아리스노에(Arisnoe)는 마케도니아 왕가의 일원이었다는 말이 있다. 프톨레마이오스 스스로가 자신이 필리포스 왕의 서자라는 소문을 부추겼을 가능성도 있다.

483) 그는 후일 이집트의 왕이 되어 프톨레마이오스 왕조를 개창했다.

망쳤다. 그리하여 알렉산드로스는 도시를 점령하고 인근 지역을 약탈하였다. 마케도니아 군은 이곳에서 엄청난 양과 소를 전리품으로 획득하였고, 엄청난 양의 곡식도 얻었다. 이후 알렉산드로스는 강을 잘 아는 안내인들을 데리고  대략 중류쯤에 있는 섬으로 강을 타고 내려갔다.

9. 안내인들이 허술한 경비를 틈타 도망쳐 버렸기 때문에 알렉산드로스는 그 섬에 더 머물러야만 했다. 그는 다른 안내인들을 찾으려고 부하들을 보냈지만, 아무도 찾을 수 없었다. 그는 대양을 보고, 세상 끝까지 가겠다고 집착에 가까운 열망을 품고 있어서 그 지역을 아는 안내인도 없이 자신의 생명과 많은 용맹한 전사들의 안전을 알지 못하는 강에 의지한 채로 항해해 가야 했다. 이렇게 하여 그는 자신이 통과하는 지역에 대해 전혀 무지한 채로 항해하였다. 바다에서 얼마나 떨어져 있는지, 그 지역에는 어떤 종족들이 거주하는지, 강어귀는 얼마나 잔잔한지, 어디까지 전선을 타고 항해해 갈 수 있는지 등의 모든 것에 대해서 그저 위험하고 맹목적인 어림짐작을 바탕으로 예측할 수밖에 없었다. 이 무모한 원정에서 그저 한 가지 위안이 되는 것은 변하지 않고 계속되는 행운일 뿐이었다.

80Km 정도 더 항해해 갔을 때, 키잡이들은 알렉산드로스에게 바다 공기 냄새를 맡을 수 있으니 대양이 머지않은 곳에 있을 것이라고 보고하였다. 기뻐한 알렉산드로스는 노잡이들에게 그들이 일심으로 기도했던 바, 이 노고의 끝이 다가왔으니 열심히 노를 저으라고 독촉하기 시작했다. 그는 이렇게 말했다 : “이제 영광스러운 기록이

---

484) 헤디케는 소이리스(Soeris)로 해독하였다.

완성되어 가고 있다. 이제 앞으로 남은 여정에서는 그대들의 용기를 시험할 일이 없다. 우리는 이제 더 이상 피를 흘리거나 아레스 신의 결정(즉, 전쟁)을 기다릴 일도 없이 세상의 끝까지를 다 정복해 가고 있다. 자연의 여신조차도 더 이상은 가실 수 없을 것이다. 이제 머지않아 그대들은 불멸의 신들을 제외하고는 아무도 알지 못하던 곳을 보게 될 것이다." 그럼에도 불구하고 그는 몇 명의 부하를 작은 배에 태워 강둑으로 보내 주변을 돌아다니며 농부들을 몇 명 데려오도록 했다. 그는 그 농부들에게서 이 지역에 대한 좀 더 자세한 정보를 얻고 싶어 했기 때문이다. 병사들은 오두막집들을 모두 뒤져 숨어있던 몇 명의 지역 주민들을 찾았다. 주민들은 바다에서 얼마나 떨어져 있느냐는 질문을 받자, 바다 같은 건 생전 들어본 적도 없지만 이틀만 더 가면 맑은 물을 망치게 하는 쓴 맛이 나는 물이 있는 곳에 이르게 된다고 말했다. 마케도니아 병사들은 주민들이 알지 못하고 언급하는 것이 바로 바다라는 것을 알아차렸다. 그래서 노잡이들은 활력이 넘쳐 노를 저었고, 날이 가면서 그들이 바라마지 않던 목적지에 가까워지자 열정도 더 커졌다. 이틀 후, 그들은 바닷물과 강물이 거칠지 않은 조류로 인해 서로 섞이는 곳에 도착했다. 그리고 강 가운데 있는 섬에 천천히 다가갔다. 조류로 인해 속도를 늦춰야 했기 때문이다. 그들은 섬에 함대를 정박시키고, 식량을 수색하기 시작했다. 갑자기 그들을 습격하게 되는 재난에 대해서는 전혀 생각지도 못했다.

세 번째 교대 시간쯤 되어서 정기적으로 변화하던 대양의 조류가 강물을 밀어 내면서 밀어 닥치기 시작했다. 처음에는 강물이 마치 붙잡힌 것처럼 보였다. 그 다음 점점 강하게 밀려가더니 내리막에서 물결이 밀어 닥치는 것보다 더 강한 힘으로 뒤로 가기 시작했다. 바다의 생태에 대해서는 전혀 알지 못하는 병사들은 불가사의한 조짐과 신들의 분노를 목격하고 있다고 생각했다. 시간이 지나면서 바닷물은 점점 불어나서 바로 전까지 마른 땅이었던 곳에 쏟아져 들어왔다. 이제 배들은 조류에 의해 들어 올려 졌고, 함대 전체는 흩어져 버렸다. 강변에 나가 있던 사람들은 이 예견하지 못했던 재난에 두려움을 느끼면서 사방에서 배로 달려왔다. 하지만 이리도 혼란의 시기에 서둘러서 오히려 더 불편한 일들이 벌어졌다. 일부는 장대로 배를 밀어내려 했고, 다른 일부는 노를 제대로 저을 수 없게 자리를 잡고 있었으며, 또 어떤 이들은 같이 타야만 하는 사람들도 젖혀 둔 채 서둘러 배를 움직여서 잘 움직이지도 않고 통제할 수도 없는 배들을 움직이느라 쩔쩔매고 있었다. 한편 다른 배들은 아무 생각 없이 달려드는 자들을 다 태울 수가 없었다. 이렇게 하여 서두르는 바람에 어떤 배는 사람을 너무 많이 태워서, 또 어떤 배는 너무 적게 태워서 잘 움직이질 못했다. 한쪽에서는 기다리라고 외치는 소리가 들리고, 다른 쪽에서는 계속 나아가라는 외침이 들려와 소리들이 서로 뒤엉켜 일사불란한 행동을 취할 수 없게 되어 눈뿐만이 아니라 귀까지 혼란스럽게 만들고 있었다. 심지어 키잡이들도 도움이 되어 줄 수 없었다. 혼란의 와중에서 그들의 외침은 병사들에게 들리지 않았다. 어쨌거나 병사들은 공포와 당황으로 그 지시들을 수행할 수 없었다.

배들이 서로 얽혀 있었기 때문에 서로 충돌하거나, 다른 배의 노를 꺾기 일쑤였다. 누군가 이 광경을 보았다면 함대 하나가 물위에 있는 것이 아니라, 두 해군이 해전을 벌이고 있다고 생각했을 것이다. 뱃머리들이 다른 배들의 뒷부분을 들이 받는가 하면, 앞에서 서로 얽혀 있는 사이에 뒤에서 다른 배에 들이받히기도 하였다. 일이 잘 안 풀려 나가자 선원들은 말다툼을 하다가 서로 주먹질을 하기도 하였다.

이 때, 조류가 밀어닥쳐 강 근처의 평지들은 모두 물에 잠겼고, 몇몇 언덕의 정상들만 마치 조그만 섬들처럼 물위에 나와 있었다. 대부분의 병사들은 공포감에 배를 버리고 그 곳들로 재빨리 헤엄쳐갔다. 함대는 흩어져서 얼마 전에 낮은 계곡이었던 깊은 물에 들어가거나, 다른 곳보다 높은 지대여서 이제는 얕은 물이 되어버린 곳에 가서 걸리기도 하였다. 그런데 그들은 이제 갑자기 이전보다 더 큰 새로운 공포에 휘말리게 되었다. 바다가 썰물이 되기 시작하면서 물결이 강력하게 예전 자리로 되 물러갔고 조금 전까지 깊은 바다에 가라앉아 있던 땅들이 드러났다. 어떤 배들은 높은 땅에 뱃머리를 쳐들고 곤두박질 쳐 있었고, 다른 배들은 옆구리를 보이며 나뒹굴어 있었다. 땅에는 짐과 무기들, 배에서 부서져 나온 판자조각들과 노들이 여기저기 널려 있었다. 병사들은 감히 배에서 내리지도, 배에 머물러 있지도 못했다. 그들은 매 순간마다 지금의 재난보다 상황이 더 악화될 것이라고 생각했다. 그들은 지금 일어났던 일을 보는 자기 눈을 의심하였다. 마른 땅에서 난파되고, 강에서 바다를 겪었다니! 그러나 그들이 겪은 것은 이것이 전부가 아니었다. 그들은 조수가 곧 다시 밀어닥쳐 배를 다시 띄울 지 어떨지 알지 못하였기에 굶주림과 극심한 궁핍이 닥쳐올 것을 예상하였다. 또 조수가 지나가고 나서 주변을 돌아다니는 바다 괴물들 때문에 무서워하기도 했다.

이 때, 밤이 다가오고 있었는데, 왕은 안전하지 못할 것이라고 생각하고 있어서 매우 괴로워했다. 하지만 알렉산드로스는 불굴의 정신력을 가지고 있었다. 그리하여 걱정이 많이 되긴 했지만, 그는 밤을 새워 사태를 관찰하고, 기병들을 강어귀로 보내어 만약 조수가 다시 덮쳐 오면 빠르게 귀환하라고 지시하였다. 그는 또 지시를 내려 상한 배들을 수리하게 하고, 엎어진 배들은 바로 세우게 했으며, 바닷물이 다시 한 번 땅을 덮으며 들이닥칠 때를 대비하여 주의하라고 병사들에게 일렀다. 그는 밤을 꼬박 새우며 계속 경계하고, 병사들을 독려하였다. 그 때, 앞에 보냈던 기병들이 전력을 다해 달려오고 있었는데, 그 바로 뒤에는 조수가 빠르게 밀려오고 있었다. 밀려온 바닷물은 배들을 부드럽게 밀어 올려 띄웠고, 순식간에 평지가 물이 들어차면서 함대가 다시 움직일 수 있게 되었다. 강변과 강둑에 있던 병사들과 선원들은 예상치 않게 살아날 길이 생겨 기쁨에 겨워 환호했다. 그들은 기뻐하면서 어제 사라졌던 바다가 어디에서 갑자기 돌아왔는지, 시간의 법칙을 거스르기도 하고 따르기도 하는 이 요소의 본질이 무엇인지에 대해 끊임없이 의문을 제기하였다. 알렉산드로스는 일어난 상황을 보고 해가 뜬 다음에 밀물이 시작되는 것을 예상해 내었다. 그래서 그는 밀물 때를 계산하여 한 밤중에 몇 척의 배를 강 하류로 보냈다. 강어귀를 지나쳐 80Km 정도 가서 바다에 도착한 알렉산드로스는 드디어 가슴에 간직했던 염원을 성취하였다. 그는 바다와 지역의 수호신들께 희생제를 올리고 함대로 돌아갔다.

10. 이제 함대는 강을 거슬러 올라갔고, 그 다음 날에는 소금 호수 근처에 정박하였다. 이 호수의 특성을 몰랐기 때문에 몇몇은 멋모르고 물에 뛰어 들었다가 피부병이 생겼고, 다른 사람들에게까지 전염시켰다. 치료법은 기름을 바르는 것이었다. 이 지역은 건조했기 때문에, 레오나토스가 본대가 진군할 것 같은 육로에 우물들을 파기 위해 먼저 파견되었다. 알렉산드로스는 봄이 오길 기다리며 군대와 함께 주둔하였다. 그 동안 그는 여러 도시를 세웠다. 또 그는 능숙한 뱃사람들인 네아르코스(Nearchos)와 오네시크리토스(Onesikritos)[485]를 시켜 가장 튼튼한 함선들을 가지고 강을 따라 내려가 대양으로 가

서, 안전이 보장되는 한 가장 멀리까지 나가 바다의 특성을 조사해 보라고 명하였다. 그리고 귀환을 원할 때에는 같은 강을 거슬러 돌아오든지, 아니면 유프라테스 강을 거슬러 오라고 말했다.

이제 겨울도 거의 다 지나가게 되었다. 알렉산드로스는 쓸모없어 보이는 배들을 불태우고 육로로 진군하였다. 그는 9일을 진군하여 아라비테스(Arabires) 족이 사는 지역에 이르렀고, 다시 9일을 더 가서 케드로시아(Kedrosia) 족이 있는 곳에 도달했다. 독립적인 국가를 이루어 살던 부족인 케드로시아 족은 회의를 연 후, 항복했다. 알렉산드로스는 그들의 항복을 받고 식량만을 징수하였다. 4일 후, 알렉산드로스는 현지인들이 아라비오스(Arabios)[486]라고 부르는 강에 도착하였다.[487] 그리고 건조한 황무지를 지나 호리타이(Horitae) 족이 사는 곳으로 갔다.[488] 그는 이곳에서 군대를 나누어 주력부대는 헤파이스티온에게 맡기고, 경무장 부대는 자신과 프톨레마이오스, 레오나토스가 지휘하기로 했다. 이렇게 하여 나눈 세 경무장 부대는 인디아 인들을 약탈하고 값나가는 약탈품들을 운반하였다. 프톨레마이오스는 해안 지역을 불태웠고, 알렉산드로스와 레오나토스는 다른 지역들을 맡아 방화하였다. 또 알렉산드로스는 이 지역에 도시를 건설하고 아라코시아 인을 살게 하였다.

알렉산드로스는 이곳을 떠나 해안가에 사는 인디아 인들에게로

---

485) 플루타르코스, 「알렉산드로스 전」 66장 4절에 따르면 네아르코스는 제독이고, 오네시크리토스는 수석 키잡이였다. 한편 아리아노스, 『알렉산드로스 대왕 원정기』 6권 2장 3절에서는 오네시크리토스가 자신이 쓴 역사책에서 자신은 키잡이였지만 함장으로 임명되었다는 주장을 했다고 전한다.

486) 오늘날의 푸랄리(Purali) 강일 것이다.

487) 아리아노스, 『알렉산드로스 대왕 원정기』 6권 21장 4절 참조.

488) 이들은 다른 자료들에서 보통 오레이타이(Oreitai)라 불린다.

갔다. 그들은 넓고 고립된 황무지에 살고 있었는데, 가장 가까이 사는 부족들과도 결코 교역을 하지 않았다. 그들은 원래부터 격렬한 기질을 가진 사람들인데 고립되어 사느라 더 야만스러워 졌다. 그들은 손톱을 깎지 않아 손톱이 매우 길고, 덥수룩하며 결코 이발을 하지 않았다. 그들은 자기들이 살고 있는 오두막을 조개와 조수가 남기고 간 다른 것들로 장식하였다. 옷은 짐승가죽으로 만들어 입었고, 말린 물고기와 썰물 때 해변에 남은 좀 더 큰 바다 짐승들의 고기를 먹고 살았다. 식량이 떨어져서 마케도니아 군은 처음으로 식량 부족과 기아를 경험하게 되었다. 그들은 그 지역에서 자라는 야자나무 뿌리 - 다른 나무는 자라지 않았다 - 를 얻기 위해 샅샅이 뒤졌고, 그런 식으로 연명하는 것도 할 수 없게 되자 심지어는 말까지도 남겨두지 않고 수송용 짐승들을 도살하였다. 그리하여 짐을 가져갈 수 없게 되자, 그들은 동방의 가장 먼 곳까지 오면서 적에게서 빼앗은 전리품들을 불태우기 시작했다.

기아에 시달리는 와중에 전염병까지 돌았다. 건강에 좋지 않은 음식의 이상한 즙을 마신데다가 행군의 피로와 정신적인 의기소침까지 겹쳐 질병이 만연하게 된 것이다. 그 자리에 남아 있거나, 진군하는 것 모두 재난을 야기할 수 있었다. 만약 머물게 된다면 굶주림에 시달릴 것이고, 진군한다면 전염병의 기세가 더 강해질 것이었다. 그 결과 들판에 거의 다 죽어가는 자들이 잔뜩 누워 있게 되었다. 그리고 많이 아프지 않은 자들도 빠르게 행군해 가고 있는 대열을 쫓아갈 수 없었기 때문에, 병사들 각자는 서둘러 조금이라도 더 걸어야 살 희망이 조금이라도 더 있다고 생각하게 되었다. 길에 쓰러진 병사들은 아는 사람이건 모르는 사람이건, 자신을 도와 일으켜 달라고 애걸하였다. 하지만 그들을 태우고 갈 수송용 짐승들도 없었고, 다른 병사들 역시 자신들의 무기도 추스르기 힘든 형편이었다. 게다가 그들 앞에 벌어지고 있는 대재난은 그들 역시 위협하고 있었다. 그래서 동료들이 부르는 소리가 종종 뒤에서 들려도 쳐다보지도 못했다. 동정은 이제 공포로 변해 있었다. 뒤에 남겨진 이들은 지켜보시는 신들을 부르고, 그들이 모두 믿고 있는 종교 의식에 호소하며, 왕에게 도와달라고 애걸하였다. 하지만 사람들이 들으려 하지 않아 헛되이 부르짖고 있다는 것을 알게 되자, 절망이 분노로 바뀌어 동료들도 비슷한 상황에 처하게 되어 비슷한 친구들과 동료들을 갖게 되라고 저주하였다.

알렉산드로스는 그 참상에 책임감을 갖게 되어 슬픔과 부끄러움을 동시에 느꼈다. 그는 파르티아의 태수 프라타페르네스에게 조리한 음식을 낙타에 실어 오라고 명령을 보냈고, 인근 지역의 태수들에게도 자신들이 겪고 있는 어려움을 알렸다.[489] 그들은 지체하지 않고 도움을 주었다. 그리하여 적어도 기아에서는 구해진 마케도니아 군은 마침내 케드로시아 지역에 들어섰다. 이 지역은 근방에서 모든 물산이 풍부한 유일한 지역이었다. 알렉산드로스는 이곳에 진영을 세우고 힘들고 지친 병사들을 휴양하게 하였다. 여기서 그는 레오나토스의 편지를 받았다. 레오나토스는 8,000명의 보병, 400명의 기병으로 이루어진 호리타이 부족과 전투를 벌여 승리를 거두었다고 써서 보내왔다.[490] 그리고 크라테로스로 부터의 편지도 도착하였

489) 디오도로스 시쿨루스, 『역사 도서관』 17권 105장 7절에 따르면 알렉산드로스는 세미라미스와 키로스에 대한 경쟁심에서 케드로시아 지역을 통과하는 길을 선택했다. 세미라미스와 키로스는 모두 인디아에서 돌아오는 길에 큰 곤경을 겪었다.

490) 아리아노스, 『인디카』 63장 5절에 의하면 레오나토스가 이끈 부대는 6,000명의 적을 죽였고, 아군의 전사자는 기병 15명과 보병 약간 명이었다고 한다.

다. 이 편지에 따르면 오지네스(Ozines)와 자리아스페스(Zariaspes)라는 두 명의 페르시아 귀족이 반란을 기도했으나, 자신이 그들을 체포하여 구금해 두었다고 했다.

알렉산드로스는 이 지역의 태수였던 메논이 최근 병사했기 때문에 시비르티오스(Sybirtios)로 하여금 이 지역을 맡도록 했고, 자신은 카르마니아(Karmania)로 갔다.[491] 이 지역의 태수는 아스타스페스(Astaspes)[492]로서 알렉산드로스가 인디아에 가 있는 사이 반란을 기도했다는 혐의를 받고 있었다. 알렉산드로스는 자신을 만나러 온 아스타스페스에게 분노를 감추고 좋게 말을 해 준 다음, 그에 관한 보고를 검토해 볼 때 까지 직책을 유지시켜 주었다.

지시를 받은 지방 태수들은 각기 자신들이 맡은 지역 모두에서 엄청난 양의 말과 수송용 짐승들을 보내왔다. 알렉산드로스는 짐을 잃은 병사들에게 전리품을 다시 나누어주었다. 그리고 무기도 다시 원래의 좋은 것으로 지급해 주었다. 그들은 지금 부유하고 평화로워진 페르시아에서 멀지 않은 곳에 있었기 때문이다. 이제 자부심이 인간의 경지를 넘어 하늘을 찌르게 된 알렉산드로스는 '자유의 아버지'가 저들 민족들에게 얻어낸 영광과 경쟁할 마음을 품었을 뿐 아니라, 그가 행했던 개선행렬과도 겨루려 했다. 그 개선행렬이 원래 디오니소스에 의해 창안되었는지, 아니면 그저 디오니소스의 사제들의 오락거리에 불과했든지 간에. 그는 길목에 있는 마을들에 명령을 내려 꽃과 화관들을 길에 뿌려 놓도록 했고, 포도주를 채운 주발 및

491) 아리아노스, 『알렉산드로스 대왕 원정기』 6권 27장 1-2절에서는 약간 다르게 설명하고 있다. 시비르티오스는 카르마니아의 태수였고, 케드로시아와 아라코시아 태수를 맡게 되었다는 것이다.

492) 아스타스페스는 다레이오스 3세가 임명한 태수였을 것이다.

특별히 큰 용기들을 집집마다 문간에 놓아두도록 했다. 그리고 마차들을 두꺼운 판자들로 덮어 많은 병사들을 태울 수 있도록 했고, 일부는 하얀 휘장으로 다른 일부는 값비싼 벽걸이들로 둘러쳐서 천막처럼 보이게 만들었다.

알렉산드로스의 친구들과 왕가의 일원들이 머리에는 여러 종류의 꽃으로 짠 화관을 쓰고 맨 앞에서 행진하였다. 한 쪽에서는 플루트 주자들이 연주하고 있었고, 다른 쪽에서는 수금 주자들이 연주하고 있었다. 군대는 각자 할 수 있는 대로 멋지게 장식한 마차를 타고 그 행차에 합류했고, 병사들 각각은 자신들이 구할 수 있는 가장 멋진 무기를 들고 있었다. 알렉산드로스와 그의 술친구들은 금으로 만든 그릇과 거대한 금잔들을 실은 마차에 타고 있었다. 이런 식으로 마케도니아 군은 7일간 취하여 행진하였다. 만약 정복당한 종족들이 취하여 흥청거리는 병사들을 공격할 용기만 있었더라면 그들을 이길 수 있었을 것이다. 만약 멀쩡한 정신의 병사들이 1,000명만 있었어도 7일간 취해 있었던 이들을 공격하여 사로잡을 수 있었을 것이다. 그러나 명성과 가치를 행동에 부여하시는 운명의 여신께서는 군대의 이런 불명예스러운 행동까지도 영광으로 바꾸어 놓으셨다. 당시 사람들과 후인들은 아직 완전히 복속시키지도 않은 종족들 사이에서 취하여 행진한 것에 대해 놀라워했고, 이민족들은 이 무모한 행동을 자신감의 소치라고 간주하였다. 이 화려한 볼거리가 끝나고 나서는 사형집행인이 나타났다. 앞서 언급했던 태수 아스타스페스가 사형을 언도받았기 때문이다. 사치스러움과 잔인함은 서로 배척하지 않는다더니 정말 그랬다.

# 제 10권

1. 이때 쯤, 왕이 명령을 내려 파르메니온을 살해하게 했던 클레안드로스, 시타클레스, 헤라콘(Herakon), 아가톤이 도착하였다.[493] 그들은 5,000명의 보병과 1,000명의 기병도 같이 데리고 왔다. 또한 그들이 다스렸던 여러 지방에서 그들에 대한 고발장을 가지고 온 사람들도 있었다. 알렉산드로스는 그들이 암살을 자행한 일에 대해 만족스러워 했지만, 그로써 이들이 행한 모든 범죄가 상쇄되는 것은 아니었다. 그들은 세속적인 영역에서 모든 것을 약탈했을 뿐만 아니라, 성스러운 물건들에 대해서도 손을 대는 것을 주저하지 않았다. 또 그들은 높은 신분의 아가씨들과 부인들에 대해 성폭행을 가하여 그 여성들이 몸이 망쳐진 것에 대해 비탄에 잠기게 만들었다. 이들이 탐욕스럽고 호색하게 행동하여 이민족들은 마케도니아라는 이름을 혐오하게 되었다. 그들 중 가장 호색하고 잔인하게 행동한 이는 클레안드로스였다. 그는 고귀한 신분의 아가씨를 성폭행 한 다음, 자신의 노예에게 그 아가씨를 첩으로 주었다.

알렉산드로스의 친구들 대부분은 공개적으로 고발된 흉행(兇行)보다는 왕 앞에서 그들이 스스로를 변호할 때 은근히 도움이 될 사실, 즉 파르메니온을 살해한 일에 대해 관심을 더 가지고 있었다. 알렉산드로스의 친구들은 이제 왕의 분노의 도구로 사용된 이들에게 왕의 분노가 돌아갔고, 범죄를 저질러 얻은 권력은 오래 가지 못한다는 사실에 기뻐했다.

---

493) 7권 2장에서는 클레안드로스 만이 언급되었다. 한편 다른 자료들에서는 헤라콘이 언급되지 않았다.

사건을 조사한 알렉산드로스는 고발자들이 한 가지 중요한 사실을 빼먹었다고 선언했다. 즉, 가장 큰 죄는 이들이 알렉산드로스가 돌아오지 못하리라고 생각한 것이었다. 만약 그들이 알렉산드로스가 인디아에서 무사히 귀환하기를 원했거나, 무사히 귀환할 것이라고 믿었다면 그런 범죄를 저지를 리가 없었기 때문이다. 그리하여 알렉산드로스는 이들을 구금하게 하고, 이들이 범죄를 저지를 때 손발이 되었던 600명의 병사들은 처형하도록 했다. 같은 날, 페르시아 반란의 주모자들로 크라테로스가 압송해온 자들도 역시 처형되었다.[494]

그 직후에 알렉산드로스가 대양에서 조사 활동을 지시했던 네아르코스와 오네시크리토스가 도착하였다. 그들은 부분적으로는 풍문에 의해 알게 되었던 정보들과 자신들이 직접 조사한 정보들을 가지고 왔다. 그들에 따르면 강어귀 가까운 곳에 섬이 하나 있는데 이곳에서는 금이 많이 산출되지만 말은 없다고 하였다. 또 이 섬에 사는 이들은 본토에서 물건들을 싣고 온 사람들에게 물건 당 1탈란톤씩을 주고 사들인다고 했다. 한편 그들은 바다에서 조수가 밀려들 때면 바다괴물이 들어오는데, 그 몸체의 크기는 큰 배만이나 하다고 주장하였다. 이 짐승들은 배가 따라가면서 나팔 소리를 크게 내면 물속으로 잠수하여 마치 배가 가라앉을 때 내는 것 같은 큰 소리를 낸다는 것이다.

그들은 현지 주민들에게서 들은 다른 정보도 가져왔다. 그 중에는 홍해가 일반적으로 알려진 것처럼 색깔 때문에 그런 이름이 붙은 것이 아니라 에리트로스 왕의 이름에서 나온 것이라는 주장도 있었다.[495] 한편 본토에서 멀지 않은 곳에 섬이 하나 있는데, 그 섬에는

494) 앞서 언급되었던 오지네스와 자리아스페스이다.

야자나무가 빽빽이 자라고 있으며, 숲 중간에는 높은 기둥이 하나 서 있다고 했다. 이 기둥은 에리트로스 왕의 무덤을 표시하는 것으로서 그 지역 주민들이 사용하는 문자들이 새겨져 있다는 것이다. 그들은 또 금이 있다는 소식을 들은 상인들이 탄 배들도 그 섬에 건너갔는데, 그 이후에는 다시 보이지 않았다는 말도 덧붙였다. 더 많은 소식을 알고 싶어진 알렉산드로스는 그들에게 함대를 이끌고 유프라테스 강어귀가 나올 때까지 해안을 따라 항해해 가라고 명하였다. 그 다음에는 강을 타고 거슬러 올라가 바빌론으로 가라고 하였다.

끝간데 모르는 야망을 품고 있던 알렉산드로스는 동방의 해안 지대 전부를 복속시킨 뒤, 시리아에서 아프리카로 출정하기로 했다. 카르타고 인을 미워하기 때문이었다, 그리고 누미디아 사막을 넘어 가데스(Gades)로 진로를 잡았다. 헤라클레스의 기둥이 그곳에 있다고 알려져 있기 때문이었다. 그리고 그 다음으로는 그리스 인들이 히베로스(Hiberos) 강의 이름을 따서 히베리아(Hiberia)라고 부르는 스페인으로 가려 했다. 거기서 알프스(Alps)를 비껴 지나가고, 이탈리아 해안을 따라 내려가면 에피로스(Epiros) 까지 바로 항해해 갈 수 있겠다는 심산이었다.

따라서 그는 메소포타미아의 태수들에게 리바노스 산의 나무들을 베어 시리아의 도시인 타프사코스(Tapsakos) 까지 운반하라고 지시하였다. 그곳에서 700척의 배를 건조할 예정이었다. 이 700척의 배는 모두 헵테레스(*hepteres*)[496]로서 바빌론으로 가져 올 예정이었다.

---

495) 8권 9장 14절 참조.

496) 7단노선으로 번역하기도 한다. 정확한 것은 알려지지 않았다. 다만 고대에 보기 드문 큰 전선이었던 것은 분명하다. 펜테레스가 보통 300명을 태우는데 그보다 훨씬 더 클 것으로 보인다.

키프로스의 왕들에게는 청동과 구리, 종려나무와 돛들을 준비하라고 지시하였다.

알렉산드로스가 이런 일들을 준비하고 있을 때, 포로스와 탁실레스 왕이 서한을 보내왔다. 아비사레스가 자연사했으며, 알렉산드로스가 임명한 태수인 필리포스가 상처를 입어 사망했고, 그에게 상처를 입힌 자들을 처벌했다는 내용이었다. 따라서 알렉산드로스는 필리포스가 맡았던 자리에 트라키아 인들을 지휘하는 장군이었던 에우다이몬(Eudaimon)[497]을 임명하고, 아비사레스의 왕위는 그 아들에게 잇게 하였다. 다음으로 그들은 파르사가다(Parsagada)로 갔다. 파르사가다는 페르시아 한 부족의 도시로서, 그들을 다스리는 태수는 이민족들 사이에서 신분과 부로 매우 유명한 인물인 오르시네스(Orsines)였다. 그는 가계를 거슬러 올라가면 예전 페르시아의 대왕이었던 키로스의 후손이었다. 그의 부의 일부는 유산으로 물려받은 것이었지만, 나머지 일부는 오랫동안 태수로 재직하면서 스스로 모은 것이었다. 오르시네스는 알렉산드로스뿐만 아니라 그의 친구들에게도 주려는 의도로 여러 종류의 선물을 가지고 알렉산드로스를 만나러 왔다. 그는 길들인 말들, 금은으로 장식한 전차들, 값비싼 가구들, 훌륭한 보석들, 무거운 금제 식기들, 자주색 옷들과 은전 3,000탈란톤을 가지고 왔다. 하지만 그의 이렇게 관대하게 선물을 가져와서 결국 죽게 되었다. 그는 알렉산드로스의 친구들 모두에게 예상을 뛰어 넘는 선물들을 가져다주어 경의를 표시했지만, 알렉산드로스와 성관계를 맺음으로써

497) 아리아노스, 『알렉산드로스 대왕 원정기』 6권 27장 2절에서는 에우데모스(Eudemos), 디오도로스 시쿨루스, 『역사 도서관』 19권 14장 1절에서는 에우다모스(Eudamos)로 표기하고 있다. 그는 후에 포로스를 살해하고 카르디아의 에우메네스와 병력을 합쳤다. 기원전 316년 '외눈' 안티고노스에게 처형되었다.

총애를 받고 있던 바고아스라는 내시에게는 비위를 맞추려 하지 않았다. 어떤 사람이 그에게 알렉산드로스가 바고아스를 총애한다고 충고하였으나, 자신은 왕의 친구들에게 경의를 표하지, 왕의 매춘부에게 경의를 표하지 않으며, 성관계시에 여성 역할을 하는 자를 남자로 취급하는 것은 페르시아의 관습이 아니라고 대답하였다. 이 말을 전해들은 그 내시는 자신이 수치와 불명예스러운 일을 통해 얻어낸 권력을 결백한 삶을 산 뛰어난 인물을 겨냥하여 사용하였다. 그는 오르시네스의 부하들 중에서도 가장 가치 없는 자들에게 자신이 명령하는 시기에 거짓 고발을 하라고 명령하며 공작을 꾸몄다. 그러는 사이에 그는 주변에 듣는 사람이 없을 때마다 남을 쉽게 믿는 성품의 왕에게 거짓말을 속삭여 댔다. 하지만 그는 자신이 분노하는 이유를 감추었기에 왕도 그의 고발을 믿게 되었다. 그 일에 대해 눈치 채지 못하고 있던 와중에 오르시네스는 왕의 신뢰를 잃게 되었다. 숨겨진 위험이 있다는 것을 알지 못하는 가운데 몰래 중상을 당했기 때문이다. 게다가 그 수치심도 모르는 남창(男娼)은 왕과 성관계를 맺는 수치스러운 일을 하면서도, 그 때마다 자신에 대한 왕의 열정을 부추기면서 오르시네스를 중상하였다. 어떨 때는 그가 탐욕스럽다고 했고, 다른 때는 심지어 그가 반역을 기도하고 있다고도 했다.

드디어 결백한 한 사람을 파멸시키기 위한 중상이 무르익은 때가 되었다. 피할 길 없는 운명의 시간이 다가온 것이다. 그 때 마침 알렉산드로스는 키로스의 시신이 묻혀 있는 능묘를 개봉하고 죽은 자에게 경의를 표하려 하였다. 알렉산드로스는 페르시아 인들 사이에 퍼져 있는 소문대로 키로스의 능묘 안은 금과 은이 가득 들어 있을 것으로 믿었다. 하지만 주물로 만든 키로스의 방패, 스키티아 활 두 자루, 신월도 이외에는 없었다. 그러나 그의 시신이 들어 있는 관에 금관을 얹어 주고, 자신이 평상시에 입던 외투를 그 위에 덮어주었다. 그러면서 그는 그렇게 유명하고 권력이 있는 왕이 사치스러운 면에서 평민과 별다를 바 없이 묻혔다는 데 대해 놀라움을 표현했다. 알렉산드로스 옆에 있던 그 내시는 의미심장하게 쳐다보면서 이렇게 말했다 : "태수들의 집도 사방에서 긁어모은 금으로 넘쳐나는데, 왕의 능묘가 비어있다는 사실이 놀랍지 않습니까? 이 능묘를 전에 본적은 없지만, 전에 다레이오스에게서 키로스와 함께 3,000탈란톤의 금이 부장되었다는 말을 들은 적이 있습니다. 이제 오르시네스가 전하께 아낌없이 바친 이유를 알 것 같습니다. 그는 부정하게 얻은 재물이 무사히 넘어갈 것 같지 않자, 전하께 바쳐 환심을 사려는 것이었습니다."

바고아스가 이미 알렉산드로스의 분노에 불을 질러 놓은 상황에서, 그가 전에 그 일을 맡겼던 자들도 도착하였다. 한 쪽에서는 바고아스가, 다른 쪽에서는 바고아스의 사주를 받은 자들이 왕에게 거짓 고발들을 계속 주워 섬겼다. 그리하여 오르시네스는 미처 자신이 고발 받고 있다는 낌새를 채기도 전에 체포되었다. 그 결백한 이가 처형당하는 것에 만족하지 못한 그 내시는 처형 직전에 그의 몸에 손을 대었다. 오르시네스는 그를 힐끗 보고 이렇게 말했다 : "예전에 아시아를 여자들이 통치했던 때가 있다더니, 이제 새로운 일이 벌어지는구먼. 이제는 내시가 통치하고 있어!" 이렇게 해서 페르시아 인중에 가장 고귀한 이가 죽었다. 그는 결백했을 뿐 아니라, 왕에게도 본보기가 될 정도로 잘해주었던 사람이었다.[498]

---

498) 플루타르코스, 「알렉산드로스 전」 69장 3절에 따르면 키로스의 능묘를 턴 혐의로 처형당한 자는 펠라(Pella) 출신의 저명한 마케도니아 인 풀라마코스(Poulamachos)였다.

이 시기에 왕권을 노리고 있다는 혐의를 받은 프라다테스[499]도 처형되었다. 알렉산드로스는 처형을 너무 서두르는 경향이 생겼고, 아첨꾼들을 신뢰하게 되었다. 물론 성공하게 되면 성향이 바뀌게 되는 법이고, 자신이 얻은 행운을 신중하게 생각하는 사람은 거의 없다. 바로 얼마 전에 같은 사람(즉, 알렉산드로스)이 두 명의 증인의 증언에도 불구하고 알렉산드로스 린케스테스에게 유죄 판결을 내리지 않았으니 말이다.[500] 그는 또 자신의 성향과는 반대로 그저 다른 이들이 결백하다고 믿고 있다는 이유로 그다지 심각하지 않은 죄수들을 방면하는 것을 용인해 주었다. 그는 또 패배한 적들에게도 왕국을 돌려주기도 했다. 그는 죽을 때가 까와 졌을 때는 예전과 달리 많이 타락하여, 전에는 자제심이 아주 강하였건만 이제는 남창의 판단에 의존하여 어떤 이들에게는 왕국을 주기도 하고, 어떤 이들의 생명을 빼앗기도 하였다.

이 때 쯤, 그는 자신이 인디아를 정복하고 있을 때 유럽과 아시아에서 일어난 일들에 관한 코이노스[501]의 편지를 받았다. 트라키아 태수인 조피리온(Zopyrion)은 게타이(Getae) 인에 대한 원정을 하는 도중에 폭풍과 강풍의 습격으로 전군과 함께 실종되었다. 이 사실을 알게 된 세우테스(Seuthes)는 자신이 다스리는 오드리시아(Odrysia) 인을 부추겨 반란을 일으켰다. 트라키아는 거의 이 반란에 넘어갔고, 심지어 그리스도 …[502]

---

499) 아우토프라다테스를 말한다.

500) 7권 1장 참조.

501) 쿠르티우스는 코이노스가 인디아에서 죽은 사실을 잊고 있다. 아마도 워밍톤(Warmington)의 추측처럼 그리스 어 코이논(*koinon*, 자치체, 모임, 정부 등의 의미)을 코이노스로 잘못 보았을 가능성이 있다.

2. 따라서 그들은 30척의 배를 가지고 아티카 반도의 곶인 수니온(Sunion)으로 갔다. 그리고 그곳에서 아테나이 시의 항구[503]로 가기로 결정했다. 이 사실을 알고 하르팔로스와 아테나이 인들 모두에게 분노한 알렉산드로스는 즉각 아테나이로 가기 위해 함대를 준비시켰다. 알렉산드로스가 홀로 이 계획을 생각하고 있을 때, 편지가 한 통 도착하였다. 그 내용은 하르팔로스가 아테나이로 들어가 뇌물을 먹여 지도적인 시민들을 매수했으나, 곧 민회가 열렸고, 이 민회에서 그를 추방하기로 했다는 것이었다. 그는 그리스 용병들과 같이 크레테로 떠났으나, 한 친구[504]의 교사를 받은 용병들에게 살해당했다는 것이다.

이 소식에 기분이 좋아진 알렉산드로스는 유럽으로 건너가려는 계획을 취소하였다. 그러나 그는 그리스의 모든 도시에 명령을 내려 추방했던 자들 - 동료 시민을 살해한 자들을 제외하고 - 을 복권시키게 하였다.[505] 그리스 인들은 이 명령이야말로 자신들의 법률을

---

502) 원문은 이 지점에서 탈문되었다. 다음 내용은 아마도 하르팔로스가 그리스로 도망친 내용일 것이다. 하르팔로스는 알렉산드로스의 친한 친구로서 육체적으로 허약하여 알렉산드로스의 재무관으로 일하고 있었다. 하지만 그는 왕의 재산 중 일부를 개인적인 쾌락을 위해 탕진하고 말았다. 현지 여성들과도 여러 명 관계를 맺고 지냈지만, 그에 만족하지 못하던 그는 아테나이에서 고급 매춘부인 글리케라(Glykera)와 피티오니케(Pythionike)를 데려 오기도 했다. 알렉산드로스가 인디아 원정에서 돌아오자, 자금을 유용한 것에 대해 처벌받게 될 것을 두려워하게 된 하르팔로스는 6,000명의 용병을 데리고 달아났다. 그는 반란을 부추기기 위해 아테나이가 있는 그리스의 아티카 지방으로 갔다.

503) 페이라이에우스(Peiraieus)를 말한다.

504) 디오도로스 시쿨루스, 『역사 도서관』 17권 108장 8절에 따르면 그 친구의 이름은 티브론(Thibron)이었다.

505) 기원전 324년 여름, 스타기라(Stagira)의 이카노르(Nikanor)는 소위 '추방된 자에 관한 칙령'을 최소시켜 달라고 올림피아에게 파견되었다. 이 칙령은 라미아(Lamia) 전쟁을 일으키게 한 그리스의 소요 사태들의 주요 원인이 되었다.

뒤집어 엎으려는 행보의 시작이라고 생각했지만, 감히 그의 명령을 거스를 수는 없어서, 추방했던 자들의 남은 재산도 복구해 주었다. 그러나 자신들만이 아니라 모든 사람의 대의를 수호하는 역할을 했던 아테나이 인들만은 그런 망나니 같은 자들을 사면하는 것에 대해 주저하고 있었다. 그들은 법과 전통에 의해 통치해 왔지, 왕의 명령에 의해 통치해 온 것은 아니었기 때문이다. 따라서 그들은 추방되었던 자들이 귀환하는 것을 금하고, 한 때는 그들 도시의 쓰레기였다가 이제는 추방되어 간 곳의 쓰레기가 된 인간들을 인정하느니 어떤 것이라도 감수하겠다는 마음의 준비를 하였다.

나이든 병사들[506]을 고향으로 돌려보낸 알렉산드로스는 13,000명의 보병과 2,000명의 보병을 추려 아시아에서 자신과 함께 주둔하도록 했다. 그는 자신이 아시아에서 적정한 수준의 군대를 유지하고 있다고 믿었다. 여러 곳에 수비대를 주둔시켜 놓았고, 최근에 창건한 도시들에 새롭게 시작하기를 원하는 식민자들을 식민시켰기 때문이다. 그러나 남겨놓을 병사들을 선발하기 전에 그는 모든 병사들에게 포고하여 빚이 있는 자들은 신고하도록 했다. 많은 병사들이 빚에 시달리고 있다는 것을 알았기 때문이다. 그는 그 병사들이 비록 자신들의 사치로 빚을 졌지만, 빚을 갚아야 할 의무에서 해방시켜 주고 싶었다. 병사들은 왕이 사치스러운 자들과 검약한 자들을 구분하기 위해서 시험한다고 생각하고, 보고서를 내는 것을 늦장부리고 있었다. 알렉산드로스는 병사들의 행동이 반항이라기보다는 당

506) 1만 명이었다.(디오도로스 시쿨루스, 『역사 도서관』 17권 109장 1절 및 아리아노스, 『알렉산드로스 대왕 원정기』 7권 12장 1-4절 참조) 이들은 크라테로스와 폴리페르콘이 이끌고 갔고, 그 중에는 고르기아스, 폴리다마스, 안티게네스, '흰둥이' 클레이토스가 포함되어 있었다.(유스티누스 12권 12장 8절 참조)

황이라는 것을 알아차리고, 빚을 보고하는 일을 중지하게 했다. 그리고 진영 전체에 여기저기 탁자들을 놓아두고 1만 탈란톤이나 되는 돈을 그 위에 쏟아 두었다. 드디어 병사들이 정직하게 털어놓게 되자, 쌓아놓은 돈 중에서 단지 130탈란톤만이 남았을 뿐 이었다! 그렇게도 많은 부유한 나라들을 정복한 군대가 아시아로부터 전리품 보다는 명성을 더 많이 가져온 것이다.

이제 일부는 집으로 귀환하고, 나머지는 그대로 남아있다는 소식을 알게 되자 병사들은 알렉산드로스가 아시아에서 영구적으로 왕좌에 앉아 있을 작정이라고 생각하게 되었다. 꼭지가 돌 정도로 흥분하여 훈련은 안중에도 없어진 병사들은 진영 곳곳에 모여 불평을 하고 전에 없던 어조로 왕에 대해 비난하였다. 그리하여 그들 모두는 흉터 있는 얼굴과 허옇게 센 머리를 내 보이며 군대 해산을 요구하게 되었다. 이 상황에서는 지휘관들의 질책도, 그들이 갖고 있던 왕에 대한 경의도 소용없었다. 알렉산드로스는 연설을 하려고 했으나, 그들은 고향으로 가는 것이 아니면 어느 곳으로도 한 발짝도 움직이지 않겠고 공개적으로 천명하며 반대의 뜻으로 소리를 지르고 소란을 피워 왕이 연설을 하지 못하게 막았다. 드디어 자신들이 할 일을 다 했다고 생각하기 보다는 이제 왕이 마음을 바꾸어 먹었을 것이라고 생각한 이들은 조용히 왕의 답변을 기다렸다.

알렉산드로스는 이렇게 말했다 : "이 고함소리가 의미하는 바는 무엇인가? 그리고 이런 소란과 무질서는 또 무엇인가? 나는 말을 꺼내기가 두렵구나. 그대들은 지금 그대들의 변덕에 의존하는 나의 권위와 왕권을 조롱하고 있구나. 그대들은 내가 그대들에게 연설하거나, 그대들의 감정을 알아내거나, 권고하는 것은 물론 그대들의 눈을 쳐다보는 권리마저도 남겨주고 있지 않는구나. 나는 일부 병사들을 고향에 보내고, 그 조금 뒤에 나머지는 나와 함께 남아있도록 결정했다. 그리고 나는 떠나기로 한 자들이 먼저 떠난 자들을 따라가도록 결정한 자들만큼이나 불만을 갖고 있다는 것을 알고 있다. 이는 무엇을 의미하는가? 그대들 모두는 함께 소리를 지르지만, 그 이유들은 각기 다 다르다. 나에 대한 불만이 떠나는 자에게서 나오는지, 아니면 남아있게 되는 자에게서 나오는지 정말 궁금하다.

그대들은 모두가 한 목소리로 외친 것으로 믿고 있다. 그래서 여기 모인 자들 전부가 '우리 모두가 불만을 가지고 있습니다'라고 대답한다. 그러나 천만의 말씀이다. 그대들 모두가 내세우는 불평이 같은 이유를 가지고 있다고는 전혀 믿기 어렵다. 내가 남겨두고자 하는 자들 보다 해산시키고자 하는 자들이 더 많기 때문에 병사들 대부분이 연관되어 있지는 않기 때문이다. 그대들 모두가 내게 반감을 가지고 있는 것은 좀 더 깊은 연유가 있을 것임에 틀림없다. 도대체 어느 때 전군이 그들의 왕을 버린단 말인가? 노예조차도 혼자는 주인에게서 도망치지 않는다. 심지어 그들도 떠나면서 남은 자들에게 부끄러움을 느낀다. 허나 나는 지금 그대들이 질렀던 거친 고함소리를 잊어버리고 있다. 그리고 치유가 불가능한 자들을 치료하려고 애쓰고 있는 중이다. 그렇다. 나는 그대들을 이해하겠다는 희망을 모두 버렸다. 그리고 나는 그대들을 나의 병사들로 취급하지 않기로 결정했다. 그대들은 더 이상 나의 병사들이기를 멈추었고, 철저히 은혜를 모르는 용병이 되기로 했기 때문이다! 그대들 주변에 보이는 모든 성공의 상징들은 이제 그대들에게 어울리지 않기 시작했다. 그대들은 내가 친절하게 그대들에게 베풀어 준 그 환경을 뒤에 남기고 떠날 수 있었다는 사실을 잊었다. 그대들이 번영보다는 역경에 더 잘 대처하기에 그 좋은 환경 속에서 늙어갈 가치가 있을

지라도 말이다. 보라! 얼마 전까지만 해도 일리리아와 페르시아에 조공을 바치던 신하였던 사람들이 이제는 아시아와 여러 나라들에서 얻은 전리품을 경멸하고 있구나. 최근까지 필리포스 전하 밑에서 반쯤 벌거벗은 채 지내던 이들이 이제는 자주색 외투에도 만족하지 않는다. 그들은 금과 은을 보는 것을 견디어 낼 수 없고, 그저 예전의 낡은 나무 사발, 고리버들로 짠 방패, 녹슨 칼만을 그리워하는구나! 그것들은 왕실의 모든 자산이 60탈란톤이 넘지 않았을 때, 내가 그대들에게 500탈란톤의 빚을 얻어 해준 멋진 장비들이 아니었나. 그것들은 위대한 업적의 기반이었으며, 내가 이룩했던 세상의 거의 대부분으로 이루어진 제국 - 이렇게 말하는 것이 용서될 수 있다면 - 의 기반이었다. 그대들을 영광스러운 업적으로 신들과도 동등해지게 만들어 주었던 땅인 아시아가 싫증이 났는가? 그대들은 왕을 버리고 서둘러 유럽으로 가고자 한다. 내가 그대들의 빚을 탕감할 돈을 주지 않았더라면 그대들 대부분이 빈털터리로 가더라도 말이다. 물론 그 돈은 아시아에서 나온 전리품이다. 그리고 그대들은 정복한 국가들에게서 나온 그 전리품들을 바닥없는 뱃속에 다 집어 삼키고서도 부끄러움도 느끼지 않고 아내와 자식들에게로 돌아가려 하는구나. 비록 그대들 중에 승리의 포상을 보여줄 자들은 몇 되지도 않으면서. 나머지 자들은 그 희망을 충족시키기 위해 돌아가는 길에 무기까지도 다 전당잡히고 말 것이다.

그렇다. 나는 좋은 병사들을 잃을 것이다. 첩의 기둥서방이 되어 있는 병사들을 말이다. 그 첩들이야말로 그대들에게 남아 있는 유일한 재산이요, 또 그들에게 돈을 다 쓴 것이 아닌가! 그러니 나를 떠나려고 하는 자들이여. 길은 열려있노라! 여기서 빨리 사라지도록 하라! 나는 그대들이 도망치는 동안 페르시아 인들을 데리고 그대들의 배후를 막아주겠노라. 한 명도 여기 남겨두지 않을 것이다. 은혜를 모르는 나의 시민들이여, 내 그대들이 떠나는 것을 이 눈으로 보겠노라. 그대들의 부모와 자식은 왕을 버려두고 귀환하는 그대들을 행복하게 맞아주겠지. 그들이 도망자와 배신자들을 맞이하러 나올 것이다. 그렇다. 나는 그대들이 내 옆에 남겨놓고 가는 자들에게 특혜와 명예를 수여함으로써, 내가 어디에 있던지 그대들이 나를 버린 것을 극복하고 그 대가를 치르게 하겠노라. 그와는 별도로 그대들은 왕이 없는 군대가 얼마나 강한지, 또 나 혼자서 어떤 도움을 줄 수 있는지를 곧 알게 될 것이다."

분노한 알렉산드로스는 연단에서 뛰어내려 무장한 병사들 사이를 헤치고 들어갔다. 그는 가장 거리낌 없이 말하던 자들을 찍어 두었다가 하나씩 붙잡았다. 그들은 감히 저항할 생각도 하지 못했다. 그리고 알렉산드로스는 그들 중 13명을 경호대원들에게 넘겨 구금하게 하였다.

3. 다른 자들 보다 더 나쁜 짓을 하지는 않았던 자들이 처벌을 받기 위해 끌려간 것을 보고 방금 전까지 맹렬한 적대감으로 뭉쳐있던 자들이 공포로 굳어 버리리라고 누가 믿을 수 있겠는가? 그들은 공포감에 휩싸였다. 그 이유가 그들이 군주가 신적인 위엄이 있는 곳에서 살아왔던 자들이기에 왕이라는 칭호에서 경외감을 느꼈는지, 아니면 알렉산드로스 개인에 대한 경외감 때문인지는 알 수 없다. 어쩌면 그가 그렇게 자신 있게 권위를 사용했기 때문일 수도 있다. 어찌되었건 그들은 매우 유순해졌다. 저녁때가 되어서 잡혀간 동료들이 처형되었다는 것을 알게 된 그들은 이제 처벌에 대해 분노하기는커녕 각자 늘어난 충성심과 헌신의 감정을 어떻게든 표현

하려고 기를 썼다. 다음날 알렉산드로스는 그들의 접견 요청을 거절하고 아시아 출신 병사들에게만 접견하였다. 그리하여 진영 전체의 그들의 슬픈 탄식 소리가 가득 차게 되었다. 그들은 왕께서 계속 분노해 계시다면 차라리 그 자리에서 죽어버리겠다고 주장했다. 그러나 항상 그의 계획을 철저하게 수행해 끝을 보아왔던 알렉산드로스는 이민족 병사들[507]만을 소집하고 마케도니아 병사들은 자기 진영에 그대로 머물러 있게 했다. 이민족 병사들이 대규모로 모이자, 그는 통역을 부르고 다음과 같은 연설을 하였다.

"내가 유럽에서 아시아로 건너올 때, 나는 여러 민족들을 나의 영토 안에, 많은 병사들을 휘하에 거두고 싶어 했다. 나는 그들에 관해 보고받은 것을 믿었는데, 그 믿음은 잘못되지 않았다. 하지만 그 보고에는 빠져있는 것이 있다. 나는 그들의 왕에 대해 꺾이지 않는 충성심을 가진 용감한 전사들을 지금 보고 있기 때문이다. 나는 이곳에 있는 모든 사람이 지나친 번영 때문에 사치에 빠져 방종한 상태에 있을 것이라고 믿었다. 하지만 실제로 그대들은 정신적, 육체적으로 군사적 의무를 수행하는 데 적합한 상태에 있다. 그리고 그대들은 매우 용감하며, 그 용맹만큼이나 충성심도 깊다. 나는 이 말을 처음으로 하지만, 오래 전부터 이 말이 사실이라는 것을 알고 있었다. 그래서 나는 그대들 중에서 비교적 젊은 병사들을 선별하여 우리 군의 주력 부대에 통합하였다. 그대들은 같은 제복과 같은 무기를 사용하고 있다. 그러나 그대들의 복종심과 명령에 따르는 자세는 어느 누구보다도 뛰어나다.

바로 그 이유 때문에 나는 포로에게서 자식을 본다는 데 아무 주

507) 글의 내용상으로 보아 페르시아 인들을 의미하는 것으로 보인다.

저항이 없이 페르시아 인 옥시아르테스의 딸[508]과 결혼하였다. 후일 내가 혈연을 더 연장시키고 싶은 마음이 들게 되면 다레이오스 왕의 딸[509]을 비로 삼고, 가장 친한 친구들도 포로들에게서 자식을 낳도록 본을 보일 것이다. 그리하여 이 신성한 결합을 통해 정복자와 정복당한 자들 사이의 차별을 없애 버릴 것이다. 그러니 그대들은 가족으로서 나의 병사가 된 것이지, 징집에 의한 것이 아니라고 믿어도 좋다. 아시아와 유럽은 이제 하나이고 같은 왕국이다. 나는 그대들에게 마케도니아 무기를 지급하겠다. 그대들이 비록 이민족으로 새로 온 사람들이지만, 나는 그대들을 내 군대의 일원으로 받아들이겠다. 그대들은 나의 동료 시민이자 내 병사들이다. 모든 것은 이제 같은 성향을 띠게 된다. 페르시아 인이 마케도니아 관습을 따르는 것도 수치스러운 일이 아니며, 마케도니아 인이 페르시아 인을 흉내 내는 것도 마찬가지이다. 같은 왕의 치하에서 살아가는 사람들은 같은 권리를 향유해야 하며," …[510]

4. "도대체 전하께서는 이런 처형을 통해, 그것도 외국식의 처형을 통해 얼마나 더 만족감을 즐기시렵니까? 전하의 부하들, 전하의

---

508) 록사네를 말한다.

509) 스타티라(Statira)를 말한다. 디오도로스와 유스티누스도 스타티라라 칭하지만, 아리아노스, 『알렉산드로스 대왕 원정기』 7권 4장 6절에서는 바르시네(Barsine)라고 부른다.

510) 이후의 내용은 탈문되었다. 프로벤(J. Froben)은 다음과 같은 내용을 추정하여 첨가하였다 : "알렉산드로스는 연설을 마치고 페르시아 인들에게 자신의 경호를 맡겼다. 그리고 페르시아 인들이 자신의 시중을 맡도록 했다. 소요를 주동했던 마케도니아 인들이 처형되기 위해 페르시아 인들에게 묶인 채로 끌려왔을 때, 그들 중 나이도 많고 권위도 있어서 존중을 받던 자가 왕에게 이렇게 말했다."

시민들이 재판도 없이 처벌을 받기 위해 끌려나오다니요? 그것도 저희들이 잡았던 포로들에게! 만약 전하께서 저희들이 처형되어야 한다고 결정하셨다면, 적어도 사형집행인만이라도 바꿔 주십시오."

알렉산드로스가 진실을 받아들일 수만 있었다면, 이 충고는 좋은 의도였다. 하지만 반대로 그의 분노를 더 격하게 만들었다. 앞서 명령을 받았던 이들이 순간 멈칫하였기에 그는 다시 명령을 내렸다. 그리하여 죄수들은 묶여있는 채로 강에 던져졌다. 이렇게 처벌하였어도 병사들은 폭동을 꿈꾸지 않았다. 오히려 마케도니아 병사들은 떼를 지어 지휘관들과 알렉산드로스의 친구들에게 찾아가 또 다른 오점이 있는 자들이 있다면 처형해 달라고 청원하였다. 그들은 자신들을 학살의 제물로 바쳐 그의 분노를 누그러뜨리려 했다. …[511]

5. 알렉산드로스를 바라보는 그들의 눈에 눈물이 고였다. 그들은 마치 왕을 방문한 군대가 아니라 그의 장례식에 참석한 사람들처럼 보였다. 그의 침대 옆에 모여 있는 이들의 슬픔은 더욱 깊었다. 알

---

511) 이 부분 역시 탈문되었다. 이 부분을 다른 자료들에서 나타난 사실들로 채워 넣으면 다음과 같다 : "해산된 마케도니아 고참병들을 대신하기 위해 페르시아 병사들이 도착하였고, 그들 중 1,000명은 알렉산드로스의 근위대가 되었다. 그 밖에 2만 명의 페르시아 궁수와 투석전사들이 군에 보강되었다. 마케도니아 병사들과 포로였던 여성들 사이에서 난 아들 1만 명이 교육을 받았다. 알렉산드로스는 수사를 떠나 엑바타나로 진군하였다. 헤파이스티온이 죽었고, 코사이아 인들과 전쟁을 치렀다. 그 후 알렉산드로스가 바빌론으로 돌아왔다. 알렉산드로스의 죽음을 알리는 예언이 있었다. 로마를 포함해 세계 각지에서 사절들이 도착하였다. 헤파이스티온의 장례식 준비가 거창하게 진행되었다. 그리고 헤파이스티온의 '신격화' 혹은 '영웅화'가 진행되었다. 알렉산드로스의 죽음에 관한 전조들이 나타났다. 알렉산드로스가 친구인 메디오스(Medios)가 베푼 연회에서 식사를 하고 병이 들었다."

렉산드로스는 그들을 바라보며 이렇게 말했다 : “내가 죽은 다음에 저 병사들에 어울릴만한 왕을 찾을 수 있겠나?”

믿을 수 없게도 그는 병사들을 인정하고 전군에게서 마지막 인사를 받을 때까지 전에 취했던 자세를 그대로 유지하고 있었다. 그리고 그는 병사들을 해산시키고 나서, 사람의 모든 의무를 다 이행한 것처럼 기운이 다해 쓰러 졌다. 그는 이제 목소리가 꺼져 가고 있었기에 친구들을 더 가까이 다가오게 한 다음, 손가락에서 인장반지를 빼어 페르디카스에게 건네주었다. 그는 또 자신의 시신을 하몬(Hammon)으로 운구하라고 지시하였다. 그들이 누구에게 왕국을 물려줄 것인지 묻자, 그는 “가장 훌륭한 자에게.”[512]라고 대답하였다. 그는 이미 그 경쟁 때문에 가장 성대한 장례식 기념 경기가 펼쳐질 것을 예견했다고 덧붙였다. 페르디카스가 그에게 신적인 경의를 표하는 것을 원하느냐고 묻자, 그는 “자네들이 행복해 진다면, 그래도 좋네”라고 대답하였다. 그것이 알렉산드로스의 마지막 말이었다. 조금 후, 그의 숨이 끊어졌다.

처음에는 탄식 소리, 흐느낌 소리, 가슴을 치는 소리가 왕의 군막이 있는 지역 전체에 울려 퍼졌다. 그리고 슬픔에 찬 침묵이 찾아왔고, 마치 사막에 있는 것 같은 침묵으로 변했다. 슬퍼하다가, 이제 앞으로 어떤 일이 벌어질까 라는 데 사람들의 생각이 미쳤기 때문이다. 평상시 그의 시중과 경호를 맡았던 젊은 귀족들은 슬픈 감정을 억누를 수도 없었고, 왕의 침실 앞을 지키고 있을 수도 없었다. 그들은 이 재난으로 찾아온 모든 비탄의 감정을 빠짐없이 표현하면서 미친 것처럼 방황하며 도시 안을 슬픈 감정으로 가득 채웠다. 따

512) “가장 강한 자에게.”로 번역할 수도 있다.

라서 왕의 군막이 있는 지역 바깥에 있던 사람들은 그 장소를 향해 달려갔다. 거기에는 이민족과 마케도니아 인의 구별이 없었다. 깊은 슬픔이 정복자와 피정복자 모두에게 공평하게 찾아왔다. 페르시아 인은 정의롭고 자비로운 위대한 군주를 떠올렸고, 마케도니아 인은 뛰어난 용맹을 지닌 비할 데 없는 전사였던 왕을 생각했다. 그들 모두는 경쟁적으로 슬픔에 빠져들었다.

슬픔만큼이나 개탄의 소리도 들을 수 있었다. 그들은 신들이 질투하여 그렇게 용맹한 분을 삶과 영광의 절정에서 세상을 떠나게 한 것에 대해 개탄하고 있었다. 그들은 그의 정열, 병사들을 이끌고 전투를 개시했을 때와 공성전을 할 때, 사다리를 타고 성벽에 올라갔을 때 했던 말들, 병사들을 모아 놓고 용기를 고취하던 연설들을 눈앞에 떠올렸다. 마케도니아 인들은 그에게 신적인 영예를 수여하는 일을 거절했던 것을 후회했다. 그리고 그가 직접 들었을 수도 있었던 호칭을 자신들이 빼앗았던 일을 생각하며 자신들이 불충하고 은혜도 몰랐다고 자책하였다. 마케도니아 인들은 오랫동안 왕에 대한 경의와 그의 부재에 대한 슬픔을 표현한 후에, 스스로의 처지를 애석하게 여기게 되었다. 그들은 마케도니아를 떠나 유프라테스 강을 넘어 와 있었고, 새로운 체제를 건설하려는 와중에 저지되어 적들 사이에 고립되어 있다는 것을 자각하게 되었기 때문이다. 알렉산드로스와 그의 왕위에 대한 후계자가 확실치 않은 상황에서 각자는 모두의 힘을 자기 것으로 만들기 위해 애쓸 것이었다. 그리하여 앞으로 일어날 내전의 전조들이 나타났다. 이제 아시아를 지배하기 위해서가 아니라, 왕이 되기 위해 또 다시 피를 흘려야 할 것이었다. 이제 옛 상처는 새로 생긴 상처에 가려질 것이다. 나이 먹고 몸이 약해져서 적법한 왕에게 자신들을 해산시켜 달라고 요청했던 자들이 이제 [그 왕의] 어떤 부하를 지키기 위해 자신들의 목숨을 바쳐야 할지도 몰랐다.

그들이 이런 생각에 빠져있는 동안, 밤이 찾아왔고, 두려움은 더욱 커져갔다. 병사들은 계속 무기를 들고 경계하고 있었고, 바빌론 시민들은 보다 정확한 정보를 얻을까 해서 어떤 이는 성벽위에서, 어떤 이는 지붕 위에 올라가서 계속 지켜보고 있었다. 누구도 감히 등을 밝힐 엄두를 내지 못했다. 사람들은 눈으로 볼 수 없었기 때문에 소음과 목소리에 귀를 쫑긋 세우고 있었다. 사람들은 종종 알 수 없는 공포에 휩싸여 어두운 거리를 달려가기도 했고, 서로를 만날 때 의심과 우려를 하기도 했다.

페르시아 인들은 전통에 따라 머리를 밀고 상복을 입었다. 그들은 아내와 자식들과 더불어 진정으로 아쉬운 감정을 느끼며 슬퍼했다. 이 슬픔은 최근까지 자신들의 정복자이자 적이었던 이를 위해서가 아니라, 페르시아의 가장 정당한 왕이었던 이를 위해서였다. 그들은 군주제 하에서 사는 것이 익숙한 민족이었고, 그보다 더 훌륭한 통치자를 가져본 적이 없다는 것을 인정했다. 이 슬픔은 성벽 내에만 국한된 것이 아니었다. 이 거대한 비극에 대한 소식은 인근 지역으로 퍼져가기 시작하여 유프라테스 강 이편의 거의 모든 곳에 이르게 되었다. 이 소식은 빠르게 다레이오스의 모후에게도 들어갔다. 그녀는 입고 있던 옷을 찢고 상복으로 갈아입었다. 그리고 머리를 쥐어뜯으면서 땅에 몸을 던졌다. 그녀 옆에는 손녀 중 하나가 슬퍼하며 앉아있었다. 그녀는 최근에 남편 헤파이스티온을 잃었기에, 모두가 슬퍼하는 와중에 자신의 슬픔의 원인이 다시 떠올랐다.[513)]

---

513) 그녀의 이름은 드리페티스(Drypetis)이고, 알렉산드로스 사후에 그녀와 그녀의

시시감비스 만이 그녀의 모든 가족에게 떨어진 불운을 느끼고 있었다. 그녀는 자신과 손녀들의 곤경을 생각하며 울었다. 새로운 고통으로 인해 지나간 슬픔까지도 되살아났다. 최근 다레이오스가 죽었고, 그와 거의 같은 시기에 이 불행한 여인은 두 아들의 장례를 치렀던 것을 독자들은 기억하실 것이다. 그녀는 살아있는 사람들과 죽은 사람들 모두를 위해 울었다. 이제 누가 그녀의 손녀들을 돌보아 줄 것인가? 누가 제 2의 알렉산드로스가 될 것인가? 이제 또 다시 포로의 처지가 되고, 왕족의 지위를 두 번째로 잃게 될 것이었다. 다레이오스가 죽었을 때에 그들은 보호자를 만났으나, 이제 알렉산드로스가 죽은 이후에는 그렇게 해 줄 사람을 찾을 수 없을 것이 분명했다.

이런 저런 생각들을 하다가 시시감비스는 80명이나 되는 남자 형제들이 한 날에 가장 잔인한 왕 오코스에게 학살된 일과 그 학살에 아버지도 포함되었던 일, 그녀가 낳은 일곱 명의 자식들 중에 오로지 하나만이 살아남았던 일, 다레이오스의 치세가 그리도 짧게 끝났고 비참하게 죽었던 일 등을 떠올리게 되었다. 마침내 그녀는 자신의 슬픔에 잡아 먹혀버리게 되었다. 그녀는 머리를 싸매고, 옆에서 무릎 꿇고 그녀를 위로하려 애쓰는 손자, 손녀에게서 몸을 돌리고 곡기도 끊은 채 빛을 피했다. 그녀는 죽기로 결심하고 5일 후, 숨이 끊어졌다. 그녀가 죽은 것은 알렉산드로스가 그녀에게 잘 대해주었으며, 모든 포로들에게 공정하게 대해주었다는 좋은 증거이다. 비록 그녀는 다레이오스가 죽은 후에도 참고 살아남았지만, 알렉산드로스가 죽은 이후에는 살아남는 것을 부끄러워했던 것이다.

---

여동생 스타티라는 페르디카스의 도움을 받은 록사네에게 죽음을 당했다.

확신컨대, 알렉산드로스를 평가하려는 사람은 누구든지 그의 장점은 천성이지만, 그의 단점은 운명이나 그의 어린 시절 때문이었다는 점에 동의할 것이다. 그의 장점은 다음과 같다. 그는 믿을 수 없을 정도로 정신적으로 강인했고, 과도할 정도의 노고도 잘 참아냈다. 그의 용맹은 다른 왕들과 비교할 정도가 아니고, 심지어 용맹 이외에는 다른 장점이 없는 사람들과 비교할 정도였다. 그는 심지어 신들께서 요청받으시는 것보다도 더 많은 선물을 주는 때가 종종 있을 정도로 너그러웠다. 또 패배한 적에 대해서도 자비를 베풀었으며, 빼앗은 왕국을 돌려주거나 선물로 주기도 했다. 그는 언제나 죽음을 개의치 않고 행동했는데, 이로 인해 다른 사람들은 혼이 나갈 정도로 놀랐다. 영광과 명예에 대한 추구는 한계를 넘어설 정도였지만, 그의 어린 시절이나 이루어 놓은 위대한 업적을 생각해 본다면 이해할 만하다. 또 그는 부모님께 헌신하였다. 즉, 그는 모후 올림피아스를 신격화하기로 결정했고, 부왕의 원수를 갚았다. 그밖에 그는 거의 모든 친구들에게 친절했으며, 병사들에게 잘 대해주었다. 그의 통찰력은 도량과 맞먹을 정도였으며, 현명함은 그 나이 또래에서는 찾아보기 힘들 정도였다. 과도한 충동을 억제했으며, 성관계도 자연적 욕구를 해결하는 정도에 그쳤다, 그리고 도락을 즐기는 것은 사회적 용인을 받은 것에만 국한되었다.

한편 다음에 드는 것들은 운명 때문이었다. 그는 자신을 신들과 동급으로 놓았고, 신적인 경의를 요구했다. 그리고 그런 대접을 하도록 권하는 신탁들을 신뢰하여 자신을 경배하기를 거부하는 자들에게는 지나치게 화를 냈다. 이민족의 옷을 입었고, 승리하기 전에는 경멸했던 정복한 민족들의 관습을 모방했다. 하지만 성질을 잘 내고 술을 탐닉하는 점에 대해서는 나이가 젊어서 자극을 받은 것이었고, 나이가 들어가면서 점차 진정되었다. 그리고 그 혼자만이 전 세계를 발아래 두게 된 것은 상당 부분 그의 덕성 덕분인 것도 있지만, 그보다는 운명의 여신 덕택이었다는 점은 인정해야만 한다. 운명의 여신께서 그를 죽을 고비에서 건져주신 적이 얼마나 많았던가! 그가 무모하게 위험 속으로 뛰어들었을 적에 계속되는 행운으로 그를 보호해 주신적은 부지기수였다. 또 그 분은 영광의 절정에서 생을 마감할 수 있도록 도와주시기도 했다. 운명의 여신께서는 그가 아시아를 정복하고, 대양에 이르러 인간이 할 수 있는 모든 것을 다 이루도록 기다려 주신 것이다!

이상이 그의 후계자가 따라가야 하는 왕이자 지도자인 알렉산드로스였다. 하지만 이는 한 사람이 짊어지기에는 너무 무거운 짐이었다. 따라서 그의 이름과 이룩한 업적의 명성은 거의 전 세계의 왕들과 왕국에 다 퍼져있으므로, 그가 남긴 광대한 영토의 작은 한 조각이라도 차지하게 된 자들은 위대한 인물로 간주되었다.

6. 다시 본론으로 돌아가서 바빌론에서는 알렉산드로스의 경호대원들이 그의 주요한 친구들과 군 지휘관들을 왕의 군막에 불러 모았다. 군막 밖에서는 과연 누구에게 알렉산드로스의 유산이 돌아갈 것인지 궁금해 하는 병사들이 따라와 모여 있었다. 워낙 많은 수의 병사들이 군막 앞에 모여 있었기 때문에 많은 지휘관들이 군막에 입장하지 못했다. 전령이 하나 나와서 거명된 사람 이외에는 입장이 금지된다고 알렸으나, 권위가 없었기에 그 명령은 무시되었다. 처음에는 다시 다들 소리 높여 흐느끼고 울부짖었으나, 이제부터 벌어질 일이 궁금했기 때문에 그 눈물도 멎고 침묵이 자리 잡게 되었다.

이 때, 페르디카스가 모든 사람이 보는 가운데 옥좌를 가지고 나왔다. 옥좌 위에는 알렉산드로스의 왕관과 겉옷, 칼이 놓여있었다. 페르디카스는 전날 알렉산드로스에게 받았던 인장반지를 빼어 그 위에 올려두었다. 이 광경을 보고 그들 모두는 다시 한 번 눈에 눈물이 고였고, 슬픔이 되살아나는 것을 느꼈다. 페르디카스는 연설을 시작했다. "나는, 그분께서 왕권과 통치의 상징으로 서류에 날인하시며 봉인으로 사용하셨던 인장반지, 내가 알렉산드로스 전하께 받은 바로 그 인장반지를 여러분께 반납하겠소. 비록 분노하신 신들께서 우리에게 어느 것과도 비교할 수 없는 재앙을 가하셨다고는 할지라도, 그 분께서 성취하신 위업의 위대함을 생각해보면 누구라도 그 분을 신들께서 우리 인간들에게 잠시 내려 보내셨다는 것을 알게 될 것이오. 이제 그 분은 할 일을 다 마치셨고 재빨리 천상의 가족들께로 돌아가신 것이오. 그러니 불멸의 신성과는 상관없는 물건들만이 우리에게 남겨져 있으므로, 그 분의 이름에 걸 맞는 의식을 그 시신에 베풀어 드려야 할 것이오. 한편 우리가 지금 어느 곳에 있는지, 어떤 민족들 가운데 서 있는지, 우리에게서 떠나가신 그 분이 어떤 왕이고 지도자이셨는지를 마음에 새겨두어야 할 것이오.

동료들이여, 이제는 우리가 정복한 민족들 사이에서 우리의 승리를 어떻게 하면 지키고 유지할 수 있을지를 생각하고 토론해 보아야만 합니다. 우리에게는 지도자가 필요합니다. 그 지도자가 한 분일지 그 이상일지는 여러분께 달려 있소. 하지만 이 점을 잊지 마셔야 합니다. 우두머리가 없는 군사 조직이란 영혼이 없는 몸이나 마찬가지라는 것을. 록사네 왕비 전하께서는 지금 임신 6개월 째 이시오. 신들께서 보우하사 왕비 전하께서 왕자를 낳으시고, 그 분이 성년이 되면 왕위를 계승하실 수 있도록 기도합시다. 그동안 여러분의 지도자가 되었으면 하는 이들을 지명해주시오."

그러자 네아르코스가 나서면서 이렇게 말했다 “알렉산드로스 전하의 핏줄만이 왕위에 오를 수 있다는 말을 누구도 부인하지 못할 것이오. 하지만 아직 태어나지도 않은 분을 위해 기다리거나, 이미 살아있는 분을 빼놓고 넘어가는 것은 마케도니아 인들이 원하지도 않을뿐더러 상황의 긴급함에 비추어 보아서도 안 될 말이요. 알렉산드로스 전하께서는 이미 바르시네 비 전하와의 사이에서 왕자를 보셨소. 그 분에게 왕위를 바칩시다.”[514] 그러나 누구도 네아르코스의 제안을 찬성하지 않았다. 그들은 전통적인 방식대로 방패에 창을 때리면서 반대 표시를 반복했다. 그리고 네아르코스가 자신의 주장을 더욱 강하게 내세우자, 거의 폭동 직전까지 이르렀다. 그러자 프톨레마이오스가 발언하였다.

“그렇소, 록사네 전하의 왕자시건 바르시네 전하의 왕자시건 마케도니아 인의 통치자로 진정 적합할지 모르오. 하지만 그 이름을 부르는 것만으로도 유럽에는 모욕이 될 것이오. 그 분은 포로의 소생이기 때문이오. 우리가 페르시아 인들과 싸워 그들을 패배 시킨 이유가 무엇이오? 그들의 후손의 노예가 되기 위해서요? 페르시아 인의 적법한 왕 다레이오스와 크세륵세스는 그들의 엄청난 군대와 대단한 함대로도 위업을 이루는데 실패했소.[515] 내 생각은 이렇소. 알렉산드로스 전하의 옥좌는 그 분의 군막 안에 모셔두고, 모두가 모여 협의해야 할 일이 생기면 그 분과 종종 그 군막에 모여 협의하던 사람들

---

514) 앞서 역주에서 언급했듯이 바르시네는 멤논의 미망인으로 멤논이 죽은 뒤에는 알렉산드로스의 첫 번째 애인이 되었다. 네아르코스는 바르시네와 멤논 사이에서 난 딸의 남편이었기 때문에 알렉산드로스와 바르시네 사이에 난 아들 헤라클레스를 왕으로 밀고 있다.

515) 페르시아 전쟁을 말한다.

이 모이도록 합시다. 다수결로 합의를 보도록 하고, 장군과 지휘관들은 그들에게 복종하도록 합시다." 일부는 프톨레마이오스의 말에 찬성했고, 그보다 적은 수는 페르디카스의 발언을 지지했다.

그러자 아리스토노스가 일어나 발언하였다. "누구에게 왕국을 물려주실 것인지 여쭤보았을 때, 알렉산드로스 전하께서는 가장 훌륭한 자를 뽑아서 주라고 말씀하셨소. 그리고 그분께서 직접 인장반지를 건네줌으로써 페르디카스 님이 가장 훌륭한 자라고 결정하셨소. 전하의 임종을 지키던 이들이 페르디카스 님 만이 아니었는데, 전하께서는 주위를 둘러보시고 몰려있던 전하의 친구분들 중에서 그를 선택하신 거요. 따라서 전하께서는 대권이 페르디카스 님께 돌아가야 한다고 원하신 겁니다." 모인 병사들은 아리스토노스의 의견이 옳다는데 의문을 갖지 않았다. 그래서 그들은 페르디카스에게 앞으로 나와 왕의 인장반지를 집으라고 연호하였다.

페르디카스는 원하기는 했지만 부끄러움도 있어서 망설였다. 그리고 자신이 원하는 것과는 상황이 조금 다르다고 생각했다. 그는 바라는 것은 사람들이 좀 더 강하게 자신이 왕위에 오르도록 밀어붙이는 것이었다. 그는 주저하고, 오랫동안 어떻게 행동해야 할지 결정하지 못하다가, 결국 뒤로 물러서서 옆에 앉아있던 사람들의 뒤로 돌아갔다.

장군들 중 하나인 멜레아그로스는 페르디카스가 망설이는 것에 용기를 얻고 기운을 차려 이렇게 말했다. "아마도 신들께서는 저 양반의 어깨 위에 알렉산드로스 전하의 운명과 그 분이 남긴 엄청난 영역을 얹어 놓기를 허락하지 않으신 듯하오. 확실히 여러분들도 참지 못하실 거요. 나는 이 양반보다 더 고귀한 태생의 사람들에 대해서는 이야기하지 않겠소. 그저 의지에 반하는 것을 감내할 수 없는 용감한 이들에 대해서만 말하려오. 사실 여러분이 록사네 전하의 왕자가 태어나서 그 분이 왕이 되시든, 페르디카스 님이 왕이 되시든 별 차이는 없소. 어찌되었건 그 양반은 섭정으로 행동하며 왕권을 휘두르실 테니 말이요. 그래서 아직 태어나지도 않은 분만을 왕으로 모시자고 하시는 것 아니겠소? 그리고 이 문제를 해결하시기 위해 서두르는 것도 말이요. 사실 서두르는 것도 이해할 만하지요. 이미 그 분 혼자만 왕자가 태어날 것이라고 내다보고 몇 달이 지나가기 만을 기다리고 있지 않습니까? 그 양반이 다른 대안을 가지고 있다고 생각들 하십니까? 신들에게 맹세코, 만약 알렉산드로스 전하께서 이 양반을 당신 자신을 대신할 왕으로 우리에게 명하셨다면, 이는 내가 따르지 못할 그 분의 유일한 명령이 될 것이요. 어쨌거나 보물 창고나 약탈하러 가지 않겠소? 왕의 보물들을 상속받을 사람은 우리가 아닙니까?" 그는 이렇게 말하며 무장한 병사들을 선동했고, 그를 위해 길을 비켜준 병사들은 약속받은 전리품들을 가지러 그를 따라갔다.

7. 이제 병사들은 멜레아그로스 주변에 몰려 있었고, 회합은 서로 고함을 질러대는 폭동에 가까운 자리로 변질되어 버렸다. 그 때, 거의 대부분의 마케도니아 인들도 알지 못하는 낮은 계급의 한 사람이 이렇게 발언하였다. "여러분께서 왕을 찾고 있으면서, 왜 서로 싸우고 내전을 시작하려는 겁니까? 여러분은 필리포스 전하의 아들이자, 돌아가신 우리의 왕 알렉산드로스 전하의 동생이신 아리다이오스(Arrhidaios)[516] 대군(大君)을 잊고 계십니다. 최근 그 분은 알렉

516) 아리다이오스는 필리포스가 라리사(Larissa)의 필리나(Philinna)와의 사이에서 낳은 아들이다. 아마도 기원전 357년 생일 것으로 추정되는 그는 정신적으로

산드로스 전하와 함께 종교 의식을 함께 치르셨고, 이제 그 분만이 왕의 유일한 상속자이십니다. 그 분이 상속자가 될 자격이 있지 않습니까? 그 분이 어떤 행동을 하셨기에 모두가 인정할만한 권리조차 박탈당하는 것이 용납된단 말입니까? 만약 여러분이 알렉산드로스 전하와 같은 분을 찾으시려 한다면, 결코 그런 분을 찾지는 못할 것입니다. 하지만 친족 중에 가장 가까운 분을 찾으려 한다면, 이 분 만이 있을 뿐입니다."

이 연설을 들은 군중은 마치 명령이라도 내려진 것처럼 조용해졌다. 그들은 아리다이오스가 이 자리에 와야 하며, 그를 빼놓고 회합을 연 자들은 죽어 마땅하다고 한 목소리로 소리 질렀다.

그 때, 피톤[517]이 눈물을 흘리며 말하기 시작했다. 알렉산드로스 전하께서는 왕의 영광스러운 기억만을 생각할 뿐 다른 모든 것에는 눈을 돌리는 자들인 저런 시민들과 병사들의 이익과 지원을 위하느라고 속임을 당하셨으니, 이때만큼 그 분이 불쌍한 적이 없노라고 말했다. 확실히 그는 왕위에 추대된 그 청년(즉, 아리다이오스)를 반대하기 위해 말을 꺼낸 것이었다. 하지만 그가 깎아내리는 말을 했어도 병사들은 아리다이오스를 경멸하기는커녕 그를 미워하게 되었다. 아리다이오스를 동정하게 된 군중이 그에게 호감을 가지기 시작했기 때문이었다. 따라서 병사들은 계속 환호를 보내면서 왕위에 오르기 위해 태어난 그 분이야말로 왕위에 적합한 유일한 사람이라고 주장하면서 아리다이오스를 그 자리에 불러오라고 요구했다. 그를

---

문제가 있어 고생했던 것으로 보인다. 그를 둘러싼 여러 소문들이 많았는데, 테살리아의 무녀(舞女) 혹은 매춘부와의 사이에서 난 서자라든가, 올림피아스가 그에게 안 좋은 약물을 먹여 바보로 만들었다든가 하는 것들이다.

517) 피톤은 경호대원 중 한 명이었다.

미워하는 페르디카스에게 적대적이었던 멜레아그로스는 즉시 아리다이오스를 군막으로 데려왔고, 병사들은 그를 '필리포스'라고 부르면서 왕에 대한 경례를 하였다.

하지만 이상은 병사들의 외침이었고, 주요 지휘관들은 다른 견해를 가졌다. 그 중 파톤은 페르디카스의 전략을 따르기 시작하여 왕가의 혈통을 가진 인물들인 페르디카스와 레오나토스를 록사네가 낳을 아이의 후견인으로 지명하였다. 그는 크라테로스와 안티파트로스가 유럽에서의 일을 처리해야 한다고 덧 붙였다. 그리고 그들 각자는 알렉산드로스의 유복자에게 왕에 대한 충성의 선서를 하였다.

처벌을 받을까 두려워진 멜레아그로스는 부하들을 데리고 물러섰다. 그리고 필리포스를 데리고 왕의 군막이 있는 지역에 들이 닥치면서 필리포스의 강인한 젊음이 최근에 그들이 생각한 새로운 왕의 조건에 딱 들어맞는다고 소리쳤다. 그는 두 선왕의 아들이자 동생인 필리포스 전하의 소생에게 기회를 주어야 하며, 그들 자신의 판단이 다른 무엇보다 중요하다고 선언하였다.

어떤 깊은 바다도, 어떤 광대하고 폭풍우 치는 바다도 단명으로 끝날 자유를 처음으로 향유하게 된 저 군중들의 감정을 이리도 흔들어 놓지 못할 것이다. 소수의 병사들은 그들이 얼마 전에 선출했던 페르디카스에게 대권을 주고 싶어 했고, 좀 더 많은 병사들은 그들이 전에는 경멸했던 필리포스(아리다이오스)를 지지했다. 하지만 어떤 것에 대한 지지나 반대도 오래 가지는 않았다. 한 순간 그들은 자신들의 결정을 후회했다가, 다음 순간에는 그 후회한 것을 후회하기도 했다. 그러나 결국 그들은 왕가의 핏줄에 끌렸다. 필리포스는 장군들의 권위에 겁을 먹고 회합장을 떠났다. 그가 떠나자, 그에 대한 병사들의 지지는 약해졌다기보다는 조용해 졌을 뿐이었다. 그래서 다시 불려온 그는 옥좌에 놓여있던 형의 겉옷을 걸쳐 입었다. 멜레아그로스는 흉갑을 입고 무기를 든 채, 새 왕의 호위자처럼 행세했다. 멜레아그로스의 뒤에는 병사들이 방패에 창을 부딪치며, 왕위에 대해 주장할 권리가 없는 자들이 대권을 갈망할 경우 그들을 죽이겠다고 의사표시를 하면서 따라오고 있었다. 그들은 제국의 힘이 같은 왕가 내에 남아있게 되어 기뻐하면서, 왕가의 피를 이어받은 통치자라면 물려받은 왕권을 지켜낼 수 있을 것이라고 생각하였다. 그들은 왕의 이름에 경의와 숭앙을 표하는 것에 익숙해져 있었고, 누구라도 통치하기 위해 태어나지 않은 이상에는 왕의 이름을 사용할 수 없다고 생각하였다.

겁에 질린 페르디카스는 알렉산드로스의 시신이 누워 있는 방을 잠그라고 명령하였다. 600명의 용맹이 걸출한 자들이 그와 함께 하였고, 프톨레마이오스 및 왕의 시중을 들었던 젊은 귀족들도 그에게 합류하였다. 하지만 수만의 병사들이 그 방을 부수고 들어가는 것은 어렵지 않았다. 새 왕도 그 방안으로 들어섰고, 멜레아그로스가 이끄는 일단의 병사들이 그를 빽빽이 둘러쌌다. 분노한 페르디카스는 알렉산드로스의 시신을 가져가려는 자들을 꾸짖었다. 하지만 방안으로 난입한 자들은 멀찍이서 그에게 투창들을 던져댔다. 결국 많은 사람들이 부상당한 후에, 나이 많은 병사들이 쉽게 알아볼 수 있도록 투구를 벗고 페르디카스의 일행들에게 자신들의 수효가 많으니 새 왕에게 항복하라고 권유하였다. 페르디카스가 먼저 무기를 내려놓자, 다른 사람들도 그의 뒤를 따랐다. 멜레아그로스는 그들에게 알렉산드로스의 시신을 놔두고 가지 말라고 부추겼으나, 그가 함정을 파고 있다고 생각한 그들은 왕의 군막이 있는 지역의 다른 쪽으로 빠져나가서 유프라테스 강 쪽으로 도망쳤다. 귀족 집안의 자제들로 이루어진 기병대 대부분은 페르디카스와 레오나토스를 따랐고, 바빌론을 떠나 들판에 진영을 설치하자고 권유했다. 그러나 보병들도 자신을 따라올 것이라는 희망을 버리지 않은 페르디카스는 기병대에 이끌려 군의 주력에서 떨어져 나간 것처럼 보이지 않기 위해 성내에 머물렀다.

8. 멜레아그로스는 새 왕에게 페르디카스가 죽어야만 왕권에 대한 주장이 공고해지며, 만약 페르디카스의 야심만만한 성품을 꺾어 놓지 않는다면 반란을 일으키고 말 것이라고 거듭 경고했다. 그러면서 그는 왕에 대해 어떻게 처신해야 하는 지를 잘 기억하고 있는 자이며, 누구도 자신을 두려워하고 있는 자에게 진심으로 충성하지 않는다고 말했다. 왕이 적극적으로 찬성하기 보다는 침묵으로 그저 동의하는 편을 택하자, 멜레아그로스는 침묵을 명령으로 해석하였다. 그리고 부하들을 불러 왕의 이름으로 페르디카스를 소환하되, 오기를 망설이는 기색이 보이거든 그를 죽이라고 지시하였다. 그 지시를 받은 시종들이 도착했다는 보고를 받았을 때, 페르디카스는 알렉산드로스의 시중을 들었던 자들 중에서 16명의 젊은이들을 데리고 군영의 입구에서 있었다. 그는 전령들에게 "멜레아그로스의 개들!"이라고 부르면서 거듭 꾸짖었다. 그가 굳건한 기세를 보이며 무섭게 꾸짖자 전령들은 두려움에 질려 나는 듯이 도망쳤다. 페르디카스는 좀 더 강력한 힘을 가지고 자신에게 가해질 폭력에 저항하기 위해 젊은이들에게 말에 타라고 이르고 몇 명의 친구들과 함께 레오나토스에게로 갔다.

다음 날, 마케도니아 인들은 페르디카스가 목숨의 위협을 받는 상황이 되었다는 것은 통탄할 만한 일이라고 생각하고 멜레아그로스의 분별없는 행위를 무기를 들고 징치해야겠다고 결정했다. …[518]

그러나 멜레아그로스는 폭동이 일어난 것을 알아차리고 왕에게 가서 페르디카스를 체포하라고 직접 명령하신 것이 아니었느냐고 계속 물어보았다. 왕은 "내가 명령을 내리기는 했지만 그대의 부추김을 받아서 한 것이요. 하지만 병사들 사이에서 소요가 발생했으니 페르디카스가 살아있군요."라고 대답했다. 접견이 끝났을 때, 멜레아그로스는 특히 기병대가 따로 떨어져 나간 것을 알고 겁에 질렸다. 그리고 바로 전에 그가 적에 대해 계획했던 그 위험에 자신이 빠지게 되어 어찌할 바를 모르고 당황하였다. 그는 여러 계획을 세워보느라 사흘 동안을 끙끙 앓았다.

실제로 왕의 군막이 있는 지역은 여전히 전과 같아 보였다. 여러 나라의 사절들은 왕을 접견하였고, 장군들도 모습을 보였으며, 대기실에는 시종과 병사들로 가득 했다. 하지만 무의식적으로 나타나는 깊은 울적함은 그들이 순수하게 절망에 빠져 있음을 내비쳤다. 그들은 서로를 의심하며 감히 서로 다가가거나 대화를 나누기를 꺼렸다. 그들은 자신의 생각을 깊이 감추었고, 새 왕을 전 왕과 비교해 보면 돌아가신 이에 대한 그리움이 새록새록 솟아났다. 그들은 자신에게 명령을 내리고 이끌어줄 사람은 도대체 어디 있는지 묻곤 했다. 그들은 지금 기회가 생기기만 하면 예전의 패배를 갚아주려고 벼르고 있는 적대적이고 호전적인 민족들 사이에 떨어져 있었기 때문이다. 그들이 이런 저런 생각들로 마음을 갉아먹고 있을 때, 페르디카스가 이끄는 기병대가 바빌론 주변의 평원을 장악하고 시내로 들어가는 곡식을 차단했다는 소식이 들려왔다. 그 결과 처음에는 식량이 모자랐다가, 극심한 기근이 나타났다. 시내에 있는 병력은 페르디카스에

518) 이 부분에서 탈문되었던 것으로 보인다.

게 동조해야 할지, 아니면 전투를 벌여야 할 지 결정해야만 한다고 생각하기 시작했다.

성 밖에 사는 주민들은 농장과 마을이 약탈당할까봐 두려워하면서 성내로 피난하려 하고, 식량이 떨어진 성내의 주민들은 성 밖으로 도망치려는 현상이 나타났다. 서로 상대방의 상황이 더 안전하다고 믿었기 때문이다. 주민들 사이에 폭동이 일어날 것을 두려워한 마케도니아 인들은 왕의 군막이 있는 지역에 모여 여러 가지 의견들을 제시했다. 그들은 현재의 불화를 마무리하고, 무기를 내려놓게 하기 위한 논의를 하기 위해 기병대에게로 사절단을 파견하기로 결정했다. 따라서 왕은 테살리아 인 파사스(Pasas), 메갈로폴리스(Megalopolis) 인 아미소스(Amissos)[519], 페릴라오스(Perilaos)를 파견하였다. 그들은 전갈을 전하고 돌아와 기병대는 소요 사태에 책임이 있는 자들을 건네받지 않는 한 무기를 내려놓지 않겠다는 답변을 전했다.

이 전갈이 알려지자 병사들은 자발적으로 무기를 들었고, 그들의 외침소리에 필리포스가 왕의 군막에서 나왔다. 그리고 이렇게 말했다. "이 소요는 불필요하다. 조용히 있는 자들이 서로 싸우는 사람들 사이에서 어부지리를 취하게 될 것이다. 그대들은 지금 동료 시민들을 상대로 하고 있으며, 저들에게서 화해의 희망을 앗아 버리면 바로 내전에 돌입하게 될 것임을 명심하라. 저들을 달래기 위해 두 번째 사절단을 한 번 더 보내보도록 하자. 실제로 선왕의 시신이 아직 매장되지 못했으므로, 나는 모든 사람들이 그 분의 장례를 위해 하나로 뭉쳐야 한다고 생각한다. 나는 개인적으로 내가 왕권을 행사

519) 아마도 다미스(Damis)의 오기(誤記)일 것이다. 이들 세 사람은 그리스 인으로 중립적이었다고 알려진 사람들이다.

하여 시민들의 피를 흘리기보다는 차라리 왕권을 포기하는 편을 택하고 싶다. 합의를 볼 희망이 없다면, 간청하노니 그대들은 나보다 더 나은 이를 왕으로 선출하도록 하라."

그는 눈에 눈물이 고인 채로 머리에서 왕관을 벗어 오른 손에 쥐고 앞으로 뻗어서 누구든 자신이 그 왕관을 더 가질만하다고 나서기를 기다렸다. 그가 이렇게 자제하면서 연설을 하자, 그 날까지는 형의 명성에 가려져 왔던 성품을 보고 병사들은 그에게 큰 기대를 걸게 되었다. 그리하여 모든 병사들은 그의 계획을 계속 추진해 나가라고 소리쳤다. 필리포스는 같은 사절단을 다시 보내어 멜레아그로스를 세 번째 서열의 장군[520]으로 받아들이겠냐고 물어보도록 했다. 이 요청은 쉽사리 받아들여졌다. 페르디카스는 우선 멜레아그로스를 왕에게서 떼어 놓으려 했고, 멜레아그로스 혼자서는 자신들 둘에게 상대가 되지 않는다고 보았기 때문이다. 그리하여 멜레아그로스가 병사들을 데리고 만나러 나가자, 페르디카스는 그가 거느린 기병대의 선두에 서서 그를 맞으러 나왔다. 두 부대는 서로 반갑게 인사하고 하나로 합쳐졌다. 이제 두 부대 사이에 화합과 평화가 강화될 것이라고 모두들 생각하였다.

9. 그러나 운명의 여신께서는 이미 마케도니아 인들 사이의 내전을 준비해 두셨다. 왕위는 나눌 수 없는 것인데, 여러 명이 그에 대한 대망을 품고 있었기 때문이다. 그들의 군세는 처음에 서로 부딪혔다가 다시 나누어지기도 했다. 그리고 신체가 견딜 수 없는 부담을 가하면 사지가 약해지듯이, 한 사람의 통치 하에서 굳건히 섰던

520) 즉 크라테로스와 페르디카스 다음이라는 의미이다.

제국이 여러 사람의 어깨 위에 걸리는 순간 무너지고 말았다. 그러므로 로마의 인민이 거의 마지막이 될 것 같은 밤에 나타난 새로운 별과 같이 빛을 뿌리는 원수(元首, *princeps*)[521]에게 구원의 은혜를 입었다고 인정하는 것은 당연한 일이다. 분명히 말하거니와, 해가 아니라 이 새로운 별이 떠서 사지가 머리를 잃고 혼돈의 무질서 속에 있던 당시의 어두운 세상에 빛을 되돌려 주었다. 그 분이 당시에 꼈던 횃불이 얼마나 많았던가! 칼집 속으로 도로 넣어진 칼은 또 얼마였던가! 그 분이 잠재운 폭풍우는 또 얼마나 격렬했으며, 하늘은 또 얼마나 갑자기 밝아졌던가! 그렇게 우리의 원수께서는 세상을 회복시키셨을 뿐 아니라, 번영시키셨다. 신들께서 질시하시지만 않는다면, 원수의 가문이 우리 시대의 호시절을 계속 누려나가시고, 바라건대는 영원히 지속되었으면 하나, 그렇지 못하더라도 아주 오랜 기간 지속되게 하옵소서!

우리나라의 번영에 대한 회상 때문에 잠시 옆길로 새긴 했지만, 이제 다시 이야기를 계속하도록 하자. 페르디카스는 자기가 살아남을 유일한 희망은 멜레아그로스를 죽이는데 있다고 보았다. 그는 멜레아그로스가 믿을 수 없고 우쭐거리는 자로서 곧 반란을 일으키려 하며 자신을 가장 미워하고 있으므로 가장 먼저 그를 공격해야 한다고 믿고 있기 때문이었다. 하지만 멜레아그로스의 경각심을 일으키게 하지 않기 위해 그는 자신의 의도를 잘 감추었다. 그는 자신이

521) 영문판에서는 emperor 즉 황제로 번역하는 경우도 있으나, 여기서는 원래의 뜻인 '원로원 시민 명부에 첫 번째로 등재된 자'인 *princeps*를 '원수'로 번역하는 것이 더 적절할 것이다. 학계에서는 로마 제정 초기를 '원수정'이라고 보통 칭한다. 여기 나타난 원수는 공화정 말기의 내란 끝에 국가를 안정시키고 '아우구스투스(Augustus)'의 칭호를 받아 제정을 연 옥타위아누스(Octavianus)를 지칭하고 있다.

아무 것도 모르는 것처럼 가장하면서, 자신이 지휘하는 병사들 중에서 일부에게 멜레아그로스가 페르디카스와 동급이 되었다는 점에 대해 대놓고 불평하도록 은밀하게 설득하였다. 그들이 하고 다니는 말을 보고받은 멜레아그로스는 화가 나서 페르디카스에게 자신이 들은 말들을 알렸다. 마치 그 일에 대해 전혀 몰라서 충격을 받았던 것처럼 행동한 페르디카스는 당혹스럽고 불쾌한 일이라고 표현한 후, 걱정스러운 표정을 지었다. 결국 그는 그런 비방을 하고 다니는 자들을 체포해야 한다는데 동의했다. 멜레아그로스는 그의 신의와 호의를 칭찬하며 페르디카스에게 감사를 표하고, 껴안았다. 그 다음, 그들은 그 문제에 대해서 논의하고 잘못한 자들을 처벌하는 방책을 생각해 냈다. 그들은 전통적인 방식에 따라 군의 정화 의식을 거행하기로 결정하고, 이전에 있었던 불화를 그 이유로 삼았다. 마케도니아 왕들이 거행했던 전통적인 군의 정화 의식은 군이 들판의 맨 끝으로 끌고 간 암캐를 반으로 잘라 그 내장을 왼쪽과 오른쪽에 뿌리는 것이었다. 병사들은 무장하고 그 영역 안에 서있어야 했는데, 한 쪽에는 기병대가 다른 쪽에는 중장보병들이 서있어야 했다.

정화 의식을 위해 골라 놓은 날에 왕이 직접 기병대와 코끼리들을 이끌고 자리를 잡았고, 반대편에는 멜레아그로스가 중장보병들을 지휘하고 있었다. 기병대가 벌써 움직이기 시작하자, 최근의 불화에 대한 기억을 아직 완전히 벗어버리지 못한 갑작스러운 두려움에 휩싸여 도시 안으로 퇴각해야 할지에 대해 고민하였다. 들판은 기병대에게 유리하기 때문이다. 하지만 동료들이 신의를 어겼다고 비난하기에는 너무 때가 이르지 않나 라고 생각하여 공격을 받는다면 도망칠 준비를 해 놓고 그 자리에 버티고 있었다.

이제 양측은 서로 가까이 다가와 있어서 그들 사이에는 조그만 공간 밖에 남지 않았다. 왕은 페르디카스의 부추김을 받아 일개 부대만을 거느리고 보병들이 있는 쪽으로 가기 시작했다. 그는 불화의 원인이 된 자들을 처형하기를 원했다. 비록 그는 개인적으로는 보호해줄 의무가 있지만, 만약 그들이 저항하면 모든 부대와 코끼리들을 동원하여 공격하겠다고 위협하였다. 보병들은 이 예상치 못한 사태에 어리벙벙했고, 멜레아그로스는 더 이상 어떤 판단을 할 수도 용기를 낼 수도 없었다. 이 상황에서는 항명하기 보다는 운명이 정해지는 것을 기다리는 편이 가장 안전한 방책 같았다. 페르디카스는 그들이 무력하게 되어 자신의 자비만을 바라고 있다는 것을 알았다. 그는 알렉산드로스의 사후 첫 회합에서 멜레아그로스가 일을 저질렀을 때부터 그를 따랐던 300명 정도의 병사들을 본대에서 골라내어 전군이 보는 앞에서 그들을 코끼리 떼 앞에 던져 주었다. 그들 모두는 이 짐승들의 발에 밟혀 죽었다. 필리포스는 이 행동을 멈추게 하지도, 인가하지도 않았다. 그는 결과를 정당화 할 수 있는 일을 제외하고는 어떤 일도 자신의 행동이라고 인정하려 하지 않는 것처럼 보였다.

이 일은 마케도니아 인들 사이에 벌어진 내전의 전조이자 시작이 되었다. 페르디카스의 계략을 너무 늦게 알아차린 멜레아그로스는 그 자신이 폭력의 대상은 아니었기 때문에 대열 속에서 무기력하게 남아 있었다. 하지만 그는 이제 살 희망을 버렸다. 자신이 직접 왕으로 만들었던 이의 이름으로 그의 적들이 그를 파멸시키고 있었기 때문이다. 그는 어느 신전으로 도망쳤으나, 그 신성한 장소에서도 보호받지 못하고 살해되고 말았다.[522]

522) 고대 그리스에서는 신전에 도망친 자는 신성한 구역에 들어갔다고 하여 따라 들어가 죽이지 않는 관행이 있었다.

10. 페르디카스는 군을 이끌고 시내로 들어가 주요한 마케도니아 인들을 불러 회합을 개최하였다. 그 자리에서 제국을 어떻게 나누어야 할지가 결정되었다. 왕은 최고의 권한을 가지기로 하였고, 프톨레마이오스는 이집트와 마케도니아에 종속된 아프리카 인들을 통치하는 태수가 되었다. 라오메돈(Laomedon)[523]은 시리아와 페니키아를 받았으며, 필로타스는 킬리키아를 할당받았다. 안티고노스[524]는 리키아, 팜필리아, 대 프리기아를 맡기로 하였다. 카산드로스(Kassandros)[525]는 카리아로 보내졌고, 메난드로스(Menandros)는 리디아로 가기로 했다. 그리고 헬레스폰트에 인접한 지역인 소 프리기아는 레오나토스가 관할하는 곳이 되었다. 카파도키아와 파플라고니아는 에우메네스(Eumenes)가 관할하며, 동시에 트라페조스(Trapezos)까지의 지역을 방어할 책임과 마케도니아와의 동맹을 거절한 유일한 족장인 아리아라테스(Ariarathes)와의 전쟁 책임도 지기로 했다.[526] 피톤은 메디아의 지휘권을 가졌으며, 리시마코스는 트라키아 및 그에 인접해 있는 폰토스 부족들을 맡았다. 인디아, 박트리아, 소그디아 및 대양 혹은 홍해 인근에 사는 지역들을 맡은 태수들은 모두 각자 자신이 관할하는 영토의 지휘권을 유지하기로 했다. 페르디카스는 왕과 함께 머무르며 그를 따르는 병사들을 지휘하기로 했다.

어떤 사람들은 이렇게 지역들을 나눈 것은 알렉산드로스가 유언장에서 지시한 것에 따른 것이라고 믿지만, 필자는 비록 우리가 가

---

523) 에리기오스의 동생으로서 후일 자신의 태수령을 점령한 프톨레마이오스에게 체포되었다.

524) 이전의 역주에서도 잠시 언급했었지만, '외눈'이라는 별명을 가졌다.

525) 아산드로스(Assandros)의 오기이다.

526) 아리아라테스는 기원전 322년 페르디카스와의 전쟁에서 패사했다.

진 자료에 그렇게 전해져 내려오지만 그 말이 근거가 없다고 생각한다. 실제로 제국을 이렇게 나눈 후에, 고삐 풀린 야망을 실현 시키는 와중에 어떤 고정된 경계가 남아있지 않았다는 것을 제외한다면, 그들 모두는 마치 자신들만의 지배 영역을 확립한 것 같았다.

왜냐하면 왕의 부하가 된지 얼마 안 된 이들은 각자 거대한 왕국들을 통제하고 있었고, 겉으로는 다른 사람의 것인 제국의 행정관인 것처럼 행세했으며, 그들 모두가 같은 민족이었고 여러 관할 구역들의 경계선으로 지리적으로 분리되어 있어서 서로 싸울 구실이 없었기 때문이다. 하지만 그들이 기회가 닿아서 가진 것들에 계속 만족하기란 어려운 일이었다. 사실 더 큰 것들을 가질 희망이 생기면 처음 가진 것들을 하찮다고 무시하기 마련이다. 그래서 그들 모두는 처음에 자기들이 소유하게 된 것보다 왕국을 확대하는 일이 더 쉽다고 생각하게 되었다.

모든 사람들의 관심이 장례식에서 떠나 통치권을 확립하는데 쏠려 있는 동안, 알렉산드로스의 시신은 6일간 관속에 방치되어 있었다. 메소포타미아 지역만큼 온도가 높은 지역도 달리 없을 것이다. 그 열기는 대단히 높아 맨 땅에 잡아 놓은 짐승들을 죽게 만든다. 높은 태양열과 공기가 불처럼 모든 것을 태워버리기 때문이다. 샘도 별로 없으며, 그나마 이방인은 잘 모르도록 현지인들은 자신들만이 쓰기 위해 잘 감춰 놓는다. 필자가 지금 적고 있는 내용은 스스로 믿고 있는 것이라기보다는 전통적으로 내려온 기록에 의한 것이다. 드디어 알렉산드로스의 친구들이 그의 시신을 돌볼 시간을 내어 군막에 들어서자, 그들은 시신이 전혀 부패되지 않았고 심지어 조금도 변색되지 않은 상태라는 것을 알게 되었다. 그의 얼굴에서는 아직 살아있는 사람처럼 생기까지도 찾아볼 수 있었다. 그래서 전통적인 방식에 따라 시신을 살펴보라고 지시를 받은 이집트 인들과 칼데아 인들은 얼핏 보았을 때 마치 살아있는 것 같아 처음에는 감히 시신에 손을 대지 못했다. 그리하여 인간이 신의 몸에 손을 대는 이 일은 옳으며 절차에 따른 일이라고 기도하고 나서, 시신을 깨끗이 씻고 내장을 들어내었다. 금으로 만든 관에 향료를 채우고, 알렉산드로스의 머리에는 그의 신분을 나타내는 표기를 놓았다.

많은 사람들이 알렉산드로스가 독살되었으며, 그의 시종 중 하나인 안티파트로스의 아들 이올라스(Iollas)가 독을 썼다고 믿었다.[527] 안티파트로스가 왕이 될 야심을 갖고 있다든지, 그의 권력이 장군의 범주를 넘어섰다든지, 스파르타에 대해 유명한 승리를 거두고 자만심에 가득 찬 그가 알렉산드로스에게 하사받은 모든 것이 다 원래 자신의 것이라고 주장했다든가 하는 말들을 알렉산드로스가 종종 들었다는 것은 사실이다. 그들은 또 크라테로스가 안티파트로스를 살해하기 위하여 일단의 고참병들을 보냈다고 믿었다. 마케도니아에서 산출된 독은 쇠조차 녹여 버릴 정도이며 당나귀 발굽만이 그 독에 저항할 수 있다는 것은 잘 알려진 사실이다. 그들은 이 치명적인 독이 흘러나오는 원천을 '스틱스'(Styx)[528]라 불렀다. 이 독을 카산드로스가 가지고 와서 동생인 이올라스에게 넘겨주었고, 이올

527) 이 문제에 대해서는 A,. B. Bosworth, "The Death of Alexander the Great : Rumor and Propaganda", *Classical Quarterly, New Series* 21(1971), pp.112-36 및 W. Heckel, *The Last Days and Testament of Alexander the Great : A Prosopographic Study*, Historia Einzelschriften 56(Stuttgart, 1988) 참조

528) 그리스 인들이 저승의 입구에 있다고 믿는 강이다. 그리스 인들은 단호하게 맹세할 때, '스틱스에 맹세코'라는 표현을 많이 썼다.

라스가 왕이 마지막으로 마신 음료수에 하독(下毒) 했다고 믿어졌다. 그런 이야기들을 어디까지 믿어야 할지는 차치하고서라도, 그 소문으로 비방을 당한 사람들이 힘을 써서 곧 그 소문들은 뭉개져 버렸다. 안티파트로스는 마케도니아 뿐 아니라 그리스도 장악했고, 그가 죽은 다음에는 그의 아들이 그의 뒤를 이었으며, 후에 알렉산드로스의 죽음과 관계된 인물들은 간접적인 관련이 있어도 다 살해되었다.[529)]

이집트를 장악하게 된 프톨레마이오스는 알렉산드로스의 시신을 가지고 멤피스로 갔다. 그리고 그의 시신은 몇 년 후에 알렉산드리아로 옮겨졌고, 그의 이름과 기억에 걸 맞는 모든 경의의 표시를 받고 안치되었다.

---

529) 카산드로스에 관한한, 이 진술은 옳지 않다. 그는 록사네와 알렉산드로스의 유복자인 알렉산드로스 4세를 살해 했고, 알렉산드로스의 이복누이인 테살로니케(Thesalonike)와 결혼했다.(디오도로스 시쿨루스, 『역사 도서관』 19권 52장 1절 및 61장 2절 참조.)

# 연표[530]

359년　필리포스 2세가 마케도니아의 왕위를 계승하다.
358/7년　필리포스 아리다이오스(필리포스 3세)가 태어나다.
357년　필리포스가 알렉산드로스의 모후인 올림피아스와 결혼하다.
356년　7월 20일, 알렉산드로스 대왕이 출생하다.
338년　8월 2일, 카이로네아 전투로 필리포스가 그리스를 장악하다.
336년　여름, 필리포스가 암살당하고 알렉산드로스가 왕위를 계승하다.
335년　알렉산드로스가 저항하던 테바이를 파괴하다.
334년　알렉산드로스가 마케도니아, 그리스 연합군을 이끌고 헬레스폰트 해협을 건너다.
　그라니코스 강 전투에서 승리하다.
334/3년　겨울, 리디아와 팜필리아를 정복하다.
　클레안드로스를 펠로폰네소스로 파견하다.
　멤논이 사망하다.
333년　봄, 켈라이나이를 정복하고 고르디온으로 가서 '매듭'을 (잘라서) 풀다.
　여름, 킬리키아로 들어가다.
　11월, 이소스 전투에서 승리하다.
　겨울, 페니키아 지역(비블로스, 시돈)에 이르다.
332년　1-8월, 티로스 공략전에 전념하다.
　9-10월, 가자 공략전을 하다.
332/1년　겨울, 이집트의 시와로 가서 제우스 아문 신의 신탁소를 방문하다.
331년　봄, 이집트에 알렉산드리아를 건설하다.
　9월 20일, 가우가멜라에서 일식을 목격하다.

530) 여기에 나오는 모든 연도는 기원전에 해당한다.

10월 1일, 가우가멜라 전투에서 대승을 거두다.
가을, 바빌론과 수사를 정복하다. 욱시아 인과 전투를 치르다.

330년 1-5월, 페르세폴리스에 머무르다.
7월, 다레이오스가 죽다.
필로타스를 재판하고 처형하다. 뒤이어 파르메니온을 암살하도록 시키다.

330/29년 사티바르자네스가 반란을 일으켰다가 죽다.

329년 여름, 타나이스 강에 이르다.
스피타메네스가 반란을 일으키다.

329/8년 겨울, 박트라에서 겨울을 지내다.

328년 봄, 소그디아의 바위산을 정복하다.
여름, 마라칸다에서 알렉산드로스가 클레이토스를 죽이다.

328/7년 겨울, 나우타카에서 겨울을 지내다.
시시미트레스가 있던 바위산을 공략하다.
스피타메네스가 죽다.
알렉산드로스가 록사네와 결혼하다.

327년 봄, 부복의 의례를 도입하다.
시중들던 젊은이들 중 일부가 음모를 꾸몄다가 처형되다.

326년 5월, 히다스페스 강에서 포로스와 전투를 벌이다.
여름, 히파시스에서 병사들이 진군 명령에 반항하다.

325년 인도 정벌을 포기하고 돌아가기 시작하다.

324년 가을, 가장 친한 친구이자 유능한 장군인 헤파이스티온이 죽다.

323년 5월, 친구인 메디오스가 베푼 연회에서 식사를 하고 병이 들다.
7월 10일, 알렉산드로스가 사망하다.
바빌론에서 그의 후계자를 정하기 위한 회합이 열리다.

321년 알렉산드로스의 시신이 이집트로 운구되다.

# 색 인

## ㄱ



## ㄴ

## ㄷ

## ㄹ



## ㅁ

## ㅂ

## ㅅ

## ㅇ

## ㅈ

## ㅋ

## ㅌ

## ㅍ

## ㅎ

# 알렉산드로스 대왕전기


저　자 : 퀸투스 쿠르티우스 루푸스
옮긴이 : 윤진
발행처 : 충북대학교 출판부
발행인 : 정의배
주　소 : 28644 충북 청주시 서원구 충대로1
전　화 : (043) 261-2952, 3014
팩　스 : (043) 274-1256
이메일 : presscbu@chungbuk.ac.kr
등　록 : 제1983-2001-7호
초판1쇄: 2010.12.20.
초판4쇄: 2023.3.31.
인쇄처 : 삼성디자인기획 042)221-3111

* 이 번역서는 2007년도 충북대학교 학술연구지원사업에 의하여 발행되었음
(This work was supported by the research grant of the Chungbuk National University in 2007).





ISBN 978-89-7295-173-5 93920

값 25,000원